RACHELS KLAGE IM
ANTIKEN JUDENTUM UND
FRÜHEN CHRISTENTUM

ARBEITEN ZUR GESCHICHTE DES ANTIKEN JUDENTUMS UND DES URCHRISTENTUMS

herausgegeben von

Martin Hengel (Tübingen), Peter Schäfer (Berlin),
Pieter W. van der Horst (Utrecht), Martin Goodman (Oxford),
Daniel R. Schwartz (Jerusalem), Cilliers Breytenbach (Berlin)

LII

TUTA SUB AEGIDE PALLAS · 1683 ·

RACHELS KLAGE IM ANTIKEN JUDENTUM UND FRÜHEN CHRISTENTUM

Eine auslegungsgeschichtliche Studie

VON

CHRISTINE RITTER

BRILL

LEIDEN · BOSTON

2003

Als Dissertation angenommen von der Universität Basel.
Datum der mündlichen Doktorprüfung: 20.12.2000

This book is printed on acid-free paper.

Cover design by Studio Cursief/Pierre Miny Chustka (Amsterdam)

Library of Congress Cataloging-in-Publication Data

Ritter, Christine.
  Rachels Klage im antiken Judentum und frühen Christentum : eine
auslegungsgeschichtliche Studie / von Christine Ritter.
     p. cm. — (Arbeiten zur Geschichte des antiken Judentums und
     des Urchristentums, ISSN 0169-734X ; 52)
  Originally presented as the author's thesis—Universität Basel,
2001.
  Includes bibliographical references (p.) and index..
  ISBN 9004125094 (pbk. : alk. paper)
     1. Rachel (Biblical matriarch) 2. Bible. O.T. Jeremiah XXXVIII,
  15-17—Criticism, interpretation, etc.—History—To 1500. 3.
  Rabbinical literature—History and criticism. 4. Christian literature,
  Early—History and criticism. I. Title. II. Arbeiten zur Geschichte
  des antiken Judentums und des Urchristentums ; Bd. 52.

  BS1525.52 .R58 2003
  223'.11092—dc21   2002028206

Die Deutsche Bibliothek - CIP-Einheitsaufnahme

Ritter, Christine :
Rachels Klage im antiken Judentum und frühen Christentum : eine
auslegungsgeschichtliche Studie / von Christine Ritter.
– Leiden ; Boston : Brill, 2003
   (Arbeiten zur Geschichte des antiken Judentums und des
   Urchristentums ; 52)
   ISBN 90-04-12509-4

                    ISSN   0169-734X
                    ISBN   90 04 12509 4

PRINTED IN THE NETHERLANDS

Meinen Eltern

INHALTSVERZEICHNIS

VORWORT

Die vorliegende Arbeit wurde im Wintersemester 2000/01 von der Theologischen Fakultät der Universität Basel als Dissertation angenommen. Für den Druck wurde sie geringfügig überarbeitet.

Besonders danken möchte ich meinem Doktorvater Prof. Dr. Hans-Peter Mathys, der mich mit fachlichem Rat und mit vielen ermutigenden Worten während der Promotionszeit begleitet und unterstützt hat. Prof. Dr. Clemens Thoma hat das Zweitgutachten, Prof. Dr. Klaus Seybold das Drittgutachten erstellt. Auch ihnen sei herzlich gedankt. Zu Dank verpflichtet bin ich ferner Prof. Dr. Cilliers Breytenbach, Prof. Dr. Peter Schäfer sowie dem E.J. Brill Verlag für die Aufnahme in die Reihe „Arbeiten zur Geschichte des Antiken Judentums und Urchristentums".

Mein Interesse für die Beschäftigung mit rabbinischer Literatur reicht weit zurück. Entscheidende Impulse erhielt ich während eines Studienjahres an der Hebräischen Universität Jerusalem mit dem Programm „Studium in Israel". Dem Studienleiter Dr. Michael Krupp gilt mein Dank für wichtige Anregungen im rabbinischen Teil der vorliegenden Arbeit. Einen weiteren Aufenthalt an der Hebräischen Universität zu Forschungszwecken verdanke ich der finanziellen Unterstützung durch das Minerva-Stipendien-Komitee und den Schweizerischen Nationalfonds. Während dieser Zeit stand mir Prof. Dr. Menachem Kister von der Hebräischen Universität Jerusalem mit fachlichem Rat zur Seite.

Diese Arbeit hätte nicht fertiggestellt werden können ohne die Unterstützung zahlreicher Menschen. Besonders danken möchte ich Regula Tanner und Dr. des. Martin Roth für ihre Anregungen und Hilfen beim Korrekturlesen.

Ich widme dieses Buch meinen Eltern, die mich in großzügiger und vielfältiger Weise während meiner Studien- und Promotionszeit unterstützten.

Offenburg, im Mai 2002   Christine Ritter

Abkürzungen und Zitierweise

Die Schreibweise der biblischen Eigennamen richtet sich außer im Fall von Rachel nach der Lutherbibel in der revidierten Fassung von 1984.

Die Abkürzungen sind größtenteils dem von S. Schwertner zusammengestellten Abkürzungsverzeichnis der Theologischen Realenzyklopädie (Berlin/New York ²1994) entnommen. Dies gilt auch für das rabbinische Schrifttum. Darüber hinaus richtet sich die Zitationsweise der rabbinischen Werke, insbesondere der Wochenabschnitte, nach Lehnhardt, T., Einheitssachtitel zur rabbinischen Literatur. Midraschim, Traktate in Mischna, Tosefta und den Talmuden, Wochenabschnitte (Arbeitsblätter zur rabbinischen Literatur), Tübingen 1987. Die Zitation der Autoren der klassischen Antike und ihrer Werke orientiert sich an Liddell, H.G., Scott, R., Hgg. (Neuauflage: Jones, H.S., McKenzie, R., Hgg.), A Greek-English Lexicon, Oxford ⁹1961, die Verweise auf die griechischen Kirchenväter an Lampe, G.W.H., Hg., A Patristic Greek Lexicon, Oxford 1961, auf die lateinischen Kirchenväter an Thesaurus Linguae Latinae. Editus iussu et auctoritate consilii ab academiis societatibusque diversarum nationum electi. Index. Librorum scriptorum inscriptorum ex quibus exempla afferuntur, Leipzig ²1990. Zur Vereinheitlichung wurden gelegentlich Angleichungen vorgenommen.

Darüber hinaus wurden folgende im fortlaufenden Text nicht erläuterte Abkürzungen verwendet:

app. crit.	apparatus criticus
aram.	aramäisch
fem.	femininum
GK	Gesenius, W., Kautzsch, E., Hebräische Grammatik, Hildesheim ²⁸1962.
Hgg.	Herausgeber (plur.)
inf. abs.	infinitivus absolutus
JerApocr	Jeremia Apocryphon
ParJer	Paraleipomena Jeremiou
parr.	und Parallelstellen
pet.	petiḥa
pi.	Pi'el
scil.	scilicet

KAPITEL 1

EINLEITUNG

רחל מבכה על בניה כל זמנא דישראל אינון בנלותא איהא מבכה עלייהו דאיהי
אימא דלהון.—Rachel weint um ihre Kinder. Jedesmal wenn Israel im
Exil ist, weint sie um sie, denn sie ist ihre Mutter (Zohar III, 29b).

RACHEL is the mother figure of the Jewish people and . . . has become
the feminine aspect of the Jewish nation—a compelling image of mater-
nal lament . . . (A. Steinsaltz)[1]

Die Stammutter [Rachel] beweint das Los ihres Volkes, das sich seinem Messias versagen wird. (J. Gnilka zu Mt 2,16–18)[2]

. . . der Bethlehemitische Knabenmord [wird] . . . durch die matthäische Hinzufügung des Reflexionszitates Jer., XXXI, 15 zu einer Voraussage, daß Israel aufgrund seines Unglaubens, ja seiner Todfeindschaft
gegenüber dem Messias seines Privilegs, das Israel Gottes und damit
der Heilserbe zu sein, verlustig geht. (A. Vögtle)[3]

Die biblischen Texte über die Stammutter Rachel, insbesondere
Rachels Klage Jer 31,15–17, forderten und fordern immer wieder
zu neuen Auslegungen heraus. Daß das Spektrum sehr groß ist, belegen nicht zuletzt die oben angeführten Zitate: Jüdische Interpretatoren sehen in Rachel *die* Mutter der jüdischen Nation, die ihren
'Kindern' über Generationen hinweg in deren Leiden gegenwärtig
ist. Christliche Bibelausleger, die sich mit der Aufnahme des Jeremiatextes bei Matthäus im Zusammenhang mit dem von Herodes verübten Kindermord in Bethlehem Mt 2,16–18 beschäftigen, interpretieren
Rachels Trauer um die getöteten Kinder als Zeichen einer bösen
Vorahnung: Die Ablehnung Jesu als Messias werde für Israel fatale
Folgen haben. Die Auslegungen dokumentieren die unterschiedlichen

---

[1] Steinsaltz, A., Biblical Images. Men and Women of the Book, New York 1984,
49.
[2] Gnilka, J., Das Matthäusevangelium. I. Kommentar zu Kap. 1,1–13,58 (HThK
I/1), Freiburg/Basel/Wien 1986, 57.
[3] Vögtle, A., Die matthäische Kindheitsgeschichte, in: Didier, M., L'Évangile
selon Matthieu. Rédaction et théologie (BEThL 39), Gembloux 1972, 153–183,
Zitat S.174.

hermeneutischen Zugangsweisen zur gemeinsamen biblischen Tradition. Sie sind kontrovers, von christlicher Seite nicht selten polemisch und zwar nicht durchgängig, aber doch häufig Zeugnisse einer mit Vorurteilen behafteten Exegese, die von den jüdischen Auslegungstraditionen keine Kenntnis nimmt.

Die folgende Studie setzt sich zum Ziel, die Auslegungsgeschichte zu den alttestamentlichen Rachel-Überlieferungen, besonders zu Rachels Klage Jer 31,15–17, zu untersuchen. Dazu zählen diejenigen biblischen Texte, die sich mit der Stammutter Rachel beschäftigen.[4] Davon, daß den antiken Auslegern die Texte in derselben Fassung vorlagen, kann nicht immer ausgegangen werden, denn der masoretische Text stammt in seiner Endform aus relativ später Zeit.[5] Hauptgegenstand der Untersuchung sind jedoch nicht die biblischen Überlieferungen selbst, sondern die auf sie zurückgreifenden späteren Auslegungen, welchen nun ihrerseits der Status von Quellentexten zukommt.

In der modernen Wissenschaft wird die Geschichte der Rezeption eines biblischen Textes häufig übersprungen. R. Rendtorff klagt zu Recht über die

> Einstellung der christlichen Exegeten, als habe die Auslegung der Bibel erst im neunzehnten, oder bestenfalls im achtzehnten Jahrhundert begonnen. Sie behandeln die Texte der Bibel wie Schriftrollen oder Tontafeln, die erst in neuerer Zeit bei Ausgrabungen oder in Höhlen in der Wüste gefunden wurden.[6]

Die historisch-kritische Methode wird zum alleinigen Maßstab sachgerechter Auslegung, an dem sich jede Interpretation zu messen hat.

Sich mit den Auslegungen antiker Bibelexegeten zu beschäftigen, bedeutet zunächst zu versuchen, ihre Interpretationen zu verstehen,

---

[4] Ausgangspunkt der Untersuchung sind demnach schriftlich fixierte Zeugnisse, in der vorliegenden Studie mit dem Begriff 'Rachel-Überlieferungen' umschrieben. Zum Begriff der Tradition, der sowohl den Überlieferungsprozeß (traditio) als auch das zu Überliefernde (traditum) umfaßt, vgl. z.B. Gaßmann, G., Tradition, in: EKL 4, Göttingen ³1996, 925–930.

[5] Die Vokalzeichen stammen wohl frühestens aus dem 7. Jahrhundert; vgl. die Datierungsvorschläge bei Würthwein, E., Der Text des Alten Testaments. Eine Einführung in die Biblia Hebraica, Stuttgart ⁵1988, 25f. Der Konsonantentext geht auf eine wesentlich frühere Zeit, wahrscheinlich auf 100 n.Chr. zurück.

[6] Rendtorff, R., Rabbinische Exegese und moderne christliche Bibelauslegung, in: ders., Kanon und Theologie. Vorarbeiten zu einer Theologie des Alten Testaments, Neukirchen-Vluyn 1991, 15–22, Zitat S.16.

zu analysieren, mit welchen Fragen sie an den Text herantreten und ihre Antworten gelten zu lassen, ohne sie zu werten. Zu verschiedenen Zeiten sind die biblischen Überlieferungen unter verschiedenen Voraussetzungen gelesen und unterschiedlich interpretiert worden. Diese Auslegungen als ernsthafte Interpretationsversuche zu respektieren und ihre Vielfalt wahrzunehmen, ohne sofort nach dem Nutzen für die moderne Exegese zu fragen, kann für heutige Leserinnen und Leser eine große Bereicherung darstellen.

Eine besondere Bedeutung kommt dabei den jüdischen Bibelauslegungen zu. Von christlicher Seite besteht hier ein großer Nachholbedarf, denn über Jahrhunderte hinweg nahmen christliche Theologen jüdische Bibelauslegungen bis auf wenige Ausnahmen kaum zur Kenntnis. Sie tradierten damit ein verzerrtes Bild vom Judentum als starrer Gesetzesreligion, ohne dem Reichtum der Midrasch-Literatur Beachtung zu schenken. Der Schritt zur Enterbung Israels und zum Selbstverständnis der Kirche als wahrem Israel war von hier aus nicht weit.[7] Diese Haltung findet auch in den altkirchlichen Interpretationen der Gestalt Rachels ihren Niederschlag.

Die zugrundeliegende Fragestellung ist eine hermeneutische und betrifft den christlichen Umgang mit dem 'Alten Testament'. Die Modelle, die christliche Zugangsweisen zum Alten Testament und damit verbunden das Verhältnis zwischen Alten und Neuem Testament zu erklären versuchen—etwa in Form einer Antithese, durch Zuweisung des Begriffspaars Verheißung und Erfüllung oder durch die christologische Deutung des Alten Testaments—,[8] legen entweder einen schroffen Gegensatz von Altem und Neuen Testament zugrunde oder gehen von einem 'Defizit' der Schriften des alten Bundes aus, das erst durch die christliche Interpretation behoben worden sei. Wie wird demgegenüber die Tatsache reflektiert, daß es sich bei 'unserem' Alten Testament[9] zugleich und zuerst um die Heiligen Schriften der

---

[7] Vgl. dazu Schreckenberg, H., Die christlichen Adversus-Judaeos-Texte und ihr literarisches und historisches Umfeld (1.–11. Jh.) (EHS.T 172), Frankfurt/Bern/New York/Paris ²1990, z.B. 32.

[8] Vgl. dazu z.B. die Beispiele bei Preuß, H.D., Das Alte Testament in christlicher Predigt, Stuttgart/Berlin/Köln/Mainz 1984, 61–164.

[9] Wenn in dieser Studie die Bezeichnung 'Altes Testament' beibehalten und nicht durch 'Erstes Testament' oder 'Hebräische Bibel' ersetzt wird, so geschieht dies nicht, um damit eine mehr oder weniger versteckte Abwertung dieses Bibelteils als gegenüber dem Neuen Testament veraltetem zum Ausdruck zu bringen, sondern weil es sich dabei immer noch um die in der Wissenschaft gängige Bezeichnung handelt.

Juden handelt? In neuerer Zeit erlangt diese Fragestellung immer mehr
Bedeutung. Stellvertretend sind hier aus dem deutschsprachigen Raum
die Arbeiten R. Rendtorffs[10] und E. Zengers[11] zu erwähnen.

Rückt das Faktum einer gemeinsamen Grundlage jüdischer und
christlicher Glaubenstraditionen ins Bewußtsein, so ergibt sich daraus die Notwendigkeit, sich bei der Beschäftigung mit der Auslegungsgeschichte alttestamentlicher Überlieferungen im Klaren zu sein, daß
neben dem Strang der christlichen Interpretationen ein weiterer existiert, nämlich der der jüdischen Rezeptionen. Anstelle von Gleich-
gültigkeit und Ignoranz gegenüber den jüdischen Auslegungen treten
Interesse und Neugier auf den Reichtum dieser Interpretationen, freilich keine vorschnelle Adaption, denn für eine christliche Auslegerin/
einen christlichen Ausleger bedeutet dies, sich mit einer ihr/ihm
fremden Tradition auseinanderzusetzen.

Die Zahl der Wissenschaftlerinnen und Wissenschaftler, die sich
mit der Auslegungsgeschichte alttestamentlicher Texte beschäftigen,
ist eher gering. J.R. Baskin nennt in ihrem Forschungsüberblick über
Arbeiten zu jüdisch-christlichen Kontakten in der Spätantike, den sie
mit der Forschung im 19. Jahrhundert beginnen läßt,[12] eine Reihe
von Studien, die die Nachgeschichte alttestamentlicher Texte und
Gestalten in der rabbinischen und patristischen Literatur untersuchen: Die Arbeit V. Aptowitzers über Kain und Abel[13] stellt im
wesentlichen eine kommentierte Materialsammlung der relevanten
Texte aus jüdischer, christlicher und islamischer Literatur dar. S.
Spiegel beschäftigt sich mit der Auslegungsgeschichte zur Bindung
Isaaks,[14] J.P. Lewis mit Noah und der Sintflut,[15] und A.F.J. Klijn mit
der Gestalt Seths.[16] Baskin selbst verfaßte eine Studie über die Berater

---

[10] Z.B. Rendtorff, R., Kanon und Theologie, ebd.
[11] Z.B. Zenger, E., Das erste Testament. Die jüdische Bibel und die Christen,
Düsseldorf ³1993.
[12] Baskin, J.R., Rabbinic-Patristic Exegetical Contacts in Late Antiquity: A
Bibliographical Reappraisal, in: Green, W.S., Hg., Approaches to Ancient Judaism
V. Studies in Judaism and Its Greco-Roman Context (BJSt 32), Atlanta 1985, 53–80.
[13] Aptowitzer, V., Kain und Abel in der Agada, den Apokryphen, der hellenistischen, christlichen und muhammedanischen Literatur (Veröffentlichungen der
Alexander Kohut Memorial Foundation 1), Wien/Leipzig 1922.
[14] Spiegel, S., The Last Trial. On the Legends and Lore of the Command to
Abraham to Offer Isaac as a Sacrifice: The Akedah (Translated from the Hebrew,
with an Introduction, by J. Goldin), New York 1967.
[15] Lewis, J.P., A Study of the Interpretation of Noah and the Flood in Jewish
and Christian Literature, Leiden ²1978.
[16] Klijn, A.F.J., Seth in Jewish, Christian and Gnostic Literature (NT.S 46), Leiden
1977.

Pharaos in rabbinischer und patristischer Tradition,[17] in der sie u.a. die gegenseitigen Beeinflussungen zu erhellen versucht. Hinzuzufügen sind v.a. die Arbeiten S.D. Fraades über Enosch[18] und J. Cohens über das Mehrungsgebot.[19] All diese Studien behandeln jüdische und christliche—gelegentlich auch muslimische—Auslegungstraditionen, setzen jedoch unterschiedliche Schwerpunkte und verfolgen die biblischen Überlieferungen über einen verschieden langen Zeitraum hinweg. Nur mit der christlichen Nachgeschichte beschäftigt sich H.C. Knuth mit einer Arbeit zu Psalm 6.[20] In jüngster Zeit untersuchte L. Kundert biblische und nachbiblische Traditionen, die mit Isaak und seiner Bindung/Opferung verbunden sind.[21]

In methodischer Hinsicht verdienen besonders die Arbeiten J. Neusners und B.L. Visotzkys Erwähnung, die beim Auffinden von Parallelen in jüdischen und christlichen Auslegungen vor einem vorschnellen Rückschluß auf gegenseitige Beeinflussung und Abhängigkeiten warnen.[22] Die Erarbeitung einer zufriedenstellenden methodischen Grundlage steht auf diesem Gebiet noch aus.

Es fällt auf, daß keine der genannten Arbeiten, die sich mit der Rezeptionsgeschichte einer oder mehrerer alttestamentlicher Protagonisten beschäftigt, eine Frauengestalt zum Thema hat. Hier besteht ein eindeutiger Nachholbedarf, der auch mit Teiluntersuchungen, Aufsätzen etc. nur punktuell und damit nicht ausreichend gedeckt wird.[23] Biblische Frauengestalten stehen häufig nicht im Zentrum des

---

[17] Baskin, J.R., Pharaoh's Counsellors. Job, Jethro, and Balaam in Rabbinic and Patristic Tradition (BJSt 47), Chico 1983. Vgl. auch die anderen von ihr besprochenen bzw. im Literaturverzeichnis genannten Werke.

[18] Fraade, S.D., Enosh and His Generation. Pre-Israelite Hero and History in Postbiblical Interpretation (SBL.MS 30), Chico 1984.

[19] Cohen, J., „Be Fertile and Increase, Fill the Earth and Master It." The Ancient and Medieval Career of a Biblical Text, Ithaca/London 1989.

[20] Knuth, H.C., Zur Auslegungsgeschichte von Psalm 6 (BGBE 11), Tübingen 1971.

[21] Kundert, L., Die Opferung/Bindung Isaaks, Bd. 1: Gen 22,1–19 im Alten Testament, im Frühjudentum und im Neuen Testament (WMANT 78), Bd. 2: Gen 22,1–19 in frühen rabbinischen Texten (WMANT 79), Neukirchen-Vluyn 1998.

[22] Vgl. bes. Neusner, J., Aphrahat and Judaism. The Christian-Jewish Argument in Fourth-Century Iran (StPB 21), Leiden 1971, bes. 7–13 und Visotzky, B.L., Fathers of the World. Essays in Rabbinic and Patristic Literatures (WUNT 80), Tübingen 1995, bes. 1–27; vgl. dort auch die Literaturangaben zu weiteren auslegungsgeschichtlichen Arbeiten. Vgl. ferner Kugel, J.L., In Potiphar's House. The Interpretive Life of Biblical Texts, San Francisco 1990, bes. 247–270; ders., The Bible as It Was, Cambridge/London 1997, bes. 1–49.

[23] Vgl. z.B. Feldman, L.H., Hellenizations in Josephus' Version of Esther, in:

Interesses—sowohl der biblischen Überlieferungen als auch der antiken Exegeten. Dies führt zwar dazu, daß die Zahl der an sie anknüp-
fenden Auslegungen geringer ist als bei den männlichen Gestalten,
es bedeutet aber nicht, daß diese Auslegungen für heutige Leserinnen
und Leser von geringerer Bedeutung sind. Nicht selten ranken sich
um die spärlichen Notizen über die Protagonistinnen die phantasie-
reichsten Interpretationen, da dem Ausleger nur wenig Konkretes
vorgegeben ist.

Bei Rachel handelt es sich keineswegs um eine biblische Randfigur.
Mit ihrer Schwester Lea gebiert sie dem Erzvater Jakob die Stammväter
Israels. Die Erzählungen über ihre Begegnung mit Jakob, den 'Gebärwettstreit' mit ihrer Schwester, den von ihr begangenen Diebstahl
und ihren Tod bei der Geburt ihres zweiten Sohnes erstrecken sich
über mehrere Kapitel (vgl. Gen 29–31.35). Schon im Alten Testament
selbst beginnt die Nachgeschichte Rachels. Vergleicht man die Erwähnungen alttestamentlicher Frauengestalten außerhalb der eigentlichen
Erzählung ihrer Lebensgeschichte, so stellt man fest, daß Rachel neben
Sara am häufigsten genannt wird. In bezug auf Erwähnungen außerhalb der Genesis übertrifft sie diese sogar: Sara wird nur noch in
Jes 51,2 erwähnt, Rachel dagegen in 1 Sam 10,2, Rut 4,11 und Jer
31,15. Dabei ist die zuletzt genannte Stelle von besonderer Relevanz
für die Auslegungsgeschichte, denn ein Großteil v.a. der rabbinischen
Interpretationen rankt sich um Rachels Klage um ihre verlorengeg-
angenen Kinder und Gottes tröstende Antwort. Die Überlieferung
aus dem Jeremiabuch stellt in ihrer Knappheit einen geeigneten
Anknüpfungspunkt für ausschmückende Auslegungen dar, wovon auch
die Interpretationen der Kirchenväter zeugen.

Die Zahl der Untersuchungen, die sich mit der Auslegungsgeschichte
zu den Rachel-Überlieferungen beschäftigt, ist gering; zumeist handelt es sich dabei um Aufsätze.[24] C. Chalier führt in ihrem Buch

---

TPAPA 101 (1970), 143–170; Halpern Amaru, B., Portaits of Biblical Women in
Josephus' Antiquities, in: JJS 39 (1988), 143–170; dies., The First Woman, Wives
and Mothers in Jubilees, in: JBL 113 (1994), 609–626; Horst, P.W. v.d., Portraits
of Biblical Women in Pseudo-Philo's Liber Antiquitatum Biblicarum, in: JSPE 5
(1989), 29–46 u.a.

[24] Bailey, J.L., Josephus' Portayal of the Matriarchs, in: Feldman, L.H., Hata,
G., Hgg., Josephus, Judaism and Christianity, Detroit 1987, 154–179; Brown-Gutoff,
S.E., The Voice of Rachel in Jeremiah 31: A Calling to „Something New", in:
USQR 45 (1991), 177–190; Dolores, A., Sara, Raquel y Miriam: tres mujeres en
la tradición profética y en el midrás, in: MCom 54 (1996), 317–338; Gianarelli, E.,
Christian Thought and Alexandrian Methodology: Origen on Sarah, Rebecca,

Les Matriarches. Sara, Rébecca, Rachel et Léa,[25] das sich mit rabbinischen Auslegungen zu den vier Erzmüttern beschäftigt, wichtige
Quellen aus dem Talmud und den Midraschim an und verweist darüber hinaus auf Auslegungen aus dem Zohar und dem Kommentar
Raschis. Gemäß ihrer Aufgabenstellung widmet Chalier jedoch nur
einen begrenzten Umfang ihrer Ausführungen der Gestalt Rachels.

Die einzige mir bekannte Monographie zur Rezeption der Rachel-
Überlieferungen in nachbiblischer Zeit stammt von S.H. Dresner.[26]
Mit Hilfe v.a. der jüdischen Auslegungen versucht er, ein Porträt
der Stammutter Rachel nachzuzeichnen. Drei Aspekte sind für Dresner
bei der Beschäftigung mit den biblischen Überlieferungen maßgeblich: die Absicht der biblischen Autoren, die traditionellen Deutungen
und die aktuelle Bedeutung des Textes. Unter Tradition versteht
Dresner die rabbinischen Überlieferungen aus Talmud und Midrasch,
die Deutungen der Philosophen, Dichter und Mystiker sowie das kollektive Gedächtnis des Volkes.[27] Die Geschichte Rachels zerfällt nach
Ansicht des Autors in zwei Teile. Der erste beschäftigt sich mit dem
Leben Rachels, der zweite mit ihrer Nachgeschichte bis in die heutige Zeit. Bisher habe es keinen Versuch gegeben, diese Aspekte
zusammen zu sehen, und so umreißt Dresner die Aufgabe, die er
sich mit seinem Werk gestellt hat:

> ... to gather the references to Rachel through the centuries from all
> the sources and so to mix them on our palette that there may emerge
> the portrait of a woman, a matriarch, suggested by Scripture but not
> bound by it [...]. What began as an inquiry into biblical Rachel
> became the Triumph of Rachel through the ages.[28]

Gemäß seiner Zielsetzung führt Dresner zahlreiche Auslegungen an—
jüdische, christliche, antike, mittelalterliche und moderne—, doch zeigt
er weder die Argumentationsstrukturen der Texte auf, noch unter-

---

Rachel, in: Daly, R.J., Hg., Origeniana Quinta. Historica, Text and Method, Biblica,
Philosophica, Theologica, Origenism and Later Developments. Papers of the 5th
International Origen Congress Boston College, 14–18 August 1989 (BEThL 105),
Leuven 1992, 125–130; Halpern Amaru, Portraits, a.a.O.; Jonge, M. de, Rachel's
Virtuous Behavior in the Testament of Issachar, in: Balch, D.L., Ferguson, E.,
Meeks, W.A., Hgg., Greeks, Romans, and Christians. Essays in Honor of A.J.
Malherbe, Minneapolis 1990, 340–352; Zatelli, I., The Rachel's Lament in the
Targum and Other Ancient Jewish Interpretations, in: RivBib 39 (1991), 477–490.
[25] Paris ³1991.
[26] Dresner, S.H., Rachel, Minneapolis 1994.
[27] Vgl. Dresner, a.a.O., xiv.
[28] Dresner, a.a.O., xv.

sucht er ihre jeweilige Verankerung im Kontext. Eine wissenschaft-
liche Untersuchung des Quellenmaterials steht folglich noch aus.

Der vorliegenden Studie liegt folgende methodische Vorgehensweise
zugrunde: Zunächst verlangt die Fülle der Auslegungen nach einer
Schwerpunktbildung. In Anbetracht der bereits erwähnten häufig
vorzufindenden Vernachlässigung rabbinischer Bibelexegese wird sich
ein Großteil der Arbeit mit den jüdischen Auslegungen zu den Rachel-
Überlieferungen beschäftigen, wie sie in Talmud und Midrasch erhalten sind. Über weite Strecken bedeutet dies, den Leserinnen und
Lesern die rabbinischen Interpretationen bekannt zu machen, sodann
darzustellen, auf welchen hermeneutischen Prinzipien und Vorstellungen
die Auslegungen beruhen.

Die zweite Schwerpunktsetzung betrifft den Umfang der biblischen
Rachel-Überlieferungen, deren Nachgeschichte nicht in jedem Punkt
gleichermaßen verfolgt werden kann. Es zeigt sich, daß Rachels Klage
Jer 31,15–17 bei den rabbinischen Auslegungen besondere Bedeutung
zukommt. Anhand der Interpretation dieses Textes läßt sich die
Sonderrolle, die Rachel in der jüdischen Tradition einnimmt, am
deutlichsten ablesen. Die Untersuchung der Rezeption dieses Textes
kann aber nicht erfolgen, ohne daß die Auslegungen zu den übrigen Überlieferungsteilen berücksichtigt werden. Diese können jedoch
nur in Form von Überblicken dargestellt werden.

Als Leitfragen für die Interpretation der biblischen Texte und der
antiken Auslegungen erweisen sich folgende Überlegungen als hilfreich:

– Zum biblischen Text: An welchen Stellen treten Schwierigkeiten
oder Unklarheiten auf, die die späteren Ausleger zu eigenen Interpretationen herausfordern könnten? Was wird erzählt, was verschwiegen?
Wie werden die Texte in der alttestamentlichen Forschung ausgelegt? Welche Probleme diskutieren die modernen Ausleger kontrovers?

– Zur Rezeptionsgeschichte: Wie gehen die Ausleger auf sprachlicher Ebene mit den Schwierigkeiten des biblischen Textes um? Wo
wird geglättet, hinzugefügt, welche Details werden ausgelassen?

– Was wird auf inhaltlicher Ebene verändert? Welche Erzählzüge
werden hervorgehoben, welche übergangen, wie werden die negativen Züge interpretiert?

– Die Erwähnungen Rachels beschränken sich nicht nur auf den
unmittelbaren Erzählzusammenhang. In welchen Kontexten wird auf
sie verwiesen? Wie wird Rachel in diesen Zusammenhängen interpretiert? Welches Bild läßt sich dadurch von der Eigenart des jewei-

ligen Auslegers gewinnen? Lassen sich Querverbindungen zwischen
den einzelnen Auslegern aufzeigen?

– Damit die Besonderheiten der Interpretationen Rachels erfaßt
werden können, legt es sich nahe, auch nach den Deutungen anderer alttestamentlicher Frauengestalten, insbesondere nach Lea und
den übrigen Erzmüttern zu fragen. Worin besteht die Unverwechsel-
barkeit der Rolle und Stellung Rachels in den nachbiblischen Auslegungen?

– Überdies ist zu fragen, ob und in welchem Umfang sich anhand
der jeweiligen Interpretation der Gestalt Rachels Aussagen über das
dahinterstehende Frauenbild machen lassen.

Die Arbeit gliedert sich wie folgt: Im alttestamentlichen Teil der
Arbeit (Kapitel 2) werden die Voraussetzungen für die Untersuchung
der Auslegungsgeschichte zu den Rachel-Überlieferungen geklärt. Zu
diesem Zweck werden die im Alten Testament erhaltenen Überlieferungen zur Gestalt Rachels analysiert. Dies sind zum einen die
Rachel-Erzählungen aus Gen 29–35, zum anderen die Erwähnungen
der Stammutter in Gen 48,7; 1 Sam 10,2; Rut 4,11 und Jer 31,15.
Ob in Hos 12,13 auf Jakobs Dienst um Rachel angespielt wird, muß
im Rahmen der Studie ebenfalls erörtert werden. Die Untersuchung
der biblischen Texte bedient sich der Werkzeuge der historisch-
kritischen Exegese. Die Exegese ist jedoch insofern zweckgerichtet, als
es nicht um die Auslegung der Texte an sich geht, sondern um eine
klärende Beschäftigung mit denjenigen Überlieferungen, an die die
späteren Auslegungen anknüpfen. Dabei tritt insbesondere die Frage
nach den literarischen Schichten in den Hintergrund: Für die antiken Ausleger bildeten die Texte in sich eine Einheit, die sie in der
Regel nicht weiter hinterfragten. Auch die chronologische Reihenfolge
der Texte ist in diesem Zusammenhang von geringer Relevanz. Der
besonderen Bedeutung der Klage Rachels Jer 31,15–17 in der
Auslegungsgeschichte wird auch im alttestamentlich-exegetischen Teil
der Arbeit Rechnung getragen, indem dieser Text ausführlicher
behandelt wird als die Rachel-Erzählungen und die übrigen Erwähnungen der Stammutter im Alten Testament.

Die Untersuchung der Auslegungsgeschichte setzt ein mit der
Behandlung der antiken Übersetzungen Septuaginta, Targumim,
Peschitta und Vulgata (Kapitel 3). Trotz ihrer unterschiedlichen
Entstehungszeiten—die Anfänge der Septuaginta reichen beispiels-
weise bis ins 3. Jahrhundert v.Chr. zurück, Targum Onkelos und

Targum Jonathan wurden im 3. Jahrhundert n.Chr. autorisiert—
werden sie in einem Block behandelt. Indem sie sich einerseits dem
hebräischen Text als ihrer Vorlage verpflichtet wissen, andererseits
aber beim Bemühen um eine angemessene Übermittlung seines Inhalts
sich nicht selten in beträchtlichem Maß von diesem entfernen, bilden sie eine Brücke zwischen dem hebräischen Text und den eigentlichen Auslegungen. Zudem ermöglicht dieses Vorgehen einen besseren
Vergleich der Differenzen zum hebräischen Text. Im Mittelpunkt
steht die Untersuchung von Jer 31,15–17, doch soll auch ein Blick
auf signifikante Veränderungen in den übrigen Texten der Rachel-
Überlieferungen geworfen werden.

Das Kapitel über die frühen Auslegungen zu den Rachel-Überlieferungen (Kapitel 4) ist zweigeteilt. Im ersten Teil werden die frühjüdischen Schriften—die sogenannten Pseudepigraphen des Alten
Testaments sowie die Werke Philos von Alexandrien und Josephus'
Flavius'—nach Bezugnahmen auf die Gestalt Rachels untersucht. Es
zeigt sich, daß Jer 31,15–17 hier keine Rolle spielt. Dies hängt u.a.
damit zusammen, daß sich die Werke größtenteils nur auf einen Teil
der biblischen Schriften beziehen, zu welchen das Jeremiabuch nicht
gehört. Die Darstellung kann sich deshalb auf knappe Überblicke
beschränken und konzentriert sich auf die Auslegungen der Genesis-
Erzählungen. Im zweiten Teil des Kapitels wird die einzige Erwähnung
Rachels im Neuen Testament behandelt. Hier steht die Frage nach
der Aufnahme von Jer 31,15 im Zusammenhang mit dem bethle-
mitischen Kindermord in Mt 2,16–18 im Vordergrund.

Der Hauptteil der Arbeit beschäftigt sich mit den rabbinischen
Auslegungen zu den Rachel-Überlieferungen, insbesondere zu Rachels
Klage Jer 31,15–17 (Kapitel 5). Zunächst wird ein Überblick über
die Interpretation der Rachel-Erzählungen bei den Rabbinen gegeben. Dann folgt ein Querschnitt der Bezugnahmen auf einzelne Verse
aus den Rachel-Erzählungen in anderem Zusammenhang als dem
der Erläuterung des Handlungsverlaufs der biblischen Geschichten.
Im Zentrum steht die Untersuchung der Auslegungen zu Jer 31,15–17.
Die einzelnen Quellen werden thematisch geordnet und einzeln analysiert. In einem Ausblick wird die Bedeutung Rachels in der jüdischen Tradition bis ins 20. Jahrhundert weiterverfolgt. Als Orien-
tierungshilfe wird im auslegungsgeschichtlichen Teil der Arbeit jeweils
eine kurze historische Einordnung der Quellen geboten.

Die Beschäftigung mit den Texten einer für die christliche Autorin
fremden Religion soll nicht geschehen, ohne auf die eigenen religi-

ösen Traditionen wenigstens in knapper Form einzugehen. Deshalb
schließt sich an dieser Stelle ein Überblick über die Auslegungen der
Kirchenväter bezüglich der Gestalt Rachels an (Kapitel 6). Eine wirkliche Auseinandersetzung mit diesen Texten würde den Rahmen der
Arbeit sprengen; die Zusammenfassung verdeutlicht, daß es in dieser Hinsicht noch viel aufzuarbeiten gibt.

In einem Schlußteil werden die Beobachtungen zusammengefaßt
und die Ergebnisse festgehalten (Kapitel 7).

KAPITEL 2

RACHEL IM ALTEN TESTAMENT

Im alttestamentlichen Teil der Arbeit werden die Voraussetzungen für die Untersuchung der Auslegungsgeschichte zu den Rachel-Überlieferungen geklärt. Da innerhalb der rabbinischen Auslegungen die Klage Rachels über den Verlust ihrer Nachkommen in Jer 31,15–17 eine besondere Rolle spielt, wird dieser Text ausführlicher untersucht als die übrigen Überlieferungen. Das Ziel der Darstellung ist nicht der Erweis einer Vorrangstellung der modernen Exegese gegenüber den antiken Auslegungen, sondern eine Interpretation der Texte im Licht der historisch-kritischen Bibelauslegung und damit die Offenlegung des eigenen interpretatorischen Standpunktes.

2.1. *Die Rachel-Erzählungen der Genesis*

2.1.1. *Vorbemerkungen zur Frage nach der Historizität der Patriarchen-Erzählungen und zum Problem der Quellenscheidung*

Vor einer Analyse der relevanten Texte sind einige Klärungen bezüglich des historischen Hintergrundes und der literarischen Quellen der Erzväter-Überlieferungen notwendig.

Über Jahrhunderte galten die Erzväter Israels und ihre Frauen unbezweifelt als historische Gestalten, doch änderte sich dies im Zuge der Anwendung historisch-kritischer Untersuchungsmethoden auf die Texte der Genesis.[1] J. Wellhausen hielt die Patriarchen-Erzählungen für eine idealisierte Übertragung der Verhältnisse aus der frühen Königszeit in die Frühzeit Israels.[2] Einen ebenso geringen Quellenwert maßen die Vertreter des sogenannten 'Panbabylonismus' den Patriarchen-Erzählungen bei: Die Patriarchen und

---

[1] Vgl. zu diesem Abschnitt Thiel, W., Geschichtliche und soziale Probleme der Erzväter-Überlieferungen in der Genesis, in: ThV 14 (1985), 11–27; Weidmann, H., Die Patriarchen und ihre Religion im Licht der Forschung seit Julius Wellhausen (FRLANT 94), Göttingen 1968; Westermann, C., Genesis 12–50 (EdF 48), Darmstadt 1992, 2–13; Lemche, N.P., Rachel and Lea. Or: On the Survival of Outdated Paradigmas in the Study of the Origin of Israel, II, in: SJOT 2 (1988), 39–65.

[2] Vgl. Wellhausen, J., Prolegomena zur Geschichte Israels, Berlin ³1886, 334ff. Vgl. dazu Weidmann, a.a.O., 11–18.

ihre Frauen wurden zu Gestalten aus der Astralmythologie. Lea mit ihren schwachen Augen (vgl. Gen 29,17) wurde beispielsweise als Neumond und die schöne Rachel als Vollmond interpretiert.[3] S. Mowinckel meinte dagegen, Rachel sei ursprünglich eine kanaanäische Fruchtbarkeits- und Muttergöttin gewesen.[4]

Stammesgeschichtliche Deutungsversuche bezogen sich v.a. auf die Söhne Jakobs, die nicht als Einzelgestalten aufgefaßt wurden, sondern als 'Heroes eponymi' der zwölf Stämme Israels. In den Erzählungen der Genesis fand man die verschiedenen stammesgeschichtlichen Entwicklungen wieder. Beispielsweise interpretiert B. Stade die Hochzeiten der Erzväter als Verschmelzung zweier Stämme, wobei die Frau den schwächeren Stamm repräsentiert, welcher im anderen aufgeht.[5] Die stammesgeschichtliche Deutung erfreute sich langer Zeit großer Beliebtheit,[6] doch werden die Grenzen dieses Interpretationsansatzes deutlich, wenn es darum geht, Einzelheiten der biblischen Geschichten zu erklären: Die einzelnen Begebenheiten werden auf ihre stammesgeschichtliche Relevanz reduziert, die individuellen Züge der biblischen Gestalten werden dabei nicht erfaßt. Im übrigen liegt die Geschichte der Stämme Israels über weite Strecken im Dunkeln.[7]

Zu einem Wechsel im Verständnis der Patriarchen führte Gunkels formgeschichtlicher Neuansatz, der die Genesis als 'Sammlung von Sagen' verstand: Die Erzväter wurden nunmehr zu reinen Märchengestalten degradiert.[8]

A. Alts epochemachendes Werk „Der Gott der Väter" hatte zur Folge, daß das Pendel wieder umschlug zugunsten der Annahme, daß mit der Rekonstruktion des Glaubens der Erzväter auch ein historischer Kern in der Darstellung der Patriarchen erwiesen sei.[9] In der Archäologie war man bemüht, eine 'external evidence' für die Historizität der Patriarchengestalten zu erbringen. In diesem Zusammenhang fanden W.F. Albright und seine

---

[3] Vgl. Winckler, H., Geschichte Israels in Einzeldarstellungen, II. Die Legende, Leipzig 1900 (Völker und Staaten des alten Orients 3), 57–59. Vgl. dazu Weidmann, a.a.O., 65–88.

[4] Vgl. Mowinckel, S. „Rahelstämme" und „Leastämme", in: Albright, W.F., Baumgartner, W., u.a., Hgg., Von Ugarit nach Qumran. Beiträge zur alttestamentlichen und altorientalischen Forschung, FS O. Eißfeldt (BZAW 77), Berlin 1958, 129–150, bes. 134. Vgl. auch Luther, B., Die israelitischen Stämme, in: ZAW 21 (1901), 1–76, bes. 60–76.

[5] Vgl. Stade, B., Lea und Rahel, in: ZAW 1 (1881), 112–116; vgl. auch die Deutungen von Haupt, P., Lea und Rahel, in: ZAW 29 (1909), 281–286.

[6] So noch in modifizierter Form bei Eißfeldt, O., Jakob-Lea und Jakob-Rahel, in: Reventlow, H. Graf, Hg., Gottes Wort und Gottes Land, FS H.-W. Hertzberg zum 70. Geb., Göttingen 1965, 50–55.

[7] Vgl. z. B. Donner, H., Geschichte des Volkes Israel und seiner Nachbarn in Grundzügen. 1: Von den Anfängen bis zur Staatenbildungszeit (GAT 4/1), Göttingen 1984, 73–84.

[8] Vgl. Gunkel, H., Genesis. Übersetzt und erklärt (HK I/1), Göttingen ⁴1917, VII. LXXXIXf.; vgl. dazu Weidmann, a.a.O., 109–113.

[9] Vgl. Alt, A., Der Gott der Väter, in: ders., Kleine Schriften zur Geschichte des Volkes Israel I, München ⁴1968, 1–78, bes. 47f.; vgl. auch Noth, M., Geschichte Israels, Göttingen ²1954, 114–120. Vgl. dazu Weidmann, a.a.O., 126–134.

Schüler v.a. in Texten aus Nuzi zahlreiche Parallelen zu den rechtlichen und sozialen Verhältnissen, wie sie sich in den Erzväter-Überlieferungen widerspiegeln.[10] Jedoch wurde gerade in neuerer Zeit auf die Grenzen dieses Verfahrens verwiesen: Der archäologische Nachweis bezieht sich zumeist nur auf Einzelelemente der Überlieferung, nicht auf eine Erzählung als ganze. Dazu kommt, daß sich gewisse Einzelparallelen auch aus sprachlichen Gründen nicht halten lassen bzw. die Analogieschlüsse auf eine falsche Interpretation der Quellen aufgebaut sind.[11] Auch die Frage nach der Datierung der im Zusammenhang mit den Patriarchen überlieferten Bräuche muß weiterhin offenbleiben.[12] In Anknüpfung an W.M.L. de Wette und J. Wellhausen stellt H.M. Wahl in einer der neuesten Untersuchungen zum Thema[13] den historischen Wert der Erzväter-Erzählungen in bezug auf die Frühgeschichte Israels erneut in Frage.

Welche Anhaltspunkte lassen sich nun in den Erzählungen finden bei dem Versuch, die Erzväter und -mütter als historische Gestalten greifbar zu machen? Die Tatsache, daß diese Frage nicht eindeutig zu beantworten ist, weist nicht auf eine Schwäche der Überlieferungen; sie ergibt sich vielmehr daraus, daß diese Erzählungen „nicht einfachhin historische Urkunden von Einzelpersonen sind, sondern die Geschichte Gottes mit den Menschen und seinem erwählten Volk vorstellen wollen."[14] Da sie als solche kein vorrangig historisches Interesse bekunden, liegt ihr Wert jenseits des Grades ihrer historischen Verifizierbarkeit.

Was die Bedeutung der historischen Fragestellung für die Untersuchung der Auslegungsgeschichte betrifft, so kann darauf verwiesen

---

[10] Vgl. z.B. Albright, W.F., Von der Steinzeit zum Christentum. Monotheismus und geschichtliches Werden, Bern 1949, 238–243.

[11] Vgl. dazu Lemche, N.P., Die Vorgeschichte Israels. Von den Anfängen bis zum Ausgang des 13. Jahrtausends v.Chr. (Dietrich, W., Stegemann, W., Hgg., Biblische Enzyklopädie 1), Stuttgart/Berlin/Köln 1996, 42–45. Kritisch zum Ertrag aus den Nuzi-Texten äußert sich auch Seters, J.v., Jacob's Marriages and Ancient Near East Customs: A Reexamination, in: HThR 62 (1969), 377–395. Zum semitischen Hintergrund von Gen 29–31 vgl. auch Frankena, R., Some Remarks on the Semitic Background of Chapters XXIX–XXXI of the Book of Genesis, in: Beek, M.A., Brock, S.P., u.a., Hgg., The Witness of Tradition. Papers Read at the Joint British-Dutch Old Testament Conference Held at Woudschoten, 1970 (OTS 17), Leiden 1972, 53–64.

[12] Vgl. z.B. Thompson, T.L., The Historicity of the Patriarchal Narratives. The Quest for the Historical Abraham (BZAW 133), Neukirchen-Vluyn 1974, 315–326; vgl. auch Westermann, C., Genesis. 2. Teilband. Genesis 12–36 (BKAT I/2), Neukirchen-Vluyn 1981 (im folgenden: Westermann, I/2), 54.

[13] Wahl, H.M., Die Jakobserzählungen. Studien zu ihrer mündlichen Überlieferung, Verschriftung und Historizität (BZAW 258), Berlin/New York 1997.

[14] Fischer, I., Die Erzeltern Israels. Feministisch-theologische Studien zu Genesis 12–36 (BZAW 222), Berlin/New York 1994, 115.

werden, daß sich für die alten Ausleger diese Frage nicht stellte; für sie waren die Patriarchen und ihre Frauen selbstverständlich Gestalten aus der Geschichte Israels. Deshalb kann in der vorliegenden Studie auf eine weitere Behandlung dieser Frage verzichtet werden.

Die Frage nach den literarischen Bausteinen, die den Patriarchen-Erzählungen zugrunde liegen, erweist sich ebenfalls als kompliziert.

Traditionell wurde sie mit der Aufteilung auf die Quellen Jahwist (J), Elohist (E) und Priesterschrift (P) beantwortet, doch weichen die Ergebnisse im einzelnen erheblich voneinander ab. Seit längerem wird v.a. die Existenz von E angezweifelt.[15]

Die Quellenscheidung innerhalb der Rachel-Überlieferungen in Gen 29–31; 33; 35 erweist sich als besonders kompliziert und kaum durchführbar, da die ursprünglichen Bestandteile kaum mehr zu erkennen sind. Als prominente Beispiele seien hier H. Gunkel und G. v.Rad angeführt, die die Texte v.a. auf J und E verteilen, einzelne Verse oder Abschnitte aber auch P zusprechen. Im Abschnitt Gen 29,1–14 führt Gunkel V.1 auf die Autorschaft von E, V.2–14 auf J zurück, bemerkt jedoch dazu: „Inhaltlich ist das Stück für J kaum charakteristisch."[16] Für Gen 29,15–30 gilt im wesentlichen: „Da das Vorhergehende wohl zu J gehört, so mag dieser Abschnitt aus E stammen . . .".[17] Gen 29,31–30,24 wird von Gunkel und v.Rad in kleinste Teile J und E zerlegt.[18] Gen 35,16–19 führt Gunkel auf E zurück; v.Rad spricht von einem „Geröll von kleineren oder kleinsten Einzelüberlieferungen".[19]

Da sich insbesondere die Zuweisungen zu E als problematisch erweisen, sind z.B. C. Westermann und H.J. Boecker vorsichtiger geworden und führen die Texte v.a. auf J und verschiedene spätere Ergänzungen zurück.[20] Doch wird auch die Ansicht vertreten, daß der Grundbestand der Jakob-Erzählungen von E stamme und von J später ergänzt worden sei.[21]

---

[15] Vgl. z.B. Zenger, E., u.a., Einleitung in das Alte Testament (KStTh 1,1), Stuttgart/Berlin/Köln ²1996, 70.

[16] Gunkel, a.a.O., 324.

[17] Gunkel, a.a.O., 327.

[18] Vgl. Gunkel, a.a.O., 329f. und Rad, G.v., Das erste Buch Mose. Genesis Kapitel 25,19–50,26. Übersetzt und erklärt (ATD 2/4), Göttingen ¹⁰1976, 237, der jedoch das Ergebnis seiner Aufteilung nicht mitteilt. Gen 35,16–19 wird von Gunkel, a.a.O., 382, auf E zurückgeführt; v.Rad, a.a.O., 277.

[19] Vgl. Gunkel, a.a.O., 382; v.Rad, a.a.O., 277.

[20] Vgl. Westermann, I/2, a.a.O., bes. 565. 576. 598. 638. 668f.; Boecker, H.J., 1. Mose 25,12–37,1. Isaak und Jakob (ZBK.AT 1.3), Zürich 1992, bes. 65; 72; 84f.; 128. Übereinstimmend werden Gen 29,24 und 29, 29—die Erwähnungen der beiden Mägde für Lea und Rachel—einem späteren Redaktor zugeschrieben (vgl. Westermann, I/2, a.a.O., 566, Boecker, a.a.O., 68). Jedoch treten auch bei Westermann und Boecker Unsicherheiten in der Zuteilung auf (vgl. z.B. zu Gen 35,16–20 Westermann, I/2, a.a.O., 668f.; Boecker, a.a.O., 128).

[21] So bei Weisman, Z., The Interrelationship between J and E in Jacob's Narrative. Theological Criteria, in: ZAW 104 (1992), 177–197.

Einen anderen Weg schlägt E. Blum ein, indem er die Hypothese der Quellenscheidung zwar ablehnt, aber die diachrone Fragestellung nicht grundsätzlich ausblendet. Die überlieferungsgeschichtliche Komplexität der Jakob-Erzählungen führt er auf die Existenz einer ursprünglich selbständigen Erzählung zurück, die später mehrfach bearbeitet worden sei.[22]

Die traditionellen Antworten sind wenig befriedigend; dies gilt insbesondere für die Konkretion der 'klassischen' Quellenscheidung am biblischen Text. Gleichwohl kann es an dieser Stelle nicht darum gehen, ein allseits zufriedenstellendes Modell zur Literarkritik des Pentateuch zu entwickeln. Wiederum steht die Frage nach dem Ertrag für die Untersuchung der Auslegungsgeschichte im Vordergrund. Hierzu ist zu bemerken, daß die jüdischen und frühchristlichen Ausleger die Erzählungen in der Gestalt interpretierten, in der sie sie vorfanden. Deshalb scheint mir abgesehen von einigen wenigen Stellen, die sich mit großer Wahrscheinlichkeit als Bearbeitungen erweisen,[23] die Konzentration auf die synchrone Ebene der entsprechenden Texte sinnvoll—ohne daß ich die generelle Notwendigkeit einer diachronen Analyse leugnen möchte. Untersuchungen, die sich mit der Struktur der Jakob-Erzählungen in ihrer Endgestalt beschäftigen, wurden z.B. von J.P. Fokkelman und S.K. Sherwood durchgeführt.[24] Ihre Studien bilden die Grundlage für die folgende Analyse—mit einer Einschränkung: Während sich in den genannten Arbeiten das Interesse auf den Protagonisten Jakob konzentriert, soll in den folgenden Betrachtungen Rachel im Mittelpunkt stehen.

2.1.2. *Rachel in den Erzählungen der Genesis—Analyse der Texte*

Die Erzählungen über Rachel, die jüngste Tochter Labans, stehen im Zusammenhang mit den Geschichten über den Erzvater Jakob,

---

[22] Vgl. Blum, E., Die Komposition der Vätergeschichte (WMANT 57), Neukirchen-Vluyn 1984, bes. 149–203. Vgl. auch die Weiterentwicklung seines Modells in ders., Studien zur Komposition des Pentateuch (BZAW 189), Berlin/New York 1990. Prägend für die Substanz des Pentateuch sind nach Blum v.a. eine D-Komposition und eine priesterliche Komposition.

[23] Vgl. dazu die Bemerkungen zur jeweiligen Stelle in Abschnitt 2.1.2.

[24] Vgl. Fokkelman, J.P., Narrative Art in Genesis. Specimens of Stylistic and Structural Analysis (SSN 17), Assen/Amsterdam 1975, 86–241; Sherwood, S.K., „Had God Not Been on My Side". An Examination of the Narrative Technique of the Story of Jacob and Laban Genesis 29,1–32,2 (EHS.T 400), Frankfurt/Bern/New York/Paris 1990. Vgl. auch die wegweisende Untersuchung von Fishbane, M., Text and Texture. Close Readings of Selected Biblical Texts, New York 1979, 40–62.

die in Gen 25,19ff. mit der Erzählung von seiner Geburt und der
Anbahnung des Konflikts mit seinem Bruder einsetzen. In Gen 27–33
spannt der Erzähler den Bogen von Jakobs Flucht vor Esau bis zur
Aussöhnung mit seinem Bruder und bringt in Gen 35 mit der
Erwähnung der Rückkehr des Patriarchen zu seinem Vater Isaak die
Jakob-Erzählung zu einem vorläufigen Ende.[25] In bezug auf die
Geschichte Rachels müssen vier Themenkomplexe näher betrachtet
werden: Die erste Begegnung zwischen Jakob und Rachel und ihre
Hochzeit (Gen 29,1–30); der Konflikt zwischen Rachel und Lea (Gen
29,31–30,24); Rachels Diebstahl des Teraphim (Gen 31,19.30–35);
Benjamins Geburt und Rachels Tod (Gen 35,16–20). Rachels Lebens-
geschichte erweist sich dabei als Geschichte voller unerfüllter Wünsche
und Enttäuschungen.[26]

2.1.2.1. *Die erste Begegnung zwischen Jakob und Rachel und die Hochzeit (Gen 29,1–30)*

Auf seiner Flucht vor Esau kommt Jakob zu seinem Onkel Laban,
womit die Ausgangssituation für die erste Begegnung zwischen Jakob
und Rachel gegeben ist. Die Erzählung zerfällt in zwei Teile (Gen
29,1–14 und 29,15–30), die durch einen Spannungsbogen zusammengehalten werden: Bei seiner Ankunft in Haran trifft Jakob auf
eine Frau, die er am Ende heiraten wird.[27]

Die Geschichte beginnt mit einem verheißungsvollen Auftakt: Auf
seiner Flucht vor Esau kommt Jakob nach Haran[28] zum Wohnsitz
seines Onkels Laban. Am Brunnen beginnt er ein Gespräch mit den
Hirten, in dessen Verlauf Rachel, die Tochter Labans, mit der Herde
ihres Vaters erscheint (29,4–9). Jakob wälzt alleine den großen Stein
von der Öffnung des Brunnens, tränkt ihre Tiere, küßt Rachel,
weint und stellt sich ihr vor (29,10–12a). Rachel eilt daraufhin zu
ihrem Vater, der Jakob entgegenläuft und ihn bei sich aufnimmt
(29,12b–14).

---

[25] Zu einem wirklichen Ende kommen die Erzählungen über Jakob erst mit der
Erwähnung seines Todes und seiner Bestattung innerhalb der Josefsgeschichte Gen
49f.

[26] Vgl. dazu die Interpretation von Abrams, J.Z., Rachel: A Woman Who Would
Be a Mother, in: JBQ 18 (1989/90), 213–221.

[27] Vgl. Westermann, I/2, a.a.O., 565. Fokkelman, a.a.O., 123–130, und Sherwood,
a.a.O., 19–127 betonen stärker die Zäsur zwischen V.14 und V.15.

[28] Neben Haran (29,4) wird in 29,1 „Land der Söhne des Ostens" als Zielangabe
der Reise Jakobs genannt. Diese Unstimmigkeit weist auf Spuren einer Bearbeitung,
vgl. dazu die Diskussion und die Interpretationsvorschläge bei Blum, a.a.O., 164–167.

Vergleicht man die Schilderung der Begegnung Rachels und Jakobs
am Brunnen mit ähnlichen Szenen, z.B. mit der Begegnung zwischen Mose und Zippora Ex 2,15b–21, v.a. aber mit der Begegnung
zwischen dem Knecht Abrahams und Rebekka Gen 24,11–32, so
werden die Besonderheiten der Darstellung in Gen 29 deutlich:[29] Die
Erzählung konzentriert sich völlig auf den Erzvater Jakob. Während
in Gen 24 Rebekka die Tiere des ihr fremden Knechts tränkt, übernimmt in Gen 29 Jakob diese Aufgabe. Rachel bleibt dabei im
Hintergrund: Sie erhält ihren Wert aufgrund ihrer Stellung als
„Tochter Labans" (vgl. 29,6.10) und wechselt während der Begegnung
mit Jakob kein einziges Wort mit dem Neuankömmling; auch auf
Jakobs Gefühlsausbruch wird keine Reaktion mitgeteilt. Rachels
Passivität und ihre körperliche Schwäche dienen als Folie für die
Stärke Jakobs, welcher den schweren Stein ganz allein von der
Brunnenöffnung wälzt. Rachels einzige Aktivität besteht darin, ihrem
Vater von der Ankunft des Verwandten zu berichten (29,12).[30] Sobald
Laban auftritt, verschwindet seine Tochter wieder von der Bildfläche.

Im zweiten Teil der Erzählung (29,15–30) werden die beiden
Töchter Labans einander gegenübergestellt:[31] Als Kennzeichen der
älteren Tochter Lea, deren Name (Wild-)Kuh[32] bedeutet, werden
ihre schwachen bzw. matten Augen erwähnt (ועיני לאה רכות).[33] Die
jüngere Rachel—auf Deutsch Mutterschaf—wird dagegen als schön
(יפת־תאר ויפת מראה) beschrieben (29,17). Neben Rachel werden auch
andere Gestalten im Alten Testament als schön charakterisiert, z.B.

---

[29] Vgl. Alter, R., The Art of Biblical Narrative, New York 1981, 52–58. Bucher-
Gillmayr, S., Begegnungen am Brunnen, in: BN 75 (1994), 48–66, bes. 57f.; 63f.;
Fuchs, E., Structure, Ideology and Politics in the Biblical Betrothal Type-Scene, in:
Brenner, A., Hg., A Feminist Companion to Genesis (Brenner, A., Hg., The Feminist
Companion to the Bible 2), Sheffield 1993, 273–281.

[30] Vgl. Abrams, a.a.O., 214; Fuchs, a.a.O., 276.

[31] Zu diesem Abschnitt vgl. auch Mathys, H.-P., Genesis 29,15–30, in: Macchi,
J.-D., Römer, T., Hgg., Jacob. Commentaire à plusieurs voix de Gen 25–36.
Mélanges offerts à Albert de Pury (Marguerat, D., Hg., Le monde de la Bible 44),
Genf 2001, 95–108, bes. 105–108 zu Gen 29,15–30 als Erzählung. Vgl. auch die
weiteren Beiträge in diesem Sammelband.

[32] Zur Übersetzung der Frauennamen vgl. z.B. Jacob, B., Das erste Buch der
Tora. Genesis. Übersetzt und erklärt, Berlin 1934 (Nachdr. New York o.J.), 589.

[33] Das Adjektiv רך bedeutet gewöhnlich zart (z.B. Gen 33,13; Prov 4,3 u.a. von
Kindern), sanft (Prov 15,1) oder schwach (2 Sam 3,39) u.ä. und wird nur in Gen
29,17 auf die Augen bezogen; vgl. Gesenius, W., Hebräisches und Aramäisches
Handwörterbuch über das Alte Testament, Berlin/Göttingen/Heidelberg [17]1962,
759. Als positives Merkmal interpretiert Gradwohl, R., Waren Leas Augen häßlich?, in: VT 49 (1999), 119–124, die Augen Leas.

Rachels Sohn Josef (Gen 39,6) in auffälliger sprachlicher Nähe zur Beschreibung Rachels, David (1 Sam 16,12; 17,42), Absalom (2 Sam 14,25) oder auch die Erzmütter Sara (יפת־מראה, Gen 12,11) und Rebekka (טבת מראה מאד, Gen 24,16). Schönheit wird dabei zumeist positiv bewertet, doch wird gelegentlich betont, daß sie als Qualitätsmerkmal für eine Frau allein nicht ausreicht. So ist beispielsweise nach Prov 31,10 die gottesfürchtige Frau zu loben, während Schönheit zu den Nichtigkeiten zählt; bei Abigajil, der Frau Nabals und späteren Gattin Davids ist nach 1 Sam 25,3 Schönheit mit Klugheit gepaart.[34] Bezüglich der Gegenüberstellung Rachels mit Lea in Gen 29,17 muß festgehalten werden, daß Rachel zwar als schön, Lea aber im Kontrast dazu nicht explizit als häßlich beschrieben wird; es wird lediglich auf eine Schwäche ihrer Augen hingewiesen.

Jakob liebt Rachel und setzt mit Laban fest, daß er sie nach sieben Jahren Arbeit als Lohn zur Frau erhalten soll (29,18–20).[35] Labans heimliche Vertauschung der beiden Töchter während der Hochzeit wird von Jakob erst nach der Hochzeitsnacht bemerkt (29,23–25a).[36] Von Jakob zur Rede gestellt, rechtfertigt Laban seine Tat mit dem Verweis auf die Sitte des Landes, die jüngere Tochter nicht vor der älteren zu verheiraten, und gibt dem geprellten Schwiegersohn nach der Hochzeitswoche auch die begehrte Frau, doch muß Jakob weitere sieben Jahre für Laban arbeiten (29,25b–30).[37] Einiges deutet darauf hin, daß in Labans Intrige die gerechte Strafe für Jakobs Betrug an seinem Bruder Esau gesehen werden kann: Jakob wird zum betrogenen Betrüger.[38]

Über Rachels Reaktion auf die Intrige ihres Vaters verlautet ebensowenig wie über die Gefühle ihrer Schwester. Fügen sich die bei-

---

[34] Vgl. Ringgren, H., יָפָה, jāpāh, יָפֶה, יָפֶה, יְפֵיפֶה, in: Botterweck, G.J., Ringgren, H., Hgg., ThWAT III, Stuttgart/Berlin u.a. 1982, 787–790.

[35] Zu einem möglichen Verständnis des Verhältnisses zwischen Jakob und Laban vgl. Daube, D., Yaron, R., Jacob's Reception by Laban, in: JSSt 1 (1956), 60–62.

[36] Vgl. zu dieser Szene Jagendorf, Z., „In the Morning, Behold it was Leah": Genesis and the Reversal of Sexual Knowledge, in: Prooftexts 4 (1984), 187–192.

[37] Nach den meisten Auslegern handelt es sich bei den Versen 24 und 29—der Zuteilung der beiden Mägde Silpa und Bilha an Lea und Rachel—um spätere Hinzufügungen, die den Erzählfluß unterbrechen (so z.B. Westermann, I/2, a.a.O., 569; Blum, a.a.O., 104f.), nach Sherwood, a.a.O., 81, steigern diese beiden Verse die Spannung, indem sie die Handlung verzögern.

[38] Vgl. die parallele Verwendung der Begriffe צעירה, בכירה, (29,26) und בכור (27,19), צעיר (25,23), sowie der Wurzel רמה (29,25 und 27,35) in der Jakob-Esau- bzw. Jakob-Laban-Erzählung; vgl. dazu z.B. Zakovitch, Y., Through the Looking Glass: Reflections/Inversions of Genesis Stories in the Bible, in: Biblical Interpretation 1 (1993), 139–152, bes. 140; Fishbane, a.a.O., 55; Fokkelman, a.a.O., 128–130.

den stillschweigend den Plänen ihres Vaters[39] oder hatte ihr Widerstand keinen Erfolg? Die Erzählung betont es zwar nicht explizit, doch ergibt sich aus dem Gang der Handlung, daß Laban mit seinem listigen Plan nicht nur Jakob betrogen hat, sondern auch seine beiden Töchter, insbesondere die von Jakob geliebte Rachel.[40] Der Text sagt allerdings nichts von Rachels Gefühlen gegenüber dem Verwandten, sondern berichtet nur von Jakobs Liebe: Wurde sie überhaupt erwidert, oder entstammt das Bild von der Liebesromanze zwischen Rachel und Jakob den Phantasien späterer Ausleger?[41] Der Verfasser des biblischen Textes scheint sich für diese Frage nicht zu interessieren.

Rachel bleibt auch im zweiten Teil der Erzählung passives Objekt der Wünsche und Bestrebungen anderer, sowohl Labans als auch Jakobs; mit ihren eigenen Bedürfnissen kommt sie nicht zu Wort. Der Schlußvers der Episode betont noch einmal die Liebe Jakobs zu Rachel, die über die Liebe zu seiner ersten Frau hinausgeht. Damit wird eine der Ursachen des bevorstehenden Konflikts zwischen den beiden Schwestern bereits angedeutet.

2.1.2.2. *Der Konflikt zwischen Rachel und Lea (Gen 29,31–30,24)*
Im Zentrum der Jakob-Geschichten[42] befindet sich—eingebettet in die Auseinandersetzungen zwischen Jakob und Laban—die Schilderung des Konfliktes der beiden Schwestern, der um die Themen Liebe und Fruchtbarkeit kreist und sich bis in die Namensgebung für ihre Kinder fortsetzt.[43] Der Text gliedert sich wie folgt: In drei Abschnitten wird über je vier Geburten berichtet (29,31–35; 30,5–13; 30,17–24), dazwischengeschaltet sind zwei Abschnitte, in denen Dialoge zwischen Rachel und Jakob (30,1–4) bzw. Rachel und Lea (30,14–16) im Mittelpunkt stehen.[44] S.H. Dresner vergleicht die Abfolge der

---

[39] So die Vermutung von Abrams, a.a.O., 215.

[40] Vgl. z.B. Jacob, B., a.a.O., 502; Westermann, I/2, a.a.O., 570.

[41] Goldfarb, S.D., ‏אהבת יעקוב לרחל‎, in: BethM 21 (1975), 289–292, spricht von Liebe auf den ersten Blick (289), Fischer, a.a.O., 83, von einer 'Liebesheirat', was aus der Sicht Jakobs sicher richtig und für das Alte Testament eher ungewöhnlich ist (vgl. auch Boecker, a.a.O., 69). Jedoch sollte dies nicht über die fehlende Reaktion Rachels hinwegtäuschen (vgl. Sherwood, a.a.O., 84).

[42] Zum chiastischen Aufbau der Jakob-Geschichten um Gen 30 vgl. z.B. Fishbane, a.a.O., 42; Sherwood, a.a.O., 375.

[43] Vgl. Dresner, S.H., Rachel and Leah, in: Jdm 38 (1989), 151–159, bes. 152.

[44] Vgl. Sherwood, a.a.O., 173f. Der Frage, wie sich der überlieferungsgeschichtliche Prozeß im einzelnen gestaltete, soll nicht weiter nachgegangen werden. Zu

Ereignisse mit einem Pendel, das einmal zugunsten der einen Frau, das andere Mal zugunsten der anderen ausschlägt.[45]

Den Auftakt bildet Gottes Eingreifen zugunsten der benachteiligten Lea (29,31). Die Bezeichnung Leas als שנואה—wörtlich 'gehaßt'— ist in ihrer Schärfe mißverständlich. Ein Vergleich mit Dtn 21,15–17 zeigt, daß es sich bei שנואה um die gängige Bezeichnung für die weniger geliebte Frau in einer Doppelehe handelt—im Gegensatz zur אהובה, der (mehr) geliebten Frau. Die Bezeichnung sollte daher eher mit 'weniger geliebt' wiedergegeben werden.[46] JHWH wendet sich nun gerade der verschmähten Lea zu und gewährt ihr Nachkommen, während Rachel unfruchtbar bleibt. Dabei wird vorausgesetzt, daß die Fähigkeit, Kinder zu zeugen bzw. zu gebären, auf Gott als Urheber allen Lebens zurückgeführt werden muß.[47]

Rachel ist nicht die einzige Frauengestalt im Alten Testament, die zunächst unfruchtbar bleibt; sowohl die Erzmütter Sara (Gen 16,1; 18,13) und Rebekka (Gen 25,21) als auch andere Frauen, die später bedeutende Söhne des Volkes Israel hervorbringen, wie z.B. Hanna, die Mutter Samuels, oder die Mutter Simsons sind davon betroffen.[48] Im Rahmen der Patriarchen-Erzählungen wird durch die Unfruchtbarkeit der Erzmütter zunächst die Sohnes- und Mehrungsverheißung in Frage gestellt und die Zerbrechlichkeit des Bundes angedeutet. Die spätere Geburt des Sohnes und Verheißungsträgers wird dann als besonderes Geschenk aufgefaßt.[49]

Lea teilt nicht die Unfruchtbarkeit der anderen Stammütter[50] und gebiert Jakob zunächst vier Söhne (29,32–35). In den Namen, die

---

den verschieden Positionen vgl. z.B. v.Rad, a.a.O., 237; Westermann, I/2, a.a.O., 575f.; Lehming, S., Zur Erzählung von der Geburt der Jakobsöhne, in: VT 13 (1963), 74–81; Amir, D., המסורות של סיפור לידת בני יעקוב, in: BethM 17 (1972), 220–224.

[45] Vgl. Dresner, a.a.O., 152.

[46] Vgl. Boecker, a.a.O., 73.

[47] Vgl. z.B. Ps 139,13; Hi 10,8–12. Siehe auch Boecker, ebd. Gottes Parteinahme für Lea betont v.a. Ross-Burstall, J., Leah and Rachel: A Tale of Two Sisters, in: Word & World 14 (1994), 162–170.

[48] Vgl. Fischer, a.a.O., 89; Fuchs, E., The Literary Characterization of Mothers and Sexual Politics in the Hebrew Bible, in: Collins, A.Y., Hg., Feminist Perspectives on Biblical Scholarship (Richards, K.H., Hg., SBL. Biblical Scholarship in North America 10), Chico 1985, 117–136. Zu den Analogien zwischen Rachel und Hanna vgl. auch Segal, P., ירושה עלי, in: BethM 33 (1988), 179–183.

[49] Vgl. Dresner, S.H., Barren Rachel, in: Jdm 40 (1991), 442–451; vgl. auch ders., Rachel, a.a.O., 82f.

[50] In Gen 30,9 ist lediglich von einer Gebärpause Leas die Rede.

sie ihren Söhnen gibt, kommt ihre Hoffnung zum Ausdruck, nun doch
noch von ihrem Mann geliebt zu werden.

Für Rachel bedeutet die ausbleibende Schwangerschaft eine große
Erniedrigung vor ihrer Schwester. Auf Leas Fruchtbarkeit reagiert
sie mit Eifersucht (30,1) und bleibt nicht länger passiv, sondern tritt
aus dem Hintergrund hervor. Das erste Gespräch, das zwischen ihr
und ihrem Ehemann überliefert ist, besteht aus einer harten Auseinandersetzung über die Ursachen der Kinderlosigkeit. In den oben
erwähnten Fällen von Kinderlosigkeit wird kein Zweifel daran gelassen, daß diese auf die jeweilige Frau zurückgeführt werden muß. In
Gen 30,1 wird immerhin überliefert, daß Rachel es wagt, von Jakob
Kinder einzufordern und damit ihren Mann implizit für das Ausbleiben
der Kinder verantwortlich macht; dieser kontert jedoch mit der Frage,
ob er die Stelle Gottes einnehme, und lehnt zornig jede Verantwortung
ab.[51] Schließlich gibt sie Jakob ihre Magd Bilha, die stellvertretend
für sie gebären soll—Ähnliches tat Sara mit ihrer Magd Hagar (Gen
16,2).[52]

Rachel erhält von ihrer Magd zwei Söhne, deren Namen Rachels
Triumph über ihre Schwester Lea widerspiegeln. Gen 30,8 faßt den
Kampf der beiden Schwestern zusammen—der Name des zweiten
Sohnes Naftali wird gedeutet: Die Verdrehungen Gottes habe ich
verdreht mit meiner Schwester.[53] Rachel 'dreht' am Eingreifen Gottes
zugunsten Leas und erkämpft sich ihr Recht; die Rivalität zwischen

---

[51] Während Chertok, H., Rachel and Esau, in: Tikkun 1 (1986), 54–58, v.a. die
Unangemessenheit der Forderung Rachels betont und Verbindungen zu Esaus
Verhalten zieht, verweist Fuchs, Literary Characterization, a.a.O., 123, auf die
Schroffheit der Erwiderung Jakobs, die im Gegensatz zu Isaaks Reaktion auf Rebekkas
Unfruchtbarkeit steht: Isaak betet für seine Frau zu Gott (Gen 25,20).

[52] Zu den altorientalischen Parallelen dieser Form stellvertretenden Gebärens vgl.
Seters, J.v., The Problem of Childlessness in Near Eastern Law and the Patriarchs
of Israel, in: JBL 87 (1968), 401–408; Grayson, A.K., Seters, J.v., The Childless
Wife in Assyria and the Stories of Genesis, in: Or. 44 (1975), 485f. Zu den Parallelen
zwischen Sara und Hagar sowie Rachel und Lea vgl. Brenner, A., Female Social
Behaviour: Two Descriptive Patterns Within the 'Birth of the Hero' Paradigm, in:
dies., Hg., A Feminist Companion to Genesis (dies., Hg., The Feminist Companion
to the Bible 2), Sheffield 1993, 204–221, bes. 207–211.

[53] So die Übersetzung von Crüsemann, F., Die Gotteskämpferin. Genesis 30,8,
in: Sölle, D., Hg., Für Gerechtigkeit streiten. Theologie im Alltag einer bedrohten
Welt, FS L. Schottroff zum 60. Geb., Gütersloh 1994, 41–45, Zitat S.41. Als
Alternative wäre denkbar, אלהים als Superlativ aufzufassen: Mächtige Kämpfe
kämpfte ich. Mit Crüsemann, a.a.O., 42, sollte dies jedoch nicht vorschnell geschehen, da man Rachel in diesem Fall eine wichtige Gotteserfahrung abspräche. Zur
Problematik vgl. Thomas, D.W., A Consideration of Some Unusual Ways of

Rachel und Lea entspricht den Auseinandersetzungen zwischen Jakob und Esau, denn in ähnlicher Weise verfuhr Jakob mit seinem Bruder.[54]

Rachels Triumph währt nicht lange, denn auch Lea gibt Jakob ihre Magd und erhält auf diese Weise zwei Söhne (30,9–13)—das Pendel schlägt wieder auf Leas Seite aus. Erst jetzt, im Zusammenhang mit den Liebesäpfeln,[55] die Leas erstgeborener Sohn Ruben vom Feld mit nach Hause bringt, kommt es zum Dialog zwischen den beiden Schwestern: Es entzündet sich ein Streit um die Früchte (30,14f.). Aus Rachels Sicht besitzt Lea sowohl die Mandragora als auch Söhne, aus Leas Sicht hat diese zwar die Mandragora und Söhne, aber das Entscheidende, nämlich die Liebe ihres Mannes, bleibt ihrer Schwester vorbehalten.[56] Die Frauen einigen sich auf Rachels Vorschlag, Lea möge ihr eine Frucht gegen eine Nacht bei Jakob abtreten. Jakob hat bei alledem nichts zu melden; seine Frauen verfügen über ihn. Dies zeigt nicht zuletzt die Formulierung שכר שכרתיך (30,16): Lea hat sich ihren Mann für eine Nacht erkauft. Jakob steht völlig unter der Verfügungsgewalt seiner Frau und wird ein weiteres Mal für seinen Betrug an Esau bestraft.[57]

Rachel befindet sich nun zwar im Besitz der Frucht, doch bleibt sie weiterhin kinderlos. Dagegen gebiert Lea infolge der erkauften Nacht mit Jakob einen Sohn; später erhält sie noch einen weiteren Sohn und eine Tochter (30,17–21). Doch da wendet sich Rachels Schicksal: Rachel wird nach jahrelanger Unfruchtbarkeit schwanger—was ausdrücklich auf Gottes Eingreifen zurückgeführt wird (30,22)—und gebiert einen Sohn, den sie Josef nennt. Die doppelte Namensgebung wird von zwei verschiedenen Wurzeln abgeleitet, einmal von אסף (V.23 אסף אלהים את־חרפתי—Gott nahm meine Schmach hinweg) und einmal von יסף (V.24 יסף יהוה לי בן אחר—Gott füge mir

---

Expressing the Superlative in Hebrew, in: VT 3 (1953), 209–224, der Gen 30,8 kurz erwähnt, aber nicht näher darauf eingeht, da der Zusammenhang unklar sei (vgl. 214).

[54] Jedoch kommt es bei Rachel und Lea zu keiner abschließenden Versöhnung, vgl. z.B. Pardes, I., Rachel's Dream of Grandeur, in: Büchmann, C., Spiegel, C., Hgg., Out of the Garden. Women Writers on the Bible, New York 1994, 27–40, bes. 30f.37.

[55] Wahrscheinlich handelt es sich bei den דודאים um die Frucht der Mandragora, ein Aphrodisiakum, vgl. z.B. Westermann, I/2, a.a.O., 580.

[56] Vgl. Fischer, a.a.O., 27.

[57] Dieses Mal bezieht sich die 'Bestrafung' auf das Erkaufen der Erstgeburt für ein Linsengericht, vgl. z.B. Ben Reuben, S., קניית הדודאים כנמול על קניית הבכורה, in: BethM 28 (1982/83), 230f.

einen weiteren Sohn hinzu). Die zweifache Begründung unterstreicht
die Bedeutung dieses Kindes: Auf ihn läuft die Erzählung zu.

Ist Rachel nun zufrieden? Angesichts ihrer Unfruchtbarkeit, welche sie gegenüber ihrer Schwester als minderwertig erscheinen läßt,
hat sie die Rolle einer Statistin abgelegt und sich zu einer Frau entwickelt, die für ihre Interessen kämpft, wobei sich ihre Energien auf
das Thema 'Mutterschaft' konzentrieren.[58] Dabei scheut sie keine
Konflikte. Wie der Name ihres Kindes zeigt, haben sich ihre Wünsche
mit dessen Geburt nur zum Teil erfüllt—sie wünscht sich einen weiteren Sohn (30,24). Für Jakob ist die Geburt Josefs, des Sohnes seiner Lieblingsfrau, Zeichen des Aufbruchs von Haran (30,25), welcher
sich zur heimlichen Flucht gestaltet (31,20f.).

2.1.2.3. *Rachels Diebstahl (Gen 31,19.30–35)*

Vor der fluchtartigen Abreise der Familie ruft Jakob seine beiden
Frauen zu sich aufs Feld, um sich ihrer Zustimmung zu versichern.
Die geplante Flucht begründet er mit einem Verweis auf das ihm von
Laban zugefügte Unrecht und Gottes Befehl zum Aufbruch (31,4–16).
Die beiden Frauen—Rachel wird hier immer zuerst genannt (31,4.14)—
stimmen einmütig zu, denn auch ihnen hat Laban Unrecht getan,
sie „verkauft" (31,15) und wie Fremde behandelt. Die gemeinsam
von ihrem Vater erlittenen Ungerechtigkeiten führen zu einer vor-
übergehenden Kooperation der beiden Rivalinnen.[59]

Eingeschoben in den Bericht über die Flucht Jakobs und seiner
Familie ist in V.19b die Bemerkung, daß Rachel den Teraphim ihres
Vaters stahl. Die Funktion eines Teraphim ist bis heute noch nicht
vollständig geklärt: Möglicherweise handelt es sich um einen Hausgott,
der die Familie beschützen soll.[60] Für den Leser wird bereits an dieser Stelle der bevorstehende Konflikt angedeutet.[61]

---

[58] Vgl. Abrams, a.a.O., 216.

[59] Vgl. Brenner, a.a.O., 210f.; Pardes, a.a.O., 33.

[60] Vgl. Westermann, I/2, a.a.O., 602. Zur singularischen Bedeutung des Substantivs
vgl. 1 Sam 19,13.16 und Westermann ebd. Greenberg, M., Another Look at Rachel's
Theft of the Teraphim, in: JBL 81 (1962), 239–248, verweist auf Parallelen in Nuzi-
Texten, die für eine Interpretation im Sinne einer Sicherung der Stellung des
Familienoberhauptes durch den Besitz des Hausgottes sprechen; das Götterbild werde
beim Tod des Familienvaters weitervererbt (240–245). Greenberg selbst hält jedoch
den bei Josephus überlieferten Brauch, den Hausgott bei der Reise in ein fremdes
Land mitzunehmen (Ant 18,9.5), als Grund für Rachels Diebstahl für wahrscheinlicher (246–248). Nach Gevarjahu, H.M.S., לבירור טיבם של התרפים בתני״ך (למה גנבה
?רחל את התרפים), in: BethM 7 (1963), 81–86, handelt es sich bei dem Teraphim
nicht um einen Hausgott, sondern am ehesten um ein Stammesorakel.

[61] Vgl. Westermann, I/2, a.a.O., 601f.

Der Diebstahl des Teraphim stellt den schwerwiegendsten Anklage-
punkt dar, den Laban gegenüber Jakob erhebt, nachdem er ihn auf
seiner Flucht eingeholt hat. Jakob weist alle Anschuldigungen von
sich und spricht einen Fluch über den ihm unbekannten Dieb aus,
der, wenn er von Laban gestellt wird, sterben soll (31,30–32). Im
Bericht über die erfolglose Durchsuchung aller Zelte der Familie
Jakobs durch Laban erhält der Erzähler die Spannung bis zum Schluß
aufrecht, indem er Laban Rachels Zelt zuletzt betreten läßt und dem
Leser Rachels List so lange wie möglich verschweigt:[62] Rachel hat
den Teraphim unter dem Kamelsattel versteckt und entschuldigt sich
mit dem Hinweis, daß es ihr „nach der Weise der Frauen" gehe,
dafür, nicht aufstehen zu können (31,33–35). Den in dieser Episode
verborgenen Spott über den Götzen bemerkte schon H. Gunkel:
Rachel sitzt auf dem Teraphim im Zustand größter Unreinheit.[63]
Laban kommt der Unreinen nicht zu nahe und findet nichts.

Wie ist Rachels Diebstahl zu bewerten? Der Text läßt einige Fragen
offen, v.a. die Frage nach der Motivation für die Tat. Brachte sich
Rachel deshalb in den Besitz des Teraphim, um sich und ihrem
Sohn den Primat in der Familie zu sichern?[64] Wollte sie damit auch
ihrer Schwester überlegen sein?[65] Oder wollte sie sich hauptsächlich
an ihrem Vater für seine Ausbeutung und die Erniedrigung rächen?[66]

Hat Laban Jakob betrogen, so wird er nun seinerseits von seiner
eigenen Tochter getäuscht.[67] Mit ihrem listigen Verhalten wandelt
Rachel durchaus in den Spuren ihres Ehemannes—daher nennt sie
auch Fokkelman „a true Jacoba".[68] Auf textlicher Ebene werden die
Verhaltensweisen der beiden Gestalten durch die Wurzel גנב zueinander in Beziehung gesetzt.[69] Einerseits stellt Rachel mit ihrer Aktion
ihren Mut unter Beweis,[70] andererseits hat sie aufgrund ihrer sozial
schwachen Stellung als Frau keine Möglichkeit, sich auf legalem Weg

---

[62] Vgl. Fokkelman, a.a.O., 170.
[63] Vgl. Gunkel, a.a.O., 348.
[64] Vgl. Spanier, K., Rachel's Theft of the Teraphim: Her Struggle for Family
Primacy, in: VT 42 (1992), 404–412.
[65] Vgl. Spanier, a.a.O., 405; Pardes, a.a.O., 34.
[66] Vgl. Fokkelman, a.a.O., 163f.
[67] Vgl. Fishbane, a.a.O., 55.
[68] Vgl. Fokkelman, a.a.O., 163.
[69] Gen 31,19.30.32 im wörtlichen Sinn in bezug auf Rachel, Gen 31,20.26.27
im übertragenen Sinn in bezug auf Jakob; vgl. dazu Mehlman, B., Gen 31:19–39:
An Interpretation, in: Journal of Reform Judaism 29 (1982), 33–36.
[70] Diesen Aspekt betont z.B. Chalier, a.a.O., 205.

in den Besitz des väterlichen Vermögens zu bringen.[71] E. Fuchs weist
auf die Unterschiede in der biblischen Darstellung männlicher und
weiblicher Täuschungsversuche hin: Bei den betrügerischen Frauen
fehlten zumeist die Angabe eines Motivs, ein Urteil des Erzählers
sowie die abschließende Klärung bzw. Bestrafung der Täterin. So
sei das Bild der Frau stets ambivalent.[72] Dies trifft auch auf Rachel
zu: Bei allem Respekt vor ihrer Verschlagenheit läßt der Erzähler
doch die Gründe ihrer Tat im Dunkeln; er enthält sich eines Urteils,
und der Fall wird nie aufgeklärt. Ähnliches gilt auch für die Antwort,
die Rachel ihrem Vater gibt: Letztlich ist nicht herauszubekommen,
ob sie Laban belügt, oder ob ihre menstruelle Unreinheit eine will-
kommene Ausrede darstellt.[73]

Jakob und Laban handeln miteinander einen Vertrag aus und
trennen sich in aller Güte (31,44–54), doch der Diebstahl wird nicht
aufgeklärt, und das Bild der Erzmutter bleibt in dieser Episode
ambivalent.

Im Hinblick auf die Auslegungsgeschichte verdient ein weiteres Detail
der Rachel-Erzählungen Erwähnung. Es ist keinem der behandelten
Themenkomplexe zuzuordnen, sondern findet sich innerhalb der Ver-
söhnungsszene zwischen Jakob und Esau Gen 33,1–16: Jakob stellt
seinem Bruder seine Familie vor und bestimmt die Reihenfolge des
Zuges, der Esau entgegenzieht, so, daß die Kinder ihren jeweiligen Müttern zugeordnet werden. Dabei laufen die Mägde mit ihren
Söhnen zuerst, gefolgt von Lea und ihren Kindern sowie Rachel mit
Josef (Gen 33,1–7). Hierin zeigt sich noch einmal die Bevorzugung

---

[71] Fuchs, E., Who is Hiding the Truth? Deceptive Women and Biblical Androcentrism, in: Collins, A.Y., Hg., Feminist Perspectives on Biblical Scholarship (Richards,
K.H., Hg., SBL. Biblical Scholarship in North America 10), Chico 1985, 137–144,
verweist auf das patriarchale Erbrecht (139).

[72] Vgl. Fuchs, E., "For I Have the Way of Women": Deception, Gender, and
Ideology in Biblical Narrative, in: Semeia 42 (1988), 68–83, bes. 71. Jakob dagegen wird für seinen Betrug an Esau durch die Vertauschung der Bräute bestraft,
und es kommt zur Versöhnung der Brüder (Gen 33,1–16); vor seiner Flucht vor
Laban gibt der Erzähler Jakob die Möglichkeit, sich in einer langen Rede zu rechtfertigen (Gen 31,5–13)—vgl. Fuchs, "For I Have the Way of Women", a.a.O.,
70–72. Vgl. auch die Beispiele weiterer Frauengestalten bei Fuchs, Who is Hiding
the Truth?, a.a.O.

[73] Steinberg, N., Israelite Tricksters, Their Analogues and Cross-Cultural Study,
in: Semeia 42 (1988), 1–13, plädiert angesichts der in Gen 35,16–18 berichteten
Geburt Benjamins für die erste Option (7).

Rachels gegenüber Lea—sie bleibt Jakobs liebste Frau und beschließt als sein kostbarster 'Schatz' mit Josef den Zug.

2.1.2.4. *Benjamins Geburt und Rachels Tod (Gen 35,16–20)*

Die in Gen 35,16–20 überlieferte Episode veranschaulicht die Tragik in Rachels Leben: Sie, die meinte, ohne Kinder sterben zu müssen (vgl. Gen 30,1), stirbt nun bei der Geburt ihres zweiten Sohnes:[74] Die Geburt, deren Schwere betont wird (35,16f.),[75] ereignet sich auf der Reise der Familie von Bethel nach Hebron zu Jakobs Vater. Von den aufmunternden Worten einer Hebamme unterstützt,[76] bringt Rachel einen Sohn zur Welt, dem sie mit ihren letzten Atemzügen den Namen Ben-Oni gibt; Jakob benennt ihn um in Ben-Jamin (35,18).

In der alttestamentlichen Exegese hat sich die Auffassung durchgesetzt, daß unter Ben-Oni 'Sohn meines Unglücks' bzw. 'Schmerzes' und unter Ben-Jamin 'Sohn der Rechten', d.h. 'Glückskind' oder als Stammesname 'Sohn des Südens', zu verstehen ist.[77] In der Namensgebung für ihr Kind verleiht Rachel noch einmal ihrem verzweifelten Kampf Ausdruck, doch behält sich ihr Ehemann eine positive Umdeutung des Namens vor.[78] Die Geburt Benjamins im Land Israel—im Gegensatz zu seinen Brüdern, die in der Fremde zur Welt kommen—unterstreicht seine besondere Stellung, die ihm als Ahnherrn

---

[74] Vgl. dazu z.B. Fischer, a.a.O., 29.

[75] Zur medizinischen Indikation vgl. Blondheim, S.H., Blondheim, M., The Obstetrical Complication of Benjamin's Birth, in: Dor Le Dor 13 (1984/85), 88–92.

[76] Denselben Zuspruch—sie solle sich nicht fürchten, denn sie werde einen Sohn gebären—erfährt auch Elis Schwiegertochter in ähnlicher Situation 1 Sam 4,20; vgl. z.B. Westermann, I/2, a.a.O., 675.

[77] Vgl. z.B. Westermann, I/2, a.a.O., 676. In Anspielung auf Rachels Diebstahl interpretiert z.B. Hacohen, D. b.R.H., ואביו קרא לו בנימין, in: BethM 23 (1977), 239–241, Ben-Oni als 'Sohn meines Frevels' und Ben-Jamin als 'Sohn meines Schwurs'. Sha'anan, J., (הערות למאמרו של דוד בן ואביו קרא לו בנימן (או בנימים?) רפאל חיים הכהן), in: BethM 24 (1978), 106, hält Ben-Jamim, 'Sohn meiner Tage', für die ursprüngliche Form. In eine andere Richtung denkt Schäfer-Bossert, S., Den Männern die Macht und der Frau die Trauer? Ein kritischer Blick auf die Deutung von און—oder: Wie nennt Rahel ihren Sohn?, in: Jahnow, H., u.a., Feministische Hermeneutik und Erstes Testament. Analysen und Interpretationen, Stuttgart/Berlin/Köln 1994, 106–125, die Ben-Oni positiv im Sinne von 'Sohn meiner Lebenskraft' deutet (vgl. bes. 122).

[78] Gegen Fischer, a.a.O., 30, ist der Akt der Umbenennung m.E. jedoch nicht als Zeichen der positiven Aufarbeitung des Todes Rachels von Seiten Jakobs zu verstehen, sondern eher als Ausdruck seines Unverständnisses in bezug auf die Tiefe des Schmerzes seiner Frau, vgl. Abrams, a.a.O., 219.

Sauls, des ersten israelitischen Königs, auch zweifelsohne zukommt.[79]

Doch zurück zur Stammutter Rachel. Warum muß sie nach der Erzählung zu solch einem frühen Zeitpunkt sterben? Gibt es einen Zusammenhang zwischen Jakobs Verfluchung des Götterbild-Diebes (vgl. Gen 31,32) und dem Tod seiner Frau? Auf der Ebene des alttestamentlichen Textes scheint mir eine solche Verbindung nicht intendiert, denn genau genommen verflucht Jakob nicht den unerkannten Dieb, sondern denjenigen, bei dem das Diebesgut tatsächlich gefunden wird.[80]

Jakob begräbt seine verstorbene Frau am Rand der Straße nach Efrat und errichtet ihr einen Malstein, der dem Erzähler noch bekannt ist (35,19f.). Mit der Lokalisierung des Rachelgrabes in Gen 35 verbinden sich zwei Unklarheiten: 1. כברת הארץ (35,16). Zumeist wird davon ausgegangen, daß es sich um ein Wegmaß handelt, dessen genaue Länge jedoch unklar ist. Eine Ableitung aus dem Akkadischen bīr/bēr qaqqari ist denkbar;[81] die Entfernung zwischen der Grabstätte und Efrat würde dann ungefähr (כ) eine Landmeile (ברת ארץ) betragen, was etwa einer in zwei Stunden zurückgelegten Strecke entspricht.[82] 2. Die Gleichsetzung von Efrat mit Bethlehem (35,19). Sie wird zumeist als Glosse angesehen, welche eine Lokalisierung des Rachelgrabes bei Bethlehem bezeugt, währenddessen ursprünglich wohl an das benjaminitische Efrat gedacht war.[83] Daß die südliche Lokalisierung nicht die einzige Grabtradition darstellt, wird v.a. anhand der Interpretation von Jer 31,15 deutlich.[84] Innerhalb des nächsten Teils, der sich mit der inneralttestamentlichen Fortsetzung der Rachel-Erzählung befaßt, muß daher—unter Einbeziehung der

---

[79] Zur Sonderstellung Benjamins vgl. z.B. Muilenburg, J., The Birth of Benjamin, in: JBL 75 (1956), 194–201. Vgl. auch Knopf, T., Rahels Grab. Eine Tradition aus dem TNK, in: DBAT 27 (1991), 73–137.

[80] Mit Fuchs, "For I Have the Way of Women", a.a.O., 81, gegen Chertok, a.a.O., 75; Sherwood, a.a.O., 323.

[81] Vgl. AHw I, Soden, W.v., Hg., Wiesbaden ²1985, 130.

[82] Vgl. Vogt, E., Benjamin geboren „eine Meile" von Ephrata, in: Bib 56 (1975), 30–36. Vgl. dazu auch Garbini, G., La Tomba die Rachele ed ebr. * bērâ „ora doppia di cammino", in: BeO 19 (1977), 45–48.

[83] Vgl. z.B. Soggin, J.A., Die Geburt Benjamins, Genesis XXXV 16–20 (21), in: VT 11 (1961), 432–440, bes. 433; Westermann, I/2, a.a.O., 676. Tsevat, M., Studies in the Book of Samuel. II. Interpretation of I Sam. 10:2. Saul at Rachel's Tomb, in: HUCA 33 (1962), 107–118, führt als Begründung z.B. die Tatsache an, daß die Näherbestimmung von Efrat als Bethlehem erst hier in Gen 35,19 erfolgt und nicht schon bei der erstmaligen Erwähnung des Ortes in V.16 (109).

[84] Vgl. Abschnitt 2.3.1. der Arbeit.

relevanten Stellen außerhalb der eigentlichen Erzählung—auch die
Diskussion um die Lokalisierung des Rachelgrabes zur Sprache
kommen.

Rachels früher Tod verdeutlicht noch einmal die Höhe des Preises,
den sie für ihren Kampf um Anerkennung und die Erfüllung ihrer
Wünsche zu zahlen hat. Rachel wird zur tragischen Gestalt: Im Laufe
ihres Lebens entwickelt sie sich von einer Statistin zu einer Frau,
die um die Durchsetzung ihrer für sie lebensnotwendigen Interessen
kämpft. Sie stirbt nach einem Leben voller Enttäuschungen, als sie
ihrem zweiten Sohn das Leben 'schenkt' und damit am Ziel ihrer
Träume angelangt ist. Diesem frühen Tod am Wegesrand—abseits
des Familiengrabes in der Höhle Machpela, in der später auch ihre
Schwester begraben wird (vgl. Gen 49,31)—haftet ein bitterer Nach-
geschmack an; das Ende bleibt unbefriedigend und verlangt förmlich nach einer Fortsetzung.

2.2. *Die inneralttestamentliche Wirkungsgeschichte der Rachel-Erzählungen in Gen 48,7; 1 Sam 10,2; Hos 12,13 und Rut 4,11*

2.2.1. *Rachels Grab in seinen biblischen Bezeugungen*[85]

Innerhalb der Patriarchen-Erzählungen der Genesis wird in Gen 48,7
auf das Grab der Erzmutter Rachel Bezug genommen. Der Vers
stellt eine von Jakob in der 1. Person Singular formulierte und in
weiten Teilen wörtliche Übernahme einzelner Elemente aus Gen
35,16.19 dar, einschließlich der Gleichsetzung Efrats mit Bethlehem
durch den Glossator. Dabei wird folgende Situation vorausgesetzt:
Der schwerkranke Jakob bekommt Besuch von Josef und dessen beiden Söhnen (48,1f.) und segnet seine Enkel (48,9ff.), wobei er sie seinen eigenen Söhnen gleichstellt (48,5). In diesem Zusammenhang
blickt Jakob zurück auf die Gotteserscheinung in Bethel (48,3f.) und
den Tod und das Begräbnis seiner Frau: Und als ich von Paddan
kam, starb mir Rachel im Land Kanaan auf dem Weg ... (48,7).
Stellung und Inhalt dieses Verses fallen aus dem Rahmen. H. Gunkel

---

[85] Vgl. dazu auch die Ausführungen zu Jer 31,15 in Abschnitt 2.3.1. Weitere
Erwähnungen Rachels in den genealogischen Listen der Genesis (Gen 35,24f. in
der Liste der Söhne Jakobs [35,22b–26] und Gen 46,19.22 in der Liste der Söhne
und Enkel Jakobs, die mit ihm zu Josef nach Ägypten ziehen [46,8–27]) können
unberücksichtigt bleiben.

versucht die Schwierigkeiten zu beseitigen, indem er mutmaßt, daß
sich an Gen 48,7 ursprünglich Jakobs Wunsch angeschlossen habe,
bei seiner Frau begraben zu werden.[86] Dies steht allerdings in ein-
deutigem Widerspruch zu seiner Bitte, in der Höhle Machpela begraben zu werden (Gen 50,5; vgl. die in Gen 50,13 überlieferte Umsetzung
des Wunsches).

Psychologisch läßt sich die Erwähnung Rachels hinreichend erklären: Angesichts des nahen Todes hat Jakob noch einmal dieses ein-
schneidende und vielleicht nicht genügend aufgearbeitete Ereignis
des Todes seiner Lieblingsfrau vor Augen. Wie nah ihm dieser Vorfall
geht, kommt in der emphatischen Formulierung מתה עלי רחל—es
starb *mir* Rachel—zum Ausdruck. Daneben ist auch eine lokale
Interpretation denkbar: Rachel starb vor meinen Augen.[87] Beide Fälle
lassen die Eindringlichkeit deutlich werden, mit der Jakob dieses
Ereignis auf seinem Sterbebett vor Augen steht. Eine andere Deutung
schlägt S. Bacon vor. Er übersetzt מתה עלי mit „because of me"—
meinetwegen: Jakob wolle seine Schuld an Rachels Tod—aufgrund
seiner Verfluchung des Diebs (Gen 31,32)—auf dem Totenbett benen-
nen.[88] Ob dieser Zusammenhang bereits auf der Ebene des biblischen Textes besteht, ist jedoch fraglich.

Auch in 1 Sam 10,2 findet sich ein Bezug auf das Rachelgrab:
Innerhalb der Erzählung von der Salbung Sauls zum König auf der
Suche nach den verlorenen Eselinnen seines Vaters (1 Sam 9,1–10,16)
wird berichtet, daß Saul nach seiner Salbung in Rama durch Samuel
von diesem drei Zeichen genannt werden, auf die er auf seinem
Rückweg stoßen wird: Beim Rachelgrab werden ihm zwei Männer
begegnen, die ihm von der Auffindung der Eselinnen berichten, an
der Taboreiche wird er drei Männer treffen, die ihm zwei Brotlaibe
geben werden, und im Gibea Gottes eine Schar Propheten, mit denen
er in Verzückung geraten wird (10,2–7).[89]

---

[86] Vgl. Gunkel, a.a.O., 371. Zu den einzelnen Vorschlägen für eine Versumstellung
vgl. Jacob, B., a.a.O., 869f. Die Funktion von V.7 als Übergang zwischen V.1–6
und 8–12 betont Seebaß, H., The Joseph Story, Genesis 48 and the Canonical
Process, in: JSOT 35 (1986), 29–43, bes. 30.

[87] Vgl. z.B. Procksch, O., Die Genesis. Übersetzt und erklärt (KAT 1), Leipzig/
Erlangen ³1924, 420.

[88] Vgl. Bacon, S., Jacob, Man of Destiny, in: Dor Le Dor 10 (1981/82), 10–19.
106–117, bes. 107.

[89] Zu den verschiedenen Rekonstruktionen der Reiseroute Sauls vgl. Edelman,
D., Saul's Journey Through Mt. Ephraim and Samuel's Ramah (1 Sam 9:4–5;
10:2–5), in: ZDVP 104 (1988), 44–58.

Das Grab Rachels verweist auf die Stammesgeschichte des Benjaminiten Saul, dessen Stammvater an dieser Stelle geboren wurde, und steht als erstes Legitimationszeichen für den frisch gesalbten König in enger Verbindung mit dem israelitischen Königtum.[90] Im Zusammenhang dieser Studie ist v.a. die Lokalisierung des Grabes, bei dem es sich um einen markanten Punkt handeln muß, von Bedeutung. Der Text gibt als Ortsbestimmung בצלצה בגבול בנימן— im Gebiet Benjamins in Zelzach—an (V.2). Eine Lokalisierung Zelzachs ist bisher noch nicht gelungen, weshalb viele Ausleger die Existenz eines solchen Ortes überhaupt in Frage stellen.[91] Schon K. Budde schlägt eine Konjektur des Textes zu צפים לך oder מיחלים לך vor.[92] M. Tsevat korrigiert etwas behutsamer in Anlehnung an die LXX zu בְּצֶלַח bzw. בְּצֶלַח und hält dies für die Angabe eines Ortes bei Kirjat-Jearim.[93] Dagegen lehnt T. Knopf jeden Lokalisierungsversuch ab; er sieht in Zelzach eine Kombination aus den Wurzeln צלע— hinken—und צחה—öde sein—, die er mit „Untergangsdürre" übersetzt.[94] Das Problem kann hier nicht abschließend geklärt werden,[95] doch bleibt festzuhalten, daß בגבול בנימן als weitere Umgebung des Rachelgrabs auf eine nördliche Lokalisierung im Stammesgebiet Benjamins deutet.

Folglich ergeben sich als Belege für eine Nordtradition des Rachelgrabs im Gebiet Benjamins zunächst Gen 35,16–19 und Gen 48,7 sowie 1 Sam 10,2.[96] Für eine Südtradition zeugt die Ergänzung in Gen 35,19 bzw. 48,7.

G. Lombardi hat für die Nordtradition einen allgemein anerkannten Lokalisierungsvorschlag im heutigen Wadi Farah erbracht, das er sowohl mit Happara in Jos 18,23 als auch mit Perat in Jer 13,4–7

---

[90] Vgl. Knopf, a.a.O., 86f.

[91] Vgl. die Sammlung der Interpretationsvorschläge bei Stoebe, H.J., Das erste Buch Samuelis (KAT VIII/1), Gütersloh 1973, 197.

[92] Vgl. Budde, K., Die Bücher Samuel. Erklärt (KHC 8), Tübingen/Leipzig 1902, 66.

[93] Vgl. Tsevat, a.a.O., 112–115.

[94] Vgl. Knopf, a.a.O., 103–112. Seine Assoziationen scheinen im ganzen doch etwas weit hergeholt.

[95] Naor, M., בדרך אפרתה, in: BIES 22 (1958), 49–54 macht es sich mit seiner Wortumstellung, die besagt, daß Saul die beiden Männer in Zelzach treffen wird, welche verkünden, daß beim Rachelgrab die Eselinnen gefunden werden, m.E. zu einfach.

[96] Aller Wahrscheinlichkeit nach ist auch Jer 31,15 dazuzuzählen, vgl. Abschnitt 2.3.1.

sowie Efrat in Gen 35,16.19 und 48,7 gleichsetzt.[97] Ein dort befindliches Gräberfeld, auf dem nach volkstümlicher arabischer Überlieferung die Söhne Israels in den qubur bene-'israïn und die Mutter der Söhne Israels im qabr umm bene-'israïn ruhen, könnte einen weiteren Hinweis auf das Grab der Erzmutter Rachel liefern.[98] Nach der Nordtradition wäre Rachel demnach in Stammesgebiet ihrer eigenen Nachkommen gestorben und begraben worden.

Davon, daß diese alte Tradition im Laufe der Zeit in den Süden wanderte, zeugt als ältester Beleg die Glosse in Gen 35,19 bzw. 48,7, die Efrat mit Bethlehem gleichsetzt und den Ort für das Rachelgrab damit in der Nähe von Bethlehem angibt.[99] Diese Gleichsetzung, die möglicherweise damit zusammenhängt, daß in Bethlehem die Sippe der Efratiter beheimatet war (vgl. 1 Sam 17,12),[100] wird auch im Hinweis auf den Ursprungsort des zukünftigen Herrschers Mi 5,1 vorgenommen (Und du, Bethlehem Efrata . . .; vgl. auch Rut 4,11). Aus der Tatsache, daß die Grabtradition in die Umgebung der Davidstadt Bethlehem verlagert wurde, zu schließen, daß Gen 35,16–20 die israelitische Königstradition vereinnahme und ihren Untergang symbolisch vorwegnehme, scheint mir zu weit zu gehen,[101] doch bietet die Stelle m.E. einen ersten Anhaltspunkt dafür, daß—jedenfalls zum Zeitpunkt der Abfassung der Glosse—Rachel nicht mehr nur als Stammutter der Nordstämme betrachtet wurde; sie war zur Mutter Gesamtisraels geworden, deren Grab die gesamte Nation verehrte.

Für die Südtradition, die der heutigen Stelle des Rachelgrabes entspricht, finden sich seit der Antike literarische Bezeugungen, die, sofern sie unter den besprochenen Zeitraum fallen, im weiteren Verlauf der Studie untersucht werden sollen.

---

[97] Vgl. Lombardi, G., La Tomba di Rahel. Ḥ. Farah – W. Farah presso Anatot. La sua relazione con la Bibbia e la questione della Tomba di Raḥel (Gen 35,16–20; 1 Sam 10,2–5; Ger 31,15; Mich 5,1) (PSBF.Mi 11), Jerusalem 1971, bes. 2–14; 40–86.

[98] Vgl. Lombardi, a.a.O., 85f.87–91.

[99] Vgl. Jeremias, Jo., Heiligengräber in Jesu Umwelt, Göttingen 1958, 75.

[100] Vgl. Keel, O., Küchler, M., Orte und Landschaften der Bible. Ein Handbuch und Studien-Reiseführer zum Heiligen Land. 2: Der Süden, Zürich/Einsiedeln/Köln 1982, 609.

[101] So Diebner, B.J., Rachels Niederkunft bei Bethlehem und die judäische Vereinnahmung der israelitischen Königstradition (I), in: DBAT 26 (1989/90), 48–57, bes. 51.

2.2.2. *Hos 12,13—eine indirekte Erwähnung Rachels?*

Das zwölfte Kapitel des Hoseabuches ist als Rechtsstreit (רִיב vgl. V.3) Gottes mit seinem Volk gestaltet. Einen wichtigen Platz nehmen dabei die Verse ein, die von Jakob handeln und sich in mehreren Anspielungen auf Ereignisse aus dem Leben des Patriarchen beziehen: V.4a auf seine Geburt, V.4b.5a auf seinen Kampf mit Gott bzw. dem Engel, V.5b auf die Gotteserscheinung in Bethel und V.13 auf seine Flucht nach Aram und den Dienst um eine Frau.

Die Verwandtschaft mit den Jakob-Erzählungen der Genesis liegt auf der Hand, jedoch konnte das Verhältnis der beiden Überlieferungen zueinander bis heute nicht eindeutig geklärt werden.[102] Mit der Verhältnisbestimmung zwischen Genesis- und Hosea-Überlieferung hängt auch die Frage zusammen, ob in Hos 12 der Erzvater Jakob als positives oder negatives Beispiel angeführt wird. Die Argumente, die für eine positive Bezugnahme sprechen, allen voran die Behauptung, das gängige Patriarchenbild in den volkstümlichen Überlieferungen könne vom Propheten nicht einfach umgekehrt werden, vermögen m.E. nicht zu überzeugen.[103] Gerade in der Umkehr verbreiteter Vorstellungen liegt nach meinem Empfinden das Provokative dieses Textes. Das Volk wird mit dem Fehlverhalten seines Ahnherrn Jakob konfrontiert, und die Nachkommen werden angeklagt, es nicht besser zu machen als ihre Vorfahren.[104]

Worin besteht nun das in Hos 12,13 erwähnte Fehlverhalten Jakobs? V.13 spielt auf Jakobs Flucht nach Aram an (vgl. Gen 28,10; 29,1) sowie auf seinen Dienst (שׁמר, עבד) um eine Frau (vgl. das doppelte

---

[102] W.D. Whitts These, die Jakob-Überlieferung der Genesis müsse als Neuinterpretation der hoseanischen Jakob-Überlieferung verstanden werden, fehlen m.E. die eindeutigen Textbelege; vgl. Whitt, W.D., The Jacob Traditions in Hosea and Their Relation to Genesis, in: ZAW 103 (1991), 18–43.

[103] So argumentiert Ackroyd, P.R., Hosea and Jacob, in: VT 13 (1963), 245–259, bes. 257; vgl. auch Gese, H., Jakob und Mose: Hosea 12,3–14 als einheitlicher Text, in: Henten, J.W.v., Jonge, H.J. de, u.a., Hgg., Tradition and Re-Interpretation in Jewish and Early Christian Literature, FS J.C.H. Lebram (StPB 36), Leiden 1986, 38–47, bes. 38.

[104] Die meisten Exegeten verstehen die Anspielungen auf Jakob in einem negativen Sinn—vgl. z.B. Vriezen, T.C., La tradition de Jacob dans Osée XII, in: OTS 1 (1942), 64–78; Good, E.M., Hosea and the Jacob Tradition, in: VT 16 (1966), 137–151; Rudolph, W., Hosea (KAT XIII/1), Gütersloh 1966, 230; Weiser, A., Das Buch der zwölf kleinen Propheten. I: Die Propheten Hosea, Joel, Amos, Obadja, Jona, Micha. Übersetzt und erklärt (ATD 24), Göttingen ⁶1974, 93; Whitt, a.a.O., 26.

באשה). Es stellt sich die Frage, wer mit dieser Frau gemeint ist. Die
Meinungen gehen darüber auseinander, ob an dieser Stelle ein Bezug
auf die in Gen 29 tradierte Überlieferung vorliegt, d.h. auf Jakobs
Dienst um Rachel bei Laban, oder auf kultische Praktiken, d.h. v.a.
auf Sexualriten, angespielt wird.[105] M.E. sind die Anspielungen—
Jakobs Flucht sowie die Verben עבד und שמר—deutlich genug, um
bei den Hörern bzw. Lesern des Textes ein aus der Jakobtradition
bekanntes Überlieferungselement ins Gedächtnis zu rufen, v.a. im
Zusammenhang mit den anderen, offensichtlichen Reminiszenzen in
V.3–5.

Um die Stoßrichtung der Argumentation in Hos 12,13 zu verste-
hen, muß nun noch V.14 mit hinzugezogen werden: Durch einen
Propheten führte JHWH Israel aus Ägypten, und durch einen
Propheten ließ er es behüten. In formaler Hinsicht stehen sich in
V.13f. das jeweils doppelte באשה und בנביא sowie שמר im Qal (V.13)
und im Nifʿal (V.14) gegenüber. Auf inhaltlicher Ebene wird das
Verhalten Jakobs, der die Flucht ergriff, sich um einer Frau willen
in Knechtschaft begab und Schafe hütete, mit der wahren Fürsorge
Gottes kontrastiert, der sein Volk aus der Knechtschaft in Ägypten
befreite und es durch einen Propheten—gemeint ist Mose—behüten
ließ. Indirekt wird in diesen beiden Versen die Botschaft vermittelt,
daß die Exodustat das entscheidende Ereignis in der Geschichte
Israels darstellt. Gott führte Israel durch Mose in die Freiheit und
machte es zu seinem Volk—über den Exodus erhält Israel seine
Identität und nicht durch die Berufung auf seine Abstammung von
den Erzvätern, insbesondere von Jakob, dessen Verhalten ihm nicht
unbedingt zur Ehre gereicht.[106]

---

[105] Einen Bezug zwischen Hos 12,13 und Gen 29 stellt z.B. Hitzig, F., Die zwölf
kleinen Propheten. Erklärt (KEH 1), Leipzig ⁴1881, 60, her; vgl. auch Gertner, M.,
The Masorah and the Levites. An Essay in the History of a Concept. (Appendix:
An Attempt of an Interpretation of Hosea XII), in: VT 10 (1960), 241–284, bes.
276–284. Andersen, F.I., Freedman, D.N., Hosea. A New Translation with Introduction
and Commentary (AncB 24), Garden City 1980, 620, beziehen die Anspielung auf
die beiden Frauen Lea und Rachel, doch dient Jakob genau genommen nur um
Rachel. Für die zuletzt genannte Option votieren z.B. Rudolph, Hosea, a.a.O., 231;
Jeremias, Jö., Der Prophet Hosea. Übersetzt und erklärt (ATD 24/1), Göttingen
1983, 157; Wolff, H.W., Dodekapropheton 1. Hosea (BKAT XIV/1), Neukirchen-
Vluyn 1961, 279, meint, daß die Jakobtradition der Genesis im Sinnzusammenhang
nicht wiederzuerkennen sei.

[106] In diese Richtung interpretieren Mays, J.L., Hosea. A Commentary (OTL),
Suffolk ⁶1988, 170; Pury, A. de, Erwägungen zu einem vorexilischen Stämmejahwismus.
Hos 12 und die Auseinandersetzung um die Identität Israels und seines Gottes, in:

Welche Konsequenzen hat die in diesem Abschnitt vorgenommene Deutung für das Bild von Rachel in Hos 12,13? Zunächst muß noch einmal festgehalten werden, daß es sich bei diesem Vers lediglich um eine indirekte Anspielung handelt, deren Bezug auf die Erzmutter nicht eindeutig nachgewiesen werden kann. Ist sie mit der Frau gemeint, um die Jakob dient, wird sie noch nicht einmal namentlich erwähnt und bleibt damit noch stärker im Hintergrund als in der Erzählung in Gen 29. In Hos 12,13 geht es eindeutig um Jakob, dessen Verhalten negativ beurteilt wird: Für eine Frau begibt er sich in Knechtschaft. Daß es sich bei der 'Frau' um eine der bedeutendsten Frauengestalten Israels handelt, spielt dabei keine Rolle.

2.2.3. *Rut 4,11—Rachel und Lea als Erbauerinnen des Hauses Israel*

Rut 4,11, von A. Bertholet als Pointe des Buches Rut bezeichnet,[107] enthält einen Segensspruch an die gerade mit Boas vermählte Moabiterin Rut (V.11ba), der vom Volk und den Ältesten gesprochen wird. Diese wünschen der Braut, daß sie Rachel und Lea gleichgestellt wird, die zusammen das Haus Israel bauten (אשר בנו שתיהם את־בית ישראל).[108] Die Kette von Segenssprüchen wird fortgesetzt mit zwei an den Bräutigam gerichteten Glückwünschen, die Boas einen Zuwachs an Vermögen und Einfluß (V.11bß)[109] sowie—mit einem Hinweis auf das Haus des von Tamar geborenen Perez—an Nachkommen (V.12) zusprechen.

Der erste und letzte Glückwunsch enthält jeweils einen Verweis auf Gestalten aus der Geschichte Israels—neben Perez sind dies die

---

Dietrich, W., Klopfenstein, M.A., Hgg., Ein Gott allein? JHWH-Verehrung und biblischer Monotheismus im Kontext der israelitischen und altorientalischen Religionsgeschichte (OBO 139), Freiburg, S./Göttingen 1994, 413–439.

[107] Vgl. Bertholet, A., Das Buch Ruth, in: Budde, K., Bertholet, A., Wildeboer, G., Die fünf Megillot (Das Hohelied, Das Buch Ruth, Die Klagelieder, Der Prediger, Das Buch Esther). Erklärt (KHC 17), Freiburg i.B./Leipzig/Tübingen 1898, 49–69, bes. 67.

[108] Zum Bezug eines maskulinen Suffixes auf ein feminines Substantiv (שתיהם) vgl. GK § 135o. 144a und z.B. Rut 1,19.

[109] Die Interpretation von חיל ist umstritten: Entweder muß man dabei an Erzeugungskraft denken (so z.B. bei Bertheau, E., Das Buch der Richter und Ruth. Erklärt (KEH 6), Leipzig ²1883, 313; Labuschagne, C.J., The Crux in Ruth 4,11, in: ZAW 79 (1967), 364–367) oder an Macht und Reichtum (vgl. Gerleman, G., Ruth—Das Hohelied (BKAT XVIII), Neukirchen-Vluyn 1965, 34; Zenger, E., Das Buch Ruth (ZBK.AT 8), Zürich 1986, 94), wobei letztere Interpretation mit der Mehrheit der übrigen Belege für חיל übereinstimmt (vgl. Jer 15,13; 17,3; Num 31,9 u.a.).

drei Frauen Rachel, Lea und Tamar. Daß diese Frauen nicht ohne
Grund in die Segenswünsche aufgenommen wurden, wird bei nähe-
rer Betrachtung der biblischen Überlieferungen zu den jeweiligen
Frauengestalten deutlich: Tamar und Rut verbindet nicht nur ihre
ausländische Herkunft, sondern auch ihr mutiges Auftreten zur Durchsetzung der ihnen zustehenden Leviratsehe (vgl. Gen 38; Rut 4).[110]

Lea und Rachel werden in ihrer Eigenschaft als Stammütter des
Volkes Israel erwähnt, denn von ihnen wird gesagt, daß sie das Haus
Israel bauen. Das Verb בנה wird im Nif'al im Sinn von 'Kinder
bekommen' in Gen 16,2 Sara und in Gen 30,3 Rachel in den Mund
gelegt. Mit der Wendung בנה בית wird an mehreren Stellen der
Aufbau einer Dynastie umschrieben (vgl. 1 Sam 2,35; 2 Sam 7,27;
1 Kön 11,38), allerdings wird nur in Rut 4,11 von Frauen ausgesagt, daß sie das Haus Israels erbaut haben. Der Erzvater Jakob,
der in der Erzählung über die Geburt seiner Söhne Gen 29,31–30,24
in den Hintergrund tritt, während die Frauen die Szene bestimmen,
über ihn verfügen und damit die entscheidenden Schritte im Hinblick
auf die 'Familienplanung' einleiten, wird hier noch nicht einmal
erwähnt. Seine Frauen sind diejenigen, die die Verantwortung für
die Kontinuität der Familie übernehmen. Indem Rut mit dem in
V.11 überlieferten Segensspruch bedacht wird, wird sie im Licht dieser beiden Frauen gesehen: Auch sie soll zu einer Stammutter werden—für eine Ausländerin ist dies ein Zeichen höchster Würde—und
ein 'Haus bauen'. Angespielt wird dabei auf die Dynastie Davids, zu
dessen Vorfahren auch die Moabiterin Rut zählt (vgl. die Genealogie
in V.17b–22). Rut wird also auf ihre Weise die Verantwortung für
die Kontinuität einer Familie übernehmen.[111]

Doch sind damit noch nicht alle Verbindungen zwischen dem
Geschwisterpaar Lea und Rachel sowie Rut und ihrer Schwieger-
mutter Noomi, die bisher noch unberücksichtigt blieb, erwähnt.[112]

---

[110] Vgl. z.B. Zenger, Ruth, a.a.O., 95; Hertzberg, H.W., Die Bücher Josua,
Richter, Ruth. Übersetzt und erklärt (ATD 9), Göttingen 1953, 279. Ob mit der
Erwähnung Perez' auf Boas' Abstammung angespielt wird, ist unklar, denn die
Genealogie in V.18ff. ist wahrscheinlich sekundär (vgl. Würthwein, E., Ruth, in:
Die fünf Megilloth (HAT I/18), Tübingen ²1969, 1–24, bes. 23).

[111] Vgl. zu dieser Interpretation v.a. Berlin, A., Ruth and the Continuity of Israel,
in: Kates, J.A., Reimer, G.T., Hgg., Reading Ruth. Contemporary Women Reclaim
a Sacred Story, New York 1994, 255–260.

[112] Vgl. zu dieser Gegenüberstellung Klagsbrun, F., Ruth and Naomi, Rachel
and Leah. Sisters under the Skin, in: Kates, Reimer, a.a.O., 261–272.

Auf den ersten Blick scheinen die Unterschiede zu überwiegen: Während es sich bei Rachel und Lea um ein echtes Geschwisterpaar handelt, wird Rut mit Noomi erst durch die Heirat deren Sohnes verbunden; das Verhältnis der beiden Schwestern ist durch Neid und Konkurrenz bestimmt, Rut und Noomi dagegen sind sich freundschaftlich zugeneigt und stehen einander bei—sie erscheinen geradezu als ideales Geschwisterpaar. Doch finden auch Lea und Rachel angesichts der Ausbeutung durch ihren Vater zu Wegen der Kooperation (vgl. Gen 31,14–16), und in Anbetracht der Dominanz Noomis (vgl. z.B. Rut 2,19; 3,1–6) ist es fraglich, ob das Verhältnis zu ihrer Schwiegertochter immer so ungetrübt war, wie es den Anschein haben mag. Darüber hinaus verbinden die beiden Paare das Schicksal, ihre Heimat verlassen zu müssen, und die Fähigkeit, sich durch Mut und List in einer von Männern bestimmten Gesellschaft zu behaupten.[113]

Die Exegeten fragen sich häufig, ob es sich bei den Segenssprüchen in V.11 und 12 um Glückwünsche handelt, wie sie „in ähnlicher Form bei jeder israelitischen Eheschließung laut geworden sein mögen . . .".[114] Angesichts der soeben dargestellten Bezüge scheint es mir jedoch naheliegender, einen speziell auf die Erzählung zugeschnittenen Inhalt anzunehmen.[115]

Am Schluß dieses Abschnittes soll gefragt werden, welchen Beitrag Rut 4,11 zum Rachelbild leistet. Auf ihre Rolle als Miterbauerin des Hauses Israel wurde schon verwiesen. Rut 4,11 ist im übrigen die einzige Stelle außerhalb der Rachel-Erzählung, die die beiden Schwestern gemeinsam erwähnt—einträchtig nebeneinander, wie es scheint, doch fällt auf, daß die jüngere Rachel zuerst genannt wird. Über die Gründe kann nur spekuliert werden: Wird Rachel deshalb zuerst erwähnt, weil sie Jakobs Lieblingsfrau war, oder weil sie—wie Rut in ihrer ersten Ehe—über lange Zeit kinderlos blieb, oder etwa weil ihr Grab zu dieser Zeit schon in der Nähe des judäischen Bethlehem

---

[113] Klagsburn, a.a.O., 263, macht darauf aufmerksam, daß im Alten Testament kaum Gespräche unter Frauen überliefert werden, abgesehen von den Gesprächen zwischen Lea und Rachel, Rut und Naomi sowie Lots Töchtern (Gen 19,31–34).

[114] Würthwein, a.a.O., 23.

[115] Gegen Gray, J., Joshua, Judges, Ruth (NCBC), Grand Rapids/Basingstoke 1986, 401 und Bernstein, M.J., Two Multivalent Readings in the Ruth Narrative, in: JSOT 50 (1991), 15–26. Parker, S.B., The Marriage Blessing in Israelite and Ugaritic Literature, in: JBL 95 (1976), 23–30, stellt Verbindungen zum KRT-Epos her und sieht in Rut 4,11b–12 die Reflexe eines königlichen Hochzeitssegens (vgl. bes. 29f. und Zenger, Ruth, a.a.O., 93).

verehrt wurde?[116] Ich halte es für durchaus denkbar, daß sich in der
Reihenfolge der beiden Schwestern bereits eine Hochschätzung Rachels
widerspiegelt, die ihr einen über ihr eigentliches Stammesgebiet hin-
ausgehenden Stellenwert einräumt. Im Hochzeitssegen für Rut würde
dann—Judäern in den Mund gelegt—Rachels Rolle als Stammutter
Gesamtisraels bereits angedeutet.[117]

2.3. *Rachels Klage Jer 31,15–17*

2.3.1. *Bemerkungen zum Text*

¹⁵ כֹּה אָמַר יְהוָה
קוֹל בְּרָמָה נִשְׁמָע נְהִי בְּכִי תַמְרוּרִים
רָחֵל מְבַכָּה עַל־בָּנֶיהָ
מֵאֲנָה לְהִנָּחֵם עַל־בָּנֶיהָ כִּי אֵינֶנּוּ׃
¹⁶ כֹּה אָמַר יְהוָה
מִנְעִי קוֹלֵךְ מִבֶּכִי וְעֵינַיִךְ מִדִּמְעָה
כִּי יֵשׁ שָׂכָר לִפְעֻלָּתֵךְ נְאֻם־יְהוָה וְשָׁבוּ מֵאֶרֶץ אוֹיֵב׃
¹⁷ וְיֵשׁ־תִּקְוָה לְאַחֲרִיתֵךְ נְאֻם־יְהוָה וְשָׁבוּ בָנִים לִגְבוּלָם׃

¹⁵ So spricht JHWH:
Eine Stimme wurde in Rama gehört, ein Klagelied, bitterliches[118]
Weinen.
Rachel weint um ihre Kinder;
sie weigert sich, sich trösten zu lassen über ihre Kinder, denn keines
ist [mehr].
¹⁶ So spricht JHWH:
Halte deine Stimme vom Weinen zurück und deine Augen von [den]
Tränen;
denn es gibt einen Lohn für dein Tun, Spruch JHWHs, und sie werden aus dem Lande des Feindes zurückkehren.
¹⁷ Und es gibt Hoffnung für deine Nachkommenschaft,[119] Spruch
JHWHs, und [die] Kinder werden in ihr Gebiet zurückkehren.

---

[116] Diese Fragen stellt Rudolph, W., Das Buch Ruth—Das Hohe Lied—Die
Klagelieder (KAT XVII/1–3), Gütersloh 1962, 69.

[117] Mit David, M., The Date of the Book of Ruth, in: OTS 1 (1942), 55–63,
Zenger, Ruth, a.a.O., 25–28, plädiere ich für eine Datierung des Buches Rut in
die nachexilische Zeit (vgl. die ausführliche Argumentation bei Zenger, ebd.). Zur
Rolle Rachels als Stammutter Gesamtisraels vgl. die Auslegung von Jer 31,15, bes.
Abschnitt 2.3.4.

[118] Zur Erklärung der Pluralform als Potenzierung bei psychologischen Phänomenen
vgl. König, F.H., Historisch-kritisches Lehrgebäude der hebräischen Sprache. Mit
comparativer Berücksichtigung des Semitischen überhaupt. Zweite Hälfte. 2. (Schluss.-)
Theil. Syntax, Leipzig 1897 (Nachdr. Hildesheim/New York 1979), § 262f.

[119] Oder: Zukunft (vgl. Abschnitt 2.3.2.2.).

Folgende Details verdienen im Hinblick auf die Auslegungsgeschichte des Textes Beachtung:

In V.15 verbinden sich Unklarheiten mit der Ortsangabe בְּרָמָה. Bezieht sie sich auf Rama, eine Stadt im Stamm Benjamin und Sammlungsort der exilierten Judäer auf dem Weg nach Babylon (vgl. Jer 40,1),[120] so verwundert die indeterminierte Wiedergabe, denn Rama führt sonst immer den Artikel bei sich (vgl. z.B. Jos 18,25).[121] Aus diesem Grund ändert B. Duhm den Text in בָּרָמָה.[122] Allerdings lassen sich genügend Beispiele für Ortsnamen aufzählen, die sowohl mit als auch ohne Artikel überliefert sind.[123] Dies könnte auch bei Rama der Fall sein. M. Tsevat dagegen faßt רמה nicht als Eigenname auf, sondern übersetzt בְּרָמָה 'auf einer Höhe' in Analogie zur Ortsangabe עַל־שְׁפָיִם—auf Hügeln—in Jer 3,21, einem Vers, der in seiner Struktur große Ähnlichkeit mit Jer 31,15 aufweist.[124] Zwar ist solch eine allgemeine Verwendung des Begriffs sonst nirgends im Alten Testament belegt—רמה bezeichnet eine Götzenopferstätte (vgl. Ez 16,24f. u.a.) und nicht generell einen Hügel—,[125] doch soll die von Tsevat vorgeschlagene Variante nicht grundsätzlich verworfen, sondern v.a. im Hinblick auf die Auslegungsgeschichte dieses Verses nicht außer acht gelassen werden. Die Interpretation der Ortsangabe בְּרָמָה ist für das Verständnis des Verses nicht unerheblich, denn es stellt sich die Frage, ob Rachel an ihrem Grab klagt, welches nach der Tradition von 1 Sam 10,2 im Gebiet Benjamins, d.h. nicht weit von Rama, lag,[126] oder ob sie ihre Klagerufe an einem beliebigen Hügel erhebt.

---

[120] Vgl. z.B. Hitzig, F., Der Prophet Jeremia. Erklärt (KEH 3), Leipzig ²1866, 245.

[121] Dies bemerkt schon Keil, C.F., Biblischer Commentar über den Propheten Jeremia und die Klagelieder (BC III/2), Leipzig 1872, 327. Vgl. auch Holladay, W.L., Jeremiah 2. A Commentary on the Book of the Prophet Jeremiah. Chapters 26–52, Hanson, P.D., Hg. (Hermeneia), Minneapolis 1989, 186.

[122] Vgl. Duhm, B., Das Buch Jeremia. Erklärt (KHC 11), Tübingen/Leipzig 1901, 248. Ihm folgt Rudolph, W., Jeremia (HAT I/12), Tübingen ³1968, 195, und auch BHK und BHS⁴ ziehen diese Möglichkeit in Erwägung (vgl. app.crit.).

[123] Z.B. Gilead (vgl. Gen 31,21 mit Gen 37,25), Gibea (vgl. Ri 19,14 mit 1 Sam 10,26) oder Gilgal (vgl. Dtn 11,30 mit Jos 5,9); vgl. dazu König, a.a.O., § 295b, der auch Rama zu diesen Beispielen zählt (vgl. dazu auch Neh 11,33).

[124] Vgl. Tsevat, a.a.O., 108.

[125] Vgl. Keown, G.L., Scalise, P.J., Smothers, T.G., Jeremiah 26–52 (Hubbard, A., Barker, G.W., Hgg., Word Biblical Commentary 27), Dallas 1995, 119.

[126] Der Bezug auf Rachels Grab legt sich nahe, ist aber nicht zwingend, da der Text nicht explizit davon spricht. Während Keil, a.a.O., 327 und Orelli, D.C., Der

Ebenfalls in V.15 würde man statt אֵינֶנּוּ eigentlich den Plural erwar-
ten (אֵינָם), doch besteht kein Anlaß, deshalb den Text zu ändern,
denn auch der Singular ist verständlich.[127]

Auch die Verse 16 und 17 können in dieser Form beibehalten
werden trotz zahlreicher gegenteiliger Vorschläge, die sich zumeist
an sprachlichen und inhaltlichen Wiederholungen stören.[128] Die
Textänderungen orientieren sich teilweise an den antiken Übersetzungen, v.a. an der Septuaginta.

Die Abgrenzung des Textes zum vorherigen Abschnitt ist deutlich:
In V.15 leitet die Formel כֹּה אָמַר יְהוָה zwar keine Gottesrede ein—
diese folgt erst in V.16—, sie kennzeichnet aber einen Neueinsatz,[129]
der sich auch inhaltlich nachvollziehen läßt: Die vorausgehenden
Verse handeln von der Freude bei der Wiederherstellung des Gottesvolkes (vgl. z.B. Jer 31,13f.), während in Jer 31,15 das untröstliche
Weinen der Stammutter Rachel thematisiert wird. In V.16f. wird
Gottes Antwort auf Rachels Klage wiedergegeben, bevor in V.18
mit Ephraim eine neue Person auftritt.

Nicht alle Exegeten halten den Abschnitt Jer 31,15–17 für einheitlich, ihre Ergebnisse differieren im einzelnen jedoch sehr stark
voneinander. C. Westermann postuliert ohne nähere Begründung,

---

Prophet Jeremia. Übersetzt und ausgelegt (KK IV/2), München ³1905, 129, einen
Bezug auf Rachels Grab ablehnen bzw. anzweifeln, stellen die meisten anderen
Kommentatoren die Verbindung zwischen dem Ort der Klage Rachels und ihrer
Begräbnisstätte her, vgl. z.B. Duhm, a.a.O., 248; Cornill, C.H., Das Buch Jeremia.
Erklärt, Leipzig 1905, 337; Giesebrecht, F., Das Buch Jeremia. Übersetzt und erklärt
(HK III/2.1), Göttingen ²1907, 168; Schmidt, H., Die großen Propheten. Übersetzt
und erklärt. Mit Einleitungen versehen von H. Gunkel. Mit Namen- und Sachregister
(SAT II/2), Göttingen ²1923, 360; Volz, P., Der Prophet Jeremia. Übersetzt und
erklärt (KAT 10), Leipzig/Erlangen 1922, 289; Rudolph, a.a.O., 196; Weiser, A.,
Das Buch des Propheten Jeremia. Kapitel 25,15–52,34. Übersetzt und erklärt (ATD
21), Göttingen 1955, 287; Bright, J., Jeremiah. Introduction, Translation, and Notes
(AncB 21), Garden City ²1965, 282; Schreiner, J., Jeremia II. 25,15–52,34 (NEB.AT
9/2), Würzburg 1984, 184. Zur Diskussion um den Ort des Rachelgrabes vgl.
Abschnitt 2.2.1. dieser Arbeit.
     [127] Vgl. König, a.a.O., § 348u; gegen Ehrlich, A.B., Randglossen zur Hebräischen
Bibel. Textkritisches, Sprachliches und Sachliches. IV. Jesaja, Jeremia, Leipzig 1912
(Nachdr. 1968), 321 und Weiser, a.a.O., 271. Rudolph, a.a.O., 195, hält einen
Schreibfehler für möglich.
     [128] Beispielsweise streicht Hitzig, a.a.O., 246, V.16b bis auf כִּי; Rudolph, a.a.O.,
195 und Weiser, a.a.O., 271, streichen נְאֻם־יְהוָה in V.16 und 17 (vgl. auch Schreiner,
a.a.O., 184, sowie BHK und BHS⁴); Duhm, a.a.O., 248 und Cornill, a.a.O., 338,
halten den gesamten V.17 für eine Dublette.
     [129] Vgl. z.B. Rudolph, a.a.O., 195.

daß die Verse 16 und 17 in der Reihenfolge 16a.17a. (Trostzuspruch) 16b.17b (Verheißung der Rückkehr) zu lesen seien.[130] C. Levin hält nur das קוֹל-Wort in Jer 31,15–17 für ursprünglich, V.16a dagegen aufgrund der Anrede in der 2. Person fem. sing. für eine erste Erweiterung. In V.16b und V.17 sieht er wegen der jeweils nachgestellten einleitenden Gottesspruchformel einen Zusatz zu V.16a. Das entscheidende Kriterium für die Zusätze sei die Anrede in der 2. Person fem. sing., weshalb sie Levin einer „2.sg.fem.-Schicht" zuordnet.[131] Dagegen fragt N. Kilpp zurecht, ob die Anrede in der 2. Person fem. sing. als formale Gegebenheit ausreiche, um den Versen ihre Echtheit abzusprechen. Schließlich könne die Antwort Gottes an Rachel in V.16a aus logischen Gründen nur in der 2. Person fem. sing. gegeben werden.[132] Kilpp selbst meint, daß neben Jer 31,15 wahrscheinlich auch V.16a von Jeremia stamme, während die Verfasserfrage der Verse 16b und 17 nicht eindeutig zu klären sei. Am ehesten sei denkbar, daß V.16bβ und V.17b zu V.16bα und V.17a, welche auf einen vordeuteronomistischen Verfasser zurückgingen, hinzugefügt worden seien.[133]

Angesichts der differierenden Ergebnisse muß festgehalten werden, daß die Entstehungsgeschichte von Jer 31,15–17 nicht befriedigend geklärt werden kann. Um zu einem tieferen Verständnis des Textes zu gelangen, erscheint es mir sinnvoller, nach seinem Aufbau, seiner Struktur, nach zentralen Begriffen sowie nach seiner Verankerung im Kontext zu fragen.

---

[130] Vgl. Westermann, C., Prophetische Heilsworte im Alten Testament (FRLANT 145), Göttingen 1987, 109f.

[131] Vgl. Levin, C., Die Verheißung des neuen Bundes. In ihrem theologiegeschichtlichen Zusammenhang ausgelegt (FRLANT 137), Göttingen 1985, 186. Diese Schicht findet Levin auch in anderen Kapiteln des Jeremiabuches, z.B. Jer 4,18a und 13,22 (vgl. 156f.).

[132] Vgl. Kilpp, N., Niederreißen und aufbauen. Das Verhältnis von Heilsverheißung und Unheilsverkündigung bei Jeremia und im Jeremiabuch (BThSt 13), Neukirchen-Vluyn 1990, 101.148. Zur kritischen Auseinandersetzung mit Levins Abgrenzung einer 2.sg.fem.-Schicht in Jer 30f. vgl. auch Schmid, K., Buchgestalten des Jeremiabuches. Untersuchungen zur Redaktions- und Rezeptionsgeschichte von Jer 30–33 im Kontext des Buches (WMANT 72), Neukirchen-Vluyn 1996, 140–148.

[133] Vgl. Kilpp, a.a.O., 148–152. Kilpps Ausführungen sind m.E. über weite Strecken spekulativ. Stammen beispielsweise die beiden Verbalsätze V.16bβ und V.17b deshalb aus anderer Hand, weil ihr Inhalt konkreter ist als derjenige von V.16bα und V.17a (vgl. Kilpp, 148f.)? Kann aus der Tatsache, daß der Lohngedanke bei Jeremia keine Rolle spielt, auf die Autorschaft eines vordtr. Verfassers geschlossen werden (Kilpp, 150)?

Es zeigt sich, daß dazu die nächstgrößere Einheit Jer 31,15–22 in den Blick genommen werden muß.[134]

Jer 31,18–22 lautet in der Übersetzung:

[18] Ich hörte wohl Ephraim klagen:[135]
Du hast mich gezüchtigt, und ich ließ mich züchtigen wie ein unbelehrtes Kalb;
kehre mich um, und ich will umkehren, denn du bist JHWH, mein Gott.
[19] Denn nach meinem Abkehren[136] empfand ich Reue,
und nachdem ich zur Erkenntnis gelangt war, schlug ich auf die Hüfte;
ich empfand Scham und schämte mich auch, denn ich trug die Schande meiner Jugend.
[20] Ist mir Ephraim [nicht] ein teurer Sohn, ein Kind des Ergötzens?
Denn sooft ich von[137] ihm spreche, muß ich mich noch seiner erinnern;
deshalb rumorten meine Eingeweide für ihn; ich muß mich seiner erbarmen, Spruch JHWHs.
[21] Errichte dir Wegmale, stell dir Wegweiser[138] auf,
richte deinen Sinn auf die Straße, den Weg, den du gegangen bist;[139]
kehre zurück, Jungfrau Israel, kehre zurück in diese[140] deine Städte.
[22] Wie lange willst du dich hin- und herwenden,[141] du abtrünnige Tochter?

---

[134] Die Begründung dieser Abgrenzung erfolgt im nächsten Abschnitt.

[135] Zur Voraustellung des inf. abs. zur Betonung des Verbs bei Zugeständnissen (שמוע שמעתי) vgl. z.B. Gen 2,16 und König, a.a.O., § 329s. מתנודד heißt in seiner Grundbedeutung 'sich hin- und herbewegen' (vgl. auch die Bedeutung im Qal), wird hier aber im Sinne von 'klagen' gebraucht; vgl. Gesenius, a.a.O., 490f.

[136] שובי muß hier wohl negativ verstanden werden, denn eine der Reue vorausgehende Umkehr wäre unlogisch; vgl. die Übersetzung bei Trible, P., The Gift of a Poem. A Rhetorical Study of Jeremiah 31:15–22, in: ANQ 17 (1976/77), 271–280, 273.

[137] דבר בו kann auch negativ im Sinn von 'sprechen gegen' übersetzt werden, vgl. z.B. Schreiner, a.a.O., 185; Jenni, E., Die hebräischen Präpositionen. 1: Die Präposition Beth, Stuttgart/Berlin/Köln 1992, 264. Positiv wird die Wendung z.B. von Weiser, a.a.O., 271, aufgefaßt.

[138] תמרורים ist nur hier in der Bedeutung 'Wegweiser' belegt; vgl. Gesenius, a.a.O., 883; Koehler, L., Baumgartner, W., HALAT 4, Leiden/New York u.a., ³1990, 1619.

[139] Zum י am Ende eines Verbs in der 2. Person fem. sing. (הלכתי) vgl. z.B. Jer 2,33; 3,4.5; 46,11 und GK § 44h.

[140] Zum Demonstrativpronomen ohne Artikel nach Nomen mit Suffix (עריך אלה) vgl. z.B. Gen 24,8; Ex 10,1; 11,8 und GK § 126y; König, a.a.O., § 334y; Brockelmann, C., Hebräische Syntax, Neukirchen 1956, § 23d. 60b; Joüon, P., S.J., A Grammar of Biblical Hebrew. Translated and Revised by T. Muraoka. II. Part Three: Syntax. Paradigms and Indices (SubBi 14/II), Rom verb. Aufl. 1993, § 138f.

[141] Zu ן als femininer Endform (תתחמקין) vgl. z.B. 1 Sam 1,14; Jes 45,10 und GK § 47o.

Denn JHWH schafft Neues im Land: Weibliches wird [den] Mann umfangen.

2.3.2. *Jer 31,15–22*

2.3.2.1. *Sprachlich-syntaktische Analyse*

Im folgenden Abschnitt lehne ich mich hauptsächlich an die Unter-suchungen von P. Trible,[142] B.W. Anderson,[143] B.A. Bozak[144] und K. Schmid[145] an. P. Trible charakterisiert Jer 31,15–22 als „drama of voices" und unterteilt das Gedicht mit Bezugnahme auf die Sprecherwechsel in fünf Strophen: In der Mitte steht die Stimme Ephraims (V.18f.), welche von den Stimmen Rachels (V.15) und Gottes (V.16f.) auf der einen Seite sowie den Stimmen Gottes (V.20) und Jeremias (V.21f.) auf der anderen Seite umgeben wird, so daß sich die Abfolge Stimme Rachels—Gottes—Ephraims—Gottes—Jeremias und damit die Form eines Chiasmus ergibt.[146]

Nach der Gottesspruchformel, mit der Strophe I in V.15 beginnt, folgt die Beschreibung der klagenden Rachel; die Begründung ihrer Trauer wird mit כי eingeleitet.[147] Das wiederholte על־בניה unterstreicht: Rachel weint um ihre Kinder.

Strophe II gibt Gottes Antwort in Form eines prophetischen Orakels wie-der (V.16f.), wobei die Begründung des Zuspruchs wiederum mit כי beginnt. Die Verbform מנעי sowie die Suffixe in der 2. Person Singular zeigen, daß sich das Interesse noch weitgehend auf die Erzmutter konzentriert. Rachels Klage hallt in V.16 in der Aufnahme von קול und נבלי wider (vgl. V.15), doch wird die in V.15 vorherrschende Trostlosigkeit nun ins Positive gewan-delt: Dem אין aus V.15 steht ein doppeltes יש in V.16b und 17a gegen-über. Gottes Antwort auf Rachels Klage enthält eine Perspektive für die Zukunft, welche in der Rückkehr der Kinder besteht. Das zweimalige שוב und die parallele Konstruktion in V.16b und 17 verleihen der Verheißung Nachdruck und Tiefe.[148]

---

[142] Trible, a.a.O.; vgl. auch dies., Gott und Sexualität im Alten Testament. Mit einer Einführung von S. Schroer. Aus dem Amerikanischen übersetzt von M. Rep-pekus, Gütersloh 1993, 57–70.

[143] Anderson, B.W., „The Lord Has Created Something New". A Stylistic Study of Jer 31:15–22, in: CBQ 40 (1978), 463–478.

[144] Bozak, B.A., Life 'Anew'. A Literary-Theological Study of Jer. 30–31 (AnBib 122), Rom 1991, 93–105.

[145] Schmid, a.a.O., bes. 127–150.

[146] Vgl. Trible, Gift, a.a.O., 271, Zitat ebd.

[147] So Becking, B., „A Voice Was Heard in Ramah". Some Remarks on Structure and Meaning of Jeremiah 31,15–17, in: BZ 38 (1994), 229–242, bes. 235. Trible, Gift, a.a.O., 272, hält כי אינם für ein wörtliches Zitat der Klage Rachels.

[148] Vgl. Trible, Gift, a.a.O., 272; Bozak, a.a.O., 95.

Die Beschäftigung mit dem Schicksal der Mutter führt in Strophe III zu der Hinwendung zu ihren Kindern: In V.19f. kommt Ephraim innerhalb einer Rede Gottes zu Wort. Im Gegensatz zu Rachel wendet er sich mit dem Bekenntnis seiner Verfehlungen und der Bitte um Umkehr direkt an JHWH. Mit der dreimaligen Verwendung der Wurzel שוב wird eine Verbindung zu V.16f. hergestellt, mit der Wurzel נחם zu V.15. In V.18 springen die figura etymologica שמעתי שמוע sowie die jeweils doppelte Verwendung von יסר und שוב an den Zeilenanfängen ins Auge. Damit wird zum einen die Verknüpfung von Vergangenheit (יסר) und Zukunft (שוב) gewährleistet, zum anderen auf stilistischer Ebene eine Verbindung zur Gottesrede in V.20 hergestellt (vgl. die figurae etymologicae זכר אזכרנו רחם, ארחמנו).

Strophe IV gibt in V.20 das Nachdenken Gottes über Ephraim wieder. Es beginnt mit einer rhetorischen Frage, der sich zwei weitgehend parallel konstruierte Begründungen für Gottes Erbarmen anschließen.

Ein nochmaliger Sprecher- und Adressatenwechsel führt zur Abgrenzung von Strophe V (V.21f.). Der Adressatenwechsel muß jedoch nicht die gänzliche Abtrennung der beiden Verse vom übrigen Gedicht zur Folge haben.[149] Diese Verse sind vielmehr mit V.15–20 durch die Aufnahme von תמרורים aus V.15 und die Wurzel שוב verbunden. In V.21 kommt in fünf Imperativen die Aufforderung zur Rückkehr an die Jungfrau Israel zum Ausdruck.[150] In V.22a wird Israel zunächst noch als abtrünnige Tochter angesprochen; in V.22b kommt das Gedicht dann mit einer Aussage über Gottes neues schöpferisches Handeln zum Abschluß.

Rachels Klage und Gottes tröstende Anwort sind somit Teil eines größeren Gedichts—Jer 31,15–22—, das sich als kunstvoll komponierte Sprucheinheit erweist. Jedoch bilden die Verse 15–17 eine in sich verständliche Einheit, so daß man sie mit B. Becking als „semi-autonomous" bezeichnen kann.[151]

2.3.2.2. *Inhaltliche Aspekte*
Die ersten Zeilen des Gedichts sind von Hoffnungslosigkeit bestimmt: נהי, Klagelied, und bitteres Weinen charakterisieren die Klage der Stammutter Rachel, die sich nicht trösten lassen möchte (V.15).[152] Das Alte Testament

---

[149] Dies geschieht bei Duhm, a.a.O., 250; Weiser, a.a.O., 289 u.a.

[150] Durch ihren Rückbezug auf Jer 30,5–7 kommt den beiden Versen ferner die Funktion des Abschlusses einer größeren Einheit zu; vgl. Schmid, a.a.O., 140.148f.

[151] Vgl. Becking, a.a.O., 233.

[152] Von den sechs alttestamentlichen Belegen für נהי stammen vier aus dem Jeremiabuch (neben Jer 31,15: Jer 9,9.17.18; vgl. Am 5,16; Mi 2,4), Jer 9,9 kombiniert wie Jer 31,15 נהי und בכי. Auch zu Jer 9,18 (קול נהי נשמע) und 10,20 (בני . . . ואינם) liegen Berührungspunkte vor. Zu תמרורים in der Bedeutung von 'bitter' vgl. Jer 6,26; Hos 12,15.

bezeugt an etlichen Stellen das rituelle Klagen insbesondere von Frauen als Bestandteil der Trauer um die Toten (vgl. 2 Sam 1,24; Jer 9,16.19; 49,3; Ez 32,16 u.a.). Der Vorstellung von der klagenden Rachel liegt möglicherweise ein volkstümlicher Glaube an das Weiterexistieren der Toten bei ihrem Grab zugrunde,[153] doch wurde schon betont, daß sich hinter der Ortsangabe ברמה nicht zwangsläufig ein Hinweis auf Rachels Grab verbirgt.

JHWH findet auch angesichts der Verzweiflung der Stammutter Worte des Trostes und sagt Rachel Lohn für ihre Mühe zu (V.16). Sprachlich besteht eine enge Verwandtschaft zwischen Jer 31,16a מנעי קולך מבכי ועיניך מדמעה) und 2,25a (מנעי רגלך מיחף וגורנך מצמאה)[154] פעלה in der Bedeutung 'Tun/ Mühe' kann sich sowohl auf das Handeln Gottes (vgl. Ps 28,5) als auch auf das des Menschen (vgl. z.B. Ps 17,4) beziehen.[155] Worin genau die פעלה in V.16 besteht, geht aus dem Text nicht eindeutig hervor. Gelegentlich versteht man darunter Rachels Tätigkeit als Klagefrau, welche den Tod ihrer Kinder beweint.[156] Angemessener scheint mir jedoch, zunächst an das Aufziehen ihrer Kinder zu denken.[157] Rachels Mühe war nicht umsonst, denn die verloren geglaubten Kinder werden zurückkehren. Darin besteht ihr Lohn (שכר), und im Gegensatz zu פעלה wird er konkret genannt. Die Trostlosigkeit wandelt sich in Hoffnung für Rachels Zukunft bzw. ihre Nachkommen—beide Interpretationen des hebräischen אחרית sind hier möglich.[158]

Nun kommt Ephraim, ein Nachkomme Rachels, stellvertretend für das Volk Israel zu Wort (V.18) und berichtet von der harten Züchtigung JHWHs, die aber Erfolg hatte, denn nun möchte er umkehren. Das Bild von Ephraim als noch nicht abgerichtetem Kalb erinnert stark an Hos 10,11 (Und Ephraim war eine geübte junge Kuh . . .). Ephraim ist zur Einsicht gelangt (V.19) und nimmt die Verfehlungen seiner Jugend auf sich; zum Zeichen seiner Trauer schlägt er sich auf die Hüfte.[159]

---

[153] So z.B. Rudolph, a.a.O., 196. Burrows, E., SJ., Cuneiform and Old Testament: Three Notes, in: JTS 28 (1927), 184f., verweist auf semitische Belege für den Glauben, daß Mütter, die bei der Geburt ihres Kindes sterben, zu weinenden Geistern werden (185); vgl. auch Carroll, R.P., Jeremiah. A Commentary (The OTL), Philadelphia 1986, 596 im Anschluß an Gaster, T.H., Myth, Legend, and Custom in the Old Testament. A comparative study with chapters from Sir James G. Frazer's Folklore in the Old Testament, New York/Evanston 1969, 605.707f.

[154] Vgl. Schmid, a.a.O., 136 im Anschluß an Holladay, a.a.O., 188.

[155] Die sprachlich engste Parallele zu Jer 31,16b findet sich in 2 Chr 15,7: Der Prophet Asarja ermutigt König Asa und das Volk, sich zu JHWH zu bekehren, getrost zu sein und die Hände nicht sinken zu lassen, „denn es gibt einen Lohn für euer Tun".

[156] So bei Keown, Scalise, Smothers, a.a.O., 120.

[157] Vgl. z.B. Volz, a.a.O., 289; Rudolph, a.a.O., 196.

[158] Vgl. Thompson, J.A., The Book of Jeremiah (NIC), Grand Rapids ²1989, 574. Zu אחרית im Sinne von Zukunft vgl. Jer 29,11; Prov 23,18, in der weniger häufigen Bedeutung von 'Nachkommen' vgl. Ez 23,25; Am 4,2; 9,1.

[159] Vgl. Ez 21,17. Dieser Ritus ist auch in Mesopotamien belegt, vgl. Lipiński, E.,

Gottes Nachdenken über Ephraim (V.20) bringt seine enge Beziehung zu ihm zum Ausdruck: Ephraim ist ihm Sohn bzw. Kind, er ist kostbar und macht ihm Freude; deshalb muß er sich seiner erinnern und sich seiner erbarmen. Die Besonderheit der Beziehung Gottes zu Ephraim wird durch die Verwendung der ausgefallene Vokabeln יקיר und שעשעים unterstrichen.[160] Auch hier besteht wieder eine auffällige Nähe zum Hoseabuch, v.a. zu Hos 11,8: Wie soll ich dich preisgeben, Ephraim, ... mein Herz kehrt sich gegen mich, mein Mitleid wird gänzlich erregt. Die Erfüllung der in Hos 11,8 angesagten 'Herzenswandlung' JHWHs gegenüber Ephraim steht noch aus und wird in Jer 31 in Erinnerung gerufen. Nach dem Untergang des Nordreichs ist Ephraims Schuld abgegolten, der erneuten Zuwendung JHWHs steht nichts mehr im Wege.[161] P. Trible betont die mütterlichen Züge, die in Jer 31,20 an JHWH zu entdecken sind: Das Rumoren der Eingeweide, ein äußerst gewagter Anthropomorphismus, der Gottes Einstellung gegenüber Ephraim kennzeichnet, hat in Cant 5,4 als Gefühlsausdruck der Geliebten eine eindeutig sexuelle Konnotation; darüber hinaus kann מעי auch רחם den Mutterleib, bezeichnen, wie in Gen 25,23; Jes 49,1; Ps 71,6 deutlich wird.[162] Gottes mütterliches Erbarmen umfaßt nach Jer 31,20 auch den ehemals abtrünnigen Sohn.

V.21 ruft in konkreten Bildern zur Heimkehr auf: Die angeredete Jungfrau Israel soll sich Wegzeichen aufstellen und ihren Blick auf den Weg richten, den sie einstmals gegangen ist. Gerade der zuletzt genannte Versteil (V.21aβ) kann aber auch metaphorisch verstanden und auf Israels Lebenswandel bezogen werden.[163]

Nach einem nochmaligen Verweis auf frühere Abtrünnigkeit, der wohl ebenfalls zur Heimkehr motivieren soll (V.22a), folgt in V.22b die Aussage über Gottes neues schöpferisches Handeln im Land: נקבה תסובב גבר. Für das Verständnis dieser rätselhaften Passage schlagen die Exegeten unterschiedliche Lösungen vor: Man bezeichnete den Text als Glosse,[164] oder führte verschiedene Textkorrekturen durch.[165] Wird der Text beibehalten,

---

„Se battre la cuisse", in: VT 20 (1970), 495. Zur Verbindung der Verben בוש und כלם vgl. z.B. Jes 45,16f.; Jer 22,22.

[160] יקיר wird abgesehen von Jer 31,20 nur noch Esr 4,10 und Dan 2,11 (beide Male aramäisch) verwendet; שעשעים existieren neun Belege, wovon sich fünf in Ps 119 auf die Tora bzw. die Gebote beziehen (V.24.77.92.143.174); Jer 31,20 am nächsten kommt Jes 5,7.

[161] So interpretiert Schmid, a.a.O., 139f.

[162] Vgl. Trible, Gift, a.a.O., 275.

[163] Gegen Weinberg, Z., (ב, א"ל ירמיהו) „הציבי לך ציונים", in: BethM 21 (1975), 227–232, möchte ich ein konkretes Verständnis der Bilder nicht völlig aufgeben.

[164] Vgl. Duhm, a.a.O., 251.

[165] Z.B. liest Rudolph, a.a.O., 199 (נבר(ה נְקֵבָה תְּסוֹבֵב: Die Verwünschte wandelt sich zur Herrin; Ziener, G., „Femina circumdabit virum" (Jer 31,22), eine Dittographie?, in: BZ 1 (1957), 282f., hält die Worte für eine aus einem Schreib- und Hörfehler entstandene Dittographie; Schedl, C., „Femina circumdabit virum" oder „via salutis"? Textkritische Untersuchungen zu Jer 31,22, in: ZKTh 83 (1961), 431–442, ändert die Vokale und übersetzt „ein Durchbruch ist geschaffen".

so wird er häufig allegorisch auf das Verhältnis Israel—JHWH gedeutet oder messianisch interpretiert.[166] W.L. Holladay sieht in der Umkehrung eines alten Kriegerfluches, welcher den Kriegern androht, daß sie zu Frauen werden (Jer 50,37; 51,30 u.a.; vgl. auch Jer 30,6), und der Umwandlung des Bildes von der zarten, hilflosen Jungfrau Israel in V.22b der Frau eine neue Rolle zugesprochen: Das Weibliche dominiert, die Frau ergreift die Initiative und umarmt den Mann.[167] Mit letzter Sicherheit ist jedoch nicht zu klären, worin genau das Neue besteht, das JHWH schafft.

Welche Impulse gibt der Text für eine zusammenfassende Deutung des Gedichts?

Das Bild von Rachel in Jer 31,15–17 ist völlig auf die Beziehung zu ihren Kindern konzentriert: Ebenso wie ihre Verzweiflung sich am Verlust der Kinder festmacht, besteht ihre Zukunft in der Fortexistenz ihrer Nachkommen. Die Bezugnahme auf die Stammutter Rachel geschieht nicht zufällig, denn nach der Genesis-Überlieferung sind nicht nur ihre Sehnsüchte ganz auf den Wunsch nach Kindern ausgerichtet, sondern darüber hinaus wird durch ihren Tod bei der Geburt des zweiten Kindes ihr eigenes Leben schicksalhaft an das ihrer Nachkommen geknüpft. Nach Jer 31,15–17 wird Rachel zur selbstlosen Mutter par excellence, die nicht ihr eigenes Schicksal beweint, sondern das ihrer Kinder. Hartnäckig verharrt sie in ihrer Trauer, bis sie von JHWH erhört wird. Die Rückkehr ihrer Nachkommen wird ihr bedingungslos zugesagt—wovon diese nur profitieren können. Doch erläutern die folgenden Verse, daß sich auch im 'Kind Ephraim' selbst eine Wandlung vollzogen hat.

Ein Schlüsselbegriff im ganzen Abschnitt stellt die Wurzel שוב dar: Insgesamt acht mal wird dieses für das Jeremiabuch zentrale Wort[168] in V.15–22 verwendet und dabei mehrfach variiert. Dabei impliziert der Begriff sowohl die Rückkehr des Volkes Israel aus dem Exil (V.16 und 17, vgl. auch V.21) als auch die Umkehr im übertragenen Sinn, d.h. die Hinwendung zu Gott (V.18).[169] Trotz Israels

---

[166] Vgl. dazu die Ausführungen bei Jacob, E., Féminisme ou Messianisme? A propos de Jérémie 31,22, in: Donner, H., Hanhart, R., Smend, R., Hgg., Beiträge zur Alttestamentlichen Theologie. FS W. Zimmerli zum 70. Geb., Göttingen 1977, 179–184.

[167] Vgl. Holladay, W.L., Jer xxxi 22B Reconsidered. „The Woman Encompasses the Man", in: VT 16 (1966), 236–239; siehe auch ders., Jeremiah and Women's Liberation, in: ANQ 12 (1971), 213–223.

[168] Vgl. Koch, K., Die Propheten II. Babylonisch-persische Zeit, Stuttgart/Berlin/Köln/Mainz ²1988, 36–39.

[169] Vgl. Bozak, a.a.O., 105; Anderson, a.a.O., 472.

Abtrünnigkeit—auch hierfür wird in V.19 und 22 die Wurzel שוב
verwendet—, bleibt JHWH seinem Volk treu und eröffnet ihm durch
Rückkehr und Umkehr eine neue Möglichkeit für die Zukunft.

Die Intensität der Beziehung zwischen Israel und seinem Gott
kommt in Bildern zum Ausdruck, die familiäre Bindungen zum Inhalt
haben:[170] JHWH bezeichnet Ephraim als Sohn und Kind und wird
selbst mit mütterlichen Zügen geschildert, die Jungfrau Israel wird
als Tochter angeredet. Gott erbarmt sich wieder seines Volkes, das
im Gedicht durch Ephraim repräsentiert wird, nachdem er es gezüchtigt hat, denn es ist ihm wie ein Kind ans Herz gewachsen. Doch
letztlich ist es die verzweifelte Klage Rachels—auch in ihr kann als
Mutter Israels die Repräsentantin des Volkes, das aus ihr hervor-
ging, gesehen werden—, die Gott zum bedingungslosen Zuspruch
der Rückkehr ihrer Kinder, des Volkes JHWHs, bewegt. Das Schicksal
Israels ist damit unlöslich mit seiner 'Mutter' Rachel verknüpft.

2.3.3. *Jer 31,15–22 im Kontext des Trostbüchleins Jer 30–31*

Jer 31,15–22 ist in einen größeren Kontext eingebettet, der die
Kapitel 30 und 31 des Jeremiabuches umfaßt und zumeist Trostbüchlein genannt wird. Diese beiden Kapitel, die weitgehend an Israel
gerichtete Heilsworte enthalten, welche ein Ende des Leids und eine
hoffnungsvolle Zukunft ankünden, daneben aber auch an Juda gerichtete Sprüche einschließen, wurden von S. Mowinckel als selbständi-
ges Überlieferungsgut charakterisiert.[171] Die Selbständigkeit von Jer
30–31 ist bis heute unumstritten; unklar ist jedoch die Verfasserfrage.

Während Mowinckel Jer 30–31 auf die Autorschaft anonymer Verfasser
zurückführte,[172] hielten Volz und ihm folgend Rudolph an der Annahme
fest, daß das Trostbüchlein überwiegend aus der Feder Jeremias stammt.[173]
Von einzelnen Ausnahmen abgesehen[174] setzte sich im Laufe der Zeit eine
differenzierte Betrachtungsweise durch, d.h. man führte den Grundbestand

---

[170] Vgl. Bozak, a.a.O., 105. In Jer 31,15–22 findet sich vier mal eine Form von
בן—davon drei mal in bezug auf Rachels Kinder—, sowie jeweils einmal ילד und בת.
[171] Vgl. Mowinckel, S., Zur Komposition des Buches Jeremia (Videnskapsselskapets Shrifter. II. Hist-Filos. Klasse. 1913. No. 5), Kristiania 1914, bes. 46f.: Jer 30f.
stellt in Mowinckels Quelleneinteilung die vierte Quelle (D) innerhalb des Jeremiabuches dar.
[172] Mowinckel, a.a.O., 47.
[173] Vgl. Volz, a.a.O., 281; Rudolph, a.a.O., 188.
[174] Carroll, a.a.O., 569, hält Jer 30–31 für ein exilisch-nachexilisches, von anony-
men Kreisen verfaßtes Werk.

auf Jeremia zurück. Diesem seien in späterer Zeit Ergänzungen hinzugefügt worden. Die Zuweisungen zu Jeremia differieren jedoch im einzelnen sehr stark voneinander: Beispielsweise arbeitet N. Lohfink einen sieben Sprüche umfassenden jeremianischen Grundstock heraus,[175] während G. Fohrers rekonstruierter Text aus zwölf Sprüchen besteht, die jedoch nicht von Jeremia selbst stammen sollen, sondern von einem Propheten, dessen Botschaft der Verkündigung Deuterojesajas nahesteht.[176] S. Böhmer hält lediglich Jer 30,12–15.23f. und 31,2–6.15–20 für Sprüche jeremianischer Herkunft.[177]

Mit den Arbeiten S. Herrmanns und W. Thiels begann das Interesse an einer Untersuchung des Trostbüchleins im Hinblick auf Spuren deuteronomistischen Einflusses;[178] S. Böhmer und T. Odashima beschäftigten sich u.a. mit nachjeremianisch-vordeuteronomistischen Bearbeitungen.[179]

Da zu der komplexen Thematik bereits mehrere Forschungsberichte existieren,[180] möchte ich es bei diesem knappen Überblick belassen und den Blick auf Jer 31,15–22 lenken. An Jer 31,15–22 läßt sich keine deuteronomistische Bearbeitung nachweisen—darüber besteht trotz anderweitiger Differenzen Einigkeit. Die Verse Jer 31,15–20 werden in der Regel dem jeremianischen Kern zugeordnet, sofern ein solcher postuliert wird, bei V.21f. schwanken die Ansichten.[181]

---

[175] Lohfink, N., Der junge Jeremia als Propagandist und Poet. Zum Grundstock von Jer 30–31, in: Bogaert, P.-M., Hg., Le Livre du Jérémie: Le prophète et son milieu. Les oracles et leur transmission (BEThL 54), Leuven 1981, 351–368; vgl. auch darauf aufbauend ders., Die Gotteswortverschachtelung in Jer 30–31, in: Ruppert, L., Weimar, P., Zenger, E., Hgg., Künder des Wortes. Beiträge zur Theologie der Propheten. FS J. Schreiner zum 60. Geb., Würzburg 1982, 105–119.

[176] Fohrer, G., Der Israel-Prophet in Jeremia 30–31, in: Caquot, A., Delcor, M., Hgg., Mélanges bibliques et orientaux en l'honneur de M. Henri Cazelles (AOAT 212), Neukirchen-Vluyn 1981, 135–148.

[177] Vgl. Böhmer, a.a.O., 81.

[178] Vgl. Herrmann, S., Die prophetischen Heilserwartungen im AltenTestament. Ursprung und Gestaltwandel (BWANT 85), Stuttgart 1965, bes. 159–241; Thiel, W., Die deuteronomistische Redaktion von Jeremia 26–45. Mit einer Gesamtbeurteilung der deuteronomistischen Redaktion des Buches Jeremia (WMANT 52), Neukirchen-Vluyn 1981, bes. 20–28.

[179] Vgl. Böhmer, a.a.O, bes. 81–88; Odashima, T., Heilsworte im Jeremiabuch. Untersuchungen zu ihrer vordeuteronomistischen Bearbeitung (BWANT 125), Stuttgart/Berlin/Köln/Mainz 1989, bes. 288–313.

[180] Vgl. dazu, Herrmann, S., Jeremia. Der Prophet und das Buch (EdF 271), Darmstadt 1990, 146–162; ders., Jeremia/Jeremiabuch, in: TRE 16, Berlin/New York 1987, 568–586, bes. 574–580; Böhmer, S., Heimkehr und neuer Bund. Studien zu Jeremia 30–31 (GTA 5), Göttingen 1976, 11–20; Odashima, a.a.O., 1–80; zur neueren Literatur vgl. v.a. Fischer, G., Das Trostbüchlein. Text, Komposition und Theologie von Jer 30–31 (SBB 26), Stuttgart 1993, 130–133.

[181] Beispielsweise spricht Hermann, S., Prophetische Heilserwartungen, a.a.O., 217, auch Jer 31,21f. Jeremia zu während Odashima, a.a.O., 288, die Verse für einen späteren vordeuteronomistischen Zusatz hält.

Welchen Platz nimmt das Gedicht in der jetzt vorliegenden Fassung
des Trostbüchleins Jer 30–31 ein?

Jer 31,15–22 stellt das letzte von insgesamt sechs Gedichten dar,
die von einem in Prosa verfaßten Rahmen umschlossen werden.[182]
G. Fischer, der die Sprache des Trostbüchleins nach Hinweisen auf
seine Komposition untersucht hat, stellt eine Ambivalenz von inhaltlicher Geschlossenheit und gleichzeitiger Uneinheitlichkeit fest: Ältere
Traditionen werden zwar aufgenommen, doch werden sie selbständig weiterverarbeitet. So gelingt einerseits eine Zusammenfassung des
Traditionsguts, andererseits entstehen dadurch zahlreiche Spannungen
und Gegensätze.[183]

Inhaltlich werden die einzelnen Abschnitte durch gemeinsame
Motive und Themen zusammengehalten, z.B. durch die Ansage einer
Wende und der Rückkehr aus dem Exil, durch das Motiv einer
Stimme und des Hörens, des Leidens und der Bestrafung u.a.[184] Von
den im Text erwähnten Personen tauchen v.a. Jakob (30,7.10a.b.18;
31,7.11) und Ephraim (31,6.9.18.20) gehäuft auf. Zusammen mit
Rachel (31,15) werden hier drei Gestalten aus der Vorgeschichte
Israels erwähnt, denen eine besondere Bedeutung zukommt: Rachel
ist die Lieblingsfrau Jakobs; Jakob und Ephraim werden jeweils ihren
Brüder vorgezogen. Israel wird hier in seiner Existenz als Großfamilie
angesprochen, denn hinter den Gestalten aus der Patriarchenzeit verbirgt sich das Schicksal des gesamten Volkes Israel.[185]

Eine der wichtigen theologischen Grundaussagen besteht in der
Ansage des Wandels von Not und Trauer zu Fröhlichkeit und Heil.[186]
Das Trostbüchlein möchte in einer unheilvollen Situation Trost spenden und neue Perspektiven für die Zukunft entwickeln; exemplarisch
kommt dies in Rachels verzweifelter Klage und dem darauf folgenden Zuspruch zum Ausdruck. Das Reden von Gott im Trostbüchlein
bezieht sich sowohl auf sein strafendes Handeln (z.B. 30,11; 31,18)

---

[182] Ich übernehme die Gliederung von Bozak, a.a.O., bes. 20, die den Stoff wie
folgt einteilt: 30,1–4 (Einleitung); 30,5–11 (I); 30,12–17 (II); 30,18–31,1 (III); 31,2–6
(IV); 31,7–14 (V); 31,15–22 (VI); 31,23–34 (Schluß I); 31,35–40 (Schluß II).

[183] Vgl. Fischer, G., a.a.O., 138–236. Fischer wendet sich der Untersuchung der
Sprache von Jer 30–31 aufgrund der Erkenntnis zu, daß sich die Ergebnisse der
literarkritischen Untersuchungen lediglich im Bereich des Hypothetischen bewegen
(vgl. 136f.).

[184] Vgl. Bozak, a.a.O., 135–142; vgl. auch 142–154.

[185] Vgl. Fischer, G., a.a.O., 103–107. Siehe auch Abschnitt 2.1.2. der Arbeit.

[186] Zur Theologie des Trostbüchleins vgl. Fischer, G., a.a.O., 237–278.

als auch auf sein Trösten, Wiederaufrichten (z.B. 30,7) und seine neue bedingungslose Zuwendung (31,16f.), die zur Rückführung des Volkes führen wird (30,10; 31,16f.21): Gott muß sich Ephraims erbarmen (31,20), er leidet selbst mit.

Im Abschnitt Jer 31,15–22, der Rachels Verzweiflung und Gottes tröstenden Zuspruch, Ephraims Bericht von begangenem Unrecht und erfahrener Züchtigung, seine Bitte um Umkehr und Gottes grenzenloses Erbarmen zum Inhalt hat, kommen damit zentrale Elemente der Theologie des Trostbüchleins zum Ausdruck. An wen richtet sich die tröstliche Botschaft?

2.3.4. *Zur Frage der Datierung und der Adressaten*

Die Befürworter einer frühen Datierung von Jer 31,15–22 halten die Bewohner des ehemaligen Nordreichs—Ephraim—für die Adressaten des Gedichts: In Rachels Klage kommen die Daheimgebliebenen zu Wort, denen nun die Rückkehr ihrer Stammesgenossen verheißen wird.[187] Datiert werden kann der Abschnitt, der enge sprachliche und inhaltliche Verbindungen zu Jer 3,21–25, Versen aus der Frühzeit Jeremias, aufweist, in die Zeit Josias;[188] möglicherweise steht er im Zusammenhang mit Josias Bemühungen um eine Wiedergewinnung Samarias und Galiläas, die dann den Hintergrund für das Aufkeimen neuer Hoffnungen bildeten.[189]

Andere Exegeten sehen in Rama einen Hinweis auf den Ort, der in Jer 40,1 als Durchgangsstation der Deportierten auf dem Weg nach Babylon erwähnt wird, und beziehen den Text somit auf die exilierten Judäer, über deren Verlust Rachel klagt.[190] Die Situation des Südreichs ist mit der des Nordreichs vergleichbar, weshalb Jeremia auch Juda mit Ephraim anreden kann.[191]

---

[187] Vgl. Rudolph, a.a.O., 196; Bartlett, D.L., Jeremiah 31,15–20, in: Interp. 32 (1978), 73–78, bes. 75. Hinweise auf konkrete Klagefeiern der Bewohner des ehemaligen Nordreichs, an die Kilpp, a.a.O., 147, denkt, gibt der Text jedoch nicht. Freund, J., "הבן יקיר לי אפרים", in: BethM 15 (1970), 390–396, sieht im Thema der Umkehr des Nordreichs Ephraim einen Hauptbestandteil in der Verkündigung Jeremias.

[188] Zu den Verbindung zwischen Jer 3 und 31 vgl. z.B. Unterman, J., From Repentance to Redemption. Jeremiah's Thought in Transition (JSOT.S. 54), Sheffield 1987, 23–53.

[189] So Rudolph, a.a.O., 189.

[190] Vgl. z.B. Becking, a.a.O., 238.

[191] Vgl. Lindars, B., "Rachel Weeping for her Children"—Jeremiah 31:15–22, in:

Einen jeremianischen Kern in Jer 31,15–22 anzunehmen, der sich auf den Untergang des Nordreichs bezieht, halte ich für durchaus möglich, doch scheint mir in bezug auf die jetzige Gestalt des Textes und seine Verankerung in Jer 30–31 wichtig, den Blick auf die Endgestalt des Trostbüchleins zu lenken, das sich sowohl an Israel als auch an Juda wendet.[192] Der ursprüngliche Kontext der Verheißung tritt zugunsten einer Heilsansage zurück, von der sich Israel und Juda gleichermaßen angesprochen fühlen können. Die kontroverse Diskussion um Datierung und Adressaten stützt die Annahme, daß eine Übertragung grundlegender Aussagen des Textes auf spätere Zeit möglich war.

Daran wird ein wesentliches Merkmal des Gedichts Jer 31,15–22 deutlich, das v.a. Rachels Klage betrifft: Das Bild von der Mutter, die untröstlich um den Verlust ihrer Kinder weint, läßt sich nicht auf ein bestimmtes Ereignis festlegen, sondern ist transparent und birgt in sich die Möglichkeit der Übertragung auf neue Situationen. Damit ist ein für die Auslegungsgeschichte bedeutender Punkt angesprochen, denn eine solche 'Offenheit' des Textes stellt einen idealen Ansatzpunkt für neue Interpretationen dar. Auch die Gestalt Rachels selbst zeugt von dieser Transparenz: Als eine der Stammütter ist sie nicht nur für ihre direkten Nachkommen von Bedeutung, sondern sie wird vielmehr zur Identifikationsfigur des gesamten Volkes Israel.

2.4. Rachel im Alten Testament—Zusammenfassung und Weiterführung

Die Erzählungen über die Stammutter Rachel sind in Gen 29–35 überliefert und umfassen die Spanne von Rachels erster Begegnung mit Jakob bis zu ihrem Tod bei der Geburt ihres zweiten Sohnes. Bereits im Alten Testament selbst setzt die Wirkungsgeschichte ein: 1 Sam 10,2 sowie Gen 35,16–20 und Gen 48,7 in ihrer ursprünglichen Form lokalisieren das Grab Rachels im Stammesgebiet Benjamins, die Glosse in Gen 35,19 und Gen 48,7 bezeugt eine südliche Grabtradition in der Nähe von Bethlehem. Darüber hinaus findet

JSOT 12 (1979), 47–62, bes. 56. Carroll, a.a.O., 569, datiert—wie schon bemerkt—das Trostbüchlein insgesamt in die exilisch-nachexilische Zeit.
[192] Vgl. Childs, B.S., Introduction to the Old Testament as Scripture, London 1979, 351; McKane, W., A Critical and Exegetical Commentary on Jeremiah. II Commentary on Jeremiah XXVI–LII (ICC), Edinburgh 1996, 802f.

sich in Hos 12,13 eine nicht ganz eindeutige Anspielung auf die Erzmutter, in Rut 4,11 wird Rachel neben und v.a. vor Lea als Erbauerin
des Hauses Israel genannt, und in Jer 31,15–17 ist das Bild von der
um ihre exilierten Kinder weinenden Stammutter überliefert.

Wie verhält sich die Nachgeschichte Rachels im Alten Testament
zur Wirkungsgeschichte anderer alttestamentlicher Frauengestalten?
Welche quantitativen und qualitativen Unterschiede können festgestellt werden? In erster Linie sind hierbei die anderen Erzmütter von
Interesse. Sara wird außerhalb der eigentlichen Erzählung, welche
in Gen 23 mit ihrem Tod und ihrem Begräbnis in der Höhle Machpela endet, noch fünf mal erwähnt, davon vier mal in der Genesis
(Gen 24,67 Saras Zelt, Gen 25,12 Saras Magd; Gen 25,10 und 49,31
spielen auf Saras Grab an.). Der einzige Beleg für Sara außerhalb
der Genesis findet sich in Jes 51,2: Das Volk wird an seine Abstammung von Abraham und Sara erinnert. Das Schwergewicht liegt
jedoch auf dem Hinweis auf Abrahams Berufung. Die Wirkungsgeschichte Rebekkas beschränkt sich auf die Erwähnung ihres Grabes
in der Höhle Machpela Gen 49,31 und des Todes ihrer Amme Gen
35,8. In diesem Vers wird ebenfalls Lea genannt, die außer in Rut
4,11 nur noch in den Listen der Söhne Jakobs Erwähnung findet
(Gen 35,23.26; 46,15.18). Im Vergleich zu den häufigen Anspielungen
auf Abraham oder Jakob ist die Zahl der Erwähnungen der Erzmütter
verhältnismäßig gering.

Nicht anders verhält es sich mit den übrigen alttestamentlichen
Frauengestalten. Auf die Erwähnung Tamars als Mutter des Perez
in Rut 4,12 wurde schon im Zusammenhang mit der Untersuchung
des Hochzeitssegens für Rut hingewiesen. Eine Anspielung auf Mirjams
Aussatz findet sich in Dtn 24,9, und in Mi 6,4 wird die Schwester
Moses bei einem Verweis auf den Exodus zusammen mit Mose und
Aaron als Anführerin des Volkes genannt. Davids Affäre mit Batseba
schließlich dient als Situationsangabe in Ps 51,2.

Der Vergleich der Nachgeschichte Rachels mit den angeführten
Beispielen macht deutlich, daß diese nicht nur in quantitativer Hinsicht
die Wirkungsgeschichte der anderen Frauen übertrifft, es zeigt sich
vielmehr auch ein qualitativer Unterschied, der v.a. anhand von Jer
31,15–17 deutlich wird: Es handelt sich an dieser Stelle nicht um
die Aufnahme einer bereits aus der eigentlichen Erzählung bekannten Tradition wie z.B. bei Sara in Jes 51,2 oder Mirjam in Mi 6,4,
sondern die Überlieferung von der um ihre Kinder weinenden Stammmutter fügt dem Bild über Rachel eine neue Qualität hinzu und

geht damit über die eigentliche Erzählung hinaus. Jedoch steht dabei
der Text nicht ohne Verbindung zu den übrigen Teilen der Überlieferung. Um dies zu veranschaulichen, möchte ich im folgenden
noch einmal den Blick auf Jer 31,15–17 werfen.

Daß der Ort der Klage Rachels nicht mit ihrem Grab identisch
sein muß, wurde schon mehrmals festgehalten; wird Jer 31,15–17 im
Zusammenhang mit den Belegen für die Nordtradition des Rachelgrabes gelesen—1 Sam 10,2 sowie Gen 35,16–20 und Gen 48,7 ohne
Glosse—, scheint es gut denkbar, daß man die Überlieferung von
den im benjaminitischen Rama zu hörenden Klagerufen Rachels an
der Stelle lokalisierte, an der die Lieblingsfrau Jakobs nach der Geburt
ihres zweiten Kindes starb und begraben wurde.

Die Bedeutung Rachels als Stammutter für ganz Israel geht aus
dem jetzigen Kontext von Jer 31,15–17 klar hervor. Spuren dieser
Übertragung lassen sich jedoch auch in anderen Teilen der Rachel-
Überlieferungen feststellen, v.a. in der Verlagerung der Grabtradition
in den Süden in die Nähe des judäischen Bethlehem Gen 35,19 und
48,7 und möglicherweise auch in der Voranstellung Rachels Rut
4,11. Als besonders auffällig erweisen sich die Bezüge des Jeremiatextes
zur Genesis-Überlieferung. Sie werden sowohl anhand des Vokabulars
als auch anhand inhaltlicher Querverbindungen deutlich.[193]

S.E. Brown-Gutoff macht auf Gemeinsamkeiten zwischen Jer
31,15–17 und der Josefs-Erzählung aufmerksam:[194] Im Schmerz über
den Verlust seines Sohnes Josef lehnt Jakob jeglichen Trost ab (וימאן
להתנחם, Gen 37,35). Dasselbe wird in großer sprachlicher Nähe von
Rachel in Jer 31,15 ausgesagt (מאנה להנחם). Den Grund für ihren
Schmerz gibt Jer 31,15 mit zwei Worten an: כי איננו. Ungewöhnlich
ist dabei die Formulierung im Singular, wie bereits unter 2.3.1. festgestellt wurde. In der Josefs-Geschichte wird איננו insgesamt drei mal

---

[193] Es stellt sich die Frage nach dem Verhältnis von Jer 31,15–17 zu den Rachel-
Erzählungen der Genesis. In welcher Form setzt Jer 31,15–17 die Erzählungen über
Rachel voraus? Die Problematik der Datierung des Jeremiatextes wurde unter 2.3.4.
behandelt. K. Schmid, der ebenfalls auf die engen Bindungen zwischen Jer 31,15ff.
und der Josefs-Geschichte verweist (a.a.O., 133–135), hält Jer 31,15f. für den „terminus ad quem für Gen 37–50 in schriftlicher Gestalt" (135).—Die Bezugnahmen von
Jer 31,15–17 auf die Überlieferung der Genesis lassen sich m.E. erklären, ohne die
Annahme einer literarischen Abhängigkeit des Jeremiatextes von den Texten der
Genesis in ihrer jetzigen Gestalt vorauszusetzen—z.B. durch gemeinsame Traditionen
oder Bezugnahmen auf frühere Formen der Überlieferungen—, so daß das Problem
hier nicht gelöst werden muß.
[194] Vgl. Brown-Gutoff, a.a.O., 184.

auf das Verschwinden Josefs bezogen (Gen 37,30; 42,32.36) und drei
mal auf seinen Bruder Benjamin (Gen 44,26.30.34). Natürlich handelt es sich um eine gängige Vokabel, doch fällt in der Josefs-
Geschichte die gehäufte Verwendung in bezug auf die Kinder Rachels
und in Jer 31,15 die singularische Form auf, was dazu verleitet, eine
Verbindung herzustellen.[195] Die Worte כי אינו geben den Grund für
Rachels Trauer an; ihre Klage könnte man als eine Anspielung auf
die Trauer um Josef und die Angst um Benjamin interpretieren. In
Jer 31 wird die Klage jedoch ausgeweitet, denn unter בנים sind jetzt
nicht mehr nur die leiblichen Nachkommen Rachels zu verstehen,
sondern das gesamte Volk Israel. Im Kontext der Josefs-Geschichte
wird auch die Rachel zugesprochene Hoffnung verständlich (Jer
31,17): Wie bei Josef sich alles zum Guten entwickelt, weil den
Geschehnissen Gottes Plan zugrunde liegt (vgl. Gen 45,5–8; 50,20),
wird sich auch das Schicksal der exilierten Nachkommen wenden,
denn Gott hält auch für sie einen Plan bereit, welcher ihre Rückkehr
vorsieht.[196]

Ein weiterer Bezug zur Genesis, dieses Mal direkt zur Jakob-
Rachel-Erzählung, läßt sich über die Wurzel שכר herstellen (vgl. Jer
31,16):[197] Jakob wird in Gen 29,15 von Laban nach seinem Lohn
gefragt (מה־משכרתך), Lea verkündet in Gen 30,16 Jakob, daß sie ihn
sich erkauft hat (שכר שכרתיך) und nennt den in dieser Nacht gezeug-
ten Sohn Issachar (יששכר), denn Gott hat ihr ihren Lohn gegeben
(30,18: נתן אלהים שכרי). Im Zusammenhang mit Rachel wird
der Begriff in der Genesis nicht verwendet, taucht aber in Jer 31,16
auf: Auch Rachel wird letztlich den Lohn für ihre Mühe erhalten
(יש שכר לפעתך), und ihre Kinder werden wieder zurückkehren.

Die Texte der Rachel-Erzählung zeigen, daß das Thema 'Mutterschaft' sich unauflöslich mit der Lebensgeschichte der Erzmutter verbindet; sie wendet ihre gesamten Energien auf, um zu eigenen Kindern
zu gelangen und scheut dabei nicht die Auseinandersetzung mit ihrer
Schwester und ihrem Mann. Ihr früher Tod bei der Geburt des
'Schmerzenssohnes' veranschaulicht den Preis, den sie für die Erfüllung

---

[195] So Brown-Gutoff, a.a.O., 184, allerdings mit unkorrekten Stellenangaben (Die
Bezugnahmen auf Benjamin stammen aus Kapitel 44 und nicht aus Kapitel 42.).
[196] Vgl. Brown-Gutoff, a.a.O., 185. Die Bezüge zwischen Jeremiabuch und
Josefgeschichte reichen noch weiter; vgl. z.B. Jeremias Aufenthalt in der Zisterne
Jer 38,1–13 mit Josefs Gefangenschaft im Brunnen Gen 37,18–28 und dazu Schmid,
a.a.O., 133, Anm. 385.
[197] Vgl. Brown-Gutoff, a.a.O., 184; Keown, Scalise, Smothers, a.a.O., 120.

ihres Wunsches zu bezahlen hat. Jer 31,15–17 knüpft daran an und
fügt mit dem Weinen Rachels um ihre Kinder einen neuen Aspekt
hinzu.[198] Dabei wird deutlich, daß die mit der Gestalt Rachels verbundenen Überlieferungen nicht als endgültig abgeschlossen betrachtet wurden. Rachels Nachgeschichte beginnt somit im Alten Testament
selbst.

Über die Genesis-Überlieferung hinaus wird Rachel in Jer 31,15–17
zur Mutter einer Vielzahl von Kindern. Nach den Erzählungen der
Genesis, die sie als Frau charakterisieren, welche sich nichts sehnlicher wünscht als Kinder, und schließlich stirbt, als sie einem Kind
das Leben schenkt, ist sie für diese Rolle geradezu prädestiniert.
Rachel tritt für ihre Kinder ein, und Gott sagt ihr als Lohn für ihren
Einsatz[199] die Rettung ihrer Nachkommen zu—nach einem Leben
voller Enttäuschungen erreicht die Stammutter doch noch die Erfüllung
ihrer Wünsche.[200]

Rachel scheint ans Ziel ihrer Träume gelangt zu sein, doch für
spätere Ausleger ist dies erst der Anknüpfungspunkt für eine Vielzahl
weiterführender Interpretationen, die sich mit der Gestalt Rachels
und ihrer Rolle als Mutter Israels beschäftigen. Ihnen möchte ich
mich in den folgenden Kapiteln der Untersuchung zuwenden.

---

[198] Knopf, a.a.O., 88, spricht in diesem Zusammenhang von einer 'Motivver-
schiebung' von der Trauer um die Kinderlosigkeit zur Klage über den Verlust der
Kinder. Angesichts der vielfältigen Bezüge scheint es mir undenkbar, wie Carroll,
a.a.O., 598, in Erwägung zu ziehen, רחל in Gen 31,15 mit 'Mutterschaf' zu übersetzen und keine Verbindung zur Stammutter herzustellen.
[199] Im Zusammenhang mit der Genesis-Überlieferung פעלה m.E. Rachels gesamte
Bemühungen in bezug auf ihre Kinder.
[200] So interpretiert Abrams, a.a.O., 220.

KAPITEL 3

JER 31,15–17 UND DAS RACHELBILD IN
DEN ANTIKEN ÜBERSETZUNGEN

Im Mittelpunkt der Darstellung steht die Untersuchung der Übersetzungen zu Rachels Klage Jer 31,15–17. Über eine Analyse stilistischer Abweichungen hinaus sind v.a. inhaltliche Veränderungen
von Interesse. Um einen Eindruck vom Rachelbild in den antiken
Übersetzungen zu vermitteln, ist es zudem notwendig, jeweils einen
Überblick über signifikante inhaltliche Veränderungen[1] bei der
Wiedergabe der anderen Stellen, die die Rachel-Überlieferung betreffen,
zu geben.

3.1. *Septuaginta (LXX)*

Die Bedeutung der Septuaginta[2] für die Auslegungsgeschichte liegt in der
doppelten Vermittlungsrolle, die diese Übersetzung wahrnimmt: Einerseits
stellt sie das Bindeglied zwischen hebräischem Text und jüdisch-hellenistischer
Gedankenwelt dar, andererseits—aufgrund ihrer Rezeption im Christentum—
die Brücke zu altkirchlichen Auslegungen.

Zur griechischen Übersetzung des Jeremiabuches sind einige Vorbemer-
kungen notwendig: Die griechische Fassung unterscheidet sich von der
hebräischen nicht nur durch eine abweichende Anordnung der einzelnen
Kapitel—auf Jer 25,13 folgen in LXX die Fremdvölkersprüche (MT Jer
46–51), so daß Rachels Klage in LXX Jer 38,15–17 überliefert ist—, ihr
Text ist auch um 1/7 kürzer als der masoretische Text (MT). Dies veranlaßt
einige Exegeten zu der Annahme, daß der LXX-Fassung des Jeremiabuches
eine von MT abweichende hebräische Vorlage zugrunde liegt, welche zumeist

---

[1] Eine ausführliche Beschäftigung mit den stilistischen Eigenheiten der jeweiligen
Übersetzungen würde den Rahmen dieser Untersuchung sprengen.

[2] Zu Entstehung und Eigenart der vom 3. bis 1. Jh. v.Chr. entstandenen griechi-
schen Übersetzung des Alten Testaments vgl. Tov, E., Der Text der Hebräischen
Bibel. Handbuch der Textkritik, Stuttgart/Berlin/Köln 1997, 112–124; ders., The
Septuagint, in: Mulder, M.J., Sysling, H., Hgg., Mikra. Text, Translation, Reading
and Interpretation of the Hebrew Bible in Ancient Judaism and Early Christianity
(CRI. II. The Literature of the Jewish People in the Period of the Second Temple
and the Talmud 1), Assen/Philadelphia 1988, 161–188; Daniel, S., Bible. Translations.
Ancient Versions. Greek: The Septuagint, in: EJ 4, Jerusalem 1971, 851–856.

für jünger als MT gehalten und ihm vorgezogen wird.[3] Die Uneinheitlichkeit
des LXX-Textes selbst wurde schon 1903 von H.St.J. Thackeray auf zwei
verschiedene Autoren (A: Jer 1–28; B: Jer 29–51) zurückgeführt.[4] E. Tov
greift die These in modifizierter Form wieder auf und spricht von einem
Original, das sich in Teil A erhalten habe, und einer Revision, die nur
noch für Teil B vorhanden sei.[5]

Was den griechischen Text des Trostbüchleins (MT Jer 30–31, LXX Jer
37–38) betrifft, so zeigen neueste Untersuchungen, daß hier LXX durchaus
auch als Übersetzung des den Masoreten vorliegenden hebräischen Textes
verstanden werden kann und in der Diskussion um die Priorität von griechi-
schem oder masoretischem Text im Jeremiabuch noch nicht das letzte Wort
gesprochen ist.[6]

3.1.1. *Die Rachel-Überlieferungen in der Septuaginta—ein Überblick*

Ohne Anspruch auf Vollständigkeit möchte ich, bevor ich mich dem
Jeremiatext zuwende, einen Überblick über die wichtigsten Veränder-
rungen von LXX gegenüber MT innerhalb der Rachelüberlieferung
geben.

Die Veränderungen der LXX, welche über stilistische Abweichungen—Glättungen, Umstellungen,[7] erklärende Hinzufügungen—hinausgehen, sind von geringer Zahl.[8] Nach Gen 30,8 LXX beispielsweise

---

[3] Diese Annahme wird durch neue Funde in Qumran, v.a. durch 4 Q Jer[b],
gestützt. Vgl. v.a. Janzen, J.G., Studies in the Text of Jeremiah (HSM 6), Cambridge
1973, sowie Tov, E., Some Aspects of the Textual and Literary History of the Book
of Jeremiah, in: Bogaert, a.a.O., 145–167; Bogaert, P.-M., De Baruch à Jérémie.
Les deux rédactions conservées du livre de Jérémie, in: ders., Livre du Jérémie,
a.a.O., 168–173.

[4] Vgl. Thackeray, H.S.J., The Greek Translators of Jeremiah, in: JTS 4 (1903),
245–266.

[5] Vgl. Tov, E., The Septuagint Translation of Jeremiah and Baruch. A Discussion
of an Early Revision of the LXX of Jeremiah 29–52 and Baruch 1:1–3:8 (HSM
8), Missoula 1976. Zur Kritik vgl. Soderlund, S., The Greek Text of Jeremiah. A
Revised Hypothesis (JSOT.S. 47), Sheffield 1985.

[6] Vgl. Fischer, G., a.a.O., 2–78, bes. 75–78. Becking, B., Jeremiah's Book of
Consolation: A Textual Comparison. Notes on the Masoretic Text and the Old
Greek Version of Jeremiah xxx–xxxi, in: VT 44 (1994), 145–169, läßt die Frage
offen.

[7] Z.B. Gen 33,7: Rachel wird hier wie in 33,2 vor Josef erwähnt.

[8] Zur Genesis-LXX vgl. insbes. Harl, M., La Bible d'Alexandrie. 1. La Genèse.
Traduction du texte grec de la Septante, Introduction et Notes, Paris 1986; Rösel,
M., Übersetzung als Vollendung der Auslegung. Studien zur Genesis-Septuaginta
(BZAW 223), Berlin/New York 1994; Wevers, J.W., The Interpretative Character
and Significance of the Septuagint Version, in: Sæbø, M., Hg., Hebrew Bible/Old
Testament. The History of Its Interpretation. I. From the Beginnings to the Middle
Ages (Until 1300). 1. Antiquity, Göttingen 1996, 84–107.

kämpft Rachel nicht mit Gott, sondern Gott steht ihr in ihrem Kampf mit Lea bei.[9] Zu charakteristischen Veränderungen kommt es v.a. bei den Rachelgrab-Traditionen: Die eigentümliche Formulierung בצלצח in 1 Sam 10,2 wird in LXX nicht als Ortsname verstanden, sondern mit ἁλλομένους μεγάλα wiedergegeben und auf die beiden Männer bezogen, die „hoch springen".[10] Als für die Auslegungsge-schichte am bedeutsamsten erweist sich jedoch eine Hinzufügung in Gen 48,7. Nicht nur heutigen Exegeten, sondern auch den Über-setzern der LXX bereitete offensichtlich die Wendung כברת־הארץ Schwierigkeiten.[11] In Gen 35,16 lautet die Übersetzung χαβραθα εἰς γῆν—es wurde offensichtlich ein Ortsname daraus;[12] in Gen 48,7 wird die Ortsbestimmung κατὰ τὸν ἱππόδρομον—bei der Pferderenn-bahn—vorausgeschickt. Wie LXX auf diese Wiedergabe kommt, ist unklar.[13] Zwar sind bei Josephus an verschiedenen Orten Palästinas Hippodrome bezeugt (vgl. z.B. Ant 17,255), doch stammen diese erst aus herodianischer Zeit; für ein Hippodrom bei Bethlehem gibt es auch in dieser Zeit keine Belege. Die Übersetzung geht möglicher-weise auf eine verlorengegangene Tradition zur Lokalisierung des Rachelgrabes zurück.[14]

3.1.2. *Rachels Klage in der Septuaginta: LXX Jer 38,15–17*

[15] Οὕτως εἶπε κύριος Φωνὴ ἐν Ραμα ἠκούσθη θρήνου καὶ κλαυθμοῦ καὶ ὀδυρμοῦ. Ραχηλ ἀποκλαιομένη οὐκ ἤθελε παύσασθαι ἐπὶ τοῖς υἱοῖς αὐτῆς, ὅτι οὔκ εἰσιν. [16] οὕτως εἶπε κύριος Διαλιπέτω ἡ φωνή σου ἀπὸ κλαυθμοῦ καὶ οἱ ὀφθαλμοί σου ἀπὸ δακρύων, ὅτι ἔστι μισθὸς τοῖς σοῖς ἔργοις, καὶ ἐπιστρέψουσιν ἐκ γῆς ἐχθρῶν, [17] μόνιμον τοῖς σοῖς τέκνοις.[15]

---

[9] Vgl. Wevers, a.a.O., 106. Wahrscheinlich war LXX die Formulierung in MT zu anstößig. Zu den unterschiedlichen Übersetzungs- und Interpretationsmöglichkeiten des Verses vgl. Abschnitt 2.1.2.2.

[10] Möglicherweise hatte LXX hier בצלח zur Vorlage, vgl. Tsevat, a.a.O., 111–113, der die Übersetzung dieses Verses einschließlich der Varianten in anderen LXX-Mss. ausführlich diskutiert.

[11] Vgl. dazu Harl, a.a.O., 303; Keel, Küchler, a.a.O., 609.

[12] Denkbar ist auch, daß LXX den Ausdruck als terminus technicus für eine Entfernungsangabe verstand; zu beidem vgl. Harl, a.a.O., 253, Anm. zu Gen 35,16.

[13] Abel, F.-M., Géographie de la Palestine. II. Géographie politique. Les villes (EtB), Paris 1938, 426, vermutet, das LXX רכבה statt כברת las, doch bedarf es auch dann noch eines gehörigen Maßes an Intuition, damit daraus ein Hippodrom wird.

[14] So interpretiert Rösel, a.a.O., 242.

[15] Text nach Ziegler, J., Hg., Ieremias. Baruch. Threni. Epistulae Ieremiae

[15] So sprach der HERR: Eine Stimme wurde in Rama gehört, von Klage und Weinen und Wehklagen; Rachel weinte, wollte nicht aufhören wegen ihrer Söhne, weil sie nicht sind.

[16] So sprach der HERR: Deine Stimme lasse ab vom Weinen und deine Augen von Tränen,[16] denn es gibt einen Lohn für deine Taten, und sie werden zurückkehren vom Land der[17] Feinde;

[17] Beständiges[18] für deine Kinder.

Zu V.15: Die nähere Beschreibung der klagenden Stimme unterscheidet sich von MT dadurch, daß תמרורים als drittes Substantiv aufgefaßt wird und die drei Substantive Klage, Weinen und Wehklage jeweils durch καὶ verbunden werden. להנחם—sich trösten lassen—übersetzt LXX mit παύομαι aufhören. Das erste על־בניה hat keine Entsprechung, womit die Doppelung vermieden wird, איננו wird in Kongruenz zu seinem Subjekt im Plural wiedergegeben.

Rama wird von LXX als Ortsname verstanden und bleibt unübersetzt. Die ursprüngliche Textlesart des Codex Sinaiticus (S) bezeugt jedoch die Übersetzung ἐν τῇ ὑψηλῇ; Gleiches gilt für den Codex Alexandrinus, davon abhängend die Minuskel 410 sowie die bohairische, äthiopische und arabische Übersetzung und ein Origenes-Fragment.[19] Folglich existieren zwei verschiedene Interpretationen des Konsonantentextes ברמה. Die Übersetzung 'in Rama' stellt die Verbindung zur Nordtradition des Rachelsgrabes her und legt einen Bezug auf die in Jer 40,1 als Durchgangsstation der Deportierten erwähnte Stadt nahe. Die nur schwach bezeugten Übersetzungsvarianten, die רמה als Höhe auffassen, lassen dies offen.

Zu V.16: Im Unterschied zu מנע richtet sich διαλιπέτω nicht direkt an Rachel, sondern bezieht sich grammatikalisch auf die Stimme; דמעה und אויב werden jeweils im Plural wiedergegeben, פעלה ebenfalls und mit 'Werke' übersetzt. An welche Taten gedacht ist, bleibt jedoch auch in der griechischen Übersetzung offen. Die Gottesspruchformel נאם־יהוה bleibt hier wie auch in V.14.17.34 und 37 unübersetzt und gehört damit zu den 'zero-variants'.[20]

(Septuaginta. Vetus Testamentum Graecum. Auctoritate Societatis Litterarum Gottingensis editum 15), Göttingen 1957, 358.

[16] δακρύων σου nach Codex Vaticanus und Codex Sinaiticus u.a.; vgl. den Text in der Ausgabe von Rahlfs, A., Hg., Septuaginta. Id est Vetus Testamentum graece iuxta LXX interpretes. Duo volumina in uno, Stuttgart 1979.

[17] Wörtlich undeterminiert.

[18] Lust, J., Eynikel, E., Hauspie, K., A Greek-English Lexicon of the Septuagint, II. Κ-Ω, Stuttgart 1996, 309, übersetzen „security".

[19] Vgl. auch die in Ms. 86 bezeugte Version Aquilas: ἐν ὑψηλῇ. Vgl. dazu den Apparat in Zieglers Ausgabe und ders., Beiträge zur Ieremias-Septuaginta (NAWG. I. Philologisch-Historische Klasse 1958, Nr.2), Göttingen 1958, 63. Field, F., Origenis Hexaplorum quae supersunt sive veterum interpretum graecorum in totum vetus testamentum fragmenta. Post flaminium nobilium, drusium, et montefalconium, adhibita etiam versione syro-hexaplari, II. Jobus-Malachias. Auctarium et Indices, Oxford 1875 (Nachdr. Hildesheim 1964), verzeichnet die Variante zu Aquila nicht.

[20] D.h. zu den Überschüssen von MT gegenüber LXX. Vgl. Becking, Jeremiah's

Zu V.17: Der Vers ist in LXX viel kürzer und unterscheidet sich erheblich von MT: wie in V.16 fehlt die Gottesspruchformel; τοῖς σοῖς τέκνοις könnte eine Übersetzung von לאחריתך darstellen. Das Substantiv אחרית würde dann nicht im Sinn von 'Zukunft' aufgefaßt, sondern gemäß seiner zweiten Bedeutung als 'Nachkommen'[21] interpretiert. μόνιμον kann kaum als Übersetzung von MT verstanden werden, allenfalls als sehr freie Übertragung. G. Fischer versteht den Vers als komprimierte Wiedergabe von MT Jer 31,17,[22] doch kann man m.E. nicht ausschließen, daß LXX an dieser Stelle ein von MT abweichender Text vorlag.

Ein Vergleich von LXX Jer 38,15–17 mit MT Jer 31,15–17 zeigt, daß es sich bei den Unterschieden in V.15 und 16 zumeist um geringe Abweichungen handelt, die sich als Glättungen (Auslassungen von Wiederholungen, Änderung des Numerus etc.) erklären lassen. Lediglich in V.17 sind die Bezüge zwischen LXX und MT nur schwer ersichtlich. Die Interpretation von רמה als Ortsname ist gut bezeugt, wenn auch nicht alleinige Übersetzungsvariante.

Der hebräische Text erweist sich als ausdrucksstärker, die griechische Übersetzung dagegen als weniger plastisch: In LXX will Rachel nicht aufhören, anstatt sich nicht trösten zu lassen (so MT, vgl. V.15); in V.16 formuliert MT direkter: Halte deine Stimme zurück..., während sich διαλιπέτω in LXX auf φωνή bezieht.[23] Durch die unterschiedliche Wiedergabe von בנים (V.15 υἱοῖς, V.17 τέκνοις), einem der Schlüsselworte in MT, sowie den Wegfall der Wiederholung in V.15 (על־בניה) und der Parallelisierung von V.16 und 17 geht viel von der Eindringlichkeit des hebräischen Textes verloren. Daß MT eine ältere Textform als LXX wiedergibt, ist damit jedoch noch nicht erwiesen, und das Problem ist wohl auch nicht abschließend zu klären.

Book, a.a.O., 48. Die Formel wird innerhalb des Trostbüchleins insgesamt zwölf mal mit φησὶ κύριος übersetzt und zwei mal mit εἶπε κύριος (LXX Jer 37,8; 38,1); vgl. Fischer, G., a.a.O., 38; er erklärt den Wegfall in 38,16 mit der Nähe zur Botenformel in V.15 (a.a.O., 57).

[21] Vgl. dazu Abschnitt 2.3.2.2. der Untersuchung.

[22] Vg. Fischer, G., a.a.O., 48.

[23] Vgl. auch die Übersetzung von Jer 31,19 ('seufzen' statt 'auf die Hüfte schlagen') und die Wiedergabe des Anthropomorphismus in V.20 mit 'ich eilte'; vgl. Fischer, G., a.a.O., 66–70.

3.2. *Targumim*

Die verschiedenen aramäischen Übersetzungen zeichnen sich durch recht unterschiedlichen Charakter aus.[24] Während die offiziellen Targumim—v.a. das im 3. Jh. n.Chr. offiziell anerkannte Targum Onkelos (TO)[25]—sich relativ eng an den hebräischen Text anlehnen, gehen die nicht autorisierten Fassungen sehr viel freier mit ihrer Vorlage um und enthalten—in unterschiedlichem Umfang—haggadisches Material.[26] Die Bedeutung der Targumim für die Auslegungsgeschichte besteht in der Kombination aus Übersetzung und Interpretation, welche einerseits den Anspruch erhebt, bei der Übertragung dem Original treu zu bleiben, andererseits auf vielfältige Weise ver-

---

[24] Vgl. zu diesem Abschnitt z.B. Alexander, P.S., Jewish Aramaic Translations of Hebrew Scriptures, in: Mulder, Sysling, a.a.O., 217–253; Grossfeld, B., Bible. Translations. Ancient Versions. Aramaic: the Targumim, in: EJ 4, Jerusalem 1971, 841–851; Le Déaut, R., Introduction à la Littérature Targumique. Première partie (ad usum privatum), Rom 1966, 21–128; Levine, E., The Aramaic Version of the Bible. Contents and Context (BZAW 174), Berlin/New York 1988, 3–30.

[25] Zum Text vgl. die Ausgabe von Sperber, A., The Bible in Aramaic. Based on Old Manuscripts and Printed Texts. I. The Pentateuch according to Targum Onkelos; II. The Former Prophets according to Targum Jonathan; III. The Latter Prophets according to Targum Jonathan, Leiden/New York/Köln ²1992. Das etwa zur selben Zeit wie TO autorisierte Targum zu den Propheten Targum Jonathan (TJon) integriert auch freiere Übersetzungen; vgl. dazu Sperber, A., Zur Sprache des Prophetentargums, in: ZAW 45 (1927), 267–288; Churgin, P., Targum Jonathan to the Prophets (YOS.R 14), New Haven 1907; Smolar, L., Aberbach, M., Studies in Targum Jonathan to the Prophets (LBS), New York/Baltimore 1983, 1–227. Zum Text der aramäischen Übersetzungen der כתובים vgl. Sperber, A., The Bible in Aramaic. IV A. The Hagiographa. Transition from Translation to Midrash, Leiden/New York/Köln ²1992.

[26] Bei den Targumim zum Pentateuch sind hier zu nennen: Das sog. Fragmententargum (TFrag/T Yerushalmi II), Fragmente aus der Kairoer Genizah (K), Targum Neofiti I (N) sowie Targum Pseudojonathan (TPsJ)/T Yerushalmi I, das Targum mit den meisten haggadischen Zusätzen. Auch zu den Propheten existiert eine Anzahl palästinischer Fragmente, allerdings nicht zu Jer 31,15–17; dieser Text ist nur in TJon überliefert. Zu den einzelnen Targumim vgl. die folgenden Editionen: Ginsburger, M., Das Fragmententargum (Thargum jerushalmi zum Pentateuch), Berlin 1899; Klein, M.L., The Fragment-Targums of the Pentateuch. According to their Extant Sources. I. Texts, Indices and Introductory Essays; II. Translation (AnBib 76), Rom 1980; Kahle, P., Masoreten des Westens. II. Das Palästinische Pentateuchtargum, Die Palästinische Punktation, Der Bibeltext des Ben Naftali (TUVMG 4), Stuttgart 1930; Díez Macho, A., Neophyti 1. Targum. MS de la biblioteca Vaticana. I. Génesis. Edición príncipe, introduccíon general y versió castellana (TECC 7), Madrid/Barcelona 1968; Ginsburger, M., Pseudo-Jonathan (Thargum Jonathan ben Usiël zum Pentateuch). Nach der Londoner Handschrift (Brit. Mus. add. 27031), Berlin 1903; Maher, M., M.S.C., Targum Pseudo-Jonathan: Genesis. Translated with Introduction and Notes (McNamara, M., Hg., The Aramaic Bible. The Targums 1B), Collegeville 1992; Bacher, W., Kritische Untersuchungen zum Prophetentargum, in: ZDMG 28 (1874), 1–72; Hayward, R., The Targum of Jeremiah. Translated, with a Critical Introduction, Apparatus, and Notes (McNamara,

sucht, den Text zu aktualisieren und den Zeitgenossen verständlich zu machen.[27]

3.2.1. *Die Rachel-Überlieferungen in den Targumim—ein Überblick*

3.2.1.1. *Targum Onkelos*[28]

TO übersetzt die Rachel-Erzählungen der Genesis relativ wörtlich; dennoch sind einige charakteristische Unterschiede gegenüber MT festzustellen: Leas Augen werden in Gen 29,17 als יאין, d.h. passend, hübsch, bezeichnet und stellen damit eindeutig ein positives Kennzeichen Leas dar. Jakobs rhetorische Frage in 30,2, ob er an der Stelle Gottes sein könne, wird in die Erwiderung abgewandelt, Rachel solle von Gott Kinder fordern und nicht von ihm—wahrscheinlich empfanden die Übersetzer die Formulierung von MT als anstößig. Ebenfalls abgeschwächt werden Rachels 'Gotteskämpfe' mit Lea in 30,8: Rachel bekennt, daß ihr Gebet erhört wurde. Auch an einigen anderen Stellen trägt TO die Gebetserhörung ein (vgl. z.B. Gen 30,6.17.22).[29] Schließlich wird Rachels Diebstahl des Teraphim (צלמניא im Plural) beschönigt, indem in 31,19.32 die Wurzel גנב—stehlen mit נסיב—nehmen übersetzt wird.[30]

3.2.1.2. *Palästinische Targumim*

Die nichtoffiziellen Targumim übersetzen wesentlich freier als TO. K und TPsJ schwächen die Bezeichnung Leas als 'Gehaßte' (29, 31) zu 'nicht Geliebte' (רחימתא/לא ... רחימה) ab. Schwierigkeiten

---

M., Hg., The Aramaic Bible. The Targums 12), Wilmington 1987; Komlosh, Y., תרגום ירמיהו, in: Bar-Ilan. Annual of Bar-Ilan University. Studies in Judaica and the Humanities 7–8 (1969), 38–48. Von der samaritanischen Tradition—dem samaritanischen Pentateuch und dem Targum—kann in dieser Studie abgesehen werden, da sich die meist geringen Unterschiede nicht auf das Rachelbild auswirken.

[27] Ein schönes Beispiel der Aktualisierung im Zusammenhang mit der Rachel-Überlieferung stellt die Verlegung der Hochzeit Boas' und Ruts in TRut 4,11 an die Tore des Sanhedrin dar; vgl. auch TRut 3,11; 4,1.10 und Levine, É., The Aramaic Version of Ruth (AnBib 58), Rom 1973, 92f.105f.

[28] Die inhaltliche Diskussion der Überlieferungen wird im Zusammenhang mit der Analyse der rabbinischen Quellen unter 5.2. wieder aufgenommen.

[29] Vgl. auch K, N und TPsJ zu Gen 30,17 und weitere Beispiele innerhalb der Targumim: N Gen 21,17; TO, N, TPsJ Num 21,3; TO, TPsJ Dtn 1,45 u.a.

[30] Vgl. Brower, A.I., תיקוני לשון במקרא ובתרגומיו הקדומים. פרק שישי. תיקונים לכבוד יעקב וביתו בספר בראשית, in: BethM 19 (1974), 129–141, bes. 132.

bereiten—wie auch in TO—die Frage Jakobs in 30,2,[31] sowie Rachels
Gotteskämpfe mit ihrer Schwester in 30,8.[32] כברת־הארץ in Gen 35,16
bzw. 48,7 wird von den meisten Targumim nicht als Längenmaß,
sondern als Zeitangabe verstanden.[33]

Die haggadischen Zusätze in den einzelnen Targumim stimmen
in vielen Fällen inhaltlich miteinander überein: So werden beispielsweise Leas 'schwache' (רכות) Augen in Gen 29,17 in TFrag, K und
TPsJ übereinstimmend damit erklärt, daß sie weint und Gott bittet,
nicht mit Esau verheiratet zu werden, dem sie der Tradition nach
anvertraut ist; nach N hat Lea aus demselben Grund die Augen zum
Gebet erhoben.[34] Die Idee der Vertauschung der beiden Bräute wird
in allen palästinischen Targumim zu Gen 29,22 auf die Dorfbewohner
zurückgeführt, welche Laban einen diesbezüglichen Ratschlag erteilen.[35]
TFrag und N teilen in Gen 30,22 die aus Talmud und Midrasch
bekannte Überlieferung von den drei bzw. vier Schlüsseln Gottes:
Der Vers wird als Beleg dafür angeführt, daß Gott neben dem
Schlüssel für Regen, Gräber und—nicht in allen Traditionen—
Unterhalt auch den der Unfruchtbarkeit in der Hand hat.[36] Dies
weist darauf hin, daß die Targumim teilweise aus denselben Traditionen
schöpfen.

Darüber hinaus bietet TPsJ viele zusätzliche Überlieferungen: Zu
Gen 29,12 wird beispielsweise ein Gespräch überliefert, in welchem
Rachel Jakob vor ihrem betrügerischen Vater warnt, Jakob aber
erwidert, daß er selbst Laban in dieser Hinsicht noch überbiete.[37]
Leas Gebet für ihre Schwester, Gott möge Rachel die Geburt zweier
Stammväter ermöglichen, führt dazu, daß ihr eigenes siebtes Kind

---

[31] In N und K macht Jakob, nachdem er die Verantwortung für die Kinderlosigkeit
abgelehnt hat, den Vorschlag, gemeinsam Gott um Kinder zu bitten; in TPsJ Gen
30,1 fordert Rachel selbst Jakob zum Gebet auf.—Diese Tradition ist wahrscheinlich von Isaaks Fürbitte für Rebekka Gen 25,21 beeinflußt, vgl. Maher, a.a.O., 104,
Anm. 1.

[32] In den Erklärungen von K, N und TPsJ geht es ähnlich wie in TO um die
Gebetserhörung Rachels.

[33] N Gen 35,16 (vgl. 48,7): והוה אשׁון עללתה דארעא—und es war Erntezeit; ähnlich TPsJ Gen 35,16.

[34] Vgl. zu dieser Überlieferung BerR 70,16; b BB 123a u.a.

[35] Vgl. dazu BerR 70,19.

[36] Vgl. BerR 73,4; b Taan 2a u.a.

[37] Vgl. die Hinweise auf Labans Hinterlist in b Meg 13b; BB 123a; BerR 70,13.
In TPsJ Gen 29,25 findet sich eine weitere Anspielung auf b Meg 13b und BB
123a.

eine Tochter wird (30,21).[38]—Die beiden Schwestern beginnen also miteinander zu kooperieren.[39] TPsJ spricht in 31,19 offen von Rachels Diebstahl des Teraphim, doch deutet die Übersetzung mit der Beschreibung des Götzen—es handelt sich um den in Salz und Gewürze eingelegten Kopf des Erstgeborenen—an, daß sie ihrem Vater eigentlich einen guten Dienst erweist, wenn sie ihn davon befreit.[40] Die Vertauschung der Reihenfolge Rachels und Josefs bei der Begegnung Jakobs mit seinem Bruder in Gen 33,7 wird in TPsJ mit dem Hinweis versehen, Josef schütze damit seine Mutter (vor Esau).[41] Schließlich wird in 48,7 nicht nur die Bitte Jakobs hinzugefügt, bei seinen Vätern begraben zu liegen, sondern auch eine Erklärung für das Grab Rachels am Wegrand gegeben: Jakob konnte seine verstorbene Frau nicht zur Höhle Machpela bringen.[42] Die angeführten Beispiele stellen nur eine Auswahl dar, aber sie sind ein Beleg für die reiche haggadische Tradition dieses Targums, das damit die Brücke zu den Midraschim schlägt.[43]

3.2.2. *Rachels Klage im Targum Jonathan: TJon Jer 31,15–17*

[15] כדנן אמר יוי קלא ברום עלמא אשתמע בית ישראל דבכן דמתאנחין בתר ירמיה נביא
כד שלח יתיה נבוזראדן רב קטוליא מרמתא אליא ודבכן במרד ירושלם בכיא על בנהא
מסרבא לאתנחמא על בנהא ארי נלו:
[16] כדנן אמר יוי מנעי קליך מלמבכי ועינך מלשנרא דמעין ארי אית אגר לעובדי אבהתך
צדיקיא אמר יוי ויתובון מארע בעלי דבביהון:
[17] ואית סיבור לסופיך אמר יוי ויתובון בניא לתחומהון:[44]

---

[38] Dies geschieht auf wundersame Weise durch den Austausch der Embryos in Rachels und Leas Bauch, vgl. b Ber 60a; BerR 72,6.

[39] Vgl. Gen 31,14: Die Verbform im Singular, die Rachels und Leas Antwort auf Jakobs Fluchtvorschlag einleitet, wird wie folgt übersetzt: ואתיבת רחל באסכמותא דלאה—Und Rachel antwortete mit Zustimmung Leas.

[40] So interpretiert Maher, a.a.O., 109, Anm. 10.

[41] Vgl. BerR 78,10.

[42] Vgl. dazu bes. PesR 3.

[43] Meist werden die in den Midraschim bewahrten Fassungen der Überlieferungen als die ursprünglichen angesehen, welche später Eingang in die Targumim gefunden haben sollen, doch weist in neuerer Zeit A. Shinan darauf hin, daß man diesen nicht vorschnell den Vorzug geben dürfe; es sei jedenfalls denkbar, daß eine Überlieferung vom Targum in den Midrasch bzw. Talmud gewandert sei; deshalb müsse die Verankerung der Überlieferung im Kontext in jedem Einzelfall geprüft werden.—Vgl. Shinan, A., The Aggadah of the Palestinian Targums of the Pentateuch and Rabbinic Aggadah: Some Methodological Considerations, in: Beatti, D.R.G., McNamara, M.J., Hgg., The Aramaic Bible. Targums in Their Historical Context (JSOT.S 166), Sheffield 1994, 203–217.

[44] Text nach Sperber, III. The Latter Prophets, a.a.O. 206f.

¹⁵ So spricht JHWH: Die Stimme wurde in der Höhe der Welt gehört, das Haus Israel, das weint und seufzt[45] hinter dem Propheten Jeremia, als ihn Nebuzaradan, der Oberste der Mörder, von Rama sandte; Klagen und sie weinen bitterlich; Jerusalem weint um ihre Kinder, weigert sich, sich trösten zu lassen über ihre Kinder, denn sie sind ins Exil gegangen.
¹⁶ So spricht JHWH: Halte deine Stimme vom Weinen zurück und deine Augen vom Tränen Vergießen, denn es gibt einen Lohn für die Taten deiner gerechten Väter, spricht JHWH, und sie werden vom Land ihrer Feinde zurückkehren.
¹⁷ Und es gibt Hoffnung für dein Ende, spricht JHWH, und die Kinder werden in ihr Gebiet zurückkehren.

Zu V.15: Zwei Veränderungen gegenüber MT sind besonders auffällig: zunächst die Wiedergabe von רמה, sodann von רחל.[46]
Eines der charakteristischen Merkmale der targumischen Übersetzungstechnik besteht in der doppelten Wiedergabe eines Wortes. Dabei müssen die Übersetzungen inhaltlich nicht miteinander übereinstimmen, sondern können den hebräischen Text unterschiedlich interpretieren.[47] Dies trifft auch im Falle der Übersetzung von רמה zu. Zum einen wird der Ort als רום עלמא, d.h. Höhe der Welt, interpretiert. Nach TJon Jer 17,12 befindet sich in den Höhen des Himmels Gottes Thron. Nach dieser Übersetzung bezeichnet Rama nicht so sehr die Stelle, an dem sich die Klagende befindet, als vielmehr den Ort, an dem die Klage vernommen wird, und dieser Ort ist im Himmel, möglicherweise sogar Gott selbst, denn רומו של עולם dient gelegentlich als Gottesbezeichnung.[48] Auch wenn sich hinter der Wendung kein Gottestitel verbirgt, macht die aramäische Übersetzung doch deutlich, daß die Klageschreie bis in die Himmelshöhen dringen und damit nicht ungehört verhallen können.
Zum andern bezieht sich das Targum auf eine haggadische Überlieferung über Jeremia im Zusammenhang mit der Exilierung der Judäer[49] und versteht unter רמתא offensichtlich den in Jer 40,1 genannten Ort. Läßt der hebräische Text noch offen, auf welche Verbannung hier angespielt wird, bezieht das Targum mit der Erwähnung Jeremias und Nebuzaradans den Vers eindeutig auf das babylonische Exil.

---

⁴⁵ Beide Verbformen wörtl. Plural.
⁴⁶ Darüber hinaus wird תמרורים mit במרר wiedergegeben; איננו wird mit נלו erklärt.
⁴⁷ Vgl. z.B. TPsJ Gen 4,13: Das hebräische נשא wird sowohl durch למסובלא—ertragen—als auch durch למשבוק—vergeben—wiedergegeben. Vgl. dazu Alexander, a.a.O., 227.
⁴⁸ Vgl. ShemR 23,14 und dazu Marmorstein, A., The Old Rabbinic Doctrine of God. I. The Names & Attributes of God, New York 1927 (Nachdr. 1968), 100; vgl. auch Zatelli, I., a.a.O., 483 Anm. 21.
⁴⁹ Vgl. dazu MTeh 137,2. Nach dieser Tradition stellt Nebuzaradan Jeremia vor

Die zweite Veränderung betrifft Rachel selbst: Im Targum wird nicht sie, sondern בית ישראל bzw. ירושלם als Subjekt der Klage genannt. Rachel klagt hier nicht mehr stellvertretend für ihre Nachkommen, sondern im ersten Fall (בית ישראל) kommen diese selbst zu Wort. Etwas anders verhält es sich mit der Stadt Jerusalem, die schon im Alten Testament personifiziert wird (z.B. Thr 1,1 als Witwe, Fürstin und Königin); hier steht das Bild der um ihre Kinder weinenden Mutter noch deutlich im Hintergrund, auch wenn von der Erzmutter nicht mehr die Rede ist.[50]

Zu V.16: Neben einigen kleinen Veränderungen, die den Text geschmeidiger machen—דמעה, פעלה und אויב werden im Plural wiedergegeben und letzteres Substantiv noch durch ein Possessivpronomen, דמעה durch den Infinitiv לשנרא ergänzt, aus כי wird ein Infinitiv und aus נאם ein Verb—, verdient v.a. die Wiedergabe von פעלתך mit עובדי אבהתך צדיקיא Beachtung. Die Targumim verweisen häufig auf die gerechten Väter (vgl. TJon Jes 64,4; Jer 12,5; Ez 16,6; u.a.). Nach N Ex 17,12 und Num 23,9 sind damit die Patriarchen und—an diesen beiden Stellen—auch die Erzmütter gemeint. Ihre Verdienste, die nach TPsJ Dtn 28,15 niemals wirkungslos werden, bewegen Gott zum Einlenken und ermöglichen letztendlich die Wiederherstellung Israels.[51] Die Analyse von EkhaR pet. 24 im Abschnitt 5.4.4.2. wird zeigen, daß dabei nicht nur an bereits vollbrachte Taten der Erzväter, sondern auch an ihr gegenwärtiges Eintreten gedacht ist. In TJon Jer 31,21 werden ein weiteres Mal die Taten der Väter in die Argumentation aufgenommen—das Aufstellen der Wegzeichen besteht nach dem Targum in der Erinnerung an sie.

Zu V.17: Wie in V.16 wird נאם mit אמר übersetzt. Die Doppeldeutigkeit des hebräischen אחרית—Zukunft oder Nachkommen—wird in TJon zugunsten der ersten Möglichkeit entschieden; das Targum übersetzt סוף (Ende).

Die Antwort Gottes auf die Klage des Hauses Israel beschließt den Abschnitt, in TJon wird jedoch der Bogen weiter gespannt: Mit der Ersetzung Ephraims durch 'Haus Israel' in V.18 wird das Subjekt aus V.15 wieder aufgenommen; V.21 stellt durch den Verweis auf die Taten der Väter die Verbindung zu V.16 her. Israel gelangt im Exil zur Einsicht und möchte umkehren (V.18). Diese Umkehr besteht in der Rückkehr zum Gottesdienst (V.18) und zur Tora (V.19.21.22). Nach der Tempelzerstörung im Jahre 70 n.Chr. werden Tora und Gottesdienst zu den entscheidenden Bezugsgrößen im jüdischen Glauben und Leben; ihre Bedeutung spiegelt sich an

---

die Alternative, im Land zu bleiben oder mit den Exilierten mitzugehen, worauf Jeremia die Exilierten ein Stück begleitet, dann aber umkehrt, um die Zurückgebliebenen zu trösten; vgl. auch EkhaR pet. 34; vgl. Berlin, G.L., The Major Biblical Prophets in Talmudic and Midrashic Literature, Diss. St. Mary's Seminary and University 1976, 263.

[50] Vgl. dazu auch die trauernde Mutter Zion in PesR 26 und Zatelli, a.a.O., 484f. In Jer 31,18 wird auch Ephraim aus dem Text eliminiert und mit 'Haus Israel' wiedergegeben.

[51] Vgl. Smolar, Aberbach, a.a.O., 220; Hayward, a.a.O., 85, Anm. 9; Zatelli, a.a.O., 485–487; Levine, Aramaic Version of the Bible, a.a.O., 108f.

zahlreichen Stellen in TPsJ und der rabbinischen Literatur allgemein wider.[52] Die Tora ist das Wort Gottes, das studiert und praktiziert werden soll, von ihrer Einhaltung hängt das Schicksal der Nation ab, denn Übertretungen werden bestraft (vgl. TJon Am 9,1 u.a.). In der Einhaltung der Tora besteht schließlich nach TJon Jer 31,22 das Neue, das JHWH schaffen wird.

Aus Rachels Klage Jer 31,15–17 wird im Targum die Klage des Volkes Israel, das nach seiner Exilierung weint und seufzt; jedoch wird das Weinen im Himmel gehört, und dank der verdienstvollen Taten der Väter gibt es Hoffnung auf eine zukünftige Rückkehr. Diese Rückkehr wird in V.18–22 als Umkehr zum Gottesdienst und zur Tora gedeutet. Die guten Taten der Väter dienen als Ansporn zum eigenen Praktizieren der Gebote (V.21), und die Hoffnung für das Ende (V.17) besteht nach V.22 in der Befolgung der Tora. Israels Weg aus der Krise führt über die Umkehr zur Tora.

Von Rachel ist in diesem Abschnitt nicht mehr explizit die Rede. Das Bestreben des Targums, die Intention des Textes einsichtig zu machen, hat die Stammutter aus dem Text verdrängt. Dies geschieht auf Kosten der Konkretheit und Bildhaftigkeit der hebräischen Vorlage, auch wenn klar ist, daß das Bild von der klagenden Erzmutter im Hintergrund des Targums steht. Es ist zu überlegen, ob in Analogie zu N Ex 17,12 und Num 23,9 unter den 'Taten der gerechten Väter' auch die Klage Rachels verstanden werden kann. Doch ist das Targum mehr am Schicksal der Kinder interessiert als an dem ihrer Mutter, so daß es fraglich scheint, ob tatsächlich eine Anspielung vorliegt.

3.3. *Peschitta (P)*

In der heutigen Forschung wird die Peschitta, deren Entstehungs-geschichte über weite Strecken im Dunkeln liegt,[53] meist nur zur Textkritik herangezogen; ihre Bedeutung für die Auslegungsgeschichte liegt dagegen in den inhaltlichen Abweichungen von MT.

---

[52] Zur Umkehr zum Gottesdienst vgl. z.B. TJon Jer 2,31; 3,1.6.8. u.v.m., zur Tora TJon Jer 2,19; 6,29; vgl. m Av 1,2; vgl. auch Churgin, a.a.O., 122f.; Smolar, Aberbach, a.a.O., 159–164; Hayward, a.a.O., 32, Levine, Aramaic Version of the Bible, a.a.O., 153–141.

[53] Zur Diskussion um Entstehungszeit (wahrscheinlich vom 1.–4.Jh. n.Chr.), -ort und -kreise vgl. Dirksen, P.B., in: The Old Testament Peshitta, in: Mulder, Sysling, a.a.O., 255–297; Grossfeld, B., Bible. Translations. Ancient Versions. Syriac (Eastern Aramaic): Peshitta and Other Versions, in: EJ 4, Jerusalem 1971, 858f.; zum Charakter der Übersetzung vgl. Weitzman, M., The Interpretative Character of the Syriac Old Testament, in: Sæbø, a.a.O., 587–611.

3.3.1. *Die Rachel-Überlieferungen in der Peschitta—ein Überblick*

Folgende Stellen von inhaltlicher Relevanz:[54] In Gen 30,2 fehlt bei Jakobs Erwiderung auf Rachel die Fragepartikel, so daß er statt mit einer rhetorischen Frage, die eine negative Antwort impliziert, mit einem positiven Aussagesatz erwidert: Ich bin anstelle Gottes.[55] Rachels 'Gotteskämpfe' in Gen 30,8 werden in P dahingehend abgewandelt, daß Rachel zunächst allein zu Gott betet und danach mit ihrer Schwester gemeinsam zu ihm fleht: *w'mrt rḥyl b'yt mn mry' w'tkspt 'm ḥty*.[56] Wie bei LXX wird in Gen 33,7 Rachel in Analogie zu 33,2 vor Josef genannt, in MT ist die Reihenfolge umgekehrt. כברת-(ה)ארץ in Gen 35,16 bzw. 48,7 bleibt in P eine Wegangabe und wird mit *'yk mrd' prsḥ' d'r''* wiedergegeben. Nach P betrug die Entfernung zu Efrat folglich eine Parasange, d.h. eine persischen Meile.[57]

3.3.2. *Rachels Klage in der Peschitta—P Jer 31,15–17*

¹⁵ *hkn' 'mr mry' ql' brmt' 'štm' 'ly' wbkt' mryr'*
rḥyl bky' 'l bnyh wl' ṣby' lmtby'w mṭl dlyt 'nwn.
¹⁶ *hkn' 'mr mry' kly qlky mn bky' w'ynyky mn dm't'*
mṭl d'yt 'gr' ldm'yky 'mr mry' wnhpkwn mn 'r'' db'ldbb'.
¹⁷ *w'yt sbr' lḥrtky 'mr mry' wnhpkwn bny' lthwmhwn.*[58]

¹⁵ So spricht der HERR: Eine Stimme wurde in Rama gehört, Klage und bitterliches Weinen; Rachel weint um ihre Kinder und will sich nicht trösten lassen, weil sie nicht [mehr] sind.
¹⁶ So spricht der HERR: Halte deine Stimme vom Weinen zurück und deine Augen von den Tränen, denn es gibt einen Lohn für deine Tränen, spricht der HERR, und sie werden zurückkehren vom Land des Feindes.
¹⁷ Und es gibt Hoffnung für deine Zukunft/Nachkommen, spricht der HERR, und die Kinder werden in ihr Gebiet zurückkehren.

---

[54] Grundlage für die Texte der Genesis bildet Vetus Testamentum Syriace. Iuxta simplicem syrorum versionem. Ex auctoritate societatis ad studia librorum veteris testamenti provehenda edidit Institutum Peshittonianum Leidense, I.i. Praefatio. Liber Genesis—Liber Exodi, Leiden 1977.

[55] Dies geschieht häufig in P; vgl. z.B. Weitzman, a.a.O., 592f.

[56] Zu *ksp* itp. im Sinne von 'flehen zu' vgl. P 2 Kön 1,13 und Brockelmann, C., Lexicon Syriacum, Halle ²1928 (Nachdr. Hildesheim/Zürich/New York 1982), 350.

[57] P Rut zeichnet sich durch weitläufige Paraphrasierungen aus; vgl. Haefeli, L., Die Peschitta des Alten Testaments. Mit Rücksicht auf ihre textkritische Bearbeitung und Herausgabe (ATA XI.1), Münster 1927, 28. Zum Text vgl. Lee, S., Hg., ktb' qdš'. ktb' ddytyq' 'tyq' wḥdt', London 1823.

[58] Text nach Lee, a.a.O.

Zu V.15: Einige kleine Veränderungen fallen auf: Zweimal wird ein 'und' eingefügt—vor *bkt'* und vor *l'*—, מאנה wird abgeschwächt zu *l' shy'* (vgl. LXX), das zweite על־בניה fällt aus—die Redundanz des MT wird somit nicht beibehalten—, und איננו wird wie in LXX und TJon im Plural wiedergegeben. Außerdem faßt P wie die meisten Mss. von LXX und TJon im zweiten Teil der Übersetzung רמה als Ortsname auf (vgl. dazu z.B. P Jos 18,25; 1 Sam 25,1 u.a.). Damit wird Rachels Klage im benjaminitischen Rama bei ihrem Grab lokalisiert.

Zu V.16 und 17: נאם wird—wie in TJon—in beiden Versen mit *'mr* verbal übersetzt. פעלתך—dein Tun—in V.16 wird in P mit *dm'yky* wiedergegeben: Es gibt einen Lohn für deine *Tränen*. P knüpft damit sprachlich an die erste Hälfte der Antwort Gottes an (מנעי קולך מבכי). Inhaltlich wird פעלה, Rachels Tun, als ihr Klagen näher bestimmt und nicht, was nach MT auch möglich wäre, auf das Aufziehen der Kinder bezogen: Rachel wird für ihre Klage um die verlorenen Kinder belohnt; ihr Weinen steht in direktem Zusammenhang mit der Rückkehr ihrer Kinder.

Rachel bewirkt nach P mit ihrer Klage in Rama die Zusage der Rückkehr ihrer Kinder. Diese Grundaussage läßt sich auch aus MT und den anderen Übersetzungen herauslesen, doch nur in P wird der verheißene Lohn direkt auf Rachels Tränen bezogen. Ist hier an eine Tätigkeit Rachels als Klagefrau gedacht? Von der hebräischen Vorlage her ist diese Interpretation denkbar, wenn auch nicht die einzig mögliche.

3.4. *Vulgata (V)*

Ihre Bedeutung für die Auslegungsgeschichte erhält die von Hieronymus zwischen 390 und 395 n.Chr. angefertigte lateinische Übersetzung des Alten Testaments v.a. aus der Tatsache, daß sie die Textbasis für die Auslegungen der lateinischen Kirchenväter darstellt.[59] Zwar spielen diese im Rahmen der vorliegenden Studie eine nebengeordnete Rolle, doch darf bei einem Überblick über die antiken Übersetzungen die Vulgata nicht fehlen.

---

[59] Zu V allgemein vgl. Kedar, B., The Latin Translations, in: Mulder, Sysling, a.a.O., 289–338; ders., Bible. Translations. Ancient Versions. Latin, in: EJ 4, Jerusalem 1971, 856–858; Schulz-Flügel, E., The Latin Old Testament Tradition, in: Sæbø, a.a.O., 642–662, bes. 652–657. Zur Übersetzungsgrundlage des Hieronymus vgl. z.B. Miletto, G., Die „Hebraica Veritas" in S. Hieronymus, in: Merklein, H., Müller, K., Stemberger, G., Hgg., Bibel in jüdischer und christlicher Tradition, FS J. Maier zum 60. Geb. (BBB 88), Frankfurt 1993, 56–65.

3.4.1. *Die Rachel-Überlieferungen in der Vulgata—ein Überblick*

Einige Veränderungen in V betreffen die Gestalt Leas: In Gen 29,17 wird sie als triefäugig (*lippis oculis*)[60] beschrieben, רכות demnach mit stark negativer Wertung wiedergegeben. Dagegen wird שׂנואה in 29,31.33 abgeschwächt: In V.31 wird daraus *quod despiceret*, d.h. Lea war verachtet, verschmäht; in V.33 sagt sie selbst von sich: *me contemptui*—ich war zurückgesetzt.[61] Unter dem Strich wird sie damit nicht negativer dargestellt als in MT.

Jakobs schroffe Erwiderung auf Rachels Kinderwunsch in Gen 30,2 gibt V im Gegensatz zu LXX und den Targumim wörtlich wieder.[62] Rachels 'Gotteskämpfe' in 30,8 werden jedoch auch in V abgeändert: *conparavit me Deus cum sorore mea*. Gott wird zum Subjekt und stellt Rachel in ihren Augen mit ihrer Schwester gleich. Rachel fühlt sich, nachdem ihre Magd stellvertretend für sie geboren hat, von Gott aufgewertet und Lea nicht mehr unterlegen. Den Teraphim versteckt sie nach V eilig (*festinans*, 31,34) vor ihrem Vater. Damit wird die Spannung gesteigert; zusätzlich wird in 31,35 Labans Mißerfolg bei der Suche spöttisch kommentiert: *sic delusa sollicitudo quaerentis est*— Laban wird hier zum Narren gehalten.

An der Szene, die von Benjamins Geburt und Rachels Tod handelt, nimmt V größere Eingriffe vor. Durch Hinzufügungen (*periclitari coepit*, Gen 35,17; *prae dolore*, V.18) wird sie dramatisch ausgestaltet. Zudem wird כברת (35,16; vgl. 48,7) zeitlich aufgefaßt und mit *verno tempore*, Frühlingszeit, wiedergegeben.[63] Schließlich erklärt V die beiden Namen *Benoni* und *Beniamin* durch eine Übersetzung: *filius doloris mei* bzw. *filius dexterae*.[64] Noch eine weitere Besonderheit hat die V-Fassung der Rachel-Überlieferungen aufzuweisen: בצלצח in 1 Sam 10,2 lautet in der lateinischen Übersetzung *in meridie*, am Mittag, bzw. im Süden. Möglicherweise las Hieronymus בצל צח, d.h. „wenn

---

[60] Zitate nach Weber, R., OSB, Biblia Sacra iuxta Vulgatam versionem, I Genesis-Psalmi, II Proverbia-Apocalypsis. Appendix, Stuttgart 1969.

[61] In Dtn 21,15–17 hingegen wird die ungeliebte Frau als '*odiosa*' bezeichnet.

[62] Allerdings greift V in Gen 50,19 in den Text ein. Dort wird dieselbe Frage Josef in den Mund gelegt, und V ändert sie ab zu: *num Dei possumus rennuere voluntatem*; vgl. Brower, a.a.O., 141.

[63] Auch einige Targumim machen daraus eine Zeitangabe (vgl. N, TPsJ: zur Erntezeit).

[64] In LXX, TOnk, TPsJon und P wird jeweils nur Benoni übersetzt.

der Schatten rein/klar"—also minimal—„ist", und machte daraus
eine Zeitangabe.[65]

3.4.2. Rachels Klage in der Vulgata: V Jer 31,15–17

[15] *haec dicit Dominus vox in excelso audita est lamentationis fletus et luctus
Rachel plorantis filios suos et nolentis consolari super eis quia non sunt*
[16] *haec dicit Dominus quiescat vox tua a ploratu et oculi tui a lacrimis
quia est merces operi tuo ait Dominus et revertentur de terra inimici*
[17] *et est spes novissimis tuis ait Dominus et revertentur filii ad terminos suos*[66]

[15] So spricht der HERR: Eine Stimme wurde in der Höhe gehört, des
Klagens, Weinens und der Trauer; Rachel weint um ihre Kinder und
will sich nicht trösten lassen über sie, weil sie nicht [mehr] sind.
[16] So spricht der HERR: Es beruhige sich deine Stimme vom Weinen
und deine Augen von den Tränen, denn es gibt einen Lohn für dein
Werk, spricht der HERR, und sie werden vom Land des Feindes
zurückkehren.
[17] Und es gibt Hoffnung für deine Zukunft/deine Nachkommen, spricht
der HERR, und die Kinder werden in ihr Gebiet zurückkehren.

Zu V.15: Wie LXX gibt auch V נהי בכי תמרורים durch drei Substantive
im Genitiv wieder. In Übereinstimmung mit LXX und P wird מאנה—
weigert sich—etwas schwächer mit *nolentis*—will nicht—übersetzt und איננו
im Plural wiedergegeben (vgl. auch TJon). Durch die Ersetzung des zweiten
על-בניה durch *super eis* vermeidet V die Doppelung.
    Am auffälligsten ist jedoch die Wiedergabe von ברמה. V interpretiert die
Ortsangabe nicht als Städtenamen, sondern übersetzt sie mit *in excelso*, d.h.
auf bzw. in der Höhe. Eine Untersuchung der Verwendung des Wortes
excelsus in V gibt über seine Bedeutung in Jer 31,15 Aufschluß: Während
excelsum nur in Ez 16,31 das Äquivalent zu רמה, der Kulthöhe, darstellt,
entspricht es an zahlreichen Stellen den Himmelshöhen, die mit dem Wohnort
Gottes gleichgesetzt werden (vgl. z.B. V Hi 31,2: *Omnipotens de excelsis*; V Ps
101,20: *de excelso sanctuario suo*; V Ps 148,1: *laudate eum in excelsis* u.v.m.).
Auch in Jer 31,15 liegt m.E. eine Anspielung auf die himmlischen Höhen
vor. Ähnlich wie in TJon (vgl. ברום עלמא) wird auch nach V Rachels
Weinen im Himmel gehört. Ihre Klage ist bei Gott angekommen—damit
zeichnet sich bereits ein Hoffnungsschimmer ab.
    Zu V.16: Der erste Teil der Gottesrede richtet sich wie in LXX nicht direkt
an Rachel, sondern bezieht sich grammatikalisch auf die Stimme bzw. die
Augen, die sich beruhigen soll(en) (*quiescat*); דמעה wird im Plural wiedergegeben
(vgl. LXX, TJon), נאם יהוה mit *ait Dominus* als Verbalsatz (vgl. TJon).[67]

---

[65] Vgl. Tsevat, a.a.O., 111, der auf eine analoge Wiedergabe in LXX nach der
lukianischen Renzension (μεσημβρίας) und in MShem 14,6 hinweist.
[66] Text nach Weber, a.a.O.
[67] Daneben gibt es in V auch andere Möglichkeiten der Wiedergabe der

Zu V.17: Die Übersetzung von נאם־יהוה erfolgt analog zu V.16. *Novissimis* stellt eine geläufige Wiedergabe von אחרית dar und kann sich demnach auf die Nachkommen beziehen (vgl. z.B. in V Ez 23,25 *novissimum tuum* im Parallelismus zu *filios tuos et filias tuas*), aber auch auf ein zeitlich Äußerstes (so in Übersetzung der Formel באחרית הימים, vgl. Jer 30,24; Mi 4,1: *in novissimo dierum*; Jer 23,20: *in novissimis diebus*), so daß auch die Übersetzung mit 'Zukunft' im Bereich des Möglichen liegt und die Bedeutung der Stelle wie in MT offenbleibt.

Nahezu alle Unterschiede gegenüber MT bewegen sich im Bereich kleinerer Abweichungen auf grammatikalisch-stilistischer Ebene; dabei lassen sich häufig Gemeinsamkeiten mit den anderen Übersetzungen feststellen. Diese gehen zumeist auf Formulierungen des MT zurück, die eine Glättung geradezu provozieren (z.B. die Wiedergabe von איננו Jer 31,15 im Plural). Von inhaltlicher Bedeutung ist jedoch die Ortsangabe *in excelso*. Wie in TJon wird hier auf den Ort verwiesen, an dem Rachels Worte gehört werden. Rachels Klage verhallt nicht ungehört; ihr Weinen dringt bis in den Himmel hinauf und damit bis zu Gott selbst. Darin liegt der Schlüssel für die Wende zum Guten.

3.5. *Zusammenfassung*

Trotz der erheblichen Unterschiede zwischen Septuaginta, Targumim, Peschitta und Vulgata in bezug auf Übersetzungstechniken, Abfassungszeiten und die Traditionen, aus denen sie schöpfen, lassen sich bei der Wiedergabe der alttestamentlichen Rachel-Überlieferungen Gemeinsamkeiten erkennen: Häufig sind es dieselben Wörter oder Wendungen, die den Übersetzern Schwierigkeiten bereiten: etwa Leas עיניים רכות (Gen 29,17, vgl. v.a. die Targumim und V), die Distanz zwischen Rachelgrab und Efrat כברת־(ה)ארץ (Gen 35,16 bzw. 48,7, vgl. dazu LXX, N, TP$_S$J, P und V) oder בצלצח in 1 Sam 10,2 (vgl. LXX und V). Gemeinsam ist den Übersetzungen auch eine Erklärung zum Namen בן־אוני (Gen 35,18; V erklärt auch Benjamin). Die Vertauschung der Reihenfolge von Rachel und Josef Gen 33,7 im Vergleich zu 33,2 wird von LXX und V nicht mitvollzogen, in TP$_S$J wird sie in Anlehnung an den Midrasch erklärt.

Gottesspruchformel (vgl. neben *ait Dominus* [Jer 30,8.11] *dicit Dominus* [Jer 30,17; Jes 14,22; 17,6 u.a.] oder den Wegfall [Jer 9,2.5.21]).

An einigen Stellen sind die Übersetzungen deutlich um Entschärfung bemüht: Die Bezeichnung Leas als שנואה (Gen 29,31.33) wird in TPsJ, K und V abgeschwächt, Rachels Diebstahl in TO. Jakobs schroffe Antwort auf Rachels Kinderwunsch Gen 30,2 wird v.a. in den Targumim gemildert (LXX und V übersetzen wörtlich); die נפתולי אלהים, die Rachel mit ihrer Schwester ausficht (Gen 30,8), werden von keiner Übersetzung wörtlich übernommen.

Auch bei der Wiedergabe von Rachels Klage Jer 31,15–17 zeigen sich trotz des unterschiedlichen Charakters der verschiedenen Übersetzungen Übereinstimmungen: Alle Übersetzungen geben איננו (V.15) im Plural wieder; die Wiederholung von על־בניה in V.15 wird zumeist nicht nachvollzogen (LXX streicht die erste Stelle, P die zweite, V ersetzt an der zweiten Stelle die Kinder durch ein Pronomen). מאנה wird in LXX, P und V mit einem verneinten Verb ('will nicht') wiedergegeben, מנעי (V.16) in LXX und V durch ein Verb in der 3. Person, נאם (V.16.17) in TJon, P und V verbal, in LXX wird es ausgelassen. Gelegentlich wird die Plural- der Singularform vorgezogen (z.B. beim Kollektivum דמעה in LXX und V oder bei פעלה in LXX und TPsJ), doch geschieht dies nicht systematisch und nicht bei jeder Übersetzung an der gleichen Stelle.

Im allgemeinen sind diese Veränderungen eher Glättungen von MT als Belege für eine von MT abweichende und ihm vorzuziehende Vorlage—dies gilt auch für die in allen Übersetzungen bezeugte pluralische Wiedergabe von איננו.

In bezug auf die Wiedergabe von ברמה ist die Überlieferung gespalten: LXX (ohne Codex Sinaiticus in einigen Mss. sowie Codex Alexandrinus u.a.), P und der erste Teil von TJon fassen die Ortsangabe als Eigenname auf—dann handelt es sich um die Stadt Rama im Stammesgebiet Benjamins nahe dem ursprünglichen Ort des Rachelgrabes. LXX nach der ursprünglichen Textlesart des Codex Sinaiticus, dem Codex Alexandrinus u.a., Aquila, V und TJon im zweiten Teil seiner Interpretation übersetzen die Ortsangabe im Sinne von 'Höhe', TJon und V denken dabei an die himmlische Höhe als Aufenthaltsort Gottes. Aus dem Konsonantentext wird nicht ersichtlich, ob es um die Stadt oder um eine Anhöhe geht; die Punktierung der Masoreten stellt ebenso eine Interpretation dar wie die Auffassungen der einzelnen Übersetzungen; lediglich TJon und V gehen noch einen Schritt weiter, indem sie die zweite Übersetzungsmöglichkeit inhaltlich weiterführen.

Trotz der festgestellten Übereinstimmungen behält jede der Übersetzungen ihren eigenen Charakter: Die LXX-Fassung ist um einiges kürzer als MT (v.a. in V.17) und im ganzen weniger eindringlich als der hebräische Text. P bestimmt Rachels Lohn direkt als Verdienst für ihr Weinen und Klagen, das Gott belohnen wird. V betont, daß Rachels Klage bis in den Himmel hinaufdringt und damit von Gott selbst gehört wird. Dies sagt auch TJon aus, stellt darüber hinaus einen eindeutigen Bezug zum babylonischen Exil her und macht das Haus Israel bzw. Jerusalem zum Subjekt der Klage. Im weiteren Kontext wird die Verheißung der Rückkehr mit der Aufforderung zur Umkehr zu Tora und Gottesdienst verbunden. Die direkte Verbindung zur Stammutter Rachel und die Anknüpfung an die Erzählungen der Genesis sind damit verlorengegangen.

Für die weitere Untersuchung der Auslegungsgeschichte müssen folgende Punkte im Auge behalten werden: Welche Rolle spielen die Begriffe, die sich in den Übersetzungen als schwer wiederzugeben herauskristallisiert haben? Wie verhält es sich mit der in den Übersetzungen der Genesis-Überlieferungen festzustellenden Tendenz, Konflikte zu entschärfen (zwischen Jakob und Rachel sowie zwischen Lea und Rachel)? In einigen Übersetzungen scheint sich eine Kooperation zwischen Rachel und Lea abzuzeichnen (vgl. P zu Gen 30,8 und TPsJ zu Gen 30,21; 31,14). Sodann: Wie interpretieren die Ausleger das klagende Subjekt in Jer 31,15? Unter welchen Umständen und in welchem Kontext erhebt es seine Klage, und um wen wird getrauert?

KAPITEL 4

JER 31,15–17 UND DAS RACHELBILD IN
DEN FRÜHEN AUSLEGUNGEN

Im folgenden Kapitel werden diejenigen Quellen behandelt, deren schriftliche Fixierung den Auslegungen der Rabbinen zeitlich vorausgeht. Zum einen sind dies 'frühjüdische Schriften',[1] zum anderen die Bücher des Neuen Testaments. Der zentrale Text Jer 31,15–17 wird nur im Neuen Testament aufgenommen (vgl. Mt 2,18), doch zeugen die Quellen des frühen Judentums von einer vielfältigen Rezeption der Rachel-Erzählungen, welche nicht übergangen werden kann und deshalb in knapper Form dargestellt werden soll.[2]

4.1. *Das Rachelbild in den frühjüdischen Schriften*

4.1.1. *Die 'Pseudepigraphen des Alten Testaments'*[3]

Das Buch der Jubiläen (Jub) wird gewöhnlich den Essenern nahestehenden Kreisen zugeschrieben, die die Schrift vermutlich um die Mitte des 2.Jh.s v.Chr. verfaßten, um hellenisierenden Tendenzen entgegenzuwirken.[4] Inhaltlich

---

[1] Die Bezeichnungen für diese Schriftengruppe und die Epoche, aus der sie stammen, schwanken: Neben dem Begriff 'frühjüdische Schriften' finden sich auch die Termini 'zwischentestamentarische Schriften', 'Literatur aus der Zeit des zweiten Tempels' u.ä.; zur Problematik der Terminologie vgl. Maier, J., Zwischen den Testamenten. Geschichte und Religion in der Zeit des zweiten Tempels (NEB. Ergänzungsband 3 zum Alten Testament), Würzburg 1990, 38f.

[2] In anderen frühjüdischen Schriften spielt die Gestalt Rachels dagegen kaum eine Rolle, beispielsweise in der Qumran-Literatur.

[3] Dieser Begriff hat sich in der Forschung für die Bezeichnung einer Gruppe außerkanonischer jüdischer Schriften aus hellenistisch-römischer Zeit eingebürgert, der die oben genannten Quellen angehören. Er soll hier beibehalten werden, auch wenn er im strengen Sinn nicht auf alle diese Schriften zutrifft (z.B. handelt es sich bei Josef und Aseneth nicht um Pseudepigraphie). Zu den Pseudepigraphen vgl. v.a. Charlesworth, J.H., The Pseudepigrapha as Biblical Exegesis, in: Evans, C.A., Stinespring, W., Hgg., Early Jewish and Christian Exegesis. Studies in Memory of W.H. Brownlee (Scholars Press Homage Series 10), Atlanta 1987, 139–152; ders., In the Crucible: The Pseudepigrapha as Biblical Interpretation, in: ders., Evans, C.A., Hgg., The Pseudepigrapha and Early Biblical Interpretation (JSPE.S. 14. Studies in Scripture in Early Judaism and Christianity 2), Sheffield 1993, 20–43.

[4] Vgl. dazu Berger, K., Das Buch der Jubiläen. Unterweisung in erzählender Form (JSHRZ II/3), Gütersloh 1981, 279–301; Rost, L., Einleitung in die alttes-

handelt es sich dabei um die in vieler Hinsicht modifizierte und nach Jahr-
wochen und Jubiläen strukturierte Wiedergabe von Gen 1 bis Ex 19.[5] Die
wichtigsten Gebote sind bereits in den Vätergeschichten verankert, wodurch
die Väter-mit der Mose-Überlieferung verbunden wird. Die Patriarchen
selbst und ihre Familien werden zu Garanten für die Einheit des Volkes,
die die Verfasser durch hellenistische Einflüsse bedroht sehen. Originalsprache
der Jub war aller Wahrscheinlichkeit nach Hebräisch, wofür die Funde in
Qumran sprechen. Auch eine griechische Übersetzung ist fragmentarisch
erhalten, vollständig überliefert ist die Schrift nur auf Äthiopisch.

Ein weiteres Beispiel der Aufnahme eines größeren biblischen Erzählzusammenhangs[6] liegt in der fälschlicherweise Philo zugeschriebenen Schrift
Liber Antiquitatum Biblicarum (LibAnt) vor, die aus der Zeit zwischen 73
und 132 n.Chr. stammt und inhaltlich den Zeitraum von der Schöpfung
bis zum Tod Sauls umfaßt.[7] LibAnt vermittelt die Botschaft, daß Gott Israel
bereits vor der Schöpfung erwählt hat und die Treue zu seinem Volk auch
in Zeiten der Bedrohung andauern wird. Ursprünglich wohl auf Hebräisch
verfaßt, wurde das Buch erst ins Griechische und im 3./4. Jh. ins Lateinische
übersetzt; erhalten ist es heute nur noch in der lateinischen Fassung.

Nach Gen 41,50 und 46,20 war Josef mit der ägyptischen Priestertochter
Aseneth verheiratet. Diese Überlieferung ist Ausgangspunkt für die Schrift
'Josef und Aseneth' (JosAs), welche wahrscheinlich im Kreis der ägyptisch-
jüdischen Diaspora zwischen dem späten 2. Jh. v.Chr. und dem Bar-Kochba-
Aufstand 132–135 n.Chr. bzw. dem Aufstand unter Trajan 117 n.Chr.
entstand und von der Bekehrung der ägyptischen Priestertochter, ihrer
Hochzeit mit Josef und ihrer Rettung aus der Hand des Erstgeborenen des
Pharao handelt.[8] Ursprüglich war die Schrift wahrscheinlich auf Griechisch
verfaßt; die erhaltenen griechischen Manuskripte und Übersetzungen belegen einen Kurz- und einen Langtext sowie weitere Versionen.

---

tamentlichen Apokryphen und Pseudepigraphen einschließlich der großen Qumran-
Handschriften, Heidelberg 1971, 98–101; Nickelsburg, G.W.E., Jewish Literature
between the Bible and the Mishna. A Historical and Literary Introduction, Philadelphia
1981, 73–80.

[5] Zur Chronologie vgl. bes. VanderKam, J.C., Das chronologische Konzept des
Jubiläenbuches, in: ZAW 107 (1995), 80–10.

[6] Vermes, G., Scripture and Tradition in Judaism. Haggadic Studies (StPB 4),
Leiden 1961, 95, prägte dazu den Begriff der 'rewritten Bible'. Vgl. dazu aus-
führlicher Dimant, D., Use and Interpretation of Mikra in the Apocrypha and
Pseudepigrapha, in: Mulder, Sysling, a.a.O., 379–419, bes. 401–403.

[7] Vgl. dazu Dietzfelbinger, C., Pseudo-Philo: Antiquitates Biblicae (Liber Antiquitatum
Biblicarum). Unterweisung in erzählender Form (JSHRZ II/2), Gütersloh 1975,
91–99; Nickelsburg, G.W.E., The Bible Rewritten and Expanded, in: Stone, M.E.,
Hg., Jewish Writings of the Second Temple Period. Apocrypha, Pseudepigrapha,
Qumran Sectarian Writings, Philo, Josephus (CRI. II. The Literature of the Jewish
People in the Period of the Second Temple and the Talmud 2), Assen/Philadelphia
1984, 89–156, bes. 107–110.

[8] Vgl. Burchard, C., Joseph und Aseneth. Unterweisung in erzählender Form
(JSHRZ II/4), Gütersloh 1983, 579–619.

In Anknüpfung an die in Gen 49,1f.29f. überlieferte Situation—Jakob ver-
sammelt vor seinem Tod seine Söhne und spricht ein letztes Mal zu ihnen—
sind die Testamente der zwölf Patriarchen (TestXII) als Abschiedsreden der
zwölf Jakobsöhne zu ihren Nachkommen gestaltet.[9] Der Aufbau ist in fast
allen Testamenten ähnlich:[10] Nach einer kurzen Präambel folgt die eigentliche
Rede, in der der Patriarch auf Ereignisse aus seinem Leben zurückblickt,
mit diesen eine Mahnung an seine Söhne verbindet und mit einem Ausblick
auf die Zukunft schließt. Daran schließt der Bericht über den Tod des
Patriarchen. Mit jedem Patriarchen verknüpft sich zumeist eine bestimmte
Tugend oder ein spezifisches Laster. In ihrer jetzigen Form stammen die
TestXII etwa aus der Zeit um 200 n.Chr. aus christlichen Kreisen. Der Ursprung
der Testamente wird in der Forschung kontrovers diskutiert: Während die
einen die Schrift—abgesehen von einigen deutlichen christlichen Interpola-
tionen—für einheitlich und genuin christlich halten, wobei sie freilich einräumen, daß das Werk auch jüdisches Material enthält,[11] vermutet die
Mehrheit eine jüdische Grundschrift, die christlich überarbeitet worden sei.[12]
Erhalten sind die TestXII in mehreren griechischen Handschriften und
antiken Übersetzungen, die ältesten Mss. stammen aus dem 10. Jh.[13]

4.1.1.1. *Rachel im Jubiläenbuch*[14]

Im Mittelpunkt der Jub steht der Erzvater Jakob, dessen Bedeutung
in den Jub gegenüber der Genesis erheblich wächst;[15] in seiner

---

[9] Vgl. dazu z.B. Jonge, M. de, The Testaments of the Twelve Patriarchs: Central
Problems and Essential Viewpoints, in: ANRW II.20.1, Berlin/New York 1987,
359–420; Becker, J., Die Testamente der zwölf Patriarchen. Unterweisung in lehrhafter
Form (JSHRZ III/1), Gütersloh 1974, 17–29; Hollander, H.W., Jonge, M. de, The
Testaments of the Twelve Patriarchs. A Commentary (SVTP 8), Leiden 1985, 1–87.

[10] Vgl. Becker, a.a.O., 28f.; innerhalb dieses Grundmusters herrscht jedoch eine
beachtliche Variationsbreite. Nordheim, E.v., Die Lehre der Alten. I. Das Testament
als Literaturgattung im Judentum der hellenistisch-römischen Zeit (ALGHJ 13,1),
Leiden 1980, hat herausgearbeitet, daß es sich bei den Testamenten um eine eigene
literarische Gattung handelt (vgl. bes. 229–242).

[11] So Hollander, De Jonge, a.a.O., 82–85 als prominenteste Vertreter.

[12] Vgl. Becker, a.a.O., 23f., der einen jüdischen Grundstock der TestXII ins 2.
Jh. v.Chr. datiert (ausführlicher in ders., Untersuchungen zur Entstehungsgeschichte
der Testamente der zwölf Patriarchen (AGJU 8), Leiden 1970, 129–372). Ulrichsen,
J.H., Die Grundschrift der Testamente der Zwölf Patriarchen. Eine Untersuchung
zu Umfang, Inhalt und Eigenart der ursprünglichen Schrift (AUU.HR 10), Uppsala
1991, arbeitet ebenfalls eine Grundschrift heraus, die er für jüdisch hält (vgl. bes.
27–29; 343–345), kommt im einzelnen aber zu anderen Ergebnissen als Becker.

[13] Zu möglichen hebräischen und aramäischen Fragmenten von TestLev, Test
Naph u.a. vgl. De Jonge, Hollander, a.a.O., 17–26.

[14] Textgrundlage bilden die äthiopischen Fassungen, die Bergers Übersetzung
zugrunde liegen; vgl. [Maṣḥafa Kufālē] or The Ethiopic Version of the Hebrew
Book of Jubilees. Otherwise Known Among the Greeks as Η ΛΕΠΤΗ ΓΕΝΕΣΙΣ.
Edited From Four Manuscripts (Anecdota Oxoniensia), Hg. Charles, R.H. Oxford
1895; The Book of Jubilees. A Critical Text, Hg. VanderKam, J.C. (CSCO.Ae 87),
Leuven 1989; Berger, a.a.O., 312–556.

[15] Vgl. dazu Wahl, H.M., Die Jakobserzählungen der Genesis und der Jubiläen

Funktion unterstützt wird er von seinem Großvater Abraham und seiner Mutter Rebekka. Als junger Mann lernt Jakob Schreiben—Voraussetzung für das Schriftstudium—im Gegensatz zu Esau, der sich mit dem Jagen und dem Kriegshandwerk beschäftigt (Jub 19,14). Die 'dunklen Kapitel' in Jakobs Vita werden beseitigt, z.B. belügt Jakob seinen Vater nicht direkt, um den Erstgeburtssegen zu erhalten (vgl. Jub 26,13.19 mit Gen 27,19.24); im übrigen geht Isaaks Unverständnis auf eine Lenkung vom Himmel zurück (Jub 26,18). In vorbildlicher Weise kümmert sich Jakob um seine betagten Eltern (Jub 29,15–20) und weist damit paradigmatisch den Weg zum rechten Verhalten in der Großfamilie des Volkes. Abraham erkennt die Erwählung Jakobs und seiner Nachkommen und gibt diese Einsicht an Rebekka weiter, verbunden mit der Mahnung, Jakob stets Gutes zu tun (Jub 19,16–25). Die Mahnung mündet in einen Segensspruch über Jakob (Jub 19,26–29).[16] In seinen letzten Worten überträgt Abraham alle Segnungen der Väter auf Jakob, den 'Modellpatriarchen', und übergibt ihm das 'Haus Abrahams' (vgl. Jub 22,10–30, bes. 13.24).

Rebekka entspricht nicht nur den Vorstellungen Abrahams—beide ziehen im Gegensatz zu Isaak Jakob seinem Bruder Esau vor (z.B. Jub 19,15f.)—, ihr Handeln steht vielmehr auch unter der Weisung Gottes (vgl. die auf Rebekkas Initiative zurückgehende, von 'höchster Stelle' sanktionierte Täuschung Isaaks Jub 26). Eine zentrale Rolle spielt Rebekka in Jub 25: Auf die gewichtige an Jakob gerichtete Ermahnung, sich keine Frau aus einem fremden Volk zu nehmen (Jub 25,1–3), folgt ein ausführlicher Segen über Jakob (V.11–23), für den es keine Vorlage in der biblischen Erzählung gibt. Diese und andere Texte (z.B. Rebekkas letzte Worte an Jakob, Isaak und Esau Jub 35) lassen Rebekka in Jub zur bedeutendsten Erzmutter werden.

---

im Vergleich. Zur Auslegung der Genesis im 2. Jahrhundert v.Chr. und mit Anmerkungen zur Pentateuchforschung, in: VT 44 (1994), 524–546, bes. 540; Endres, J.C., S.J., Biblical Interpretation in the Book of Jubilees (CBQ.MS 18), Washington 1987, z.B. 117–119. Auch in anderen Schriften kommt die besondere Stellung Jakobs zum Ausdruck, welcher eine engelhafte Gestalt annnimmt, z.B. im Gebet Jakobs und Josefs (vgl. Russell, D.S., The Old Testament Pseudepigrapha. Patriarchs and Prophets in Early Judaism, London 1987, 81–84 und dazu Gebet Josefs, Frgm. A,1; Gebet Jakobs 19 in der Übersetzung von Charlesworth, J.H., Hg., The Old Testament Pseudepigrapha. Volume II. Expansions of the Old Testament and Legends, Wisdom and Philosophical Literature, Prayers, Psalms, and Odes, Fragments of Lost Judeo-Hellenistic Works, London 1985, 713.723).

[16] Zur Rolle Abrahams vgl. Endres, a.a.O., 18–50 und Müller, M., Die Abraham-Gestalt im Jubiläenbuch. Versuch einer Interpretation, in: SJOT 10 (1996), 238–257.

Ihre Aktivitäten sind jedoch immer auf Jakob ausgerichtet, auf welchen
die Erzählungen zulaufen.[17]

Im Vergleich mit Rebekka wird deutlich, welch untergeordnete
Rolle Rachel in den Jub spielt. Zwar wird der Überlieferungsstoff
durchaus eigenständig bearbeitet, jedoch führt dies nicht zu einer
Ausweitung der Rolle Rachels.[18] Die Begegnung zwischen Rachel
und Jakob am Brunnen (Gen 29,1–14) fällt völlig unter den Tisch.
Präzisiert wird in Jub der Vergleich der beiden Schwestern in bezug
auf ihre äußere Erscheinung (Gen 29,17): Die Gestalt der beiden
Frauen wird als schön bezeichnet, jedoch habe Lea schwache Augen,
Rachel dagegen schöne (28,5). Aus dem Bibeltext, der über Leas
Gestalt schweigt, wird also nicht der Schluß gezogen, daß sie generell
häßlich sei. In Jub 36,23 erfährt Lea eine späte 'Rehabilitation' und
tritt damit aus dem Schatten Rachels: Jakobs Zuneigung zu seiner
ersten Frau—freilich erst nach dem Tode Rachels- und Leas Tugenden werden hier ausdrücklich betont.

An der Hochzeit Jakobs scheint den Autoren v.a. wichtig, daß die
Verheiratung der älteren Schwester vor der jüngeren nicht nur auf
einen Brauch zurückgeht (so Gen 29,26), sondern auf eine himmlische Anordnung, welche auf den Tafeln des Himmels aufgeschrieben
ist und dem Volk Israel zum Gebot wird (Jub 28,6f.). Diese Beobachtung deckt sich mit dem in Jub festzustellenden Interesse an
Ehefragen (vgl. z.B. Jub 25,1.3). Die Erzählung von der Geburt der
Jakobsöhne (Gen 29,31–30,24) ist in Jub stark verkürzt (Jub 28,11–24),
v.a. fehlen die Begründungen für die jeweiligen Namen, die im übrigen in Jub nicht ausschließlich von den Frauen verliehen werden.[19]
Hinzugefügt werden die genauen Datierungen der Geburten. Die
Liebesäpfel-Episode (Gen 30,14–16) ist ausgelassen—wirft sie ein zu
schlechtes Licht auf den Patriarchen, der zum Spielball seiner Frauen
wird? Eindeutig ist die Tendenz der Beseitigung aller negativen Züge

---

[17] Vgl. Endres, a.a.O., 51–84; Chesnutt, R.D., Revelatory Experiences Attributed
to Biblical Women in Early Jewish Literature, in: Levine, A.-J., Hg., „Women Like
This". New Perspectives on Jewish Women in the Greco-Roman World (SBL. Early
Judaism and Its Literature 1), Atlanta 1991, 107–125, bes. 108–111; Halpern Amaru,
B., The First Woman, a.a.O., 609–626, bes. 616f. Halpern Amaru spricht Jub ins-
gesamt ein großes Interesse an Frauengestalten zu, jedoch stehe dieses v.a. im
Zusammenhang mit Reinheits- und Ehegeboten.

[18] Zur Analyse der Texte vgl. Endres, a.a.O., 85–119.

[19] Jakob benennt Ruben, Simeon, Levi, Juda und—nicht in allen Mss.—Dan,
vgl. Jub 28,11.13–15(.18).

an Jakob bei seiner Erwiderung auf Rachels Kinderwunsch zu erkennen: Den Targumim vergleichbar wird auf jegliche Argumentation
mit der göttlichen Macht verzichtet (Jub 28,16).

Auch Rachels Diebstahl des Teraphim und ihre Täuschung Labans
(Gen 31,19.30–35) wird übergangen. Sollen hier ebenfalls negative
Züge retuschiert werden? M.E. geht die Auslassung eher auf ein
Desinteresse an der Gestalt Rachels zurück, denn daß sie den Diebstahl
begangen hat, erwähnt Jub im Zusammenhang mit der Vernichtung
der fremden Götter in Bethel 'en passant' (Jub 31,2), ihr listiges
Verhalten wird dagegen verschwiegen.

Aus Gen 35,19 übernimmt Jub die Lokalisierung des Rachelgrabes
in Efrata/Bethlehem (Jub 32,34).[20] Wie es scheint, war diese Grabstätte
im 2. Jh. v.Chr. so bekannt, daß sie bereits weitere Gräber anzog:
Jub 34,16 nennt die Gräber Bilhas und Dinas.[21]

4.1.1.2. *Rachel in Pseudo-Philo's Liber Antiquitatum Biblicarum*[22]

Zwar läßt sich für LibAnt ein besonderes Interesse an Frauengestalten
nachweisen,[23] die Erzmutter Rachel steht jedoch nicht im Zentrum
dieses Interesses: In LibAnt 8, einem Kapitel, das die Vätergeschichten
(Gen 12–50) in nur vierzehn Versen zusammenfaßt, findet sich ein
knapper Hinweis auf Jakobs Frauen und Konkubinen sowie die
Kinder, die sie ihm gebaren (LibAnt 8,6); in 8,14 erscheint Rachel
mit ihren Kindern und Enkeln am Schluß der Liste der Nachkommen
Jakobs, die nach Ägypten zogen. Ein letztes Mal wird Rachel in
LibAnt 50,2 erwähnt: Peninna verspottet die bisher kinderlose Hanna
u.a. mit dem Hinweis auf die Stammutter Rachel: Hätte sie nicht
ein Kind zur Welt gebracht, hätte ihr Jakobs Liebe nichts genützt.
Unter Rückgriff auf Elemente der Rachel-Erzählungen wird das
Schicksal Hannas mit dem der geliebten, zunächst aber ebenfalls
unfruchtbaren Rachel parallelisiert, und die Leserinnen und Leser können—anders als auf der Erzählebene Hanna und Peninna—in der

---

[20] Jub 32,32 nennt als Wohnort Jakobs Kabratan. Dieser Name könnte auf כברת
(Gen 35,16) zurückgehen; vgl. z.B. Berger, a.a.O., 486.

[21] TestJos 20,3 nennt darüber hinaus noch das Grab Silpas. In den Mss. Vat.
Graec. 731 und 1238 steht allerdings nicht Silpa, sondern Aseneth, vgl. Jeremias,
Jo., a.a.O., 77, Anm.1, zum ganzen a.a.O., 76f.

[22] Textgrundlage bildet die lateinische Ausgabe von Jacobson, H., A Commentary
on Pseudo-Philo's Liber Antiquitatum Biblicarum. With Latin Text and English
Translation (AGJU 31.1.), Leiden/New York/Köln 1996, 1–87; vgl. auch die Übersetzungen von Jacobson, a.a.O., 89–194 und von Dietzfelbinger, a.a.O., 102–264.

[23] Vgl. Horst, a.a.O., 29–46.

Erhörung durch Gott und der Erfüllung des Kinderwunsches eine
weitere Parallele zwischen den beiden Frauen sehen. Das Geschehen konzentriert sich hier aber auf den Konflikt zwischen Hanna
und Peninna, Rachels Schicksal dient lediglich als 'Argumentationshilfe'.

Das Desinteresse des LibAnt betrifft nicht nur Rachel, sondern
auch die anderen Erzmütter; Rebekka, eine der wichtigsten Frauengestalten in Jub, wird in LibAnt noch nicht einmal namentlich erwähnt.[24]
Andere Frauen finden dagegen mehr Beachtung: Debora (LibAnt
30–33), Jaël (LibAnt 31,3–9), oder Jeftas Tochter, die in LibAnt den
Namen Seila erhält (LibAnt 40). Tamar wird die Bezeichnung „unsere
Mutter" zugesprochen (*mater nostra*, LibAnt 9,5; vgl. auch 38,2 über
Debora). Vor allem die bedeutenden Frauen des Richterbuches werden in LibAnt mit paradigmatischen Qualitäten ausgestattet, die sie
zu Vorbildern und Anführerinnen des Volkes werden lassen, so daß sie
nahezu auf einer Stufe mit den männlichen Protagonisten stehen.[25]

Über die Gründe, die zur Nichtbeachtung der Erzmütter führten,
kann man nur spekulieren. Wahrscheinlich eigneten sich die Patriar-
chenfrauen nicht so sehr zu Führungsgestalten wie beispielsweise
Debora, die bereits nach der biblischen Überlieferung zu den bedeutenden Richtern gehörte, oder Jaël. Durften die Erzmütter nicht zu
ihren prominenten Männern in Konkurrenz treten, welche trotz des
gesteigerten Interesses des LibAnt an Frauengestalten im Zentrum
des Buches stehen?

4.1.1.3. *Rachel in Josef und Aseneth*[26]

JosAs 1,5 (Langtext) stellt die Schönheit der Ägypterin Aseneth dem
Aussehen anderer Frauen gegenüber.[27] Dabei wird betont, daß Aseneth
nicht mit den Ägypterinnen zu vergleichen war, sondern in allem

---

[24] Dieses Desinteresse äußert sich z.B. auch darin, daß das Motiv der Diskussion
über die Ursachen der Kinderlosigkeit (vgl. Gen 30,1–3) nun im Zusammenhang
mit Manoach und seiner Frau erscheint (Ri 13,2ff.; vgl. LibAnt 42,1f.).

[25] Vgl. Horst, a.a.O., 37; 42 u.a.

[26] Textgrundlage für den Langtext ist die Ausgabe von Burchard, C., Joseph und
Aseneth, in: ders., Gesammelte Studien zu Joseph und Aseneth (SVTP 13), Leiden/
New York/Köln 1996, 163–209; vgl. die Übersetzung in ders., Joseph und Aseneth
(JSHRZ II/4), a.a.O., 631–720; zum Kurztext und seiner Übersetzung vgl. Philonenko,
M., Joseph et Aséneth. Introduction. Texte critique. Traduction et notes (StPB 13),
Leiden 1968, 128–221. In die Diskussion um die Priorität von Kurz-oder Langtext
einzutreten, ist an dieser Stelle überflüssig, da die Unterschiede für das Rachelbild
nicht von Bedeutung sind.

[27] Zwei Erwähnungen Rachels in JosAs sind nebensächlicher Art und können

den Hebräerinnen entsprach; sie war groß (μεγάλη) wie Sara, wohl-
gestaltet (ὡραία) wie Rebekka und schön (καλὴ) wie Rachel. Der
Kurztext spitzt den Vergleich noch mehr zu, indem er Aseneth auch
aus der Gruppe der gewöhnlichen Hebräerinnen heraushebt und sie
sofort den Stammütern zuordnet (1,7f.);[28] für das Bild der Erzmütter
ist diese Unterscheidung jedoch unerheblich. Die drei Erzmütter Sara,
Rebekka und Rachel—Lea fehlt bezeichnenderweise—zeichnen sich
hier wie auch schon in den biblischen Überlieferungen durch ihre
äußere Erscheinung aus.[29] Auch andere biblische und apokryphe
Frauengestalten werden als schön beschrieben, beispielsweise Batseba
(2 Sam 11,2), Tamar (2 Sam 13,1) oder Judith (Jdt 8,7). Ob sich mit
dieser Bezeichnung, wie S. Standhartinger vermutet, tatsächlich immer
eine erotische Komponente verbindet und ob mit der Betonung der
Schönheit Aseneths in JosAs 1,5/1,7 bereits die Bedrohung von Seiten
des Pharaosohnes JosAs 23,1–27,11/23,1–27,8 angedeutet ist, scheint
mir fragwürdig.[30] Das Lob auf die Schönheit Aseneths entspricht
vielmehr einem in der Antike verbreiteten Muster für Anfänge von
Liebesromanen,[31] und ihre Zuordnung zu den Erzmüttern zeigt, daß
sie wie diese über die gewöhnlichen Frauen hinausragt und—als
zukünftige Frau Josefs—auf eine Stufe mit Sara, Rebekka und Rachel
zu stellen ist.

   Rachels Schönheit ist in JosAs folglich bereits zu einem prägen-
den Kennzeichen für die Stammutter geworden, und es finden sich
hier die ersten Anzeichen einer Idealisierung der Gestalt Rachels. Dies
gilt jedoch in ähnlicher Weise auch von Sara und Rebekka, so daß
sich in diesem Punkt Rachel nicht von den anderen Erzmüttern abhebt.

---

deshalb übergangen werden: In JosAs 22,11 (Kurz- und Langtext) und 24,2 (nur
Langtext) geht es um die Söhne der Mägde Leas und Rachels.

   [28] So nach der von Philonenko abweichenden Lesart von Standhartinger, A., Das
Frauenbild im Judentum der hellenistischen Zeit. Ein Beitrag anhand von 'Joseph
und Asenath' (AGJU 26), Leiden/New York/Köln 1995, 44 (Anm. 210), 77 (Anm.
131).

   [29] ὡραία ist in LXX Gen 26,7 auf Rebekka und in 29,17 auf Rachel, καλὴ in
LXX Gen 12,14 auf Sara, 24,16 auf Rebekka und in 29,17 auf Rachel bezogen.
Auffällig bleibt μεγάλη als Attribut für Sara, vgl. Standhartinger, a.a.O., 78 (Anm.
136).

   [30] Vgl. Standhartinger, a.a.O., 78f. Sie verweist zusätzlich darauf, daß abgesehen
von Rebekka alle oben erwähnten und als schön bezeichneten Frauen von sexuellen
Übergriffen bedroht worden seien (ebd.).

   [31] Z.B. Callirhoe A,1,1 von Chariton, worauf Standhartinger, a.a.O., 77f. verweist.

4.1.1.4. *Rachel in den Testamenten der zwölf Patriarchen*[32]
Auf TestJos 20,3 wurde schon unter 4.1.1.1. im Zusammenhang mit
den Gräbern Bilhas und Dinas verwiesen. Seinem eigenen Wunsch,
in der Heimat begraben zu werden (20,2), fügt Josef die Bitte hinzu,
Silpa nahe bei Bilha an der Rennbahn neben Rachel (παρὰ τὸν
Ἱππόδρομον πλησίον Ῥαχήλ) zu beerdigen. In TestJos findet sich somit
neben LXX Gen 48,7 ein weiterer Hinweis auf ein Hippodrom in
der Nähe des Rachelgrabes, doch könnte die Stelle von LXX beeinflußt
sein.[33]

Daneben wird Rachel innerhalb der persönlichen Rückblicke in
TestIss, TestNaph und TestBen erwähnt. In TestBenj 1,2–6 berichtet
Benjamin von den Umständen seiner Geburt. Über Gen 35,16–18
hinaus ist zu erfahren, daß Rachel nach zwölfjähriger Unfruchtbarkeit
im Anschluß an die Geburt Josefs nach Beten und Fasten schwanger
geworden sei. Das Motiv der Gebetserhörung wird auch in den
Targumim an einigen Stellen hinzugefügt, worauf bereits hingewiesen
wurde.[34] Es belegt den Glauben an Gott als den Garanten der Fruchtbarkeit und unterstreicht die Frömmigkeit der Erzmutter.[35] Für die
Erklärung des Namens Benjamin in Anspielung auf Jakobs fortgeschrittenes Alter findet sich ebenfalls eine Parallele in der jüdisch-
rabbinischen Auslegungstradition.[36] Vorausgesetzt wird dabei die
Übersetzung „Sohn der Tage".

Naphtali[37] erinnert in seinem Testament an Rachels Plan, durch
Bilha zu eigenen Kindern zu kommen, wobei Rachels Handeln ἐν
πανουργίᾳ—mit Verschlagenheit/List—negativ charakterisiert wird

---

[32] Textgrundlage ist die Ausgabe von Jonge, M. de, The Testaments of the Twelve
Patriarchs. A Critical Edition of the Greek Text (PVTG I,2), Leiden 1978; vgl.
auch die Übersetzung in Becker (JSHRZ III/1), a.a.O., 32–158.

[33] So Becker (JSHRZ III/1), a.a.O., 130, der παρὰ τὸν Ἱππόδρομον für einen
späteren Einschub unter Einfluß von LXX Gen 48,7 hält. In den griechischen
Manuskripten g und k fehlt V.3 vollständig, vgl. den kritischen Apparat in der
Ausgabe von De Jonge, a.a.O., 166.

[34] Vgl. Abschnitt 3.2.1.1., bes. kapitel 3, Anm. 297; zum Empfang Benjamins
nach einem Gebet vgl. BemR 14,8; auch Simon wird nach TestSim 2,2 von Lea
nach einem Gebet empfangen.

[35] Zu Gebet und Fasten als Kennzeichen der Frommen in den TestXII vgl. z.B.
Josef in TestJos 10,1.

[36] Vgl. BemR 14,8.

[37] Zum TestNaph existiert eine hebräische Fassung, die jedoch aus späterer Zeit
stammt (vgl. The Greek Versions of the Testaments of the Twelve Patriarchs. Edited
from Nine MSS together with the Variants of the Armenian and Slavonic Versions
and Some Hebrew Fragments, Hg. Charles, R.H., Oxford [Nachdr. Hildesheim
1960], Appendix II, 239–244. Ms. P [12. Jh.] nennt in der Überschrift Rachel ein

(TestNaph 1,6).[38] In einer aus der Genesis nicht bekannten Überlieferung verweist Naphtali auf seine Gestalt, die Rachel so gut gefallen
habe, daß sie wünschte, ihr eigenes Kind möge ihm gleichen, was
aufgrund ihrer Gebete bei Josef auch geschehen sei (1,7f.). Es folgt
eine Genealogie Bilhas, der Mutter des Patriarchen (1,9–12).[39]

Die auffälligste Rezeption der Rachel-Überlieferungen findet sich
in TestIss. Auch Issachar verweist auf die Umstände seiner Geburt
und in diesem Zusammenhang auf die Geschichte mit den Liebesäpfeln
(TestIss 1,2–15). Im Unterschied zu Gen 30,14–16 gelangen die
Früchte sofort in die Hände Rachels, die sie behalten möchte, weil
sie keine Kinder hat (V.3–6). Lea will sich auf den Handel 'eine
Nacht mit Jakob für die Liebesäpfel' nicht einlassen und beansprucht
ihren Gatten als seine erste Frau ganz für sich (V.7–9), worauf sich
Rachel bitter über ihr Schicksal als von ihrem Vater Betrogene
beklagt (V.10–13). Schließlich überläßt Rachel ihrer Schwester für
eine Nacht Jakob anstelle *eines* Liebesapfels (V.14);[40] in 2,4 ist von
einer weiteren Tauschaktion für die folgende Nacht die Rede. Die
Gesprächsführung ist nicht immer stringent—Probleme bereitet insbesondere die wechselnde Zahl der Äpfel in 1,7.8.14; 2,2.4—,[41] doch

---

weiteres Mal, doch ergibt die Stelle inhaltlich nichts Neues: Rachel wird als Herrin
Bilhas erwähnt.).

[38] Vgl. dazu die Verwendung des Begriffs in den TestXII (TestJud 10,3; TestIss
1,11) und Hollander, de Jonge, a.a.O., 299.

[39] Diesem Text zufolge kommt Bilhas Vater Rotheus—ein Bruder Deboras, der
Amme Rebekkas—aus dem Geschlecht Abrahams und wurde von Laban als Sklave
gekauft. Zur 'Genealogie Bilhas' wurde eine sehr enge Parallele in Qumran gefunden (4 Q TNaph; PAM 43.237), die kürzlich von M.E. Stone veröffentlicht wurde;
vgl. ders., Testament of Naphtali, in: JJS 47 (1996), 311–321; zum Text vgl. 316,
zur Übersetzung 318; vgl. auch ders., The Genealogy of Bilha, in: DSD 3 (1996),
20–36. Das Fragment enthält auch einen Hinweis auf Rachel (Z.9 erwähnt ihre
Unfruchtbarkeit; in Z.10 ist wahrscheinlich auch Rachel das Subjekt; von ihr wird
gesagt, daß sie Jakob Bilha gab.).

[40] So V.14 nach β, vgl. den Text von de Jonge, a.a.O., 82. Becker (JSHRZ
III/1), a.a.O., 80, liest mit α den Plural 'Liebesäpfel' und hält die Lesart von β für
von V.7a beeinflußt, einem Vers, der seiner Meinung nach sekundär ist.

[41] Becker, Untersuchungen, a.a.O., 335f., möchte 1,7a und 2,1–4 als Zusatz zu
einem Grundstock 1,2–6.7b–15 verstehen; 2,4f. sei noch später hinzugekommen.
Der Bearbeitung in 1,7a; 2,1–3 gehe es im Gegensatz zur Grundschicht um die
genaue Zahl der Äpfel. Es fragt sich jedoch, ob damit die Komplexität des Textes
richtig erfaßt ist. Die von Becker ausgesonderten Verse fügen sich gut in den Text
ein und bilden zu 1,14 nach β keinen Widerspruch; zu Recht wirft de Jonge
Becker vor, Textkritik mit Literarkritik zu vermischen (vgl. Jonge, M. de, Testament
Issachar als „typisches Testament". Einige Bemerkungen zu zwei neuen Übersetzungen der Testamente der Patriarchen, in: ders., Hg., Studies on the Testaments

tritt die Tendenz, Rachel das Gespräch dominieren zu lassen, klar
hervor: Indem diese auf Jakobs vierzehn Jahre dauernden Dienst um
sie und auf Labans Betrug verweist, welcher dazu führte, daß Lea
die erste Frau Jakobs wurde, sind Rachel die Sympathien der Leserinnen und Leser gewiß. Dagegen wird Lea als diejenige, die Jakob
für sich alleine beansprucht (1,9), nicht sehr vorteilhaft dargestellt.

TestIss 2,1–5 führt die positive Darstellung Rachels weiter aus und
verleiht der Erzmutter ideale Züge: Ein Engel kündigt Jakob die
Geburt zweier Kinder durch Rachel an, denn sie kam nicht aus
Vergnügen (διὰ φιληδονίαν, V.3) mit Jakob zusammen, sondern um
Kinder zu bekommen (διὰ τέκνα ebd.). Die Rachel aufgrund ihrer
Enthaltsamkeit (ἐγκράτεια, V.1) gewährten Kinder werden Lea 'abge-
zogen', so daß diese anstelle von acht insgesamt nur sechs Söhne
gebiert. Rachels Enthaltsamkeit gipfelt in ihrem Verzicht auf die
Äpfel, die sie in den Tempel bringt, anstatt sie zu essen—Διὰ τοῦτο
ἐν τοῖς μανδραγόροις ἐπήκουσε Κύριος τῆς Ῥαχήλ: Um der Mandragora
willen erhörte der Herr Rachel (V.4b).[42]

Die ἐγκράτεια stellt ein weit verbreitetes Tugendideal dar, das schon
in der klassischen Philosophie begegnet.[43] Als Fähigkeit über sich
selbst oder andere zu herrschen, wird sie häufig im Sinne von sexueller Enthaltsamkeit aufgefaßt und besonders von der Stoa als Ideal
propagiert. Musonius Rufus beispielsweise hält Geschlechtsverkehr
nur in einer Ehe und nur zum Zwecke der Fortpflanzung für gerechtfertigt.[44] Ähnlich argumentieren auch Philo von Alexandrien[45] und

---

of the Twelve Patriarchs. Text and Interpretation (SVTP 3), Leiden 1975, 291–316,
bes. 298–302).

[42] Vgl. mit BerR 72,3: Hier wird Rachels Tauschaktion (Jakob gegen Liebesäpfel)
negativ bewertet; Rachel büßt für die Liebesäpfel Stämme ein, anstatt sie hinzuzugewin-
nen. Die beiden Quellen können als Belege für die Vielfalt der Auslegungsgeschichte
gewertet werden; eine direkte Bezugnahme kann nicht nachgewiesen werden (mit
Ulrichsen, a.a.O., 119–123 gegen Jonge, M. de, The Testaments of the Twelve
Patriarchs. A Study of Their Text, Composition and Origin, Diss. Leiden 1953,
der in TestIss eine christliche Bearbeitung der Tradition von BerR sieht; zu seiner
Argumenation vgl. 78–81).

[43] Vgl. z.B. Arist., EN VII,i,1 als Gegensatz zu ἀκρασία (Unmäßigkeit, Zügellosigkeit); vgl. zum ganzen Grundmann, W., ἐγκράτεια (ἀκρασία), ἐγκρατής (ἀκρατής),
ἐγκρατεύομαι, in: ThWNT II, Stuttgart ²1950, 338–340 und de Jonge, Rachel's
Virtuous Behavior, a.a.O., 340–352. Letzterer verweist auf alle wesentlichen Quellen.

[44] Vgl. Muson. Frgm.12; ähnlich auch Seneca, Frgm. 13 (Matr.; vgl. Hier., adv.
Iovin. 1,30).

[45] Zur ἐγκράτεια vgl. z.B. SpecLeg I,173; IV,112; Abr 24; zur Verbindung von
Ehe und Fortpflanzung Det 103; Abr 137; 248f.

Flavius Josephus.[46] Schließlich fand der Gedanke der sexuellen Enthaltsamkeit und der Beschränkung des Geschlechtsverkehrs auf den Zweck
der Fortpflanzung Aufnahme in die Literatur der frühchristlichen
Schriftsteller.[47] Das Ideal der ἐγκράτεια, das Rachel in TestIss verkörpert, kann folglich weder als spezifisch jüdisch noch als spezifisch
christlich bezeichnet werden; seine Hochschätzung stellt vielmehr
einen Konsens in der jüdischen, christlichen und hellenistischen
Ethik dar.[48]

Innerhalb des TestIss korrespondiert Rachels ἐγκράτεια mit der
ἁπλότης Issachars, d.h. seiner Einfachheit; diese äußert sich darin,
daß er als Ackerbauer ein einfaches Leben führt und Gott und den
Nächsten liebt (vgl. z.B. 4,2–6; 5,1–3). Unzucht ist ihm femd (7,2),
und insbesondere die Arbeit als Bauer hält ihn fern von der ἡδονή,
denn nach der Feldarbeit schläft er sofort ein (3,5). Das Leben in
ἁπλότης vernichtet die Begierde und macht den Menschen frei, den
Willen Gottes zu erfüllen. In den TestXII wird die ἁπλότης zum
Inbegriff für die Lebensweise des frommen, integren Mannes.[49]

Zur Idealfigur schlechthin wird jedoch nicht Issachar, sondern Josef
stilisiert.[50] In TestJos selbst, aber auch darüber hinaus, wird auf sein
vorbildliches Verhalten Bezug genommen. Zwei Episoden aus Josefs
Leben veranschaulichen seine Tugendhaftigkeit: Zum einen die Abwei-
sung der breit geschilderten Verführungskünste der Frau Potifars
(TestJos 3,1–10,4), welchen Josef seine Keuschheit (σωφροσύνη, vgl.
z.B. 4,1f.; 6,7) entgegensetzt, zum anderen sein Verhalten gegenüber

---

[46] Vgl. Jos über zwei Gruppierungen innerhalb der Essener, die sich vor der
Zügellosigkeit der Frauen schützen wollen (Bell 2,120f.) bzw. den Geschlechtsverkehr
während der Schwangerschaft ablehnen, da er dann nicht der Fortpflanzung dient
(Bell 2,160f.). Jos selbst zieht die Verbindung von Ehe und Fortpflanzung z.B. in
Ap 2,199.

[47] Vgl. z.B. Just., I apol. 29 oder die Sextus zugeschriebenen Sentenzen 230a–240,
die nach Chadwick, H., The Sentences of Sextus. A Contribution to the History
of Early Christian Ethics (TaS.NS 5), Cambridge 1959, 159f., ca. in den Jahren
180–210 von einem christlichen Autor verfaßt wurden, möglicherweise um Heiden
für die christliche Kirche zu gewinnen. Im NT erscheint ἐγκράτεια u.a. im Tugend-
katalog Gal 5,23; vgl. auch ἐγκρατεύονται 1 Kor 7,9.

[48] Vgl. de Jonge, Rachel's Virtuous Behavior, a.a.O., 352, der darauf verweist,
daß man folglich aus dieser Einstellung keine Rückschlüsse auf einen jüdischen oder
christlichen Hintergrund des Verfasserkreises der TestXII ziehen kann.

[49] Vgl. TestRub 4,1; TestSim 4,5; TestLev 13,1 und Amstutz, J., ΑΠΛΟΤΗΣ. Eine
begriffsgeschichtliche Studie zum jüdisch-christlichen Griechisch (Theoph. 19), Bonn
1968 (bes. 64–72 zu Einzelaussagen innerhalb der TestXII, 72–85 zu TestIss).

[50] Vgl. dazu v.a. Hollander, H.W., Joseph as an Ethical Model in the Testaments
of the Twelve Patriarchs, Leiden 1981.

seinen Brüdern und anderen Menschen (TestJos 10,5–11,8), das seine Selbsterniedrigung und seine Verschwiegenheit offenbart (10,5f.; 11,2; 15,3). Beide Erzählmomente werden auch in anderen Testamenten aufgenommen: Josefs Haltung gegenüber Potifars Frau in TestRub 4,8–10, gegenüber seinen Brüdern in TestSeb 8,4f. und TestSim 4,3–6. In TestBenj wird Josef zum Paradigma des 'guten Mannes' (TestBenj 3–6), der Gott fürchtet, den Nächsten liebt und die Gebote hält; er verkörpert das Ideal, das zur Nachahmung empfohlen wird.

Der σωφροσύνη Josefs entspricht Rachels ἐγκράτεια, jedoch zieht sich die Hochschätzung Rachels abgesehen von TestBenj 1,4 nicht durch die weiteren Testamente. Dennoch ist die positive Darstellung Rachels bemerkenswert, denn auf den ersten Blick deckt sie sich durchaus nicht mit den in den TestXII geäußerten Ansichten über die Frauen. In TestRub wird die Einstellung zu den Frauen in aller Deutlichkeit geäußert: Böse sind die Frauen, meine Kinder … (5,1). Wollt ihr rein sein im Herzen, dann hütet eure Sinne vor jeder Frau … (6,1).[51] Frauen werden den Männern durch ihre Schönheit (3,10; 5,1), ihren Schmuck (5,3; vgl. TestJud 12,3; 13,5) und durch ihre List (TestRub 5,1: δολιεύονται, 5,2: ἀπάτης) gefährlich. Ein Engel Gottes teilt Juda mit, daß Frauen dem Geist der Hurerei (τῷ πνεύματι τῆς πορνείας) eher unterlegen seien als Männer (5,3); mit ihrem unzüchtigen Verhalten kompensierten sie ihre Unterlegenheit gegenüber den Männern (5,4), welche lediglich als Opfer ihrer sexuellen Lust und der weiblichen Verführungskünste erscheinen. Zur Illustration wird auf die Geschichte der Vereinigung der Göttersöhne mit den Menschentöchtern (Gen 6,1–4) angespielt (5,6f.). Auch hier ging nach TestRub die Initiative allein von den Frauen aus, welche die Wesen erst bezauberten, so daß sie menschengleich wurden, und hernach verführten.[52] Die Bosheit und Unzucht der Frauen ist damit schon

---

[51] Zitate nach Becker (JSHRZ III/1), a.a.O., 37f. Zum Frauenbild in den TestXII vgl. z.B. Ulrichsen, a.a.O., 292–294, in der apokryphen Literatur vgl. Schüngel-Straumann, H., Die Frau am Anfang. Eva und die Folgen (Deifelt, W., Fischer, I. u.a., Hgg., Exegese in unserer Zeit. Kontextuelle Bibelinterpretation aus lateinamerikanischer und feministischer Sicht 6), Münster ²1997, 36–51.

[52] Bezüglich der Auslegung von Gen 6,1–4 stehen die TestXII in einer längeren Traditionskette (vgl. die negative Deutung der Geschichte in Jub 4,22; 7,20f.; 20,4f. u.a.); mit ihrer Interpretation vollziehen sie die Wende zur Frauenfeindlichkeit (vgl. Küchler, M., Schweigen, Schmuck und Schleier. Drei neutestamentliche Vorschriften zur Verdrängung der Frauen auf dem Hintergrund einer frauenfeindlichen Exegese des Alten Testaments im antiken Judentum (NTOA 1), Freiburg, S./Göttingen 1986, 439–460).

in der Urgeschichte verankert, positive Aspekte des Frauenbildes werden nicht hervorgehoben, die Frau wird lediglich unter dem Aspekt ihrer Verführungskünste betrachtet. Die Darstellung Rachels steht zu diesem Frauenbild jedoch nicht im Widerspruch. Zwar wird die Erzmutter zum tugendhaften Vorbild stilisiert, dabei wird aber gleichzeitig deutlich gemacht, daß es sich bei Rachel um eine löbliche Ausnahme handelt. Und Ausnahmen bestätigen bekanntlich die Regel.

In welchem Verhältnis steht die Darstellung Rachels in TestIss zur Genesis-Erzählung? Ein Anküpfungspunkt bildet Rachels sehnlicher Kinderwunsch (vgl. Gen 30,1ff.), dessen Erfüllung nun mit ihrer Enthaltsamkeit in Zusammenhang gebracht wird. Doch entspricht diese Interpretation kaum dem Erzählverlauf der Genesis, denn in Gen 29f. ist Lea diejenige, die mit Jakob nur um der Kinder willen zusammensein kann, für seine Lieblingsfrau Rachel ist Jakob jederzeit verfügbar. Das Motiv der Liebe zwischen Jakob und Rachel spielt in TestIss keine Rolle, den Verfassern dient die Geschichte vielmehr als Aufhänger, Rachels ἐγκράτεια zu preisen. Dabei scheinen sie weniger ein Interesse an der Gestalt der Erzmutter zu besitzen als an der Darstellung ihrer eigenen Moralvorstellungen, zu deren Exemplifizierung ansonsten v.a. Josef herangezogen wird. Das Lob der Keuschheit Rachels spiegelt die zeitgenössische Auffassung über Ehe und Sexualität wider; der beschränkte Blickwinkel, unter dem in TestXII Frauen wahrgenommen und beurteilt werden, wird folglich auch hier nicht aufgegeben.

4.1.1.5. *Ergebnis*

Der Überblick über die Aufnahme der Rachel-Überlieferungen in den Pseudepigraphen hat die unterschiedliche Bedeutung, die der Gestalt Rachels beigemessen wird, veranschaulicht: Während sie in Jub zur Nebenfigur degradiert wird und in LibAnt zusammen mit den anderen Erzmüttern fast völlig aus dem Blick gerät, wird in JosAs ihre Schönheit positiv herausgehoben; in den TestXII wird v.a. ihre Keuschheit gelobt, die ihr zu Kindern verhilft, sie von den übrigen Frauen abhebt und zu einem Ideal der Tugend werden läßt.

4.1.2. *Philo von Alexandrien*

Philo von Alexandrien (ca. 310 v.Chr.–ca. 45 n.Chr.) ist zugleich Philosoph und Bibelexeget.[53] Bei seinen Bibelauslegungen greift er auf Gedankengut

---

[53] Vgl. Amir, Y., Authority and Interpretation of Scripture in the Writings of

der griechischen Philosophie zurück, besonders auf Platon und die Stoa,[54] daneben integriert er jedoch auch haggadische Überlieferungen in seine Kommentare.[55] Textgrundlage der philonischen Auslegungen bildet die Septuaginta, die Philo als von Gott inspirierte Übersetzung sehr hoch schätzt.[56] Des Hebräischen war er aller Wahrscheinlichkeit nach nicht mächtig;[57] die hebräischen Etymologien, deren er sich bedient, dürften ihm bereits vorgelegen haben.[58] Philos Werk umfaßt neben einigen thematischen Arbeiten Erklärungen des mosaischen Gesetzes und die Gruppe der allegorischen Auslegungen der Genesis, welche auch die Gestalt Rachels betreffen. Exegese und Philosophie verschmelzen hier zu einer Einheit.

Die allegorische Exegese oder Allegorese geht davon aus, daß ein Text etwas anderes aussagt (ἄλλα ἀγορεύει), d.h. einen anderen Sinn hat als den buchstäblichen, und stellt eine Methode dar, mit deren Hilfe die in einem Schriftwort enthaltene Idee entfaltet werden kann.[59] Als Verfahren, durch das alte Texte und feststehende Formulierungen mit zeitgenössischen Interpretationen kombiniert werden können, ohne daß die alten Überlieferungen aufgegeben werden müssen, gelangt die Allegorese v.a. bei der stoischen Interpretation der homerischen Dichtungen zu großer Bedeutung. In der jüdischen Bibelauslegung vor Philo spielt die allegorische Schriftauslegung insbesondere im Aristeas-Brief, in der Sapientia Salomonis und bei Aristobul eine wichtige Rolle.

Philo, in: Mulder, Sysling, a.a.O., 421–453. Den Vorrang der Exegese vor der Philosophie betont v.a. Nikiprowetzky, V., Le Commentaire de l'écriture chez Philon d'Alexandrie. Son caractère et sa portée. Observations philologiques (ALGHJ 11), Leiden 1977, bes. 181. Zu Leben und Werk vgl. z.B. Sandmel, S., Philo Judaeus. An Introduction to the Man, His Writings, and His Significance, in: ANRW II.21.1, Berlin/New York 1984, 3–46; Borgen, P., Philo of Alexandria, in: Stone, a.a.O., 233–282.

[54] Zur Diskussion um die Einordnung Philos bei den Mittelplatonisten vgl. v.a. die Beiträge in StPhilo Annual 5 (BJSt 287), Atlanta 1993: Sterling, G.E., Platonizing Moses. Philo and Middle Platonism, 96–111; Runia, D.T., Was Philo a Middle Platonist? A difficult question revisited, 112–140 u.a.

[55] Zu Philos Verhältnis zur rabbinischen Bibelauslegung vgl. bes. Stein, E., Philo und der Midrasch. Philos Schilderung der Gestalten des Pentateuch verglichen mit der des Midrasch (BZAW 57), Gießen 1931; Bamberger, B.J., Philo and the Aggadah, in: HUCA 48 (1977), 153–185; Amir, Y., Rabbinischer Midrasch und philonische Allegorie, in: ders., Die hellenistische Gestalt des Judentums bei Philon von Alexandrien (FJCD 5), Neukirchen-Vluyn 1983, 107–118.

[56] Vgl. VitMos II,25–44 und z.B. Amir, Authority, a.a.O., 440–444.

[57] Vgl. z.B. Amir,Y., Philon und die Bibel, in: ders., Die hellenistische Gestalt, a.a.O., 67–76, bes. 68.

[58] Grabbe, L.L., Etymology in Early Jewish Interpretation. The Hebrew Names in Philo (BJSt 115), Atlanta 1988, vermutet, daß Philo eine onomastische Liste benutzt (vgl. bes. 111–113).

[59] Vgl. die Definition von Christiansen, I., Die Technik der allegorischen Auslegungswissenschaft bei Philon von Alexandrien (BGBH 7), Tübingen 1969, bes. 134.151; zu Geschichte und Bedeutung der Allegorese vgl. ferner Joosen, J.C., Waszink, J.H., Allegorese, in: RAC 1, Stuttgart 1950, 283–293; Stein, E., Die allegorische Exegese des Philo von Alexandrien (BZAW 51), Gießen 1929; zu Philos Schriftauslegung

Philo selbst entwickelt die Allegorese nicht eigenständig weiter, macht aber ausführlich von ihr Gebrauch. Doch wendet er sich sowohl gegen solche Exegeten, die als reine Literalisten nur den wörtlichen Sinn der Bibeltexte anerkennen (z.B. Som I,39), als auch gegen extreme Allegoristen, die den buchstäblichen Sinn völlig ignorieren und die Philo als körperlose Seelen bezeichnet (Migr 89f.). Die wörtliche und allegorische Auslegung sind beide für die richtige Erfassung des Textes—und selbstverständlich für die Einhaltung der Gebote—vonnöten, aber die Allegorese wird von Philo höher bewertet; sie verhält sich zur wörtlichen Auslegung wie die Seele zum Körper (Migr 93; VitCont 78) oder der Körper zu seinem Schatten (Conf 190). In der Tora des Mose sind beide Deutungsebenen von Anfang an verankert, der Wortsinn richtet sich an die Volksmenge, der tiefere Gehalt an die Philosophen (Abr 147 u.a.).[60] Die biblischen Erzählungen verknüpft Philo in der allegorischen Interpretation zu einer Geschichte des geistigen Fortschritts, wobei die biblischen Gestalten bestimmte Eigenschaften oder Typen repräsentieren.[61]

4.1.2.1. *Rachel in den Schriften Philos von Alexandrien—ein Überblick*

In Sobr 12 stellt Philo die beiden Schwestern Rachel und Lea einander gegenüber: Rachel, die die Wohlgestalt des Leibes (ἡ σώματος εὐμορφία) symbolisiert, welche sterblich ist, ist der unsterblichen Schönheit der Seele unterlegen, welche von Lea repräsentiert wird, denn was für die Sinneswahrnehmung (αἴσθησις) wertvoll ist, kann sich nicht mit der Schönheit der Seele messen. Philo spielt hier auf die in Gen 29,17 hervorgehobene Schönheit Rachels an. Ihre Unterlegenheit leitet er aus der Tatsache ab, daß sie jünger ist als ihre Schwester Lea. Das Jüngersein bezieht er nicht auf das Lebensalter, sondern versteht es im Sinne von kindisch/unverständig sein. Dies trifft auch auf die Bezeichnung Josefs als des Jüngsten zu (ebd.).[62] Von Josef zeichnet Philo ein ambivalentes Bild: Einerseits wird er von der dem Vernunftbereich zuzuordnenden Selbstbeherrschung (ἐγκράτεια) seines Vaters Jakob geprägt, andererseits hat ihm seine Mutter Rachel die Unvernunft der αἴσθησις vererbt (Som II,16).

---

vgl. außerdem Siegfried, C., Philo von Alexandria als Ausleger des Alten Testaments. An sich selbst und nach seinem geschichtlichen Einfluß betrachtet. Nebst Untersuchungen über die Graecitaet Philo's, Jena 1875, 160–197; Cazeaux, J., Philon d'Alexandrie, exégète, in: ANRW II.21.1, a.a.O., 156–226; Mack, B.L., Philo Judaeus and Exegetical Traditions in Alexandria, in: ANRW II.21.1, a.a.O., 227–271.

[60] Vgl. Amir, Philon und die Bibel, a.a.O., 72–75.

[61] Vgl. Stein, Philo und der Midrasch, a.a.O., 51.

[62] Vgl. auch die Interpretation von Gen 21,14–16 in Sobr 8f.: Die Bezeichnung Ismaels als παιδίον wird in gleichem Sinne gedeutet.

Anders als in TestIss erscheint hier Rachel geradezu als Opponentin der ἐγκράτεια! Rachels Unfruchtbarkeit (Gen 29,31) stellt nach Philo einen Beleg dafür dar, daß das sinnlich Wahrnehmbare unfruchtbar und kinderlos ist (αἰσθητὰ στειρούμενα ἀτοκεῖ, Her 51).[63]

Die Zuordnung Rachels zu der Welt des sinnlich Wahrnehmbaren, die in ihrer Gleichsetzung mit der αἴσθησις gipfelt, zieht sich durch mehrere Schriften Philos. Als Erklärung dient Rachels Forderung nach Kindern, welche sich an Jakob und damit an die falsche Adresse richtet (Gen 30,1f.), denn nicht der menschliche Geist gewährt den ersehnten Nachwuchs, sondern allein Gott (All II,46). Dies zeigt sich auch an der Person Leas, von der es heißt, daß *Gott* ihren Mutterleib öffnete, während Rachel unfruchtbar blieb (All II,47, vgl. Gen 29,31). In gleicher Weise argumentiert Philo auch All III,180. In Post 179 greift er ebenfalls auf Gen 30,1f. zurück, jedoch liegt hier der Akzent auf Rachels 'Sinneswandel', der nach Philo darin besteht, daß sie die in Gen 30,24 überlieferte Bitte—JHWH wolle ihr noch einen Sohn dazugeben—nun direkt an Gott richtet. Rachels Verhalten dient als Illustration für eine positive Sinnesänderung, der es nachzueifern gilt, und wird nicht so negativ gewertet wie an den bereits erwähnten Stellen All II,46 und III,180.

Durchgehend positiv wird Rachels Schwester Lea beurteilt: Philo setzt sie mit der Tugend (ἀρετή) gleich, welche von den Menschen— wie auch Lea—gehaßt werde; Gott jedoch ehre die ältere Schwester durch die Gewährung der Erstgeburt (All II,47; vgl. Gen 29,31). In Post 135 wird Lea sogar Verwandtschaft mit Gott zuerkannt, von welchem sie den Samen der Einsicht empfängt. Gehaßt wird sie, weil sie sich außerhalb der Leidenschaften (ἐκτὸς τῶν παθῶν) befindet und sich von den Menschen fernhält, die von den Reizen der Lüste (τὰ φίλτρα τῶν . . . ἡδονῶν) herbeigelockt werden. Diese Reize gehen von Rachel, der αἴσθησις aus, welche in Post 135 direkt mit der ἡδονή in Verbindung gebracht und damit eindeutig negativ qualifiziert wird.

Philo arbeitet jedoch auch lobenswerte Seiten an der Rachel-Gestalt heraus. Auf ihren in Post 179 erwähnten Sinneswandel wurde

---

[63] Vgl. dazu Nikiprowetzky, V., ΣΤΕΙΡΑ, ΣΤΕΡΡΑ, ΠΟΛΛΗ et l'exégèse de I Sam. 2,5, chez Philon d'Alexandrie, in: Sileno 3 (1977), 149–185, bes. 170f. Eine weitere Erwähnung Rachels in derselben Schrift (Her 175) kann unberücksichtigt bleiben, da es sich lediglich um eine beiläufige Nennung im Zusammenhang mit den zwölf Jakobsöhnen handelt. Ebenfalls nebensächliche Erwähnungen liegen in All II,94 (es geht um Dan, den Sohn der Magd Rachels) und All III,146 (hier ist von Rachels Magd Bilha die Rede) vor.

bereits hingewiesen. Eine weitere positive Bezugnahme findet sich in Verbindung mit der Charakterisierung Labans. Im Zusammenhang mit Jakobs Fluchtplan und seiner Beratung mit Rachel und Lea auf dem Feld (Gen 31,4), welches nach Philo Streit und Auseinandersetzung symbolisiert (Det 3), charakterisiert Philo Laban als Verehrer des äußerlich sinnlich Wahrnehmbaren (τὸ ἐκτὸς αἰσθητὸν), in dessen Seele der λόγος keinen Platz hat (Det 4). Auch in All III,20 erscheint Laban als Verehrer der Sinnenwelt,[64] dagegen stehen Rachel und Lea für das Denken (τὸ φρονεῖν). Sie flößen seiner Seele Vernunft ein, werden ihm nun aber von Jakob geraubt. Philo differenziert hier nicht zwischen den beiden Schwestern, sondern ordnet auch Rachel der Vernunftsphäre zu und stellt sie mit ihrer Schwester der Sinnenwelt gegenüber. So wird beiden Labantöchtern gleichermaßen ein positiver Einfluß auf ihren Vater zugeschrieben.[65]

Auf Rachels Tod geht Philo im Zusammenhang mit der Auslegung der Namensgebung ihres zweiten Sohnes in Mut 92–96 ein (vgl. Gen 35,16–19): Benjamin bedeutet Sohn der Tage,[66] d.h. des wahrnehmbaren Lichts und damit der Leuchtkraft des leeren Ruhms bzw. der leeren Meinung (τήν κενήν δόξαν, Mut 92f.). Wer sich mit der leeren Meinung beschäftigt, ist in Wahrheit unglücklich; deshalb nennt ihn Rachel als leidende Seele Sohn meines Schmerzes (Mut 94). Rachels Tod steht für den Tod der Seele, der durch die Zeugung und Geburt sinnlicher und leerer Meinung (δόξης αἰσθητῆς καὶ κενῆς σπορά τε καὶ γέννησις) hervorgerufen wird (Mut 96). Auch hier ist wieder die Verbindung Rachels mit der αἴσθησις hergestellt; ihr jüngster Sohn ist ebenfalls der Welt der Äußerlichkeiten zuzuordnen, welche zum Scheitern verurteilt ist. Dies wird durch Rachels Tod symbolisiert.

Zwei Stellen blieben bisher noch unerwähnt: Ebr 54 und der längere Abschnitt Congr 24–33, auf den im folgenden eingegangen werden soll.

4.1.2.2. *Die allegorische Deutung Jakobs und seiner Frauen in Congr 24–33*

Congr 24 nennt als Thema den Kampf um die Tugend, an dessen Ende die Belohnung mit jeweils zwei Haupt- und Nebenfrauen steht.

---

[64] Vgl. auch Migr 28; Agr 42; als Bruder Rebekkas hat Laban in Fug 44f. auch positive Seiten aufzuweisen.

[65] Vgl. Fug 15–17: Mit den ἀσκητικαὶ δυνάμεις sind hier ebenfalls Labans Töchter gemeint, die sich nun gegen ihren Vater auflehnen.

[66] Vgl. die Erklärung des Namens in TestBenj 1,6 und Abschnitt 4.1.1.4.

Congr 25–33 entfaltet die allegorische Interpretation Jakobs, seiner Frauen und seiner Konkubinen. Drei Elemente sind für die Auslegung bedeutsam: die allegorische Erklärung der Namen, die Zuordnung der Hauptfrauen zu den beiden Seelenteilen sowie der Umgang des Asketen Jakob mit seinen insgesamt vier Frauen.[67]

Den Namen Rachel deutet Philo als „Blick der Entheiligung" (ὅρασις βεβηλώσεως, Congr 25). Die Begründung liegt nicht darin, daß sie selbst unheilig blickt, sondern daß sie die sichtbaren und sinnlich wahrnehmbaren Dinge als unheilig beurteilt. Rachels Name ist hier offensichtlich von der Wurzel ראה (sehen) und חול (Profanes) abgeleitet.[68] Für Lea verwendet Philo an dieser Stelle keine Deutung aus dem Hebräischen, sondern erklärt ihren Namen mit dem griechischen λεῖα (sanft, glatt).[69] Damit bildet sie einen deutlichen Gegensatz zu Rachel, die mit einem Schleifstein verglichen werden kann, an dem sich der den Kampf und die Übung liebende νοῦς wetzt (Congr 25). Die Namen der beiden Mägde werden in Congr 30 erklärt: Silpa bedeutet „wandernder Mund" (πορευόμενον . . . στόμα) und symbolisiert die Fähigkeit, sich auszudrücken;[70] Bilha bedeutet „Verschlingen" (κατάποσις) und steht für die Nahrungsaufnahme.[71]

Die Gegenüberstellung von Rachel und Lea findet auch in der Zuweisung zu jeweils einem der beiden Seelenteile ihren Ausdruck: Lea wird dem vernünftigen (τῷ λογικῷ) und Rachel dem unvernünftigen (τῷ ἀλόγῳ) Seelenteil zugeordnet (Congr 26). Vorausgesetzt ist dabei im wesentlichen die stoische Vorstellung von der Zweiteilung der Seele in einen vernünftigen (ἡγεμονικόν) und einen unvernünftigen (ἄλογον) Teil.[72] Der vernunftlose Teil kann weiter untergliedert

---

[67] zu Congr 24–33 vgl. v.a. Grabbe, a.a.O., 26f.

[68] Vgl. Heinemann, I., Adler, M., Hgg., Die Werke Philos von Alexandria. VI (SJHL 6), Breslau 1938, 11, Anm. 3; Grabbe, a.a.O., 196f.

[69] Mut 254 und Migr 145 deutet er ihren Namen als κοπιῶσα, d.h. die sich Abmühende (vgl. hebr. לאה: ermüden); Grabbe, a.a.O., 27, vermutet, daß Philo in Congr 25 auf die Etymologie verzichtet, weil sie nicht in den Kontext paßt.

[70] Der Name ist entweder von אזל (aram. gehen) und פה (Mund) oder von זלף (tröpfeln) und פה abgeleitet; Grabbe, a.a.O., 162, tendiert zur ersten Erklärung, Heinemann, Adler, a.a.O., 12, Anm. 1, zur zweiten.

[71] Von בלע: verschlingen.

[72] Vgl. z.B. Her 132. 184. 232; Op 117 u.v.m. Zur Stoa vgl. Stoicorum Veterum Fragmenta II. Chrysippi fragmenta logica et physica, Hg. Arnim, I. v., Leipzig 1903, Frgm. 827f. 830f. Gelegentlich übernimmt Philo auch die platonische Vorstellung von der Dreiteilung der Seele (λόγος, θυμός, ἐπθυμία), vgl. z.B. All I,70f.; III,115f.; SpecLeg IV,92–94; Conf 21 und dazu Plato, R. IV,439D.E; IX,580D.E; Phdr. 246A u.a. Zum platonischen und stoischen Einfluß auf Philos Vorstellungen von der

werden in die fünf Sinne, das Sprachwerkzeug und das Zeugungs-
vermögen, so daß sich eine Siebenteilung ergibt.[73] In Agr 30 werden diese sieben Teile des unvernünftigen Seelenteils als Viehherde
bezeichnet, die Führung braucht—nämlich durch den vernünftigen,
unteilbaren Seelenteil—, womit das Gefälle zwischen vernünftigem
und unvernünftigem Teil eindeutig benannt ist.

In der Zuordnung Rachels und Leas zu den beiden Seelenteilen
(Congr 26) werden beide als Tugenden bezeichnet. Ihre Aufgaben
bestimmt Philo wie folgt (Congr 27f.): Rachel leitet den Menschen
zur Geringschätzung von Ruhm, Reichtum und Lust[74] an—dies
geschieht durch die αἴσθησις bzw. den vernunftlosen Seelenteil; Lea
lehrt, auf dem richtigen Weg zu gehen, ohne zu straucheln. Trotz
der Bezeichnung als ἀρετή bleibt Rachel Lea unterlegen, indem ihr
lediglich die Zuständigkeit für den niedereren Seelenteil zugesprochen wird.

Nach einer kurzen Erklärung bezüglich der beiden Mägde Silpa
und Bilha (Congr 29f., s.o.) fährt Philo mit der Beschreibung des
Umgangs des Asketen Jakob mit seinen vier Frauen (Congr 31–33)
fort. Die Bezeichnung Jakobs als Asket (ὁ ἀσκητής) hängt mit Philos
Auslegung der alttestamentlichen Patriarchengestalten zusammen. In
Entsprechung zur Trias Enosch—Henoch—Noah, die die relativen
Vollkommenheiten repräsentieren (vgl. Abr 47), versinnbildlichen die
drei Erzväter die absoluten Vollkommenheiten: Abraham verkörpert
den Tugenderwerb durch Lernen (μάθησις), Isaak die gute natürliche Anlage (φύσις) und Jakob das Erreichen der Vollkommenheit
auf dem Weg der Übung und des Kampfes (ἄσκησις).[75] Die Patriarchen

menschlichen Seele vgl. ferner Wolfson, H.A., Philo. Foundations of Religious
Philosophy in Judaism, Christianity, and Islam. I, Cambridge/Massachusetts ²1948,
385–395; Dillon, J., Reclaiming the Heritage of Moses: Philo's Confrontation with
Greek Philosophy, in: StPhilo Annual 7 (BJSt 305), Atlanta 1995, 108–123, bes.
120–123; Reydams-Schils, G., Stoiced Readings of Plato's Timaeus in Philo of
Alexandria, in: StPhilo Annual 7, a.a.O., 85–102, bes. 97–100. Im ganzen scheint
für Philo die Zweiteilung wichtiger als die Dreiteilung zu sein (vgl. Reydams-Schils,
a.a.O., 100, Anm. 49).
[73] Vgl. z.B. Op 117; All I,11; Det 168; Her 232.
[74] Hierbei handelt es sich um die stoischen Kardinallaster, vgl. Heinemann, Adler,
a.a.O., 11, Anm. 5.
[75] Z.B. Jos 1; Abr 52–54; Mut 12.88; Som I,167. Zur Interpretation der Patriarchen
bei Philo vgl. bes. Stein, Philo und der Midrasch, a.a.O., 26–36; Richardson, W.,
The Philonic Patriarchs as Νόμος Ἔμψυχος, in: StPatr 1 (1957), 515–525; Winter,
M., Pneumatiker und Psychiker in Korinth. Zum religionsgeschichtlichen Hintergrund
von 1. Kor 2,6–3,4 (MThSt 12), Marburg 1975, 98–112; Dey, L.K.K., The

stehen hiermit für Charaktere der Seele (τρόπους ... ψυχῆς, Abr 52),
Kräfte (Abr 54) und Χάριτες, Grazien (ebd.), die den Menschen auf
dem Weg zur Vervollkommnung behilflich sind. Sie haben die Gebote
so verinnerlicht, daß sie selbst zum inkarnierten Gesetz werden, zu
Archetypen und Urbildern, als deren Abbilder die mosaischen Gesetze
geschaffen werden (Abr 3).[76]

In welchem Verhältnis stehen μάθησις, φύσις und ἄσκησις zueinander? Philo betont einerseits, daß nur der gemeinsame Einsatz aller
drei Fähigkeiten zum Ziel führt (Abr 53), andererseits nimmt er aber
auch eine Abstufung der Tugenden vor: Isaak, der 'Autodidakt' (vgl.
Congr 36 u.a.), steht an der Spitze, denn er bedarf keiner weiteren
Hilfe, was daraus hervorgeht, daß er nur mit einer Frau verheiratet
ist; Abraham und Jakob, die beide polygame Ehen führen, benötigen stattdessen Belehrung bzw. Übung (Congr 34–38). Abrahams
Umbenennung, die in der Bibel konsequent durchgehalten wird, zeigt,
daß sein Tugenderwerb von Dauer ist. Bei Jakob hingegen wechselt
die Bezeichnung zwischen seinem alten und neuen Namen—nach
Philo ein Beleg dafür, daß er ständig weiter üben muß (Mut 83f.).
Auf welche Weise er dies tut, veranschaulicht Congr 31–33.

Jakobs Umgang mit den freien Frauen symbolisiert die Beschäftigung
mit den höheren Tugenden: Lea, die gemäß der Deutung ihres
Namens (vgl. Congr 25) für die sanfte Bewegung steht, bewirkt körperliche Gesundheit sowie ethische Vollkommenheit und Gerechtigkeit.
Diesem friedlichen Genuß der Güter steht der kämpferische gegenüber,
welcher sich im Kampf gegen die Affekte äußert und durch den
Umgang mit Rachel symbolisiert wird (Congr 31f.). Die Beziehung
zu den Nebenfrauen ist demgegenüber nur von untergeordneter
Bedeutung: Bilha verhilft zur Nahrungsaufnahme, Silpa zur Äußerung
des Gedankens im Gespräch (Congr 33).

In Congr 24–33 werden noch einmal die charakteristischen Züge
an Philos Interpretation der Rachel-Gestalt deutlich: Zwar gehört sie

---

Intermediary World and Patterns of Perfection in Philo and Hebrews (SBL.DS 25),
Missoula 1975, 46–72.
    [76] Das Schema διδασκαλία/μάθησις—φύσις—ἄσκησις stammt aus der griechi-
schen Philosophie (vgl. z.B. Plato, Men. 70A, Plutarch, Moralia I,2A–C u.a. sowie
Völker, W., Fortschritt und Vollendung bei Philo von Alexandrien. Eine Studie
zur Geschichte der Frömmigkeit (TU IV,4), Leipzig 1938, 154f.; Winter, a.a.O.,
99, Anm. 4; Borgen, a.a.O., 237f.); zur Sonderstellung der Stammväter in der
rabbinischen Auslegung vgl. z.B. BerR 1,4 (Bevor Gott die Welt erschuf, denkt er
bereits daran, die Patriarchen zu erschaffen.) und Stein, Philo und der Midrasch,
a.a.O., 26.

in der allegorischen Deutung dem Bereich der höheren Tugenden an, doch wird sie ihrer Schwester untergeordnet, da sie letztlich der Sinnenwelt verhaftet bleibt. Welche Rolle spielt die αἴσθησις im Denken Philos?

Exkurs: Die Bedeutung der αἴσθησις bei Philo
Philos Urteil über die αἴσθησις, d.h. die Sinneswahrnehmung, ist ambivalent: Als Dienerin der Vernunft kann sie sich dieser zuwenden und ihr wertvolle Hilfe leisten. Sagt sie sich aber von der Vernunft los und wendet sich an die körperlichen Dinge, behindert sie die Arbeit des Verstandes.[77] Eine wichtige Rolle nimmt die αἴσθησις im Erkenntnisvorgang ein, indem sie dem νοῦς die Erscheinungen (τὰ φανέντα) zuträgt (Imm 42). Dies geschieht durch Vermittlung des Verstehenstriebs (ὁρμή, vgl. All I,30).[78] Philo betont mehrfach die enge Zusammengehörigkeit von νοῦς und αἴσθησις (All II,35; III,49f.; Migr 3 u.a.). Der Verstand ist auf die Sinneswahrnehmung angewiesen, denn sie vermittelt die sinnliche Erkenntnis; andererseits ist die αἴσθησις vom νοῦς abhängig, da sie ohne den Verstand nichts ausrichten kann (All III,49f.).

Philos Wertung der αἴσθησις hängt mit seinem in der platonischen Philosophie wurzelnden Weltbild zusammen, das auf einer Zweiteilung des Kosmos in die geistige Welt als Urbild bzw. Idee und die Welt der sinnlich wahrnehmbaren Dinge, die dem Urbild nachgebildet und damit von sekundärer Bedeutung ist, beruht (vgl. Op 16). Das Gefälle zwischen Geist und Sinneswahrnehmung wird an ihrer Zuordnung zum Himmel, d.h. zur geistigen Sphäre (νοῦς), bzw. zur Erde, d.h. zur Welt des Körperlichen (αἴσθησις), deutlich (All I,1). Jedoch ist die αἴσθησις durch diese Abwertung gegenüber dem νοῦς an sich noch nicht negativ qualifiziert; erst wenn sie mit der Lust kooperiert, bewirkt sie Schlechtes (All III,67f.). Ein Leben in sinnlicher Lust zu führen, kommt der Entfernung von Gott und der Tugend gleich und führt auf der geistigen Ebene zu vollkommener Urteilslosigkeit (vgl. z.B. Laban All III,20). Diese Form von Sinnlichkeit müssen die Menschen abtöten (Ebr 70).

Dem Bereich der Sinneswahrnehmung ordnet Philo im Zusammenhang seiner allegorischen Schriftauslegung mehrere biblische Gestalten zu, so beispielsweise neben Laban und Rachel auch Mirjam, die sich durch schamloses Verhalten auszeichnet (All II,67); besonderes Gewicht erhält die Deutung von Adam und Eva als νοῦς und αἴσθησις. Auch hier zeigt sich das ambivalente Wesen der αἴσθησις: Adam, der Geist, ist auf eine Helferin angewiesen, doch wird er von der Frau, d.h. der Sinneswahrnehmung, zur Sünde verleitet (Op 151). Die allegorische Interpretation Adams und Evas bezieht sich nicht nur auf das erste Menschenpaar, sondern auf das Verhältnis von

---

[77] Vgl. Siegfried, a.a.O., 238–240; Otte, P.A., Das Sprachverständnis bei Philo von Alexandrien—Sprache als Mittel der Hermeneutik—, Tübingen 1967, 80f.
[78] Vgl. Otte, a.a.O., 125–127.

Mann und Frau allgemein. Der Geist ist—wie der Mann—der Aktive, Handelnde, die Sinneswahrnehmung—wie die Frau—die Leidende, Empfangende (All II,38f.).

Versucht man, die allegorische Deutung der Gestalt Rachels in diesen knappen Überblick über den Begriff der αἴσθησις bei Philo einzuordnen, so kann man feststellen, daß auch in ihrem Fall die ambivalente Einschätzung übernommen wird: Ihrer tugendhaften Schwester Lea ist sie unterlegen, doch übt sie auf Laban einen positiven Einfluß aus und wird—immerhin—als Tugend des unvernünftigen Seelenteils bezeichnet. Welche Konsequenzen die Identifikation der Frau mit der αἴσθησις auf Philos Frauenbild hat, zeigt sich u.a. in Ebr 54f.

4.1.2.3. *Ebr 54 und das Frauenbild Philos*
In Ebr 54 schließt Philo aus Gen 31,35 LXX (ὅτι τὰ κατ' ἐθισμὸν τῶν γυναικῶν μοί ἐστιν[79]—denn es geht mir nach der Gewohnheit der Frauen), daß Frauen mehr den Gewohnheiten folgen als Männer. Dies sei Zeichen der schwächeren weiblichen Seele, wohingegen die Männer der Natur folgten (Ebr 55). Wie Philo über die Gewohnheit denkt, äußert er im Zusammenhang mit der Charakterisierung der Frau Lots, die für ihn die συνήθεια (Gewohnheit) verkörpert: Diese ist ein wahrheitsfeindliches Wesen, und wenn man sie weiterzuführen versucht, bleibt sie zurück, sieht sich nach dem Altväterischen und Vertrauten um und bleibt wie eine leblose Säule mitten darunter stehen. (Ebr 164).[80]

Im Zusammenhang mit Philos abwertender Äußerung über das Wesen der Frau in Ebr 54f. scheint es angebracht, Philos Einstellung gegenüber den Frauen etwas näher zu betrachten.[81] Auf die Zuordnung von Frau und αἴσθησις und die von Philo postulierte Unterordnung

---

[79] Für hebr. כִּי־דֶרֶךְ נָשִׁים לִי.

[80] Übersetzung von Heinemann, I., Hg., Die Werke Philos von Alexandrien. V (SJHL 5), Breslau 1929, 59.

[81] Vgl. dazu Heinemann, I., Philons griechische und jüdische Bildung. Kulturvergleichende Untersuchungen zu Philons Darstellung der jüdischen Gesetze, Breslau 1932 (Nachdr. Hildesheim 1962), 231–261; Baer, R.A. Jr., Philo's Use of the Categories Male and Female (ALGHJ 3), Leiden 1970, bes. 14–44; ferner Merode, M. de, „Une aide qui lui corresponde". L'exégèse de Gen. 2,18–24 dans les écrits de l'Ancien Testament, du judaïsme et du Nouveau Testament, in: RTL 8 (1977), 329–352, bes. 341–343; Horowitz, M.C., The Image of God in Man—Is Woman Included?, in: HThR 72 (1979), 175–206, bes. 190–192; Wegner, J.R., The Image of Woman in Philo, in: SBL. SPS 21 (1982), 551–563; dies., Philo's Portrayal of Women—Hebraic or Hellenic?, in: Levine, A.-J., a.a.O., 41–66.

unter den Mann wurde bereits verwiesen. Beide Aussagen ziehen sich durch die gesamte Auslegung der Schöpfungserzählung. Die aus dem Mann geschaffene Frau ist jünger als dieser und damit ihm nicht ebenbürtig (All II,5); außerdem ist sie leichter zu verführen als er (Op 165). Mit der Erschaffung der Frau nahm das Übel seinen Anfang, denn sie brachte den Mann vom rechten Weg ab (Op 151f.). Nicht immer ist ganz klar, ob Philo bei seiner allegorischen Auslegung im aktuellen Fall eine Aussage über die Sinneswahrnehmung oder die Frau macht, beides geht vielmehr ineinander über.[82] Beispielsweise schließt er in SpecLeg I,200f. bei seiner Interpretation der Vorschriften über die Opfertiere an die Behauptung, das Männliche sei vollkommen, das Weibliche dagegen unvollkommen, die Aussage an, der vernünftige Seelenteil, der das Denken ausmacht, sei männlicher, der unvernünftige Teil, der in der Sinneswahrnehmung besteht, sei weiblicher Abstammung.

Das zuletzt genannte Beispiel zeigt, daß sich Philos abwertende Äußerungen über die Frau nicht auf den Kontext von Gen 1–3 beschränken. Zahlreiche weitere Belege lassen sich anführen: So wird z.B. eine Reihe biblischer Frauen mit negativen Begriffen und Eigenschaften, Lastern oder Übeln belegt, Potifars Frau etwa symbolisiert die körperlichen Lust (Som II,106), Lots Frau—wie schon erwähnt— die Gewohnheit (Ebr 164), Lamechs Frauen stehen für die unverständigen Meinungen/Einsichten (γνώμαις ἀγνώμοσιν, Det 50). Selten werden Frauen im Vergleich mit Männern positiver eingeschätzt, wie z.B. Labans Töchter gegenüber ihrem Vater (All III,20; Fug 15–17). Philos Geringschätzung der Frauen äußert sich ferner in der Kombination weiblicher Begrifflichkeit mit negativ besetzten Attributen wie unvernünftig, krankhaft, knechtisch (All II,97); unmännlich, entkräftet (Gig 4); langsam (Abr 150).[83] Auch die oben erwähnte Aussage, daß Frauen eher den Gewohnheiten folgen als Männer (Ebr 55), ist hier nochmals zu nennen. Die Seele, die vor Gott erscheint, soll folgerichtig das Weibliche, die Sinnlichkeit und die Leidenschaft ablegen und nur den männlichen, sich in Ausdauer übenden Verstand als Opfer darbringen (All III,11).

Versucht man Philo aus seiner Zeit heraus zu verstehen, so erstaunen nicht so sehr die einzelnen frauenfeindlichen Äußerungen als vielmehr

---

[82] Vgl. Baer, a.a.O., 40.
[83] Weitere Beispiele bei Baer, a.a.O., 42.

die Tatsache, daß er nicht ein einziges lobendes Wort für das weibliche Geschlecht übrig hat.[84] Philo geht es um die Abwertung der sinnlich wahrnehmbaren Welt gegenüber der Welt des Geistigen. Um die Verachtung der geschaffenen Welt auszudrücken, verwendet er eine vorzugsweise weibliche Terminologie, die in der Gleichsetzung der Frau mit der αἴσθησις gipfelt.[85] Der Gegensatz zwischen Männlich-Geistigem und Weiblich-Sinnlichem ist bereits in der Interpretation der Schöpfungserzählung angelegt und wird von Philo konsequent durchgehalten. Aufgrund dieser Prämisse scheint er keinen Zugang zu einer positiveren Einschätzung der Frau zu finden.

4.1.2.4. *Ergebnis*

In einem Überblick über die Erwähnungen Rachels im Werk Philos von Alexandrien wurde aufgezeigt, auf welche Weise der Philosoph und Exeget diese biblische Gestalt interpretiert, d.h. v.a. wie er sie mit der αἴσθησις in Verbindung bringt und von dieser Voraussetzung aus zu einer höchst zwiespältigen, wenn nicht gar negativen Charakterisierung der Erzmutter gelangt. Welche Anhaltspunkte in der biblischen Überlieferung begünstigen eine Abwertung Rachels und ihre Gleichsetzung mit der Sinneswahrnehmung? Zu nennen sind hier Rachels Unfruchtbarkeit (Her 51; vgl. All II,47; III,180) und ihre an die falsche Adresse gerichtete Forderung nach Kindern (All II,46; III,180). Aus Philos Sicht wirkt sich außerdem die Tatsache, daß Rachel nach der Erzählung jünger ist als ihre Schwester und als—äußerlich—schön bezeichnet wird (Sobr 12), negativ auf ihre Beurteilung aus. Die Vorzüge Leas gründen im Erlangen der Erstgeburt (All II,47) und der Verachtung, die ihr die Umwelt entgegenbringt (ebd.; Post 135).

In der Rachel-Überlieferung der Genesis sind also durchaus Erzählmomente vorhanden, an die Philo anknüpfen kann. Jedoch ist ihre Zahl eher gering, und sie dienen Philo als 'Sprungbrett' zur Erörterung dessen, worum es ihm eigentlich geht: der Abwertung der αἴσθησις und der Sinnenwelt gegenüber dem νοῦς und der Welt des Geistigen. Damit steht er in der Tradition der platonischen Philosophie, mit der er die biblische Überlieferung in Einklang zu bringen versucht. Die Gleichsetzung der Stammutter Rachel mit der αἴσθησις

---

[84] Vgl. Heinemann, Philons griechische und jüdische Bildung, a.a.O., 237.
[85] Vgl. Baer, a.a.O., 44.

bietet sich für Philo aus den oben genannten Gründen an. Auch scheint
sie für ihn näher zu liegen als eine Verbindung zwischen Lea und
der Sinneswahrnehmung, weshalb es zu der ungewöhnlichen Umbe-
wertung der beiden Schwestern kommt.

Ist diese Interpretation wirklich zwingend? Unberücksichtigt bleiben
bei Philo Jakobs Liebe und sein langes Warten auf die begehrte
Rachel. Könnte man dies nicht als den langen und beschwerlichen
Weg zum Erwerb der Tugend interpretieren? Lea gebiert Jakob zwar
viele Kinder, doch findet er die eigentliche Erfüllung nur bei Rachel—
könnte dies nicht ein Zeichen für ihre Tugendhaftigkeit oder ihre
geistigen Qualitäten sein? Für Philo scheinen die Gegebenheiten für
sich zu sprechen. Zwar entdeckt auch er gute Seiten an der Gestalt
Rachels—z.B. die Einsicht, daß sie ihren Kinderwunsch nicht an den
Geist richten darf (Post 179), oder ihren positiven Einfluß auf Laban
(All III,20)—und interpretiert sie als Tugend (des unvernünftigen
Seelenteils, Congr 26), die zur Geringschätzung der Laster anleitet
(Congr 27); jedoch macht der Vergleich mit der allegorischen Deutung
der anderen Erzmütter deutlich, daß Philos Lob für Rachel nicht
gerade überschwenglich ausfällt: Auf die Hochschätzung Leas wurde
bereits verwiesen. Rebekka repräsentiert die Tugend der Beharrlichkeit
(ὑπομονή, vgl. Congr 37), Sara die Tugend par excellence (Abr 99)
und läßt sogar die weibliche Natur hinter sich (Det 28; Ebr 60)—
eine großartige Leistung aus der Sicht Philos.

Die Gestalt Rachels wird bei Philo nicht als Ausnahmeerscheinung
interpretiert—wie beispielsweise in TestIss als Muster der Tugend—,
sondern sie ist wie die anderen gewöhnlichen Frauen ein Geschöpf
der Sinnenwelt. Durch ihre Verkörperung der αἴσθησις wird sie in
die Nähe zu Eva gerückt, an deren Beziehung zu Adam das Verhältnis
zwischen Mann und Frau sowie zwischen Geist und Sinneswahrnehmung erkennbar wird. Das Sinnlich-Weibliche ist dem Männlich-
Geistigen untergeordnet und dienstbar. Die Charakterisierung Rachels
als Exponentin weiblicher Sinnenhaftigkeit und Verharrens bei den
Gewohnheiten (Ebr 54f.) fügt sich somit nahtlos in Philos Frauenbild.
Im Blick auf die Untersuchung der weiteren Auslegungsgeschichte
stellt sich die Frage, welche Auswirkungen Philos weitgehend negative
Interpretation der Rachel-Gestalt auf ihre späteren Deutungen hat.

4.1.3. *Josephus Flavius*

In den zwanzig Bücher umfassenden Antiquitates Iudaicae stellt der aus
einer angesehenen Priesterfamilie in Palästina stammende Josephus Flavius

(37/38 n.Chr.-nach 100)[86] die Geschichte der Juden von der Schöpfung bis kurz vor Ausbruch des jüdischen Kriegs dar. Das auf Griechisch verfaßte und im dreizehnten Jahr des Kaisers Domitian (93/94 n.Chr.) entstandene Werk richtet sich besonders an Nichtjuden (Ant 1,5), am Rand jedoch auch an jüdische Leser (4,197). Mit seiner Darstellung verfolgt Josephus das Ziel, die biblische Geschichte der hellenistischen Welt verständlich zu machen; neben der religiösen und moralischen Unterweisung (1,14) stehen somit apologetische Absichten (1,15) im Vordergrund. Ob Josephus bei seiner Bearbeitung der biblischen Überlieferung mehr einer hebräischen oder griechischen Fassung des Bibeltextes folgt, ist nicht eindeutig geklärt.[87] Daneben bedient sich Josephus weiterer Quellen, z.B. midraschartiger Überlieferungen, die jedoch in den seltensten Fällen als schriftliche Quellen identifiziert werden können,[88] jüdisch-hellenistischen Quellenmaterials[89] sowie der Werke nichtjüdischer griechisch-hellenistischer Historiker, z.B. des Nikolaus v. Damaskus oder des Dionysius v. Halicarnassus, dessen Darstellung der römischen Geschichte in den Antiquitates Romanae den Antiquitates des Josephus in vielerlei Hinsicht als Modell diente.[90]

Trotz seiner Versicherung, in der Darstellung weder etwas wegzulassen noch hinzuzufügen (1,17; vgl. 4,196),[91] greift Josephus massiv in den Text ein.

---

[86] Zu Leben und Werk des Josephus vgl. den Forschungsüberblick von Feldman, L. H., Flavius Josephus Revisited: the Man, His Writings, and His Significance, in: ANRW II.21.2, Berlin/New York 1984, 763–862, sowie ders., Use, Authority and Exegesis of Mikra in the Writings of Josephus, in: Mulder, Sysling, a.a.O., 455–518; Attridge, H.W., Josephus and His Works, in: Stone, a.a.O., 185–232; zu Josephus' Leben vgl. außerdem Mayer, G., Josephus Flavius, in: TRE 17, Berlin/New York 1988, 258–264; Rajak, T., Josephus. The Historian and His Society, London 1983, bes. 11–45.

[87] Für eine hebräische Fassung und/oder aramäische Paraphrasierungen als Hauptquelle für die Pentateuch-Überlieferung sprechen sich z.B. Feldman, Use, a.a.O., 455–466, bes. 460 und Pelletier, A., Josephus, the Letter of Aristeas, and the Septuagint, in: Feldman, L.H., Hata, G., Hgg., Josephus, the Bible, and History, Detroit 1989, 97–115, bes. 99 (für die Bücher 1–5 der Ant) aus, für eine griechische Hauptquelle Attridge, a.a.O., 211 u.a.; zur Diskussionslage vgl. ders., The Interpretation of Biblical History in the Antiquitates Judaicae of Flavius Josephus (HThR.HDR 7), Missoula 1976, 30–33. Vgl. zur Problematik die umfassende Untersuchung von Nodet, É., o.p., La bible de Josèphe. I. Le Pentateuque (Collection „Josèphe et son temps" 1), Paris 1996.

[88] Zu den vielschichtigen Beziehungen zwischen den Antiquitates und der rabbinischen Literatur vgl. Rappaport, S., Agada und Exegese bei Flavius Josephus (Veröffentlichungen der Oberrabbiner Dr. H.P. Chajes-Preisstiftung an der israelitisch-theologischen Lehranstalt in Wien 3), Frankfurt 1930. Er hält den Umfang der von der rabbinischen Überlieferung übernommenen Traditionsstücke für sehr begrenzt (vgl. bes. XXIX–XXXIV).

[89] Vgl. die engen Beziehungen zu LibAnt, die darauf schließen lassen, daß Ant und LibAnt an vielen Stellen eine gemeinsame Tradition reflektieren, und dazu Feldman, L.H., Josephus' Jewish Antiquities and Pseudo-Philo's Biblical Antiquities, in: ders., Studies in Hellenistic Judaism (ALGHJ 30), Leiden 1996, 57–82.

[90] Vgl. dazu Attridge, H.W., Interpretation, a.a.O., 43–60.

[91] Josephus scheint ein umfasenderes Verständnis von 'Übersetzung' vorauszusetzen, das—ähnlich wie LXX—auch Interpretationen umfaßt; vgl. Feldman, Use,

Neben stilistischen Veränderungen, beispielsweise zur Beseitigung chronologischer Schwierigkeiten oder theologischer Widersprüche, werden v.a. apologetische Tendenzen erkennbar: Josephus bedient sich der Stilmittel hellenistischer Rhetorik und steigert die Spannung durch die Einführung dramatischer und romantischer Elemente. Gegen den Vorwurf, das jüdische Volk habe keine besonderen Männer hervorgebracht (Ap 2,135f.), wehrt sich Josephus, indem er die Darstellung biblischer Helden in den Mittelpunkt seiner Abhandlung stellt und sie mit allen Eigenschaften versieht, die in der hellenistischen Welt als Kennzeichen besonderer Persönlichkeiten gelten: mit vornehmer Abstammung, Reichtum, Bildung und Tugendhaftigkeit.[92]

4.1.3.1. *Rachel in den Antiquitates Iudaicae des Flavius Josephus—ein Überblick*

Der Schwerpunkt der Interpretation der Rachel-Gestalt bei Josephus liegt auf der Wiedergabe von Gen 29–31; 33 und 35 in Ant 1,285–336.341–344. Darüber hinaus wird Rachel an einigen weiteren Stellen erwähnt.[93] Auffällig ist dabei Josephus' Version der Bezugnahme auf das Rachelgrab in 1 Sam 10,2 (vgl. Ant 6,55f.): Abgesehen davon, daß er Samuels Zeichen in einer anderen Reihenfolge anführt und Saul am Grab Rachels nur einen Mann treffen wird, fällt v.a. auf, daß Josephus diese Ortsangabe nicht weiter spezifiziert, d.h. daß der Verweis auf Zelzach im Stamm Benjamin wegfällt. Wollte er damit einen Widerspruch zu der in Bethlehem lokalisierten Südtradition des Rachelgrabes vermeiden?

Im Zentrum des Interesses[94] steht bei Josephus die Beschreibung der ersten Begegnung zwischen Jakob und Rachel Ant 1,285–302 (vgl. Gen 29,1–14). Im Gegensatz zur biblischen Darstellung der Episode bleibt Rachel nicht stumm im Hintergrund, sondern reagiert

---

a.a.O., 466–470. Attridge, Interpretation, a.a.O., 58–60, verweist auf analoge Wendungen griechisch-hellenistischer Geschichtsschreiber (vgl. z.B. Dionysius v. Halicarnassus, Th. 5.8; Lukian, Hist. Conscr. 47), von denen Josephus möglicherweise beeinflußt wurde.

[92] Vgl. z.B. die Darstellung Abrahams als umfassend gebildeten Philosophen, Astronomen und Staatsmann in Ant 1,154–241, bes. 154–170 und dazu Feldman, L.H., Abraham the Greek Philosopher in Josephus, in: TAPA 99 (1968), 143–156; ders., Hellenizations in Josephus' Jewish Antiquities, a.a.O., 133–153.

[93] In Ant 2,9 fügt Josephus bei der Charakterisierung Josefs hinzu, daß er von Rachel geboren wurde; Ähnliches wird in 2,95 von Benjamin gesagt. In Ant 2,180f. erscheint Rachel als Stammutter in der Auflistung der Nachkommen Jakobs, die nach Ägypten ziehen (vgl. Gen 46,8–27).

[94] Zur Darstellung Rachels bzw. Jakobs bei Josephus vgl. Franxman, T.W., Genesis and the „Jewish Antiquities" of Flavius Josephus (BibOr 35), Rom 1979, 173–212; Bailey, a.a.O., 165–168; Halpern Amaru, B., Portaits, a.a.O., 151–153; Feldman, L.H., Josephus' Portrait of Jacob, in: JQR 79 (1988/89), 101–151.

überschwenglich auf die Ankunft des Verwandten. Mit kindlicher Freude (ἠσθεῖσα ὑπὸ νηπιότητος) fragt sie Jakob nach seiner Herkunft und bietet ihm ihre Hilfe an (1,287). Nicht Jakob bricht in Tränen aus (so nach Gen 29,11), sondern Rachel, nachdem der Fremde sie ausführlich über die verwandtschaftlichen Bindungen informiert hat (1,288–292). Jakob verliebt sich auf der Stelle in Rachel (ἔρωτι τῆς παιδὸς ἡττηθείς, 1,288), deren außerordentliche Schönheit Josephus schon an dieser Stelle hervorhebt—in der biblischen Erzählung geschieht dies erst bei ihrer Gegenüberstellung mit Lea Gen 29,17— und gegenüber der Genesis noch steigert. Das Motiv der Liebe wird auch im nächsten Abschnitt im Zusammenhang mit den Verhandlungen zwischen Jakob und Laban betont: Jakob begründet seine Bitte um Rachel als Lohn für seine Arbeit mit dem Hinweis darauf, daß sie ihn zu Laban gebracht habe, und Josephus fügt hinzu, daß ihm diese Worte die Liebe zu dem Mädchen (τῆς παιδὸς ἔρως, 1,298) eingab. Der siebenjährige Dienst bei Laban wird zur Probezeit für Jakobs ἀρετή (1,300). Nach Labans Betrug, dem Jakob nach der Interpretation des Josephus aufgrund seines betrunkenen Zustands und der Dunkelheit zum Opfer fiel (1,301),[95] muß Jakob weitere sieben Jahre Dienst absolvieren, *bevor* er Rachel erhält (1,302)—bei Josephus wird folglich die Erfüllung seines Begehrens noch länger hinausgezögert als in der Genesis. Jakob willigt ein, da ihm die Liebe zu Rachel keine andere Wahl läßt (ebd.).

Die untergeschobene Braut Lea bezeichnet Josephus insgesamt als weniger ansehnlich (τὴν ὄψιν οὐκ εὐπρεπῆ, 1,301), über ihre Augen äußert er sich nicht. Ebensowenig erwähnt er Jakobs Geringschätzung gegenüber Lea, betont jedoch ein weiteres Mal seine Liebe zu Rachel, die die Ursache für Leas Eifersucht auf ihre Schwester darstellt (1,303).

Die Schilderung der Geburt der Jakobsöhne und des Konflikts zwischen Rachel und Lea (vgl. Gen 29,31–30,24) wird bei Josephus gestrafft und auf das Wesentliche reduziert (1,303–308): Das Buhlen der beiden Schwestern um die Gunst Jakobs motiviert die Geburten der Söhne, deren Namen Josephus jeweils durch eine Übersetzung erklärt. Die direkte Rede zwischen Rachel und Lea fällt dabei weg, wodurch ein Teil der Dramatik verloren geht. Ebenfalls übergangen

---

[95] Vgl. Diamond, J.A., The Deception of Jacob: A New Perspective on an Ancient Solution to the Problem, in: VT 34 (1984), 211–213.

werden die Bemerkung über Rachels Kinderlosigkeit im Gegensatz
zu der Lea von JHWH gewährten Fruchtbarkeit (Gen 29,31) sowie
das Eingreifen Gottes zugunstens Rachels, das zur Geburt Josefs führt
(Gen 30,24). Das Wirken Gottes wird im Konflikt zwischen den beiden Schwestern auf ein Minimum beschränkt und ist nur noch im
Hinweis auf Leas Gebete (1,303) und in den Namen einiger Söhne
(vgl. Ruben, Simeon und Juda 1,304) greifbar. Abweichend von der
Genesis-Überlieferung berichtet Josephus von Jakobs Zuneigung zu
Lea nach der Geburt des ersten Sohnes (1,304). Darüber, wem Jakobs
wahre Liebe gilt, läßt Josephus jedoch keinen Zweifel: Nach dem
Handel mit den Liebesäpfeln verbringt Jakob die unter den Schwestern
vereinbarte Nacht mit Lea, „um Rachel einen Gefallen zu erweisen"
(Ῥαχήλᾳ χαριζόμενος, 1,308); Rachels Forderung nach Kindern und
Jakobs harsche Erwiderung (Gen 30,1f.) fehlt in den Antiquitates.

Ant 1,309–324 gibt die Flucht Jakobs und seiner Familie und die
abschließende Auseinandersetzung mit Laban wieder. Als Grund für
die heimliche Abreise der Labantöchter führt Josephus nicht Jakobs
Furcht vor Labans Widerstand, sondern die Anhänglichkeit der Frauen
an ihren Mann und ihre Kinder an (1,318). Auch für Rachels
Diebstahl des Teraphim kennt Josephus ein Motiv: Falls sie von
Laban eingeholt werden, möchte Rachel, die eigentlich von Jakob
gelernt hat, Götzendienst zu verachten, zu den Göttern Zuflucht
nehmen, um Vergebung zu erlangen (1,311). Diese midraschartige
Hinzufügung ist nur bei Josephus belegt.[96] Ein weiteres Detail der
Teraphim-Episode erklärt Josephus: Über Rachels Unreinheit informiert,
beendet Laban die Suche, da er nicht davon ausgeht, daß sich Rachel
in diesem Zustand den Kultgegenständen nähert (1,323). Josephus
setzt hier offensichtlich Reinheitsvorschriften aus dem Buch Levitikus,
v.a. Lev 15,19–30, voraus. Die Rückprojizierung mosaischer Gesetze
in die Zeit der Patriarchen ist nicht singulär, sie findet sich beispielsweise auch im Jubiläenbuch. Die Annahme, daß die Vorschriften in
paganen Kreisen bekannt seien, erstaunt jedoch.[97] Den der biblischen Überlieferung unkundigen Lesern seines Werkes erklärt Josephus damit die Umstände des von Rachel begangenen und in der

---

[96] Zu anderen Erklärungsversuchen vgl. v.a. Abschnitt 5.2.3. der Untersuchung.
In Ant 18,344 berichtet Josephus von dem Brauch, Götterbilder auf die Reise
mitzunehmen; vgl. den Hinweis bei Greenberg, a.a.O., 246.
[97] Vgl. Franxman, a.a.O., 201, Anm. 5.

biblischen Überlieferung unmotiviert bleibenden Diebstahls sowie die
darauf erfolgenden Reaktionen. Das 'Diebesgut' taucht bei Josephus
ein weiteres Mal auf: Jakob stößt bei der Reinigung des Zeltes auf
die gestohlenen Götterbilder, und so kommt es zu der in Gen 35,4 berichteten Abrenuntiation (1,341f.).[98] Bei der zuvor berichteten Begegnung
Jakobs mit Esau stellt Jakob in den Antiquitates in Abweichung von
der Genesis-Erzählung seine Familie nicht Esau vor; sie beobachtet
vielmehr das Geschehen von ferne, außerhalb der Gefahrenzone,
falls es zu einem Kampf kommen sollte (1,335f.).

Von Benjamins Geburt und Rachels Tod berichtet Josephus knapp
in Ant 1,343. Den Zwischenfall lokalisiert er κατὰ τὴν Ἐφραθηνὴν
ohne weitere Bestimmung. Er hebt hervor, daß Rachel als einziges
Familienmitglied nicht in Hebron bestattet wird, aber ein Hinweis
auf die Errichtung eines Grabmals für Rachel, von dessen Existenz
„bis auf den heutigen Tag" der Glossator in Gen 35,20 zu berichten
weiß, fehlt. Josephus betont jedoch die tiefe Trauer Jakobs um Rachel
(πενθήσας δε μεγάλως) und erwähnt, daß Jakob das Kind wegen des
Schmerzes, den er seiner Mutter verursacht hat, Benjamin nennt.
Offensichtlich verwechselt Josephus die Deutung dieses Namens mit
der Erklärung zu Benoni, dem Namen, den Rachel ihrem Sohn gibt
(vgl. Gen 35,18 LXX: ἐκάλεσεν τὸ ὄνομα αὐτοῦ Υἱὸς ὀδύνης μου).[99]
Nichts destoweniger belegt auch dieser Abschnitt das innige Verhältnis
zwischen Jakob und Rachel, das nach Josephus bis zum Tod der
Erzmutter bestehen bleibt.

4.1.3.2. *Tendenzen der Interpretation der Rachel-Gestalt bei Flavius Josephus: Hellenisierung, Romantisierung, Idealisierung*

Josephus möchte seinen griechischen Lesern die biblischen Geschichten
möglichst vertraut erscheinen lassen. Deshalb verwendet er aus der
griechisch-hellenistischen Literatur bekannte literarische Formen und
Stilmittel und verleiht den biblischen Gestalten Züge, die an die
Helden hellenistischer Novellen und Romane erinnern. Dies läßt sich
auch an der Darstellung der Rachel-Erzählungen erkennen.

---

[98] In Jub 31,2 wird die Verbindung zwischen den von Rachel gestohlenen und
in Gen 35 vernichteten Götterbildern ebenfalls hergestellt; allerdings werden neben
Rachels Teraphim weitere Bilder fremder Götter beseitigt.

[99] Vgl. Shutt, R.J.H., Biblical Names and Their Meanings in Josephus Jewish
Antiquities, Books I and II,1–200, in: JSJ 2 (1971), 167–182, bes. 172 und Rappaport,
a.a.O., XXXf. Anm. 1.

Besonders stark greift Josephus in die Szene der ersten Begegnung zwischen Jakob und Rachel ein und schmückt sie mit romantischen Motiven aus:[100] Außer den Hirten befinden sich am Brunnen noch etliche junge Männer und Frauen, die die Kulisse für das Treffen bilden (1,285); direkte und indirekte Rede werden geschickt abgewechselt, um die Dramatik zu steigern. Rachel, deren Schönheit Josephus maßlos übertreibt (288), begrüßt den Fremden überschwenglich mit kindlicher Freude, redet auf ihn ein, bricht in Tränen aus und umarmt ihn, tief bewegt von den verwandtschaftlichen Banden zwischen ihr und dem Fremden (287–289). Jakobs Reaktion besteht in 'Liebe auf den ersten Blick' (288), und die Liebe (ἔρως) zu Rachel wird zum Antrieb seines Handelns, doch bis zur Erfüllung seines Begehrens muß er insgesamt vierzehn Jahre arbeiten. Der ἔρως-Begriff stellt ein Schlüsselwort in der Bearbeitung durch Josephus dar (vgl. 1,288.298. 302.303) und trägt wesentlich zur Romantisierung der Erzählung bei.

Die Romantisierung der Begegnung zwischen Jakob und Rachel ist kein Einzelfall innerhalb der Darstellung der biblischen Geschichte bei Josephus, auch in anderen Erzählungen läßt sich die Ausschmückung mit romantischen Motiven nachweisen. Beispielsweise wird bei mehreren Frauen die Schönheit übermäßig betont, etwa bei der Frau Manoachs (Ant 5,276), Batseba (7,130), Waschti (11,190) oder Ester (11,199).[101] Auch die Hinzufügung oder Betonung erotischer Züge läßt sich an mehreren Stellen feststellen, z.B. bei der Begegnung zwischen Sara und Abimelech (1,207f.), v.a. aber innerhalb der Wiedergabe der Ester-Erzählung (vgl. z.B. 11,202). Zur Verstärkung negativer Charakterisierungen dient die Erotisierung v.a. bei der Geschichte von der versuchten Verführung Josefs durch die Frau Potifars (2,41–59) und der Verführung der Israeliten durch die Midianiterinnen (4,126– 138, bes. 129.132).

Mit seinem Bemühen um die Erotisierung biblischer Erzählungen greift Josephus gängige Topoi der hellenistischen Literatur auf und entspricht den Interessen seiner griechischen und römischen Leser.[102]

---

[100] Vgl. v.a. Feldman, Jacob, a.a.O., 141–148.

[101] In Ant 11,49–54 läßt Josephus Serubbabel von dem großen Einfluß sprechen, den die Frauen auf die Männer ausüben, v.a. durch ihre Schönheit, so daß diese ihre sämtlichen Reichtümer für eine gutaussehende Frau dahingeben.

[102] Ein verstärktes Interesse an erotischen Themen stellt Pomeroy, S.B., Frauenleben im klassischen Altertum. Aus dem Englischen übersetzt von N.F. Mattheis (KTA 461), Stuttgart 1985, fest (vgl. 215–225); dies gilt nicht nur für die Literatur, sondern insbesondere auch für die bildende Kunst.

Bei der Ester-Erzählung wird der Einfluß der hellenistischen Literatur nicht nur an der Betonung der erotischen und romantischen Aspekte deutlich, sondern auch an vielen kleinen Details wie z.B. der Angabe über Esters Körperpflege im Harem, das dem griechischen Interesse an Kosmetika nachkommt (vgl. 11,200 mit Est 2,9).[103] Auch die Ausgestaltung der Geschichte über Potifars Frau geschieht bei Josephus in Anlehnung an griechisch-hellenistische literarische Vorbilder, v.a. an die Erzählung von Phaedra und Hippolytus, die von etlichen griechischen und römischen Schriftstellern aufgegriffen und seit Euripides erotisiert wird: Die Stiefmutter begehrt den Stiefsohn—in späteren Erzählungen den Sklaven—und verleumdet ihn, als sie keinen Erfolg hat.[104]

Josephus' Wiedergabe der Begegnung Jakobs und Rachels am Brunnen läßt deutlich Parallelen zur Nausikaa-Erzählung der Odyssee erkennen: Als Nausikaa beim Ballspielen am Fluß dem ihr fremden Odysseus begegnet, tritt sie ihm unbefangen gegenüber, während ihre Gefährtinnen fliehen (Od 6,135ff.).[105] Odysseus nähert sich ihr vorsichtig (141–149),[106] Nausikaa reagiert überschwenglich, macht Vorschläge, wie dem Fremden geholfen werden kann (186–315), und lädt ihn zu sich nach Hause ein (255–257). Auch das Motiv der Liebe auf den ersten Blick ist in den griechischen Novellen und Romanen weit verbreitet, beispielsweise in Charitons Callirhoe (I,1.6–7) oder im Roman über Habrocomes und Anthia des Xenophon von Ephesus (Ephesiaca A,III). Die Form, in der Josephus den biblischen Stoff präsentiert, soll die Erzählungen den nichtjüdischen Lesern schmackhaft machen. Die Verwendung bekannter Motive und die Betonung dramatischer, romantischer und erotischer Aspekte steigert die Attraktivität der Überlieferungen und nimmt ihnen, indem die Protagonisten nach bekannten Mustern handeln, den Charakter des Fremdartigen und daher Unverständlichen. Josephus verfolgt damit nicht zuletzt auch apologetische Interessen, mit denen er antisemitischen Attacken gegen sein Volk entgegenwirken möchte.

---

[103] Vgl. Feldman, L.H., Hellenizations in Josephus' Version of Esther, a.a.O., 152.
[104] Zur Ausgestaltung des Stoffes in der griechischen und römischen Literatur sowie bei Josephus vgl. Braun, M., Griechischer Roman und hellenistische Geschichtsschreibung (FSRKA 6), Frankfurt 1934, 23–117.
[105] Vgl. Feldman, Jacob, a.a.O., 144f.
[106] Vgl. Jakobs Verhalten gegenüber Rachel in Ant 1,291f.: Abweichend von der Genesis-Erzählung küßt nicht Jakob Rachel sondern das Mädchen ihn.

Mit der Hellenisierung der biblischen Überlieferung verbindet sich ein weiterer Aspekt: die idealisierte Darstellung der zentralen Gestalten. Im Kontext der vorliegenden Untersuchung interessiert hierbei vor allem die Darstellung der Stammütter. Josephus arbeitet bei der Charakterisierung der Erzmütter jeweils bestimmte Züge oder typische Eigenschaften heraus.[107] Sara gilt als keusch und schön—gemeint ist eine nicht-erotische Schönheit, denn Abraham muß sich in Ägypten um seine Frau nicht in erster Linie ihrer Anziehung wegen fürchten, sondern weil die Ägypter „rasend nach Frauen" sind (1,162). Ihrem Mann ordnet sich Sara in jeder Hinsicht unter und agiert meist nur im Hintergrund: Den Vorschlag, daß Abraham durch Hagar zu Kindern kommen soll, macht sie nicht aus eigenem Antrieb, sondern auf Geheiß Gottes (1,187); die in Gen 18,6 überlieferte Aufforderung Abrahams an Sara, ein Mahl für die Gäste zubereiten, wird übergangen, in der Öffentlichkeit schweigt sie weitgehend (vgl. z.B. Ant 1,198 mit Gen 18,12–15). Damit verkörpert Sara den Typus der vorbildlichen, traditionellen, dem Mann zu Diensten stehenden Ehefrau. Über Rebekkas Schönheit äußert sich Josephus nicht; ihre Qualitäten liegen in ihren hervorstechenden Charaktereigenschaften: Bei ihrer Begegnung mit Abrahams Knecht (vgl. Gen 24) wird sie als selbstsichere, mit Bestimmtheit auftretende Frau geschildert, die die anderen Frauen, welche dem Fremden das Trinken aus dem Brunnen verweigern, zurechtweist (1,246). Rebekkas Handeln ist ganz am Schicksal ihres Sohnes Jakob ausgerichtet, dessen Werdegang sie plant und organisiert (In Ant 1,276 überredet sie Isaak, Jakob eine Frau aus Mesopotamien zu geben, nach Gen 28,1f. dagegen handelt Isaak aus eigenem Antrieb, ihr intrigantes Verhalten tritt dabei in den Hintergrund.).[108] Indem Josephus hervorhebt, daß das Ziel ihres Handelns im Wohl ihrer Familie besteht, welcher letztlich ihre moralischen Qualitäten zugute kommen, bewertet er Rebekkas bestimmtes

---

[107] Lea findet bei Josephus kaum Beachtung, so daß sich die Darstellung auf Sara, Rebekka und Rachel beschränken kann. Den folgenden Ausführungen liegt im wesentlichen die Untersuchung von Halpern Amaru, Portraits, a.a.O., 144–153 zugrunde. Ihre These, daß fast alle positiv dargestellten Frauengestalten bei Josephus einem der drei anhand der Erzmütter entwickelten Modelle nachgebildet sind, kann nicht immer nachvollzogen werden (vgl. 156–165), ebenso die Postulierung negativer Typologien (vgl. 153–156, 165–169). Dies schmälert aber nicht den Wert der detaillierten Analysen.

[108] Jakob bereitet das Mahl für seinen Vater selbst, auch wenn er dabei dem Rat seiner Mutter folgt, vgl. Ant 1,269 mit Gen 27,14.

Auftreten positiv. Sie entspricht dem Bild der römischen Matrone, der emanzipierten und geachteten Frau der Oberschicht.[109] Rachel schließlich besticht als weibliche Protagonistin in einer romantischen Liebesgeschichte durch außerordentliche Schönheit, unbefangenes Verhalten und ihre Emotionalität.

Die Darstellungen lassen keinen Zweifel: Die drei Frauen können bei den Lesern nur Bewunderung wecken. Als Vorfahren Israels und Vertreterinnen des jüdischen Volkes verkörpern sie modellhaft dessen Qualitäten.[110] Trotz der positiven Charakterisierung bedeutender biblischer Frauengestalten bei Josephus darf nicht übersehen werden, daß jede dieser Frauen einem männlichen Protagonisten zugeordnet wird, dem sie in ihrer Tugendhaftigtkeit dienstbar ist und der im Zentrum der Erzählung steht:[111] Saras Schönheit und Keuschheit gereicht Abraham zur Ehre, Rebekka richtet ihr Handeln an den Interessen Isaaks und Jakobs aus, und Rachels Charme läßt Jakob zu einem romantischen Helden werden, der in seiner Liebe die größten Widerwärtigkeiten in Kauf nimmt. Gleichzeitig kann er seine Gefühle so beherrschen, daß er bei der Begegnung mit der Tochter Labans nicht in Tränen ausbricht; Rachel erscheint ihm gegenüber als kleines, naives Mädchen, das mit übertriebener Rührseligkeit auf die Ankunft des Fremden reagiert und eigentlich nicht ganz ernst genommen werden kann.

Umschreibt Josephus mit diesen Charakterisierungen das Verhalten der Idealfrau? Welches Frauenbild steht hinter seinen Ausführungen? Einige grundsätzliche Bemerkungen zum Frauenbild des Josephus scheinen angebracht.

4.1.3.3. *Einordnung der Interpretation der Rachel-Gestalt in das Frauenbild des Josephus*

B. Mayer-Schärtel hat in ihrer Studie über das Frauenbild des Josephus[112] dessen Auffassung über das weibliche Geschlecht näher

---

[109] Vgl. Pomeroy, a.a.O., 227–292, bes. 269–283 und Bailey, a.a.O., 168–170.

[110] Vgl. Bailey, a.a.O., 168–170.

[111] Auch von den Patriarchen zeichnet Josephus ein idealisiertes Bild; vgl. dazu im einzelnen Holladay, C.R., Theios Aner in Hellenistic-Judaism: A Critique of the Use of This Category in New Testament Christology (SBL.DS 40), Missoula 1977, 67–79 und die kapitel 4, Anm. 392 genannten Arbeiten.

[112] Mayer-Schärtel, B., Das Frauenbild des Josephus. Eine sozialgeschichtliche und kulturanthropologische Untersuchung, Stuttgart/Berlin/Köln 1995.

untersucht und festgestellt, daß dieser das stereotype Rollenmuster von der Frau als dem schwächeren und dem Mann als dem stärkeren Geschlecht in vollem Umfang übernimmt.[113] Beispielsweise konstatiert er angesichts der Beschwerlichkeit der Wüstenwanderung des Volkes Israel, daß Mose nicht nur ein Heer tapferer Männer vor sich habe, sondern auch eine Menge Kinder und Frauen, die zu schwach seien für vernünftige Unterweisungen (. . . ὄχλος ἀσθενέστερος τῆς ἐκ λόγων ‹ὢν› διδασκαλίας, Ant 3,5).[114] Die Unterordnung der Frau unter den Mann ist nach Josephus gottgewollt und von der Natur vorgegeben. Dem Mann kommt die Rolle des Aktiven zu, während sich für die Frau passives Verhalten geziemt, z.B. in Form sexueller Zurückhaltung; ihre Schamhaftigkeit gereicht dem Mann zur Ehre. Ein weiteres geschlechtsspezifisches Merkmal liegt in der Rationalität des Mannes, die der weiblichen Emotionalität gegenübersteht; mehrfach betont Josephus das Jammern der Frauen im Krieg (Bell 3,248.262f.) und das Wehklagen der Witwen (Bell 2,339). Die Einschränkung der Wirksamkeit der Frau im öffentlichen Leben stellt nur eine logische Folge seiner Beurteilung des weiblichen Geschlechts dar.

Die Ambivalenz, die im Einfluß der Frau auf den Mann liegt und sich im Wechselspiel von positiver Anziehungskraft und gefährlichen Verführungskünsten äußert, löst Josephus auf, indem er die biblischen Frauengestalten in 'gute' und 'böse' aufteilt;[115] unter die Rubrik der 'Guten' fielen dann etwa die Stammütter, unter die der 'Bösen' die Frau Potifars oder die Midianiterinnen. 'Gut' bedeutet in diesem Fall: den männlichen Vorstellungen von weiblicher Tugendhaftigkeit und Keuschheit entsprechend. Wirkliche 'Heldinnen', die den männlichen Protagonisten das Wasser reichen können—wie etwa Debora in Pseudo-Philos Liber Antiquitatum—, kommen in Josephus' Darstellung der jüdischen Geschichte nicht vor. Auf emanzipatorische Tendenzen von weiblicher Seite reagiert er mit Kritik und beharrt auf der Einhaltung der väterlichen Sitten.[116]

---

[113] Vgl. Mayer-Schärtel, a.a.O., 322–373.

[114] Vgl. auch Bell 6,211; 7,399.

[115] Vgl. Mayer-Schärtel, a.a.O., 367–369.

[116] Vgl. z.B. sein Urteil über die Regierung Salome Alexandras Ant 13,430. Zu Josephus' Beurteilung weiterer Frauengestalten vgl. Ilan, T., Josephus and Nicolaus on Women, in: Schäfer, P., Hg., Geschichte—Tradition—Reflexion. I. Judentum, FS M. Hengel zum 70. Geb., Tübingen 1996, 221–262.

Diese und weitere ähnliche Aussagen veranlassen B. Mayer-Schärtel, explizit von Josephus' Frauenfeindlichkeit zu sprechen.[117] Aufgrund eingehender sozial- und kulturgeschichtlicher Untersuchungen zum Frauenbild des Josephus im Kontext zeitgenössischer Aussagen über Rolle und Stellung der Frau[118] kommt sie zu dem Ergebnis, daß Josephus in vielen Punkten sowohl mit griechisch-römischen als auch mit jüdischen Vorstellungen von der Überlegenheit des Mannes und der traditionellen Zuordnung der Geschlechterrollen übereinstimmt.[119] In der antiken Literatur finden sich jedoch auch die Spuren egalitärer Ansätze:[120] Für die alttestamentlich-jüdische Tradition wäre hier etwa die Vorstellung einer partnerschaftlichen Liebe im Hohelied und im Tobitbuch (bes. Tob 8,6f.) oder die Achtung, die der Frau in Form der personifizierten Weisheit (vgl. Prov 8; Sir 24,1–22) und als Geschäftsfrau in Prov 31,10–31 entgegengebracht wird, zu nennen, auf griechisch-römischer Seite Platos Utopie einer einheitlichen Erziehung für Mädchen und Jungen zur Vorbereitung auf die Übernahme derselben Aufgaben im Erwachsenenalter (R. V,451Cff.) oder die Fragmente des Stoikers Musonius, eines Zeitgenossen des Josephus, der in bezug auf die sexuelle Treue für beide Partner denselben Maßstab anlegt (Frgm.12) und die gegenseitige Achtung für eine unverzichtbare Bedingung der Ehe hält (Frgm.13A).[121]

Gegen derartige Vorstellungen ist Josephus immun. Die Beispiele belegen, daß er „durchaus die Möglichkeit gehabt hätte, sein Frauenbild zu differenzieren. Die einseitige Haltung, die sich in seinen Schriften zeigt, stellt keine Zwangsläufigkeit dar."[122] Josephus greift traditionelle frauenverachtenden Tendenzen auf und verstärkt sie, indem er sie weitergibt.

---

[117] Vgl. Mayer-Schärtel, a.a.O., 369.

[118] Vgl. Mayer-Schärtel, a.a.O., 35–315.

[119] Vgl. z.B. Aristoteles' Theorie von der weiblichen Passivität beim Zeugungsvorgang und ihre Auswirkungen (GA I,20,729a), Tacitus' Kritik an der Verderbtheit der Frauen und dem Niedergang der Moral (Germ. 19.20), Platos verächtliche Äußerung über „Frauen . . . und andere Tiere" Ti. 76D.E (vgl. Ti. 42A.B) und bezüglich der frühjüdischen Literatur die Aussagen bei Philo und in den TestXII, auf die bereits hingewiesen wurde (s.o.), sowie Mayer, G., Die jüdische Frau in der hellenistisch-römischen Antike, Stuttgart/Berlin u.a. 1987,45–47 und Mayer-Schärtel, a.a.O., 373f.

[120] Vgl. Mayer-Schärtel, a.a.O., 374–376.

[121] Zu Hochschätzung der Frau bei Musonius vgl. auch Frgm. 3.4 und Klassen, W., Musonius Rufus, Jesus and Paul: Three First-Century Feminists, in: Richardson, P., Hurd, J.C., Hgg., From Jesus to Paul. Studies in Honour of F.W. Beare, Waterloo 1984, 185–206, bes. 189–198.

[122] Vgl. Mayer-Schärtel, a.a.O., 376.

Rachel kommt in der Darstellung des Josephus eindeutig auf die Seite der 'guten Frauen' zu stehen. Konkret bedeutet dies, daß sie als anmutige Schönheit sowie als hilfsbereite und ihrem Liebhaber und späteren Gatten ergebene Frau geschildert wird. Aufgrund der Ausweitung der Szene am Brunnen durch zusätzliche Dialoge läßt Josephus der Rachel-Gestalt besondere Aufmerksamkeit zuteil werden, doch gewinnt sie dadurch nicht an Selbstbewußtsein. In ihrem kindlichen Aktivismus und ihren gefühlsbetonten Reaktionen ist sie dem souverän wirkenden Jakob unterlegen und entspricht dem traditionellen Rollenmuster von der unterwürfigen, dem Mann ergebenen Frau. Die Szene, in der Rachel die Konfrontation mit ihrem Mann sucht (vgl. Gen 30,1–3), wird von Josephus bezeichnenderweise gestrichen.

4.1.3.4. Ergebnis
Im Mittelpunkt der Interpretation der alttestamentlichen Rachel-Überlieferungen in den Antiquitates Judaicae des Josephus steht die Szene, die die erste Begegnung zwischen Jakob und Rachel beschreibt. Kennzeichnend für Josephus' Darstellung ist die Romantisierung der Erzählung, die v.a. durch die Betonung der außerordentlichen Schönheit der Stammutter und die mehrmalige Verwendung des ἔρως-Begriffs erreicht wird und den Maßstäben griechisch-hellenistischer Romane und Novellen entspricht. Josephus möchte damit dem Geschmack seiner Zeit entgegenkommen und die Geschichte des jüdischen Volkes seinen Zeitgenossen in ansprechender Form präsentieren. Die idealisierende Darstellung Rachels und der anderen Erzmütter läßt sie zu Vorbildern für tugendhaftes Verhalten werden; eine apologetische Abzweckung ist unverkennbar. Anders als bei Philos allegorischer Auslegung geht in der idealisierenden Darstellungsweise die konkrete Gestalt der Frauen nicht in abstrakten Begriffen auf, sondern dient zur Illustration der jeweiligen Tugenden.

Ebenfalls von Philo unterscheidet sich Josephus in der—aus seiner Sicht—uneingeschränkt positiven Charakterisierung Rachels. Mit ihrer Zuordnung zu Jakob, dem im Zentrum stehenden Helden der Geschichte, übernimmt und tradiert Josephus jedoch die gängige Rollenverteilung zwischen Mann und Frau, die der Frau die unterlegene Stellung zuteilt. So wird Rachels Rolle zwar gegenüber der Genesis-Überlieferung ausgeweitet, aber durch das kindlich-naive Auftreten des jungen Mädchens nicht aufgewertet.

4.2. *Rachel im Neuen Testament: Mt 2,16–18*[123]

Die einzige Erwähnung der Stammutter Rachel im Neuen Testament findet
sich im Matthäusevangelium (MtEv).[124] Nach fast einhelliger Meinung wurde
das MtEv nach der Tempelzerstörung 70 n.Chr. verfaßt (vgl. Mt 22,7),
wahrscheinlich zwischen 80 und 100 n.Chr; die Lokalisierungsvorschläge
konzentrieren sich auf den syrischen Raum.[125] Für einen judenchristlichen
Hintergrund des Evangeliums sprechen Aufbau und Komposition, die
Tradierung der Schrift in judenchristlichen Kreisen, v.a. aber die matthäische Theologie, insbesondere das Gesetzesverständnis des Verfassers und
sein Umgang mit dem Alten Testament.[126] Das Evangelium spiegelt eine
große Nähe zum Judentum wider, aber auch scharfe Auseinandersetzungen
mit den jüdischen Autoritäten (vgl. Mt 23). Diese lassen auf einen
schmerzhaften Trennungsprozeß schließen, der in der matthäischen Gemeinde,
welche sich verstärkt der Heidenmission zuwendet, seine Spuren hinterließ.[127]

4.2.1. *Text und Kontext*

[16] Τότε Ἡρῴδης ἰδὼν ὅτι ἐνεπαίχθη ὑπὸ τῶν μάγων ἐθυμώθη λίαν, καὶ
ἀποστείλας ἀνεῖλεν πάντας τοὺς παῖδας τοὺς ἐν Βηθλέεμ καὶ ἐν πᾶσι τοῖς
ὁρίοις αὐτῆς ἀπὸ διετοῦς καὶ κατωτέρω, κατὰ τὸν χρόνον ὅν ἠκρίβωσεν παρὰ
τῶν μάγων.
[17] τότε ἐπληρώθη τὸ ῥηθὲν διὰ Ἰερεμίου τοῦ προφήτου λέγοντος·
[18] φωνὴ ἐν Ῥαμὰ ἠκούσθη, κλαυθμὸς καὶ ὀδυρμὸς πολύς·
Ῥαχὴλ κλαίουσα τὰ τέκνα αὐτῆς, καὶ οὐκ ἤθελεν παρακληθῆναι, ὅτι οὐκ
εἰσίν.

---

[123] Zur Einordnung des MtEv existieren bereits zahlreiche Untersuchungen, vgl.
z.B. die Einleitungen zu den Kommentaren, bes. Davies, W.D., Allison, D.C. Jr.,
A Critical and Exegetical Commentary on the Gospel According to Saint Matthew.
I. Introduction and Commentary on Matthew I-VII (ICC), Edinburgh 1988, 127–147;
Luz, U., Das Evangelium nach Matthäus. 1. Teilband. Mt 1–7 (EKK I/1), Neukirchen-
Vluyn ²1989, 15–82.
[124] Auch Rebekka wird nur an einer Stelle erwähnt (Röm 9,10), Sara etwas
häufiger (Röm 4,19; 9,9; Hebr 11,11; 1 Petr 3,6 und indirekt als freie Frau Gal
4,21–31), Lea überhaupt nicht; zu den Erzmüttern im Neuen Testament vgl.
Grohmann, M., Die Erzmütter: Sara und Hagar, Rebekka, Rahel, in: Öhler, M.,
Hg., Alttestamentliche Gestalten im Neuen Testament. Beiträge zur Biblischen
Theologie, Darmstadt 1999, 97–116.
[125] Gelegentlich werden auch Alexandria, Jerusalem/Palästina oder das Ostjordanland
genannt. Vgl. Davies, Allison, a.a.O., 127–147; Luz, a.a.O., 73–76; letzterer plädiert
für Antiochia als Entstehungsort (a.a.O., 73–75).
[126] Vgl. Luz, a.a.O., 62–65 sowie Gnilka, J., Das Matthäusevangelium. II.
Kommentar zu Kap. 14,1–28,20 und Einleitungsfragen (HThK I/2), Freiburg/
Basel/Wien 1988, 513f. Strecker, G., Der Weg der Gerechtigkeit. Untersuchung
zur Theologie des Matthäus (FRLANT 82), Göttingen ³1971, 15–35, vermutet dagegen aufgrund der seines Erachtens im MtEv offensichtlichen Distanz zur Synagoge
(7,29; 13,52), der großen Bedeutung der Heidenmission u.a. einen heidenchristlichen
Hintergrund.
[127] Vgl. Luz, a.a.O., 65–73.

[16] Da, als Herodes sah, daß er von den Magiern getäuscht worden war, wurde er sehr zornig, sandte aus und ließ alle Knaben in Bethlehem und in seiner ganzen Umgebung töten, vom Zweijährigen an abwärts, entsprechend der Zeitdauer, die er von den Magiern genau erkundet hatte.
[17] Da wurde erfüllt, was durch den Propheten Jeremia gesagt wurde:
[18] Eine Stimme wurde in Rama gehört, Weinen und viel Wehklagen; Rachel weint um ihre Kinder und wollte sich nicht trösten lassen, denn sie sind nicht mehr.

Die ersten beiden Verse des Abschnitts werden jeweils mit τότε, einer von Matthäus[128] häufig verwendeten Vokabel, eingeleitet; in V.16 wird damit ein Neueinsatz nach dem alttestamentlichen Zitat in V.15 markiert, in V.17 die Erfüllung eines Wortes des Propheten Jeremia durch das in V.16 berichtete Ereignis konstatiert; dieses Prophetenwort wird in V.18 zitiert. Somit bilden die drei Verse eine Einheit.

Die Erzählung vom bethlehemitischen Kindermord Mt 2,16–18 ist Teil der in Mt 1–2 überlieferten Kindheitsgeschichten Jesu, die von der Ankündigung der Geburt (1,18–25) und von der Gefährdung und Errettung des Jesuskindes (2,1–23) handeln. Die Angabe κατὰ τὸν χρόνον ὅν ἠκρίβωσεν παρὰ τῶν μάγων in Mt 2,16 verweist auf den Besuch der Magier bei Herodes Mt 2,1–12, v.a. auf V.7 (... ἠκρίβωσεν παρ᾽ αὐτῶν τὸν χρόνον ...), an den die Erzählung vom Kindermord inhaltlich anknüpft; die Verse 16–18 stehen damit in enger Verbindung zu V.1–12. Dazwischengeschaltet ist in V.13–15 der Bericht von der Flucht der heiligen Familie nach Ägypten. Damit korrespondiert formal und inhaltlich die Erzählung von der Rückkehr der Familie aus Ägypten und ihrer Übersiedelung nach Nazareth (V.19–23), womit die Geschichten über die Kindheit Jesu abgeschlossen werden.

Gemeinsam mit dem Stammbaum Jesu (1,1–17) bilden die Kindheitsgeschichten—allesamt matthäisches Sondergut—den Vorspann zur eigentlichen Darstellung der Jesusgeschichte.[129] Vieles ist hier vorweggenommen, was in den späteren Kapiteln entfaltet wird: Matthäus spricht von Jesus als dem Davidssohn (1,1), d.h. dem Messias Israels, und dem Abrahamssohn, worin sich ein Hinweis auf Jesu Zuwendung zu den Heiden verbirgt, denn Abraham gilt in der jüdischen Tradition als Stammvater der Proselyten.[130] Die im Stammbaum erwähnten Frauen—die drei Nichtjüdinnen Tamar, Rahab und Rut und die Frau des Hethiters Uria—weisen ebenso auf die universalistische Perspektive des Evangeliums. Der Konflikt Jesu mit den Autoritäten

---

[128] Der Verfasser des MtEv ist unbekannt. Wenn hier die traditionelle Zuschreibung beibehalten wird, geschieht dies, um komplizierte Formulierungen zu vermeiden.

[129] Für die Zäsur nach Kapitel 2 sprechen v.a. die zeitliche Distanz sowie die Quellenlage (bei Mt 1 und 2 handelt es sich um matthäisches Sondergut, Mt 3 und 4 liegt das MkEv zugrunde). Luz, a.a.O., 87, Anm. 1, empfindet den Einschnitt als weniger tief und läßt den Prolog erst in 4,22 enden.

[130] Vgl. z.B. TanB lekh-lekha 6 und dazu und zum folgenden Luz, a.a.O., 93–95.

des Volkes Israel zeichnet sich bereits im Prolog in Gestalt der Verfolgung durch Herodes ab, welcher mit den Hohepriestern und Schriftgelehrten kooperiert (vgl. bes. 2,3f.16). Ihnen werden die zur Anbetung des Jesuskindes angereisten Magier als Vertreter der Heidenwelt gegenübergestellt. Der Konflikt weist voraus auf das letzte Leiden Jesu; die Passion des 'Gottessohnes' (vgl. 2,15) bahnt sich bereits in der Vorgeschichte an. Im Prolog, der von der Herkunft und Kindheit Jesu handelt, wird somit die gesamte Jesusgeschichte antizipiert.

Der Abschnitt Mt 2,16–18 ist Teil der Vorschau auf Jesu Leben, v.a. auf sein Leiden: Die Verfolgung durch Herodes weist auf die letzte große Auseinandersetzung mit den Führern des jüdischen Volkes. Auf semantischer Ebene ist v.a. das Verb ἐμπαίζειν, 'zum Besten halten, verspotten, täuschen' (V.16), von Bedeutung: Von Matthäus sonst nur noch im Zusammenhang mit Jesu Leiden verwendet (20,19; 27,29.31.41), signalisiert es dem Leser bzw. Hörer die bevorstehende Zuspitzung des Konflikts: Der Täuschung des Herodes wird die Verspottung Jesu gegenübergestellt; während der zuerst Genannte zum Mörder wird, bringt Jesu Leiden den Menschen Heil.[131]

4.2.2. Zur Historizität des Kindermordes in Bethlehem

Bei dem Erzähltypus über die Verfolgung und Errettung des Thronprätendenten, dem auch die Erzählung in Mt 2,16–18 zuzuordnen ist, handelt es sich um eine in der Antike weit verbreitetes Motiv.[132] In den Kommentaren wird immer wieder auf die engen Verbindungen zwischen den jesuanischen Kindheitsgeschichten und dem Schicksal Moses verwiesen:[133] Sowohl Mose als auch Jesus werden als Kinder verfolgt und gerettet, Mose muß als Erwachsener vor dem Pharao *aus* Ägypten fliehen und kann später zurückkehren, Jesus begibt sich mit seiner Familie auf die Flucht *nach* Ägypten und bleibt dort, bis

---

[131] Vgl. Moloney, F.C., Beginning the Gospel of Matthew. Reading Matthew 1:1–2:23, in: Sal. 54 (1992), 341–359, bes. 356 und dazu Gnilka, J., Matthäusevangelium I, a.a.O., 51. Gelegentlich wird eine weitere Verknüpfung in der Verwendung des Wortes τέκνα gesehen (vgl. 2,18 mit 27,25), z.B. bei Vögtle, a.a.O., 173. Zu den daraus geschlossenen Folgerungen vgl. Abschnitt 4.2.5. der Untersuchung.
[132] Vgl. die umfassende Zusammenstellung bei Luz, a.a.O., Tabelle vor S. 85.
[133] Vgl. z.B. Bousset, W., Heitmüller, W., Hgg., Die Schriften des Neuen Testaments. Neu übersetzt und für die Gegenwart erklärt. I. Die drei älteren Evangelien, Göttingen ³1917, 236; Lohmeyer, E., Das Evangelium nach Matthäus. Nachgelassene Ausarbeitungen und Entwürfe zur Übersetzung und Erklärung, Schmauch, W., Hg. (KEK Sonderband), Göttingen 1956, 30; Klostermann, E., Das Matthäusevangelium. Erklärt (HNT 4), Tübingen ⁴1971, 17; Schnackenburg, R., Matthäusevangelium 1,1–16,20 (NEB.NT 1), Würzburg 1985, 26; Luck, U., Das Evangelium nach Matthäus (ZBK.NT 1), Zürich 1993, 26 u.a. Vgl. auch die tabellarische Zusammenstellung der Motive bei Nellessen, E., Das Kind und seine Mutter. Struktur und Verkündigung des 2. Kapitels im Matthäusevangelium (SBS 39), Stuttgart 1969, 64f.

der grausame Herrscher nicht mehr am Leben ist. Noch deutlicher als zur biblischen Mose-Erzählung Ex 2 und 4 sind die Bezüge zur Mosehaggada, besonders in der bei Josephus überlieferten Form (Ant 2,201–237). In dieser Version wird beispielsweise der Befehl Pharaos zur Tötung der hebräischen Knaben nicht auf seine Furcht vor der Bevölkerungszunahme der Hebräer zurückgeführt (so in Ex 1), sondern auf die Weissagung eines Schriftkundigen, ein in Kürze zur Welt kommender hebräischer Knabe werde Israel an die Macht bringen (Ant 2,205f.).

Das Motiv der Verfolgung des jungen Thronprätendenten findet auch in der griechisch-römischen Literatur Verbreitung, etwa bei Sueton, der im Zusammenhang mit der Geburtsankündigung eines Königs—des späteren Kaisers Augustus—vom Erschrecken des Senats und einem Senatsbeschluß berichtet, der das Aufziehen aller kleinen Kinder untersagt, aber wieder zurückgenommen wird, so daß für Augustus keine Gefahr besteht (Suet., Aug. 94,3).

Wie hoch ist angesichts der weiten Verbreitung des Motivs die historische Glaubwürdigkeit der Erzählung über den bethlehemitischen Kindermord einzuschätzen? Daß König Herodes ein skrupelloser, grausamer Herrscher war, der nicht davor zurückschreckte, unliebsame Zeitgenossen zu beseitigen, auch die Angehörigen seiner eigenen Familie, ist gut bezeugt; Josephus berichtet darüber in Ant 15–17 in aller Ausführlichkeit.[134] Von einem Mord an den bethlehemitischen Kindern ist bei Josephus nichts zu lesen, jedoch ist damit der legendarische Charakter der Erzählung noch nicht erwiesen, wie gelegentlich behauptet wird.[135]

---

[134] Herodes ließ Aristobul III. töten (Ant 15,53–56), Hyrkanus II. (15,173–178) und dessen Nachkommen (15,266), seine Frau Mariamne (15,232–236) und ihre Söhne (16,361–404) u.v.m. Josephus faßt zusammen: „Er war ein Mann, der gegen alle ohne Unterschied mit gleicher Grausamkeit wütete, im Zorn kein Mass kannte und sich über Recht und Gerechtigkeit erhaben dünkte . . .“ (Ant 17,191; Übersetzung von Clementz, H., Des Flavius Josephus Jüdische Altertümer. Übersetzt und mit Einleitung und Anmerkungen versehen. II. Buch XI bis XX nebst Namenregister, Halle 1899, 471.); vgl. auch Schalit, A., König Herodes. Der Mann und sein Werk (SJ 4), Berlin 1969, 646–648; Hengel, M., Merkel, M., Die Magier aus dem Osten und die Flucht nach Ägypten (Mt 2) im Rahmen der antiken Religionsgeschichte und der Theologie des Matthäus, in: Hoffmann, P., Brox, N., Pesch, W., Hgg., Orientierung an Jesus. Zur Theologie der Synoptiker, FS J. Schmid zum 80. Geb., Freiburg/Basel/Wien 1973, 139–169, bes. 158f. und Zinniker, F., Probleme der sogenannten Kindheitsgeschichte bei Matthäus, Freiburg/S. 1972, 88–95.

[135] Vgl. Schweizer, E., Das Evangelium nach Matthäus. Übersetzt und erklärt (NTD 2), Göttingen 1973 und Luck, a.a.O., 27; die Erwähnung des Kindermordes bei Macrobius (um 400 n.Chr.) Sat. 2,4,11 ist von Matthäus abhängig und damit

Das Schweigen des Josephus muß nicht zwangsläufig zu der Folgerung führen, daß es unter Herodes keinen Mord an den Kindern von Bethlehem gegeben hat. Wenn man davon ausgeht, daß in dem kleinen Dorf nicht allzu viele Knaben unter zwei Jahren lebten, kann das Ereignis im Vergleich zu den anderen Greueltaten des Herodes als weniger spektakulär eingestuft werden und könnte deshalb von Josephus übergangen worden sein.[136] Vorausgesetzt ist dabei, daß sich der Besuch der Magier bei Jesus in aller Stille vollzog, denn sonst wäre die Familie des gefürchteten Kindes bekannt und die Ausdehnung der Aktion auf „Bethlehem und seine Umgebung" (Mt 2,16) überflüssig gewesen.

Der in Mt 2,16 überlieferte Kindermord paßt zum Charakterbild des Herodes; ein historischer Kern als Grundlage der Erzählung ist denkbar, wenn auch nicht erwiesen.[137] Im Hinblick auf die Untersuchung der Auslegungsgeschichte zu Jer 31,15–17 ist es nicht notwendig, der Frage nach der Historizität des Ereignisses weiter nachzugehen. Es soll an dieser Stelle vielmehr die Rezeption der alttestamentlichen Überlieferung untersucht werden.

4.2.3. *Rachels Klage Jer 31,15—Zur Textgestalt des Zitats in Mt 2,18*

Vergleicht man das Jeremia-Zitat in Mt 2,18 mit MT einerseits und LXX andererseits, stellt man fest, daß MT und Mt in vielen Fällen übereinstimmen, an einigen Stellen gibt es jedoch auch Berührungen zwischen Mt und LXX.[138]

---

kein eigenständiges Zeugnis, der Verweis AssMos 6,2–4 auf das Massaker, das ein frecher König an Alten und Jungen durchführt, ist zu unkonkret, um darin einen Hinweis auf den Kindermord zu sehen, vgl. Schalit, a.a.O., 648f., Anm. 11; Nellessen, a.a.O., 122f.

[136] Vgl. France, R.T., Herod and the Children of Bethlehem, in: NT 21 (1979), 98–120, bes. 114f. Er geht davon aus, daß die Zahl der getöteten Knaben nicht über zwanzig lag (ebd.); vgl. auch ders., Scripture, Tradition and History in the Infancy Narratives of Matthew, in: ders., Wenham, D., Hgg., Gospel Perspectives. Studies of History and Tradition in the Four Gospels II, Sheffield 1981, 239–266.

[137] Eine solche Erzählung zu 'erfinden' wäre überdies unklug, denn sie würde die Gegner der frühen Christen mit einem weiteren Argument unterstützen: Um Jesus zu retten, mußten unschuldige Kinder sterben! Für die Annahme, daß sich in der Altersangabe „vom Zweijährigen an abwärts" eine historische Reminiszenz verbirgt, gibt es keinen Anhaltspunkt (mit Oberweis, M., Beobachtungen zum AT-Gebrauch in der matthäischen Kindheitsgeschichte, in: NTS 35 (1989), 131–149, bes. 144, gegen France, Herod, a.a.O., 113 und Soares Prabhu, J.M., S.J., The Formula Quotations in the Infancy Narrative of Matthew. An Enquiry into the Tradition History of Mt 1–2 (AnBib 63), Rom 1976, 298).

[138] Vgl. Stendahl, K., The School of St. Matthew and Its Use of the Old Testament

Wie LXX B (Codex Vaticanus) liest auch Mt 2,18 als Ortsangabe ἐν Ῥαμὰ und nicht wie LXX A (Codex Alexandrinus), Codex Sinaiticus und Aquila (Ms. 86) ἐν (τῇ) ὑψηλῇ. κλαυθμὸς καὶ ὀδυρμὸς πολύς entspricht dem hebräischen נהי בכי תמרורים, wobei die Konstruktion mit πολύς als Adjektiv als Auflösung der constructus-Verbindung (בכי תמרורים) verstanden werden kann;[139] das Weinen (κλαυθμὸς) geht in der Fassung bei Mt dem Klagen (ὀδυρμὸς) voran. Während in LXX B das erste על־בניה ohne Entsprechung bleibt, übersetzt Mt τὰ τέκνα αὐτῆς; das zweite על־בניה fehlt bei Mt, LXX übersetzt ἐπὶ τοῖς υἱοῖς αὐτῆς. Die Wiedergabe von בנים mit τέκνα entspricht der Übersetzung des Begriffs in dem Mt 22,24 überlieferten Zitat aus Dtn 25,5 (MT: בן, Mt: τέκνα) und kann auf redaktionelle Tätigkeit zurückgeführt werden. Abweichend von LXX B (παύσασθαι), aber in Übereinstimmung mit LXX A übersetzt Mt 2,18 להנחם mit παρακληθῆναι und ist damit näher an MT als LXX B. Das letzte Wort des Zitats איננו schließlich gibt Mt in Übereinstimmung mit LXX und den anderen antiken Übersetzungen im Plural wieder.

Bei dem Jeremia-Zitat in Mt 2,18 handelt es sich foglich um eine Mischform, die jedoch große Nähe zu MT aufweist. Wer ist für die vorliegende Form des Zitats verantwortlich?

Mt 2,18 gehört zur Gruppe der Erfüllungs- bzw. Reflexionszitate innerhalb des MtEv, die den alttestamentlichen Prophetenbüchern entnommen sind und mit der formelhaften Wendung (ἵνα) πληρωθῇ τὸ ῥηθὲν διὰ … τοῦ προφήτου λέγοντος eingeleitet werden.[140] Neben Mt 2,17f. werden gewöhnlich Mt 1,22f.; 2,15.23; 4,14–16; 8,17; 12,17–21; 13,35; 21,4f. und 27,9f. hinzugezählt, doch ist diese Abgrenzung nicht eindeutig, und die Übergänge zu den übrigen alttestamentlichen Zitaten sind fließend. Anders als die von Markus übernommenen Zitate weisen die Erfüllungszitate jedoch eine größere Nähe zu MT als zu LXX auf—an Mt 2,18 wurde dies bereits verdeutlicht. Einige Exegeten machen deshalb den Evangelisten selbst für die Textgestalt verantwortlich.[141] Nachweisbar ist eine redaktionelle Tätigkeit des Evangelisten an den Erfüllungszitaten allerdings nur in sehr geringen Ausmaß—in Mt 2,18 etwa durch den Gebrauch von

---

(ASNU 20), Uppsala 1954, 102f.; Gundry, R.H., The Use of the Old Testament in St. Matthew's Gospel. With Special Reference to the Messianic Hope (NT.S 18), Leiden 1967, 94–97; Gnilka, Matthäusevangelium I, a.a.O., 52f.; Luz, a.a.O., 126f.; Davies, Allison, a.a.O., 268–270; Becking, Voice, a.a.O., 230–232 u.a.

[139] LXX gibt die Phrase mit drei Substantiven, die von φωνὴ abhängig sind und mit καὶ verbunden werden, wieder; vgl. Becking, Voice, a.a.O., 231.

[140] Zu den Erfüllungszitaten vgl. den Exkurs bei Luz, a.a.O., 134–140.

[141] Z.B. Gundry, a.a.O., 172; Soares-Prabhu, a.a.O., 84–106.

τέκνα[142] oder die Wendung κλαυθμὸς καὶ ὀδυρμὸς[143]—, so daß mehr
für die These spricht, daß die Zitate dem Verfasser des MtEv im
wesentlichen bereits vorlagen. Daß die Vorlage aus einer Testimonien-
sammlung bestand, halte ich für wenig wahrscheinlich—ohne die
jeweiligen Erzählungen wird in den meisten Fällen nicht recht deutlich, was die Belegstellen bezeugen sollen; dies gilt auch für Jer 31,15/
Mt 2,18.[144] Es liegt deshalb nahe anzunehmen, daß die Erfüllungszitate
gemeinsam mit den jeweiligen Erzählungen tradiert und von Matthäus
aufgegriffen wurden.[145]

Anders verhält es sich mit der Einleitungsformel; sie stammt nach
allgemeiner Ansicht in ihrer jetzigen Form vom Evangelisten selbst.
Trotz auffälliger Analogien, v.a. im rabbinischen Sprachgebrauch,[146]
lassen sich keine direkten traditionsgeschichtlichen Parallelen nachweisen; so dürften die Wurzeln der Formel am ehesten in der urchristlichen Schriftauslegung zu finden sein.[147]

Mit dem Bezug alttestamentlicher Prophetenworte auf das Leben
und Wirken Jesu hebt der Evangelist die Grundzüge seiner Theologie
hervor, v.a. der Christologie: Jesus ist der Immanuel (Mt 1,23), Sohn
(2,15), Gottesknecht (12,17–21). Anhand der Erfüllungszitate, die in
den ersten Kapiteln des Evangeliums gehäuft auftreten, wird deutlich: Die berichteten Ereignisse haben sich nicht zufällig abgespielt, Jesu
Leben entspricht vielmehr von Anfang an dem Plan Gottes.[148] Dies
gilt auch für die Erzählung vom Kindermord.

4.2.4. Das Verhältnis von Zitat und Erzählung in Mt 2,16–18

Was veranlaßt Matthäus, die Überlieferung von der um ihre exilierten
Nachkommen weinenden Rachel auf die Erzählung vom Kindermord unter Herodes zu beziehen? Durch die Verbindung entsteht

---

[142] Vgl. Mt 22,24; 27,25.
[143] Möglicherweise formuliert Matthäus parallel zur Wendung ὁ κλαυθμὸς καὶ ὁ βρυγμὸς τῶν ὀδόντων (8,12; 13,42.50; 22,13; 24,51; 25,30), bei der ebenfalls das Weinen am Anfang steht; vgl. Davies, Allison, a.a.O., 269.
[144] Mit Luz, a.a.O., 138, gegen die These von Strecker, a.a.O., 49–85, bes. 82–85.
[145] So auch Wolff, C., Jeremia im Frühjudentum und Urchristentum (TU 118), Berlin 1976, 158.
[146] Vgl. z.B. τὸ ῥηθὲν mit מה שנאמר, weitere Analogien bei Rothfuchs, W., Die Erfüllungszitate des Matthäus-Evangeliums. Eine biblisch-theologische Untersuchung (BWANT 88), Stuttgart/Berlin/u.a. 1969, 44–56.
[147] Vgl. z.B. Luz, a.a.O., 136; Wolff, C., a.a.O., 158f.
[148] So v.a. Luz, a.a.O., 139f.

in zweierlei Hinsicht ein spannungsreiches Verhältnis: 1. Rachel weint in Rama, der Kindermord wird dagegen in Bethlehem und Umgebung lokalisiert. 2. Rachel gilt als Stammutter Josefs bzw. Ephraims und Benjamins, Bethlehem liegt aber in Juda, d.h. die getöteten Kinder sind Nachkommen Leas.

Folgende Überlegungen bieten sich als Erklärung an: Bereits im Alten Testament selbst finden sich Spuren zweier Grabtraditionen, wovon die zweite in die Nähe Bethlehems weist (vgl. die Glosse in Gen 35,19 bzw. 48,7). Aller Wahrscheinlichkeit nach liegt Mt 2,16–18 die zweite, südliche Tradition zugrunde, d.h. das Grab der Erzmutter Rachel wurde in der Nähe von Bethlehem gezeigt.[149] Damit erscheint die Verbindung mit der Erzählung vom Kindermord nicht mehr allzu abwegig, denn Rachel befindet sich bereits auf judäischem Territorium, das Unglück geschieht in nächster Nähe—fast möchte man sagen: vor ihrer Haustür. Ebenso läßt sich vermuten, daß mit der Verlagerung der Grabtradition die Ausweitung der Bedeutung Rachels einhergeht und sie bereits als Mutter Gesamtisraels verehrt wurde:[150] Ihre Mutterrolle bleibt nicht mehr auf die 'Nordreichkinder' beschränkt, sondern erstreckt sich ebenso auf die Nachkommen der Leastämme und somit auch auf die bethlehemitisch-judäischen Kinder. Sieht man Rachel in dieser Rolle, ergibt die Übertragung auf das Ereignis in Bethlehem einen guten Sinn: Die einstige Stammutter der Nordstämme, die das Los ihrer exilierten Nachkommen beklagt, von späteren Generationen dann als Mutter Gesamtisraels betrachet wird, hat angesichts der getöteten bethlehemitischen Knaben einen weiteren Grund zur Klage.[151]

Die Verknüpfung von Zitat und Erzählung stellt eine Analogie zwischen den Exilierten und den getöteten Kindern her: Als wehrlose Opfer sind sie jeweils den mächtigen Herrschern und deren Vernichtungswillen ausgeliefert.[152] Ferner unterstreicht das Zitat die

---

[149] Vgl. z.B. Schnackenburg, a.a.O., 27; Davies, Allison, a.a.O., 268 u.a.

[150] Vgl. Abschnitt 2.2.1. der Untersuchung.

[151] Daß die Erzählung erst im Licht des Zitats geschaffen worden sei—so Davis, C.T., Tradition and Redaction in Matthew 1:18–2:23, in: JBL 90 (1971), 404–421, bes. 149 und Beare, F.W., The Gospel According to Matthew. A Commentary, Oxford 1981, 22—, erscheint mir dagegen höchst unwahrscheinlich, denn dazu sind die Bindungen nicht eng genug. Und was spräche für die Auswahl gerade dieses Zitats, wenn nicht bereits die entsprechende Erzählung existierte?

[152] Vgl. Sand, A., Das Evangelium nach Matthäus. Übersetzt und erklärt (RNT), Regensburg 1986, 54.

Tragweite des Ereignisses, das von Gott vorhergesehen und von Jeremia vorausgesagt wird und deshalb nicht als harmloser Zwischenfall abgetan werden kann. Daß der Kindermord von Gott vorhergesehen wurde, zeigt den Lesern und Hörern des MtEv ferner, daß die Geschichte Jesu von Anfang an nach dem Plan Gottes verläuft, auch in den Zeiten der Bedrohung. Die Frage, weshalb Gott den Tod unschuldiger Kinder zuläßt, wird weder gestellt noch beantwortet, doch fällt auf, daß das Zitat nicht, wie üblich mit ἵνα ἐπληρώθη . . ./ damit erfüllt würde . . ., sondern mit τότε ἐπληρώθη . . ./da wurde erfüllt . . . eingeleitet wird. Damit wird—wie auch im Zusammenhang mit dem Selbstmord des Judas 27,9—ein kausaler Bezug vermieden und Gott somit nicht direkt mit dem Bösen in Verbindung gebracht.[153] Die Anführung des Jeremia-Zitats erinnert die Leser und Hörer daran, daß die grausame Tat des Herodes nicht ohne Gottes Wissen geschieht, und Rachel wird mit ihrer Klage zur Garantin dafür, daß das Leid nicht ungehört verhallt, sondern vor Gott gebracht wird.

Übt dieser Zusammenhang an sich schon möglicherweise eine tröstliche Wirkung auf die Adressaten aus, so stellt sich die Frage, ob darüber hinaus im Zitat von Jer 31,15 nicht auch die Fortsetzung mit anklingt. War den damaligen Hörern bzw. Lesern der ursprüngliche Zusammenhang so vertraut, daß sie den hoffnungsvollen Zuspruch Gottes aus Jer 31,16f. mithörten? Ein solches Textverständnis würde den Regeln der jüdischen Schriftauslegung entsprechen, wonach mit einer bestimmen Phrase sogleich ein weiterer Kontext assoziiert wird.[154] Bei den urchristlichen Schriftstellern von ähnlichen hermeneutischen Voraussetzungen auszugehen, liegt auf der Hand. Für die Interpretation von Mt 2,16–18 würde dies bedeuten: Matthäus signalisiert den Adressaten des Evangeliums mit der Anführung des Jeremia-Zitats: Das Ereignis war furchtbar, aber es geschah nach Gottes Plan, der Prophet hat es bereits angekündigt, und die Stammutter Rachel selbst klagt um die verlorenen Kinder. Daß sie von

---

[153] Aus demselben Grund fehlt auch ὑπὸ κυρίου. Vgl. z.B. Klostermann, a.a.O., 18; Luz, a.a.O., 129; Davies, Allison, a.a.O., 266 und Menken, M.J.J., The References to Jeremiah in the Gospel According to Matthew (Mt 2,17; 16,14; 27,9), in: EThL 60 (1984), 5–24, bes. 8f.

[154] Vgl. z.B. BerR 56,10: Abraham verweist in einem Gespräch mit Gott auf dessen in Gen 21,12 überlieferte Zusage „nach Isaak wird dein Same benannt werden". Der Rekurs beschränkt sich auf die Worte 'כי ביצחק' stellvertretend für den gesamten Kontext. In y Hor 3,4 (18b) wird der Beginn von Lam 4,2 zitiert, jedoch auch auf die Fortsetzung des Verses angespielt.

Gott getröstet wurde, ist euch bekannt, also verzagt nicht, denn Gott weist auch angesichts dieser Situation einen hoffnungsvollen Weg in die Zukunft!—Freilich kann sich der letzte Teil der Interpretation nur auf Vermutungen stützen.[155]

4.2.5. *Um wen weint Rachel?*

Matthäus läßt es nicht bei einer vagen Zuordnung von Erzählung und Zitat, sondern bezeichnet das Verhältnis als 'Erfüllung' (τότε ἐπληρώθη . . ., Mt 2,17). Bei der Interpretation des Kindermordes von Bethlehem im Licht des Jeremiawortes handelt es sich nach dem MtEv also nicht nur um eine weitere Deutungsmöglichkeit neben anderen, sondern um das Eintreffen des angesagten Geschehens. In der Bergpredigt ist davon die Rede, daß Jesus gekommen ist, Gesetz und Propheten zu erfüllen (vgl. Mt 5,17); Mt 2,16–18 und die übrigen Erfüllungszitate bezeugen, daß und wie Jesus von Nazareth die prophetischen Weissagungen erfüllt. U. Luz führt in seinem Kommentar die christologische Zuspitzung der Schrifterfüllung auf die Situation der matthäischen Gemeinde zurück: Nach der endgültig vollzogenen Scheidung der christlichen Gemeinde vom Synagogenverband habe diese das gesamte Erbe und damit das ganze Alte Testament programmatisch für sich in Anspruch nehmen müssen.[156] Steht hinter der exklusiven Deutung die Überzeugung, daß Leben und Werk Jesu Christi nur im Licht der Verheißungen Israels verstanden werden kann, so zeigt sich die Kehrseite dieser hermeneutischen Voraussetzung an der Wirkungsgeschichte der matthäischen Theologie, die nicht selten zur Stützung antijüdischer Polemik herangezogen wurde.[157]

In eine ähnliche Richtung weisen auch die Konsequenzen, die häufig in der Literatur zu Mt 2,16–18 gezogen werden. So formuliert

---

[155] Daß die Hörer/Leser den alttestamentlich-jüdischen Kontext vor Augen hatten, vermutet Grohmann, a.a.O., 112, generell in bezug auf die knappen Anspielungen auf die Erzmütter im Neuen Testament. Zinniker, a.a.O., 87, weist die Einbeziehung des Zuspruchs in die Interpretation von Mt 2,16–18 zurück. Sein Einwand, die verheißene Rückkehr der Kinder müsse dann typologisch im Sinne einer Auferstehung auslegt werden (a.a.O., 88), überzeugt nicht; die tröstliche Botschaft, die Matthäus seinen Hörern bzw. Lesern indirekt vermittelt, muß nicht konkret auf die getöteten Kinder bezogen werden, sondern kann als Hoffnungsperspektive für das gesamte Volk interpretiert werden. Davies, Allison, a.a.O., 269, lassen die Entscheidung offen.

[156] Vgl. Luz, a.a.O., 140f.

[157] Vgl. die von Luz, a.a.O., 141, erwähnten Beispiele.

etwa J. Gnilka: „Die Stammutter beweint das Los ihres Volkes, das
sich seinem Messias versagen wird."[158] W. Grundmann führt den
Kindermord auf die „Sünde ... im Volke Gottes" zurück.[159] Nach
A. Vögtle wird durch das Jeremia-Zitat die Erzählung vom Kindermord
„zur Voraussage, daß Israel aufgrund seines Unglaubens ... seines
Privilegs, das Israel Gottes und damit der Heilserbe zu sein, verlustig
geht."[160] Über das Stichwort τέκνα wird der Bezug zu Mt 27,25
hergestellt, der bedingten Schuldübernahme des Volkes: Sein Blut
komme über uns und unsere Kinder! Als Begründung wird angeführt, daß es an beiden Stellen um die Nachkommen (τέκνα) Israels
gehe; das ganze Volk auf der einen Seite (πᾶς ὁ λαὸς, 27,25), ganz
Jerusalem auf der andere Seite (πᾶσα Ἱεροσόλυμα, 2,3) bekunde seine
Ablehnung des Messias.[161] Die Stammutter Rachel weine um ihre
Nachkommen, weil sie die fatalen Folgen, die die Ablehnung Jesu
als Messias haben werden, bereits voraussehe.

Angesichts derartiger Folgerungen scheint mir eine stärkere Differenzierung notwendig. Eine gute Hilfestellung bietet dabei die Untersuchung
von M. Gielen zum Konflikt Jesu mit den jüdischen Autoritäten im
Matthäusevangelium.[162] In ihrer Analyse kommt sie zu dem Ergebnis,
daß Matthäus nicht nur bei der Darstellung der Gegner Jesu differenziert, sondern auch eine Trennungslinie zwischen dem Volk und
seinen Führern zieht.[163] Daß die Autoritäten nicht als Repräsentanten
des Volkes gesehen werden können, geht aus den unterschiedlichen
Reaktionen der Führer und des ὄχλος bzw. der ὄχλοι auf Jesu Worte
und Taten hervor (vgl. Mt 9,1–8.32–34; 12,22–24; 21,45f.). Das Volk
beurteilt Jesu Wirken im Gegensatz zu seinen Führern durchgehend
wohlwollend und wird von Matthäus entlastet,[164] die Autoritäten dagegen haben versagt und damit Schuld auf sich geladen (vgl. Mt 23).

---

[158] Gnilka, Matthäusevangelium I, a.a.O., 57.
[159] Vgl. Grundmann, W., Das Evangelium nach Matthäus (ThHK 1), Berlin 1968,
84: „Er (scil. Matthäus) macht die Sünde sichtbar, die im Volke Gottes wirksam
ist. Um das Jesuskind zu retten, müssen unschuldige Kinder sterben ..."
[160] Vögtle, a.a.O., 174.
[161] Am prägnantesten bei Vögtle, a.a.O., 173; vgl. auch Rothfuchs, a.a.O., 64f.;
Hengel, Merkel, a.a.O., 165 u.a.
[162] Vgl. Gielen, M., Der Konflikt Jesu mit den religiösen und politischen Autoritäten
seines Volkes im Spiegel der matthäischen Jesusgeschichte (BBB 115), Bonn 1998.
[163] Vgl. dazu und zum folgenden Gielen, a.a.O., bes. 405–416 sowie 29–46 zu
Mt 2,1–9a.
[164] Einzig bei Jesu Verurteilung in Mt 27,15–31 stellt sich das Volk eindeutig
gegen Jesus, allerdings steht es hier unter dem Einfluß des Synhedriums; vgl. Gielen,

Für die Interpretation der matthäischen Vorgeschichte bedeutet dies, daß auch hier differenziert werden muß. Herodes, Jerusalem sowie die Schriftgelehrten und Hohepriester, die in Mt 2,3f. genannt werden, sind nicht einfach mit Israel identisch. Herodes, der Hauptgegner im Prolog, wurde von seinem Volk gehaßt. Die Hohepriester erscheinen hier zusammen mit den Schriftgelehrten als Experten der Schriftauslegung, die ihr Wissen—im Gegensatz zu den Magiern—dem Falschen zur Verfügung stellen.[165] Unter πᾶσα Ἱεροσόλυμα ist entweder als politischem und religiösem Zentrum ebenfalls die Führerschaft Israels zu verstehen[166] oder die Einwohnerschaft Jerusalems, die dann vom galiläischen ὄχλος zu unterscheiden wäre. Das Bild, das Matthäus von den Einwohnern Jerusalems zeichnet, ist ambivalent, keineswegs aber durchgehend negativ (vgl. z.B. den rauschenden Empfang, den die Menge Jesus bereitet Mt 21,8–11 mit der Klage über Jerusalem 23,37–39). Die komplexe Sachlage läßt auf keinen Fall zu, Herodes und Jerusalem als Repräsentanten eines gegenüber Jesus von Anfang an feindlich eingestellten Israel zu sehen.

Diese Einsicht führt zu Konsequenzen für die Auslegung von Mt 2,16–18. M.E. kann hier nicht von einer Vorwegnahme der Ablehnung Jesu von ganz Israel die Rede sein, welche von Rachel beklagt werde. Es geht hier um die Voranzeige des Konflikts zwischen Jesus und den Mächtigen des Landes, die in Mt 2 von König Herodes repräsentiert werden. Demzufolge weint die Erzmutter nicht um die abtrünnigen Nachkommen, sondern um die von Herodes ermordeten unschuldigen Kinder. In diesem Ereignis sieht der Evangelist die wahre Erfüllung des Jeremiawortes.

4.2.6. *Ergebnis*

In der Perikope Mt 2,16–18 wird die Erzählung vom Kindermord in Bethlehem, die auf einen historischen Kern zurückgehen könnte—wofür es jedoch keinen Beleg gibt—, im Licht von Jer 31,15 inter-

---

a.a.O., 415.—Auf einer anderen Ebene spiegelt die matthäische Jesusgeschichte die Verhältnisse zur Zeit des Evangelisten wider: In den jüdischen Autoritäten, besonders den Schriftgelehrten und Pharisäern, sieht Matthäus die Hauptgegner der christlichen Gemeinde, die wie bei der Verurteilung Jesu durch Pilatus nun erneut ihr Volk verführen und ihm den falschen Weg weisen.

[165] Nach Jesu Einzug in Jerusalem sind die Hohepriester und Schriftgelehrten die ersten Gegner, mit denen Jesus zusammenstößt (vgl. Mt 21,15f.; zur Beziehung zwischen 2,1–9a und 21,14–16 vgl. Gielen, a.a.O., 34f.).

[166] So Davies, Allison, a.a.O., 238.

pretiert; in diesem grausamen Geschehen erfüllt sich nach Ansicht des Evangelisten das Jeremiawort von der Klage der Erzmutter Rachel. Die zwischen Zitat und Erzählung auftretenden Spannungen finden ihre Erklärung in der Verlagerung des Rachelgrabes in die Nähe von Bethlehem und in dem Bedeutungszuwachs, den Rachel als Stammutter Gesamtisraels erfahren hat.

Das alttestamentliche Zitat unterstreicht die Bedeutung des Ereignisses aus der Kindheit Jesu und belegt mit den anderen Erfüllungszitaten im Prolog des Evangeliums, daß die Geschichte Jesu von Anfang an nach dem Plan Gottes verläuft. In der Verfolgung Jesu durch die Mächtigen Jerusalems, allen voran Herodes, kann ein Hinweis auf den letzten großen Konflikt und die Passion Jesu gesehen werden, die im Prolog zeichenhaft vorweggenommen ist. Was die Schuldzuweisung betrifft, so ist die Gleichsetzung der jüdischen Autoritäten mit dem gesamten Volk nicht angemessen, da sie der Differenzierung des Evangelisten zuwiderläuft. Die gemordeten Knaben als 'abtrünnige Kinder Israels' zu deuten, entspricht nicht der ursprünglichen Intention des Textes, sondern den Auslegungen altkirchlicher Theologen.[167]

4.3. *Zusammenfassung*

Die Untersuchung der Auslegungen, die die Rachel-Erzählungen der Genesis zur Grundlage haben, hat die unterschiedliche Vorgehensweise der frühen Ausleger veranschaulicht. In LibAnt treten die Vätergeschichten allgemein völlig in den Hintergrund, und in den Jub befindet sich Rachel eher am Rande des Interesses, zu größerer Bedeutung gelangt sie dagegen in den TestXII (v.a. TestIss) und bei Josephus Flavius, ferner als Negativbeispiel bei Philo von Alexandrien.

Die Versuche, Ungereimtheiten des Textes zu erklären oder 'Leerstellen' aufzufüllen, decken sich teilweise mit den Bemühungen der antiken Übersetzungen (vgl. Jub 28,16 zu Gen 30,1f.), beziehen sich aber auch auf andere Aspekte. Doch tritt die Beschäftigung mit Details des Textes in den Hintergrund zugunsten der Tendenz, die zentralen Gestalten zu idealisieren. Die Gestalt Rachels betrifft dies v.a. in JosAs, bei Josephus und in TestIss.

---

[167] Vgl. dazu den Ausblick auf die patristische Literatur in Kapitel 6 der vorliegenden Studie.

Sowohl in JosAs, als auch bei Josephus wird die Schönheit Rachels besonders herausgehoben. In JosAs (1,5 Langtext, 1,7f. Kurztext) dient sie als Vergleichspunkt für die alles überragende Erscheinung Aseneths. Bei Josephus bildet Rachels Wohlgestalt eines der wesentlichen Merkmale, die sie zu einer den römisch-hellenistischen Maßstäben entsprechenden Idealfigur werden lassen (Ant 1,288). In TestIss wird die Gestalt Rachels ebenfalls idealisiert, doch geht es hier nicht um ihr Äußeres, sondern um das Tugendideal der Enthaltsamkeit, das von der Erzmutter auf vorbildliche Weise verkörpert wird, so daß sie sich von den übrigen Frauen positiv abhebt (TestIss 2,1–5).

Noch eine Stufe weiter geht Philo: Das Interesse am wörtlichen Sinn der Erzählungen ist zugunsten der allegorischen Auslegung des Textes fast vollständig zurückgetreten. Mit der Interpretation der jüngeren und zunächst unfruchtbaren Rachel als αἴσθησις (Sobr 12; Her 51 u.a.) wertet er ihre Figur gegenüber der die Tugend verkörpernden Lea deutlich ab und beurteilt sie insgesamt negativ. Abgesehen von der Hervorhebung der Verschlagenheit Rachels in TestNaph 1,6 finden sich in den übrigen Auslegungen bis zum Ende des 2. Jh.s n.Chr. keine weiteren Anhaltspunkte für eine Abwertung der Gestalt Rachels; die fast durchgehend negative Charakterisierung bei Philo ist singulär.

Von den Themen und Motiven, die von den Auslegern aufgegriffen werden, ragt neben Rachels Schönheit vor allem ihre Unfruchbarkeit und der damit verbundene Wunsch nach Kindern heraus. Dieses Motiv, das schon für die biblische Überlieferung von fundamentaler Bedeutung ist und den Gang der Handlung bestimmt, wird in TestIss und bei Philo aufgenommen, aber unterschiedlich gedeutet (s.o.). Die Begegnung zwischen Jakob und Rachel am Brunnen nimmt bei Josephus eine zentrale Stellung ein, in den Jub wird sie dagegen völlig übergangen.

Die verschiedenen Interpretationen der Rachel-Gestalt geben einen guten Einblick in den literarischen Geschmack und die Moralvorstellungen, welche zur Abfassungszeit der Schriften vorherrschten. Besonders deutlich wird dies in den Antiquitates des Josephus; mit seinem Bemühen um die Romantisierung der Erzählung und Idealisierung der Protagonisten orientiert sich Josephus am Geschmack seiner Zeit, insbesondere an hellenistischen Vorbildern. Rachels Verkörperung der Enthaltsamkeit in TestIss entspricht sowohl einem römisch-griechischen als auch einem jüdisch-hellenistischen und frühchristlichen Tugendideal.

Darüber hinaus geben die Auslegungen Aufschluß über das jeweils dahinter stehende Frauenbild. Auf dem Hintergrund der Äußerungen in TestJud, die vor der Gefährlichkeit und den Verführungskünsten der Frauen warnen, erscheint Rachel in TestIss als löbliche
Ausnahme, die jedoch, indem sie zur Ausnahme hochstilisiert wird,
die Regel nur bestätigt. Philos Einschätzung der Frauen erweist sich
keinesfalls als positiver. Angesichts der sich durch seine allegorischen
Auslegungen ziehenden abwertenden Äußerungen über die Frau,
welche er mit der Sinneswahrnehmung gleichsetzt und mit dem durch
den Mann verkörperten Verstand kontrastiert, kann er zu Recht als
misogyn bezeichnet werden. Josephus' Geringschätzung der Frauen
äußert sich in der Regel auf subtilere Weise. Anhand der Interpretation
der Rachel-Gestalt wird sie v.a. an der Zu- und Unterordnung der
Erzmutter unter ihren Gatten deutlich, welchem sie in ihrer Tugendhaftigkeit dient. Durch ihre Charakterisierung als naives Mädchen
wird sie zu einer unselbständigen Vertreterin des 'schwachen Geschlechts', der 'Held Jakob' erscheint ihr gegenüber in um so strahlen-
derem Licht.

Der Vergleich der Darstellung Rachels mit der anderer Frauengestalten in den analysierten Schriften ergibt, daß Rachel neben Sara
und Rebekka zu den biblischen Frauengestalten gehört, die besonders herausgehoben werden. An Lea zeigt allein Philo größeres Interesse, die anderen drei Erzmütter werden in JosAs und bei Josephus
idealisiert. Rebekka nimmt in den Jub als zentrale Frauengestalt eine
wichtige Stellung ein, Rachel wird in den TestXII hochstilisiert, und
Sara verkörpert bei Philo die Tugendhaftigtkeit par excellence. So
zählt Rachel zwar zu den außergewöhnlichen Frauen, hat aber noch
nicht die Sonderstellung inne, die sie in den späteren Auslegungen
einnimmt.

Auch das Grab Rachels spielt in den frühjüdischen Schriften eine
Rolle. Die Auslegungen, die das Rachelgrab erwähnen, lassen erken-
nen, daß sich die Südtradition, die die Grabstätte in der Nähe von
Bethlehem lokalisiert, gefestigt (Jub 32,34) und sogar schon weitere
Gräber angezogen hat (vgl. die Gräber Bilhas und Dinas nach Jub
34,16, sowie das Grab Silpas nach TestJos 20,3 ohne Mss. Vat.
Graec. 731 und 1238).

Auch der einzige Beleg für Rachel im Neuen Testament, Mt
2,16–18, kann als Zeuge der Südtradition angeführt werden, denn
ohne die Voraussetzung, daß sich das Grab der Stammutter in der
Nähe der Stadt Bethlehem befindet, macht der Bezug des Zitats auf

den Kindermord wenig Sinn. Weiterhin läßt sich vermuten, daß die Verwendung des Jeremia-Zitats im MtEv voraussetzt, daß Rachel bereits als Stammutter Gesamtisraels verehrt wurde und damit über die Rolle, die sie in der Genesis-Überlieferung einnimmt, hinausgewachsen war. Die Transparenz des Jeremiawortes, dessen ursprünglicher historischer Bezug schon im Alten Testament selbst nicht eindeutig angegeben werden kann, begünstigt die Übertragung auf das neue Ereignis, dessen Bedeutung damit unterstrichen wird: Sogar die Stammutter Rachel nimmt sich der Kinder an. Zwar kommt dem Prolog die Aufgabe zu, innerhalb des MtEv auf die Passionsgeschichte Jesu vorauszuweisen; jedoch ist damit nicht gerechtfertigt, in Rachels Klage die Trauer um die verlorenen Kinder Israels zu sehen. Bei der Auslegung des Zitats durch seinen neuen Kontext auch die tröstliche Fortsetzung mitzuhören, entspräche den Regeln jüdischer Schriftauslegung und scheint durchaus plausibel, kann aber nicht eindeutig erwiesen werden.

Die Erwähnung Rachels im Neuen Testament beschränkt sich auf das Matthäusevangelium, in der Briefliteratur werden nur Sara und Rebekka als Erzmütter genannt. Neben den vier Frauen in Jesu Stammbaum stellt Rachel eine der fünf Frauengestalten dar, auf die im Prolog des MtEv verwiesen wird; als einzige Frau wird sie direkt mit der Jesusgeschichte in Verbindung gebracht, auf die sich die junge Kirche beruft. Auf diese Weise, d.h. in der Kombination von Jer 31,15 mit Mt 2,16–18 und nicht über die Genesis-Überlieferung, erhält Rachel eine zentrale Bedeutung in der Literatur der frühen Christen. Dies soll im Überblick über die Auslegungen der Kirchenväter kurz aufgezeigt werden (vgl. Kapitel 6).

KAPITEL 5

RACHEL IN DER RABBINISCHEN LITERATUR

5.1. *Einleitende Bemerkungen zur rabbinischen Hermeneutik, zur Einordnung der Quellenschriften und zur methodischen Vorgehensweise*[1]

בן בן בג אומר: הפך בה והפך בה דכלה בה.—Ben Bag Bag sagt: Wende sie (scil. die Tora) und wende sie, denn in ihr ist alles enthalten (m Av 5,22). Rabbinische Bibelauslegung entzieht sich einer umfassenden Systematisierung, doch läßt sich so viel als hermeneutische Grundvoraussetzung festhalten: Als 'schriftliche' und 'mündliche' Tora sind die Schrift und ihre Auslegungen aufeinander bezogen und bilden gemeinsam die Mose am Sinai übermittelte göttliche Offenbarung (vgl. z.B. b Shab 31a). Der Begriff der mündlichen Tora (תורה שבעל־פה im Gegensatz zur תורה שבכתב) bezieht sich nicht nur auf die Halacha, sondern auf die gesamte rabbinische exegetische Tradition.[2] Im Hinblick auf die vorliegende Studie soll im folgenden das Augenmerk v.a. auf die Midraschliteratur gerichtet werden.

Der Begriff Midrasch ist vom Verbum דרש abgeleitet, das im Alten Testament die Bedeutungen '(be)fragen, untersuchen, verlangen' trägt (vgl. z.B. Dtn 13,15; 1 Sam 9,9);[3] das Substantiv מדרש begegnet nur an zwei Stellen (2 Chr 13,22; 24,27) und bedeutet dort Buch oder Schrift (vgl. die Übersetzung der LXX: βιβλίον bzw. γραφή).[4]

---

[1] Um den mit rabbinischen Auslegungen weniger vertrauten Leserinnen und Lesern das Verständnis dieser Texte zu erleichtern, wurde die historische Einordnung der Texte ausführlicher gestaltet als in den übrigen Kapiteln und durch Bemerkungen zur rabbinischen Hermeneutik ergänzt. Wem diese Art der Bibelauslegung bereits bekannt ist, mag den Abschnitt getrost überspringen.

[2] Die neuere Forschung hat herausgearbeitet, daß die sog. 'mündliche Tora' nicht nur mündlich weitergegeben wurde und daß rabbinische Vorbehalte gegenüber einer Niederschrift der mündlichen Tora erst seit dem 3. Jh. bezeugt sind, andererseits aber etliche Belege für die Aufzeichnung mündlich überlieferter Traditionen sprechen; vgl. z.B. Stemberger, G., Einleitung in Talmud und Midrasch, München ⁸1992, 41–54.

[3] Vgl. Gerleman, G., Ruprecht, E., דרש *drš* fragen nach, in: Jenni, E., Westermann, C., Hgg., THAT I, Gütersloh ⁵1994, 460–467.

[4] So Bacher, W., Die exegetische Terminologie der jüdischen Traditionsliteratur. I. Die bibelexegetische Terminologie der Tannaiten, Leipzig 1899, 104f.

Die Bemühungen, den Begriff 'Midrasch' eindeutig zu definieren, sind zahl-reich und unterscheiden sich v.a. in der Bandbreite der unter diesem Oberbe-griff subsummierten Werke. Nach W. Bacher bedeutet Midrasch in der tan-naitischen Literatur „entweder das Auslegen der heiligen Schrift, das Forschen in derselben oder das Ergebnis dieser Thätigkeit, die einzelne Auslegung."[5] In neuerer Zeit wurde die Diskussion durch die Beiträge R. Blochs angeregt, die den Charakter der rabbinischen Midraschim von ihrer Funktion her bestimmt und ihn als vornehmlich homiletisch-liturgisch bezeichnet.[6] A.G. Wright beschränkt sich in seiner Definition auf die Bestimmung des Midrasch als literarisches Genre.[7] Auf diesen Aspekt allein kann der Begriff jedoch nicht reduziert werden, da bei einer solchen Interpretation die Bedeutung des Midrasch als Auslegungs*methode* unberücksichtigt bleibt.[8] Als ebenfalls einseitig erweist sich die Definition I. Gruenwalds, der den Midrasch vor-wiegend als „a form of thinking and expression" bestimmt und damit dessen Bedeutung als literarische Form fast völlig außer acht läßt.[9]

Hilfreich ist die Bestimmung von J. Neusner, der Midrasch als 1. konkrete Auslegung, 2. Sammlung solcher Auslegungen und 3. Interpretationsprozeß charakterisiert,[10] sowie die Definition von G.G. Porton, der sich auf die Punkte 1. und 2. konzentriert. Er definiert den Midrasch als mündliche oder schriftliche Literatur, die in direkter Beziehung zu einem kanonischen Text steht—der als autoritatives und offenbartes Wort Gottes betrachtet wird—und in welcher dieser kanonische Text als Zitat oder deutliche Anspielung zu erkennen ist.[11] Ausgangspunkt der Exegese ist eindeutig die Heilige Schrift; weder wird der Begriff auf ein bestimmtes literarisches Genre reduziert—wie bei Wright—, noch wird der Zweck der Auslegung in die Definition mit hineingenommen—wie bei Bloch. Nach Porton fallen unter die Kategorie 'Midrasch' die Targumim ebenso wie die als 'Rewritten Bible' bezeichneten Werke—z.B. LibAnt— und die aus Qumran bekannte Form des *pesher*;[12] häufig werden auch Texte aus dem Neuen Testament ange-

---

[5] Bacher, a.a.O., 103.

[6] Vgl. v.a. Bloch, R., Midrash, in: DBS 5, Paris 1950, 1263–1281 und zur Diskussion um die Midrasch-Definition Porton, G.G., Midrash, in: ANRW II.19.2, Berlin/New York 1979, 103–138, bes. 109–112.

[7] Vgl. Wright, A.G., S.S., The Literary Genre Midrash, Staten Island 1967, 25.

[8] In diesem Sinn auch die Kritik Le Déauts an Wright; vgl. Le Déaut, R., Apropos a Definition of Midrash, in: Interp. 25 (1971), 259–282, bes. 269.

[9] Vgl. Gruenwald, I., Midrash and the „Midrashic Condition": Preliminary Considerations, in: Fishbane, M., The Midrashic Imagination. Jewish Exegesis, Thought, and History, New York 1993, 6–22, Zitat S.6.

[10] Vgl. Neusner, J., What Is Midrash?, Philadelphia 1987, 8f.

[11] Vgl. Porton, G.G., Defining Midrash, in: Neusner, J., Hg., The Study of Ancient Judaism. I Mishnah, Midrash, Siddur, o.O. 1981, 55–92, bes. 62.

[12] Vgl. Porton, Midrash, a.a.O., 119–128; ders., Defining Midrash, a.a.O., 70–76. Zu Versuchen, alttestamentliche Texte als Midrasch zu bezeichnen—z.B. Teile der Chronik—, äußert er sich skeptisch (vgl. ders., Midrash, a.a.O., 118; ders., Defining Midrash, a.a.O., 67–69). Seeligmann, I.L., Voraussetzungen der Midraschexegese, in: VT.S 1, Leiden 1953, 150–181, betont die kontinuierliche Entwicklung der

führt, v.a. die Kindheitsevangelien.[13] Hier muß kritisch gefragt werden, ob es sinnvoll ist, die angeführten Beispiele, die sich in ihrer Art der Schriftauslegung wesentlich voneinander unterscheiden,[14] allesamt unter dem Oberbegriff 'Midrasch' zu subsummieren, oder ob eine engere Definition des Begriffes, die ihren Ausgangspunkt bei den rabbinischen Midraschim nimmt, vorzuziehen ist. Da alle in diesem Kapitel zu analysierenden Texte der rabbinischen Literatur entnommen sind, muß das Problem hier nicht gelöst werden.

Die in *formaler* Hinsicht präziseste Definition des rabbinischen Midrasch bietet A. Goldberg im Zusammenhang seiner Entwicklung der formanalytischen Methode. Nach Goldberg sind folgende Elemente konstitutiv für einen Midrasch: ein Lemma („L")—d.h. ein Segment aus einer offenbarten Schrift, das in Frage gestellt wird—, ein Dictum („D"), welches eine Aussage über die mögliche Bedeutung des Lemmas enthält, sowie eine hermeneutische Operation („o"), mit deren Hilfe „D"—Teil der mündlichen Tora—von „L"—Teil der schriftlichen Tora—abgeleitet wird. In Goldbergs Terminologie lautet die Definition: „L" „:o:" „D".[15] Diese Definition erfaßt die besonderen Kennzeichen des rabbinischen Midrasch: Text und Auslegung sind klar voneinander getrennt, das Bibelzitat ist Ausgangs- und nicht Endpunkt der Interpretation, und die hermeneutische Operation stellt einen integralen Bestandteil der Definition dar, wenngleich sie nicht zwangsläufig sprachlich dargestellt sein muß.

Was die *inhaltliche* Füllung des Begriffs 'Midrasch' betrifft, so ist G. Stemberger recht zu geben, der konstatiert, daß sich Midrasch eher beschreiben als definieren läßt.[16] Im rabbinischen Sprachgebrauch

---

Midraschexegese aus der biblischen Literatur. Fishbane, M., Biblical Interpretation in Ancient Israel, Oxford 1985, 525, sieht den Beginn des Midrasch als Methode bereits in der Hebräischen Bibel.

[13] Vgl. z.B. Le Déaut, a.a.O., 275 und Neusner, J., a.a.O., 37–40, der die matthäischen Erfüllungszitate als „Midrash as prophecy" (37) interpretiert (kritisch dazu Stemberger, a.a.O., 234f.; Wright, a.a.O., 139–142).

[14] Die Unterschiede zum rabbinischen Midrasch sind beträchtlich: Z.B. beansprucht der aus Qumran bekannte pesher die allein gültige Auslegung zu liefern, während in den rabbinischen Midraschim mehrere Auslegungen nebeneinander stehen können; in LibAnt wird der biblische Text paraphrasiert und nicht zwischen Bibeltext und Auslegung unterschieden; die matthäischen Erfüllungszitate wurden aller Wahrscheinlichkeit nach den Erzählungen hinzugefügt (vgl. Abschnitt 4.2.4. der Untersuchung, bes. Anm. 151, kapitel 4), im rabbinischen Midrasch geht die Interpretation vom Bibelzitat aus und verläuft damit in umgekehrter Richtung.

[15] Vgl. v.a. Goldberg, A., Die funktionale Form Midrasch, in: FJB 10 (1982), 1–45, bes. 1–10; ders., Midrashsatz. Vorschläge für die descriptive Terminologie für die Formanalyse rabbinischer Texte, in: FJB 17 (1989), 45–56, bes. 46.

[16] Vgl. Stemberger, a.a.O., 233, der sich auf R. Le Déaut beruft. Daß dies in gewisser Hinsicht auch für die formalen Bestimmungen gilt, belegen die unterschiedlichen, meist nicht voll zufriedenstellenden Definitionsversuche.

bedeutet Midrasch 'Forschung, Studium' (vgl. z.B. die Gegenüberstellung von מדרש und מעשה in m Av 1,17), im engeren Sinn Schriftauslegung (vgl. z.B. y Yom 3,5 [16a]).[17] Als Auslegungsverfahren umfaßt der rabbinische Midrasch Erklärungen von einzelnen Worten,
Phrasen und Sachverhalten. Y. Heinemann unterscheidet dabei zwischen 'schöpferischer Philologie' (הפילולוניה היוצרת) und 'schöpferischer
Geschichtsschreibung' (ההיסטוריה היוצרת): Die schöpferische Philologie
interpretiert Widersprüche innerhalb des Bibeltextes, Doppelungen,
Auslassungen, schwierige Begriffe etc. Die schöpferische Geschichtsschreibung ergänzt biblische Erzählungen, beispielsweise mit Hinweisen
zu biblischen Gestalten und deren Lebensverhältnissen; Anachronismen
werden nicht als störend empfunden.[18] Indem der Midrasch die
Lücken füllt, die der Bibeltext hinterläßt, tritt er in einen Dialog mit
demselben; das Material, das zur Auffüllung dient, stammt zu einem
großen Teil aus dem biblischen Kanon, aber auch der kulturelle,
religiöse und ideologische Hintergrund der Rabbinen fließt mit ein.[19]
Der biblische Text wird als gegeben hingenommen und als geschlossene
Einheit empfunden; da keinerlei diachrone Schichtung vorgenommen wird, befinden sich alle Texte auf derselben Ebene und können
allesamt zur Erklärung einer Bibelstelle herangezogen werden.[20] Mit
der Schrift wird assoziativ umgegangen, und doch existieren gleichzeitig eine Fülle hermeneutischer Regeln, die zur Erklärung einer
schwierigen Stelle herangezogen werden können,[21] jedoch sind damit
die Methoden rabbinischer Schriftauslegung keineswegs erschöpft.

---

[17] Vgl. Stemberger, a.a.O., 232.

[18] Vgl. Heinemann, Y., דרכי האגדה, Jerusalem ³1970, 15–164, und zur Vielfalt
rabbinischer Schriftauslegungen z.B. Mayer, G., Midrasch/Midraschim, in: TRE
22, Berlin/New York 1992, 734–744, bes. 734–737; und Kasher, R., The Interpretation
of Scripture in Rabbinic Literature, in: Mulder, Sysling, a.a.O., 547–594. Die strenge
Unterscheidung zwischen peshat (als Erhebung des Wortsinns) und derash (als davon
zu unterscheidende Auslegungsmethode, die den Wortsinn ignoriert), trifft erst auf
die mittelalterliche Exegese zu (vgl. Stemberger, a.a.O., 233).

[19] Vgl. Boyarin, D., Intertextuality and the Reading of Midrash (ISBL), Blooming-
ton/Indianapolis 1990, 17. Die dialogische Form des Midrasch betonen v.a. die
Vertreter der intertextuellen Midraschexegese, zu denen auch Boyarin zählt.

[20] Vgl. z.B. Stemberger, a.a.O., 235, Rendtorff, R., Introduction to the Symposium
„Ancient Jewish Exegesis and the Modern Study of the Hebrew Bible", in: Bodendorfer,
G., Millard, M., Hgg., Bibel und Midrasch. Zur Bedeutung der rabbinischen Exegese
für die Bibelwissenschaft (FAT 22), Tübingen 1998, 3–8, bes. 5; Goldberg, A., Die
Schrift der rabbinischen Schriftausleger, in: FJB 15 (1987), 1–15, bes. 3.

[21] Z.B. die sieben hermeneutischen Regeln, welche die Tradition Hillel zuschreibt,
die aus späterer Zeit stammenden dreizehn Middot des R. Yishma'el oder die sog.

Während sich die halachische Exegese vornehmlich mit der Präzisierung
biblischer Gebote beschäftigt, so daß sie im Alltag zur Anwendung
kommen können, und bemüht ist, bereits existierende Regelungen
biblisch abzustützen, ist die haggadische Exegese, der die biblischen
Erzählungen zugrunde liegen, von einem freieren, sehr spielerischen
Umgang mit dem biblischen Text geprägt. Das Nebeneinander ver-
schiedener Auslegungen wird nicht als störend empfunden, sondern
belegt die Vielfalt der Deutungsmöglichkeiten, die in einer Bibelstelle
stecken. Das Ziel der Auslegung besteht nicht in der Ermittlung des
zeitlosen Gehalts eines Textes, nicht in der Eruierung dessen ursprünglicher Bedeutung. Aus der Fülle der Deutungsmöglichkeiten
werden die jeweils relevanten herausgestellt; damit wird der Bibeltext
aktualisiert und auf seine Aussagen für die jeweilige Situation befragt.[22]
   In einem kurzen Überblick sollen die wichtigsten rabbinischen
Schriften vorgestellt werden; dabei werden nur diejenigen Werke
berücksichtigt, die für die vorliegende Untersuchung von Bedeutung
sind, d.h. Interpretationen enthalten, die die Gestalt Rachels betreffen.
Eine relative chronologische Einordnung steht im Vordergrund. Die
bei den Datierungsversuchen bezüglich der rabbinischen Literatur
auftretenden Schwierigkeiten können auch hier nicht beseitigt werden. Eine chronologische Ordnung der Werke aufgrund des Datums
der Endredaktion läßt die Tatsache unberücksichtigt, daß die Midraschim trotz eines relativ späten Abfassungsdatums in den meisten
Fällen sehr viel älteres Material enthalten, dennoch scheint mir diese
Vorgehensweise der sinnvollste Weg, um ein grobes zeitliches Gerüst
zu erstellen. Dabei orientiere ich mich im wesentlichen an den
Datierungsvorschlägen G. Stembergers, die dem derzeitigen Stand
der Forschung entsprechen.[23]
   Bei der Vorauswahl hat sich als sinnvoll erwiesen, nach dem Jahr
1000 entstandene Werke in der Regel nicht mehr zu berücksichtigen; es handelt sich dabei zumeist um Midraschkompilationen, deren
Auslegungen wenig neue Aspekte enthalten. Der Schwerpunkt soll

---

zweiunddreißig Middot des 'Eli'ezer ben Yose ha-Galili; vgl. dazu z.B. Stemberger,
a.a.O., 27–40.
   [22] Vgl. Stemberger, G., Midrasch. Vom Umgang der Rabbinen mit der Bibel.
Einführung—Texte—Erläuterungen, München 1989, 25f.
   [23] Vgl. Stemberger, Einleitung, a.a.O., bes. 245–349. Stemberger rezipiert auch
die ältere Forschung, v.a. Zunz, L., Die gottesdienstlichen Vorträge der Juden historisch entwickelt. Ein Beitrag zur Altertumskunde und biblischen Kritik, zur
Literatur- und Religionsgeschichte, Frankfurt ²1882 (Nachdr. Hildesheim 1966).

auf den frühen Werken liegen, die vor oder etwa zeitgleich mit dem
babylonischen Talmud entstanden sind. Daß dieser Abgrenzung und
Gewichtung nicht immer entsprochen werden kann, liegt an der
Natur der Sache, denn die Vielfalt der rabbinischen Literatur läßt
sich nicht in ein starres Zeitschema pressen.

Auch die sog. halachische Literatur enthält haggadisches Material; Auslegungen
bezüglich Rachel finden sich in der Tosefta (t), die zusätzlichen Stoff zur
Mischna enthält und wohl aus dem 3. Jh. stammt, sowie in den beiden
Talmudim—dem palästinischen (pT), der wahrscheinlich in der ersten Hälfte
des 5. Jh.s, und dem babylonischen (bT), der im 6. Jh. endredigiert wurde[24]—
und in den außerkanonischen Traktaten 'Avot deRabbi Natan Fassung B
(ARN B, mindestens im Grundstock aus dem 3. Jh.) und Kalla.

Aus der Gruppe der halachischen Midraschim müssen folgende Werke
herangezogen werden: Mekhilta deRabbi Yishma'el (MekhY), ein Kommentar
zu Ex 12ff. aus der zweiten Hälfte des 3. Jh.s, dessen Kern wahrscheinlich
auf die Schule R. Yishma'els zurückgeht; aus dem 4. oder 5. Jh. stammt
die Mekhilta deRabbi Shim'on b. Yoḥai (MekhSh), ein nur fragmentarisch
erhaltener Midrasch, ebenfalls zum Buch Exodus. Ende des 3. Jh.s wurde
Sifre zum Deuteronomium (SifDev), ein aus halachischen und haggadischen
Teilen bestehender Kommentar, endredigiert.

Den breitesten Raum nimmt die Untersuchung der haggadischen
Midraschim ein. Als älteste Auslegungsmidraschim sind Genesis Rabba
(BerR) und Klagelieder Rabba (EkhaR)—beide aus der ersten Hälfte des
5. Jh.s—zu nennen, wobei BerR als fortlaufender Auslegung der Genesis-
Erzählungen bei der Darstellung der Rachel-Überlieferungen der Genesis
besondere Bedeutung zukommt. Etwas später entstanden die Midraschim
zu Rut (RutR, um 500) und zum Hohenlied (ShirR, Mitte 6. Jh.). Bei den
homiletischen Midraschim weist aus der Rabba-Gruppe der Midrasch zum
Buch Levitikus (WaR) auf ein relativ frühes Entstehungsdatum (zwischen
400 und 500), Deuteronomium Rabba (DevR) ist aufgrund seiner bewegten
Textgeschichte nur schwer zu datieren (zwischen 450 und 800). Aus dem
5. Jh. stammen die Pesiqta deRav Kahana, Auslegungen der Schriftlesungen
für die Feiertage und besondere Sabbate. Der Midrasch Tanḥuma, ein
Homilienmidrasch zum Pentateuch, der in zwei verschiedenen Fassungen
existiert (der gewöhnlichen: Tan und der Ausgabe von S. Buber: TanB),
ist über längere Zeit gewachsen (5.–9. Jh.).

Die oben genannten Werke stehen im Zentrum der Studie, doch sollen
auch später entstandene Midraschim berücksichtigt werden, denn nicht selten enthalten auch sie weitaus älteres Material. Zu nennen sind hier aus
der Rabba-Gruppe QohR (evtl. aus dem 8. Jh.), EstR (Abschnitt 1–6 ab

---

[24] Dem Werk liegt keine einheitliche Redaktion zugrunde, der komplizierte
Entstehungsprozeß setzt sich mit gaonäischen Ergänzungen bis ins 8./9. Jh. fort;
vgl. Stemberger, Einleitung, a.a.O., 202–208.

500, 7–10 evtl. erst aus dem 11. Jh.), ShemR (Teil I [Abschnitt 1–14] könnte aus dem 10. Jh. stammen, Teil II [Abschnitt 15–52] ist wahrscheinlich älter, die genauen Entstehungsverhältnisse sind jedoch noch unklar.) und BemR (Teil I [Abschnitt 1–14] stammt frühestens aus dem 12. Jh., Teil II [Abschnitt 15–23] entspricht über weite Strecken Tan und ist damit früher zu datieren.). Zu einigen Megillot—in Frage kommen hier Klagelieder, Prediger, Hoheslied—existiert ein Midrasch Zuṭa, ein 'kleiner Midrasch' (QohZ, EkhaZ, ShirZ); die Datierungsfrage ist derzeit noch offen. Aus dem 9. Jh. oder früher stammen die Pesiqta Rabbati (PesR), eine Predigtsammlung zu den Festen und besonderen Sabbaten; im 10. Jh. entstand der Homilienmidrasch 'Aggadat Bereshit (AgBer). Der Midrasch zu den Sprüchen (MMish) wird im 11. Jh. zitiert, wohingegen der Midrasch zu den Psalmen (MTeh, auch Shoḥer Ṭov genannt) bis zum 13. Jh. gewachsen ist, Teil I (Pss 1–118) ist jedoch zeitlich früher anzusetzen. Noch vor dem 11. Jh. ist nach Stemberger der Midrasch Shmu'el (MShem) entstanden.[25]

Zur Analyse der Texte empfiehlt sich folgende Vorgehensweise: Zum einen sollen die inhaltlichen Charakteristika untersucht werden, die die rabbinischen Interpretationen der biblischen Rachel-Überlieferungen kennzeichnen, zum anderen geht es um die Argumentationszusammenhänge, innerhalb derer Schriftzitate eine Rolle spielen, welche die Gestalt Rachels betreffen. Die Untersuchung dieser Argumentationszusammenhänge und Textstrukturen bewegt sich vorwiegend auf synchroner Ebene. Vorausgesetzt wird dabei, daß die kleinsten Einheiten nicht willkürlich aneinandergefügt wurden, sondern daß der für das Gesamtwerk verantwortlichen Endredaktion ein gewisses Maß an gestalterischem und interpretatorischem Interesse nicht abgesprochen werden kann, welches sich z.B. in der Auswahl, Bearbeitung und Anordnung der Zitate und kleineren Texteinheiten zeigt.[26]

Doch kann auch die diachrone Ebene nicht vollständig ausgeblendet werden.[27] Die rabbinische Literatur besteht zu einem großen

---

[25] Vgl. Stemberger, Einleitung, a.a.O., 347. Einige weitere Haggadawerke müssen am Rand berücksichtigt werden: Pirḳê deRabbi 'Eli'ezer (PRE, 8./9. Jh.), Seder 'Eliyyahu Rabba (SER, nach bT, vor dem 9. Jh.) und Seder 'Eliyyahu Zuṭa (SEZ), Midrasch Ḥaserot weyitrot (spätestens 9. Jh.) sowie 'Otiot deRabbi 'Aqiba (eine mystische Schrift, zwischen dem 7. und 9. Jh. entstanden).

[26] Vgl. Stemberger, Einleitung, a.a.O., 64f. Auch Neusner untersucht in neuerer Zeit verstärkt das in den rabbinischen Schriften erkennbare redaktionelle Interesse, vgl. z.B. Neusner, J., The Integrity of Leviticus Rabbah. The Problem of the Autonomy of a Rabbinic Document (BTSt 93), Chico 1985; vgl. auch ders., Christian Faith and the Bible of Judaism. The Judaic Encounter with Scripture, Grand Rapids 1987, 4.

[27] Darauf verweist zu Recht Schäfer, P., Research into Rabbinic Literature: An

Teil aus Zitaten,[28] und es stellt sich die Frage nach der Glaubwürdigkeit deren Zuordnung zu bestimmten Rabbinen. Bis heute existiert noch kein sicheres Verfahren zur Datierung rabbinischer Aussagen; die Überlieferung von Rabbinen-Namen im Zusammenhang bestimmter Zitate ist häufig widersprüchlich, und angesichts zahlreicher Namensgleichheiten sind Verwechslungen nicht auszuschließen.[29] Da momentan noch keine Lösung in Sicht ist, können die Zuschreibungen nur mit größter Vorsicht übernommen werden.

Weitere Unklarheiten betreffen die Handschriftenlage. Gab es eine Urfassung der Midraschim, und in welchem Verhältnis stehen die einzelnen Handschriften zueinander? Die vorliegende Studie basiert soweit als möglich auf den neueren kritischen Ausgaben der rabbinischen Schriften.[30] Bei den weniger bekannten Werken muß auf die traditionellen Ausgaben zurückgegriffen werden.

Gemäß der Themenstellung steht die Untersuchung der Texte, die sich auf Rachels Klage beziehen, im Mittelpunkt. Zur Einordnung dieser Auslegungen in die Bandbreite der Rachel-Interpretationen muß jedoch auch auf die Aufnahme der übrigen Rachel-Traditionen eingegangen werden: Nach einem Überblick über die Rezeption der Rachel-Erzählungen der Genesis richtet sich das Augenmerk v.a. auf die Erwähnungen Rachels außerhalb des Erzählzusammenhangs. Dabei wird untersucht, in welchen Kontexten auf die Gestalt Rachels verwiesen wird und welches die hervorstechenden Eigenschaften und Charakterzüge sind, die die Rabbinen an der Stammutter Rachel betonen. Erst auf diesem Hintergrund können die Auslegungen zu Jer 31,15–17 analysiert werden.

Attempt to Define the Status Quaestionis, in: JJS 37 (1986), 139–152, bes. 145f. A. Goldberg räumt zunächst noch der diachronen Exegese ihr relatives Recht ein (vgl. ders., Entwurf einer formanalytischen Methode für die Exegese der rabbinischen Traditionsliteratur, in: FJB 5 (1977), 1–41, bes. 19–21), lehnt sie später jedoch fast völlig ab (vgl. ders., Der Diskurs im babylonischen Talmud. Anregungen für eine Diskursanalyse, in: FJB 11 (1983), 1–45, bes. 5f.).

[28] So Goldberg, A., Entwurf, a.a.O., 11.

[29] Vgl. Müller, K., Zur Datierung rabbinischer Aussagen, in: Merklein, H., Hg., Neues Testament und Ethik, FS R. Schnackenburg zum 75. Geb., Freiburg/Basel/Wien 1989, 551–587, bes. 553–572. 385–387, und dazu Neusner, J., The Documentary History of Judaism and the Problem of Dating Sayings, in: ders., Formative Judaism. Religious, Historical, and Literary Studies. VII. The Formation of Judaism, Intentionality, Feminization of Judaism, and Other Current Results (SFSHJ 94), Atlanta 1993, 71–97; ders., The Dating of Sayings in Rabbinic Literature, ebd., 99–119.

[30] Insbesondere Ch. Albeck zu BerR, A. Shinan zu Shem 1–12, M. Margaliot

5.2. *Rabbinische Auslegungen der Rachel-Erzählungen im Überblick*[31]

5.2.1. *Die erste Begegnung zwischen Jakob und Rachel und die Hochzeit*

Die rabbinischen Ausleger beschäftigen sich mit zahlreichen Details
der Erzählung, die—nach ihrer Ansicht—der Erklärung bedürfen.
Beispielsweise erscheint ihnen die Tatsache verwunderlich, daß Rachel
Schafe hütet (Gen 29,9), und man vermutet deshalb, daß Laban
keine Söhne hatte, denn sonst hätte er diese auf die Weide geschickt
statt seiner Tochter (TanB balaq 17; vgl. Tan balaq 16; BemR 20,19).
Schwierigkeiten bereitet den rabbinischen Auslegern die Art und
Weise, auf die Jakob seinen Emotionen freien Lauf läßt: Er küßt
Rachel und bricht in Tränen aus (Gen 29,11). Der Kuß Jakobs wird
nach R. Tanḥuma als Kuß unter Verwandten neben dem Kuß der
'Größe', d.h. zwischen bedeutenden Persönlichkeiten (als Belegstelle
wird 1 Sam 10,1 angeführt: Samuel küßt Saul, als er ihn zum König
salbt), des Wiedersehens (als Beispiel dient der Kuß zwischen Mose
und Aaron Ex 4,27) und des Abschieds (vgl. Orpa und Noomi Rut
1,14) zu den Formen des nicht als unanständig empfundenen Küssens
gezählt (BerR 70,12; RutR 2,21; vgl. ShemR 5,1). Jakobs Weinen
wird in BerR auf unterschiedliche Weise erklärt: Nach R. 'Eli'ezer
war Jakob unglücklich darüber, daß er nicht wie Abrahams Knecht
bei der Brautwerbung um Rebekka mit Geschenken beladen bei
Laban eintraf; zwei anonym überlieferte Interpretationen geben als
Grund an, daß Jakob voraussah, daß er nicht mit Rachel an einem
Ort begraben werde, oder daß er das Flüstern der Leute wegen
seines Kusses bemerkte (BerR 70,12). Daß Rachel zu ihrem Vater
läuft, um ihm von der Ankunft des Fremden zu erzählen (Gen 29,12)
und nicht zu ihrer Mutter wie beispielsweise Rebekka (vgl. Gen
24,28), empfinden die Rabbinen ebenfalls als ungewöhnlich und vermuten, daß Rachels Mutter schon gestorben sein müsse (BerR 70,13;
vgl. 60,7).

---

zu WaR, S. Liebermann zu DevR und M.B. Lerner zu RutR; der Interpretation
der einschlägigen Stellen aus EkhaR sowie dem Midrasch Zuta wurde die Ausgabe
von S. Buber zugrunde gelegt. Vgl. die ausführlichen Angaben im Literaturverzeichnis.

[31] Eine Auswahl an Quellen, welche jedoch sehr begrenzt und daher nur be-
dingt zu gebrauchen ist, bietet Rottzoll, D.U., Rabbinischer Kommentar zum Buch
Genesis. Darstellung der Rezeption des Buches Genesis in Mischna und Talmud
unter Angabe targumischer und midraschischer Paralleltexte. Zusammengestellt,
übersetzt und kommentiert (SJ 14), Berlin/New York 1994; vgl. auch Dresner,
Rachel, a.a.O., 27–103; Chalier, a.a.O., 151–224.

Auch der Gestalt Leas gilt die Aufmerksamkeit der jüdischen Ausleger. Die biblische Charakterisierung ihrer Augen als רכות (schwach/matt) bereitete nicht nur den antiken Übersetzungen Mühe, sondern auch den rabbinischen Interpretatoren. Die verbreitetste Deutung interpretiert den Makel nicht als angeborenen Defekt, sondern führt die Trübung der Augen darauf zurück, daß Lea mit Esau verheiratet werden sollte. Da sie erfahren hat, daß er ein schlechter Mensch sei, ist sie so unglücklich, daß sie weint, bis ihre Augen matt werden (BerR 70,16; vgl. Tan wayeṣe 4; TanB wayeṣe 12.20; b BB 123a: Sie weint, bis ihre Augenwimpern ausfallen.)[32]

Größere Veränderungen des Textes in Form von haggadischen Einschüben, die über die Erklärung einzelner Worte hinausgehen, betreffen v.a. die Täuschung Jakobs durch Vertauschung der Bräute. BerR 70,19 malt Labans intrigantes Verhalten weit aus: Laban, der Betrüger—הארמי wird im Midrasch in einem Wortspiel von רמה pi. (betrügen) abgeleitet—,[33] weiht die Dorfbewohner in seinen Plan ein, sich durch die Vertauschung der beiden Töchter Jakobs segenbringende Anwesenheit und seine Arbeitskraft für weitere sieben Jahre zu sichern. Die Dorfbewohner machen mit und geben Laban als Zeichen der Zustimmung ein Pfand.[34] Daß Jakob dem Betrug zum Opfer fällt, hat er durch sein eigenes betrügerisches Verhalten gegenüber seinem Bruder Esau verschuldet—dies hält ihm Lea entgegen, als sie am anderen Morgen von Jakob zur Rede gestellt wird (BerR 70,19; vgl. TanB wayeṣe 11). Jakob, dessen Verhalten von den Rabbinen bei zahlreichen Gelegenheiten als vorbildlich hingestellt

---

[32] Vgl. auch TFrag, K und TPsJ. TanB wayeṣe 20—und in kürzerer Form b BB 123a—bieten noch eine weitere Erklärung, indem sie רכות im Sinne von ארוכות verstehen: Lang (andauernd) seien die Gaben gewesen, die Gott Lea bzw. ihren Nachkommen habe zukommen lassen: Hohepriestertum, Königtum und Salböl. MTeh 55,4 bezieht Ps 55,19 „Er hat meine Seele im Frieden aus dem Kampf befreit . . ." auf Rachel, die ursprünglich für Esau bestimmt gewesen sei, dann aber aufgrund der Gebete Jakobs und Leas davon verschont blieb. ShirZ zu Cant 1,15 erwähnt lediglich, daß Lea und Silpa Esau sowie Rachel und Bilha Jakob versprochen worden seien. Zu späteren jüdischen Auslegungen bezüglich Leas Augen vgl. Seelenfreund, M.H., Schneider, S., Leah's Eyes, in: JBQ 25 (1997), 18–22.

[33] Das Bild von Laban ist im Midrasch sehr negativ, vgl. z.B. Labans 'freundschaftliche' Umarmung seines Neffen (Gen 29,13), die auf den Hintergedanken Labans zurückgeführt wird, auf diese Weise herauszubekommen, ob Jakob Kostbarkeiten mit sich führt, welche er unter seiner Kleidung versteckt hat (BerR 70,13).

[34] In den palästinischen Targumim wird die Idee zur Vertauschung auf die Dorfbewohner selbst zurückgeführt (vgl. Abschnitt 3.2.1.2. der Untersuchung).

wird—häufig im Gegensatz zur biblischen Überlieferung—,[35] erscheint an dieser Stelle nicht als der strahlende Held, sondern erfährt aus rabbinischer Sicht seine gerechte Strafe für die Erschleichung des Erstgeburtssegens.

Auch die Rolle Rachels wird in der Haggada ausgeweitet. Nach b BB 123a und b Meg 13b vereinbarten Rachel und Jakob Erkennungszeichen, weil sie Laban mißtrauen. Doch gibt Rachel diese Zeichen aus Mitgefühl für ihre Schwester an diese weiter (vgl. Kalla Rabbati 3,14). In EkhaR pet. 24 ist diese Auslegung ebenfalls überliefert; Rachel geht dort in ihrer Selbstaufgabe noch einen Schritt weiter, indem sie sich unter das Bett des Brautpaares legt und jedesmal für Lea antwortet, damit Jakob anhand des Klangs der Stimme keinen Verdacht schöpfen kann.—Die Szene mutet grotesk an, versucht man sie sich bildhaft vorzustellen. Als Auslegung zur biblischen Erzählung füllt sie—wie auch die Überlieferung in b BB 123a und b Meg 13b—die Lücken des Bibeltextes, der über die Einstellung der beiden Schwestern zu ihrer Vertauschung nichts aussagt.[36]

Noch nicht erwähnt wurde bisher die Interpretation des Brunnens und der Herde, auf die Jakob bei seiner Ankunft in Haran trifft. In BerR 70,8f. werden der Brunnen, der Stein auf seiner Öffnung und die um ihn lagernden Herden in mehreren Anläufen allegorisch gedeutet und auf Fakten aus der Geschichte Israels bezogen.[37] Diese Vorgehensweise ist in der rabbinischen Literatur keineswegs singulär und findet sich etwa im Midrasch zum fast durchweg allegorisch ausgelegten Hohelied ShirR. Cant 2,14 wird beispielsweise in den allegorischen Interpretationen von verschiedenen Auslegern auf das Schilfmeer, den Sinai, die Stiftshütte u.a. gedeutet. Die Besonderheit in BerR 70,8f. besteht darin, daß R. Ḥamaʾ bar R. Ḥaninaʾ mit insgesamt sechs Interpretationsvorschlägen die Bandbreite der schier

---

[35] Vgl. z.B. BerR 65,15: Jakob stimmt nur unwillig der Täuschung Isaaks zu; im ganzen wird Jakob als Frommer und Gelehrter dargestellt, der sich schon im Mutterleib zum Lehrhaus hingezogen fühlte (BerR 63,10) und für Laban Psalmen las (BerR 74,11). Zur Darstellung Jakobs in den Midraschim vgl. Zucker, D.J., Jacob in Darkness (And Light). A Study in Contrasts, in: Jdm 35 (1986), 402–413.

[36] Zu einer ausführlicheren Untersuchung der petiḥa vgl. Abschnitt 5.4.4.2. der Studie.

[37] Vgl. dazu Fränkel, J., דרכי האגדה והמדרש, 1, Givʿatajim 1991, 197–232, zur besprochenen Stelle bes. 205–210; vgl. auch die Interpretation bei Neusner, J., Invitation to Midrash. The Workings of Rabbinic Bible Interpretation. A Teaching Book, San Francisco 1989, 112–117.

unerschöpflichen allegorischen Deutungsmöglichkeiten vor Augen führt.

Die erste Auslegung in BerR 70,8f. bezieht sich auf den Exodus und deutet die Herden als Mose, Aaron und Mirjam; die nächsten drei Interpretationen verstehen unter dem Brunnen Zion und unter den Herden die drei Wallfahrtsfeste, die drei Gerichtshöfe (mit dem Stein als oberstem Gericht) oder die drei Reiche, die das Heiligtum plünderten (und den Stein als Verdienst der Väter). Zwei weitere Deutungen beziehen den Brunnen auf den Sanhedrin und die Herden auf die Gelehrten bzw. auf die Synagoge und die zur Tora Aufgerufenen (mit dem Stein als bösem Trieb). Diesen Interpretationen wird eine weitere von R. Yoḥanan angefügt, der die Stelle auf den Sinai deutet: Der Brunnen steht für den Sinai, die Herden symbolisieren den Stand der Priester und Leviten sowie Israel, der Stein steht für die Shekhina.

Versteht man das Gesamtwerk BerR nicht nur als Aneinanderreihung von Einzelauslegungen, sondern—wie im Einführungsteil erläutert—als bewußt gestaltete Komposition, so ist bei der Interpretation dieses Abschnitts auch seine Stellung zu berücksichtigen. Als Auslegung der den Aufenthalt Jakobs in Haran einleitenden Verse bildet er den programmatischen Auftakt, der andeutet, daß es um mehr geht als um das Schicksal des Patriarchen. Indem die Geschichte Israels von der Wüstenwanderung bis in die Zeit der Herrschaft des Sanhedrin, die Gabe der Tora und der Feste, die Rechtsprechung sowie die Gefährdung durch fremde Weltreiche als Deutehorizont in Erinnerung gerufen werden, wird veranschaulicht, daß die gesamte Existenz des Volkes Israel auf dem Spiel steht. Die Geschichte Israels und die Biographie Jakobs verschmelzen zu einer Einheit: Jakobs Schicksal, sein Leben in der Fremde mit all ihren Herausforderungen erfährt paradigmatischen Charakter für die 'Großfamilie Israel' in ihren Chancen und Gefährdungen.[38]   .

---

[38] Vgl. Neusner, J., Judaism and Its Social Metaphors. Israel in the History of Jewish Thought, Cambridge/New York u.a. 1989, 112–144, bes. 125–131; ders., Invitation, a.a.O., 105–126. Neusner bringt die Endredaktion von BerR mit der konstantinischen Wende und der daraus resultierenden christlichen Herrschaft in Rom in Zusammenhang, welche die Rabbinen vor neue Herausforderungen stellte: Auf dem Hintergrund der Diskussion um die Frage nach dem wahren Israel—Juden oder Christen—sei die rabbinische Interpretation der Vorfahren Israels zu verstehen; was den Erzeltern damals widerfuhr, weise auf das gegenwärtige und zukünftige Schicksal der Juden, und in diesem Sinne sei das Israel von damals auch das

Einen direkten Bezug zwischen Jakob und dem Volk Israel stellt
BerR 70 am Ende der Parasha (70,20) mit Hilfe von Hos 12,13 her:
Und Israel diente um eine Frau, und für eine Frau hütete er. Jakobs
Dienst bei Laban vor und nach der Hochzeit mit Rachel wird auf
Israels Knechtschaft vor und nach der Geburt des Messias, d.h. vor
und nach der Tempelzerstörung, gedeutet.[39] Patriarch und Volk wer-
den direkt aufeinander bezogen—am Ergehen des Erzvaters wird das
Schicksal des Volkes unmittelbar ablesbar.

Daß auch die Erzmütter in die kollektive Deutung im Hinblick
auf die Geschichte des Volkes Israel mit einbezogen werden, zeigt
folgende Auslegung zu Gen 29,16 in BerR 70,15: Labans Töchter
Rachel und Lea werden einander gegenübergestellt, indem auf die
lange Liste ihrer Nachkommen verwiesen wird. Beide Frauen sind
mit zwei Balken (קורות) zu vergleichen, aus denen Stammherren,
Könige, Propheten etc. hervorgingen. Rachel, die 'kleine' Schwester,
wird dabei von Lea übertroffen, welche durch Juda und Levi mit
den Gaben der ewigen Königs- und Priesterwürde gesegnet wurde.
Rachels Nachkommen Josef und Saul waren dagegen nur für kurze
Zeit an der Spitze.[40] Auch die Erzmütter stehen folglich stellvertretend für ihre Nachkommen, das Volk Israel, dessen Schicksal sich
in dem der Erzeltern und ihren Familien widerspiegelt.

5.2.2. *Die Beziehung zwischen Rachel und Lea*

Wie in der biblischen Überlieferung wird die Beziehung zwischen
Rachel und Lea in den rabbinischen Auslegungen vom Thema
Fruchtbarkeit bzw. Kinderlosigkeit bestimmt. Zwar gilt das Vermeh-

---

von heute. Das christliche Rom wird nach Ansicht der Rabbinen in der Gestalt
Esaus personifiziert: In seiner Charakterisierung als verworfener Bruder spiegeln sich
nach Neusner zugleich Nähe und Distanz der jüdischen Gemeinde zu den Angehörigen
der christlichen Religion wider. Vgl. Neusner, J., Invitation, a.a.O., 102f.; ders.,
Judaism and Christianity in the Age of Constantine. History, Messiah, Israel, and
the Initial Confrontation (Neusner, J., Green, W.S., u.a., Hgg., Chicago Studies in
the History of Judaism), Chicago/London 1987, 29–59; 106–111; ders., Death and
Birth of Judaism. The Impact of Christianity, Secularism, and the Holocaust on
Jewish Faith, New York 1987, 33–72 u.a.
[39] Die Geburt des Messias fällt nach jüdischer Tradition zeitlich mit der Tempelzerstörung zusammen; vgl. Neusner, Invitation, a.a.O., 126.
[40] Die kollektive Deutung schimmert auch an anderen Stellen durch; vgl. z.B. b
Meg 13b: Weil Rachel ihrer Schwester die Erkennungszeichen verraten hatte, sollte
aus ihr Saul hervorgehen.

rungsgebot nach rabbinischer Interpretation nur für Männer (vgl. m Yev 6,6), doch wird von den Frauen erwartet, daß sie ihre soziale Rolle erfüllen und Kinder gebären; bleibt die Ehe zehn Jahre lang kinderlos, können die Männer die Scheidung einreichen (ebd.).[41] Die Erzählungen vom kinderlosen, aber glücklichen Paar (vgl. z.B. PesK 22,2 [Mandelbaum S.327]) dürften nur in den seltensten Fällen der Realität entsprochen haben, denn nach einer mehrfach bezeugten Aussage sind Kinderlose—neben Armen, Blinden und Aussätzigen— als tot, d.h. gesellschaftlich ausgestoßen, zu betrachten (vgl. b Ned 64b; BerR 71,6; TanB wayeṣe 19 u.a.); als Belegstelle dient die Notiz über Rachels Forderung nach Kindern Gen 30,1: Verschaffe mir Kinder, sonst sterbe ich.

In den Auslegungen zu Gen 30 lassen sich an zahlreichen Stellen Harmonisierungen des Konflikts zwischen den beiden Schwestern und Abschwächungen allzu scharfer Formulierungen des Bibeltextes feststellen. So beschäftigt sich beispielsweise eine ganze Reihe von Interpretationen mit der Bezeichnung Leas als שנואה—Gehaßte—und benennt Gründe, die eine solche Bezeichnung rechtfertigen: Sie ver- hielt sich wie eine der Gehaßten wegen der in Aussicht gestellten Heirat mit Esau (BerR 71,2; Tan wayeṣe 4) bzw. wurde aufgrund ihrer vom Weinen matten Augen verachtet (TanB wayeṣe 12); weil sie sich der von Laban verübten Täuschung nicht widersetzte, wurde sie von den Leuten gehaßt (BerR 71,2; AgBer 48: von Jakob), und sie hatte Jakob zurechtgewiesen, da er sieben Jahre lang um Rachel diente, seine Mutter ihm aber gesagt hatte, er solle (nur) einige Zeit (ימים אחדים, Gen 27,44) dort bleiben (TanB wayeṣe 11). Eine weit- ere Überlieferung führt die Lea entgegengebrachte Verachtung auf ihre teilweise gottlosen Nachkommen (Joram, Joasch, Ahas, Manasse, Amon, Jojakim, Zedekia) zurück (TanB wayeṣe 14; vgl. AgBer 48). Der Schwerpunkt liegt jedoch auf der Betonung der Tatsache, daß Gott Lea durch die Gewährung von Kindern einen Ausgleich schafft, so daß kein Grund mehr besteht, sie zu diskriminieren—ganz im Einklang mit der biblischen Erzählung (vgl. Ber 71,1f.; b BB 123a; TanB wayeṣe 10; AgBer 48; vgl. MTeh 1,22).

---

[41] Die Gemara verkürzt die Zeitspanne auf zweieinhalb Jahre (R. Yehuda im Namen Ravs b Jev 64a). Vgl. Baskin, J.R., Rabbinic Reflections on the Barren Wife, in: HThR 82 (1989), 101–114; ferner Dresner, Barren Rachel, a.a.O.; ders., Rachel, a.a.O., 75–89.

Der Fruchtbarkeit Leas stellt die biblische Überlieferung Rachels
Unfruchtbarkeit gegenüber (Gen 29,31). Die rabbinischen Auslegungen
interpretieren die Aussage, daß Rachel kinderlos ist (עקרה), durch
ein Wortspiel positiv: Sie war die Hauptperson (ע[י]קר) des Hauses
(BerR 71,2; RutR 7,13; TanB wayeṣe 15).[42] Rachels Unfruchtbarkeit
wird folglich nicht nur als ein Makel verstanden, ihre Position bleibt
vielmehr auch ohne Kinder gesichert. Die Behauptung, daß Rachel
auf ihre Schwester eifersüchtig sei (Gen 30,1), wird in BerR 71,6
abgeschwächt: Rachel beneidet Lea um ihre guten Werke (מלמד
שקינאתה במעשיה הטובים) und sieht einen Zusammenhang zwischen
Leas guten Taten und ihrer Fähigkeit zu gebären (vgl. AgBer 51).
Für Rachels Forderung nach Kindern (Gen 30,1) bringen die Rabbinen
Verständnis auf;[43] auf Jakobs harsche Erwiderung folgt in BerR 71,7
die an Jakob gerichtete Frage Gottes: Antwortet man so Bedrängten?
Bei deinem Leben! Deine Söhne werden einst vor ihrem Sohn (=
Josef) stehen.[44]

Vielfältig ausgelegt wird das Gedenken Gottes an Rachel, welches
ihr Fruchtbarkeit gewährt (Gen 30,22). Im Midrasch werden mehrere
Bibelstellen auf dieses Ereignis bezogen (z.B. Ps 98,3: Er gedenkt an
seine Gnade und Treue für das Haus Israel; Ps 55,19: Er hat in Frieden
meine Seele erlöst . . .; vgl. BerR 73,2f.; MTeh 55,4); außerdem
wird Gottes Gedenken an Rachel mit seinem Gedenken an Noah
(BerR 33,3) und der Heimsuchung Saras (PesR 42 [Friedmann 178a])
in Verbindung gebracht. Aufgrund einer שוה נזירה, d.h. eines Analogieschlusses[45] zwischen ויזכר Gen 30,22 und זכרון Lev 23,24, wird die
Empfängnis Rachels—wie diejenige Saras und Hannas—auf Rosh
Hashana datiert (b RHSh 10b.11a; vgl. b Ber 29a; b Jev 64b).[46]

---

[42] Zur Interpretation der Stelle vgl. Abschnitt 5.4.3.2. der Untersuchung.

[43] Vgl. Leibowitz, N., Studies in Bereshit (Genesis). In the Context of Ancient
and Modern Jewish Bible Commentary, Jerusalem ⁴o.J., 335.

[44] Vgl. TanB wayeṣe 19; AgBer 51. Diese Quellen ziehen die Verbindung zu
Gen 50,19; dort antwortet Josef seinen Brüdern mit derselben rhetorischen Frage
wie Jakob Gen 30,2. Auch die unterschiedlichen Deutungen der 'Gotteskämpfe', die
Rachel nach Gen 30,8 mit ihrer Schwester austrägt, lassen in den meisten Fällen
abschwächende Tendenzen erkennen (vgl. z.B. die Auslegungen in BerR 71,8; TanB
wayeṣe 19 und auch die Targumim).

[45] Als eine der sogenannten sieben hermeneutischen Regeln Hillels wird die נזירה
שוה ursprünglich in der halachischen Literatur angewandt, findet aber auch in der
Aggadah Verwendung, vgl. Fränkel, a.a.O., 179.

[46] Auch andere Ereignisse werden von den Rabbinen auf jüdische Feste datiert,
z.B. die Geburt Isaaks auf Pessach oder das Ende der Gefängnishaft Josefs und des
Frondienstes der Israeliten in Ägypten auf Rosh Hashana (vgl. b RHSh 10b.11a);

Daran wird deutlich, daß Gottes Handeln an Rachel nicht singulär ist, sondern im Kontext des göttlichen Heilshandelns an herausragenden Gestalten der Geschichte Israels interpretiert werden muß. Des weiteren sind die in den rabbinischen Schriften überlieferten Auslegungen bemüht, die in der biblischen Erzählung fehlenden Gründe für Gottes Eingreifen zugunsten Rachels nachzuliefern: BerR 73,4 und Tan wayeṣe 6 nennen beispielsweise Rachels Verschwiegenheit bei der Vertauschung der Bräute, BerR 73,4 ebenso die Bereitschaft, ihre Magd Jakob zu überlassen, und TanB wayeṣe 17 das Gedenken Rachels für das Haus Israel.[47] Die plötzliche Fruchtbarkeit Rachels wird damit als eine Belohnung interpretiert. Gottes Eingreifen erfolgt aufgrund Rachels vorbildlichen Verhaltens, das in ihrem Einsatz zugunsten anderer besteht.

Andere Auslegungen führen Gottes Gedenken an Rachel nicht auf ihre eigene Verhaltensweise zurück, sondern auf das Eintreten Jakobs und vor allem Leas für ihre Belange. In TanB wayeṣe 17 findet sich die Überlieferung, daß Jakob und Lea für Rachel beteten, damit sie zu Kindern komme (vgl. MTeh 55,4). Im Zusammenhang der Diskussion über m Ber 9,3 und die Frage, ob durch das Gebet des Ehemannes das Geschlecht des Embryos im Bauch seiner schwangeren Frau beeinflußt werden kann, verweist R. Yosef auf Gen 30,21: Und danach (ואחר) gebar sie (= Lea) eine Tochter (b Ber 60a). Daran schließt sich eine im Namen Ravs überlieferte Auslegung an, welche ואחר auf einen Entschluß Leas bezieht. Demzufolge bat sie darum, ein Mädchen zu gebären, da sie selbst schon sechs von den zwölf zu erwartenden Jakobssöhnen zur Welt gebracht habe und die Mägde jeweils zwei, so daß bei einem weiteren Sohn Leas für Rachel nur noch einer übrig bliebe und diese dann noch nicht einmal so viele Söhne gebären könne wie die Mägde. Die Überlieferung findet sich in ähnlicher Form auch an anderen Stellen, z.B. BerR 72,6. TanB wayeṣe 19 erklärt darüber hinaus den Namen Dina mit dem Verweis auf Leas Entschluß, keinen weiteren Sohn zu gebären (על מנת שתלד

---

damit wird die Bedeutung der Feste für die Geschichte des Volkes Israel und gleichzeitig die Wichtigkeit des jeweiligen Ereignisses unterstrichen.

[47] In dem Bemühen der Rabbinen, alle Einzelheiten des Bibeltextes zu berücksichtigen, findet auch die Akkusativpartikel את in Gen 30,22 Beachtung. BerR 73,3 versteht darunter, daß auch Rachels Schwester mitbedacht wurde (את im Sinne von 'mit'), MTeh 55,4 interpretiert, daß Rachel nicht nur aufgrund ihres eigenen Verdienstes, sondern auch aufgrund des Verdienstes der Erzmütter und -väter schwanger wurde.

רחל בן מהו דינה, שדיינה מלהוליד בן; vgl. auch TanB wayishlaḥ 18;
Tan wayeṣe 8).[48]

Die sich bereits im Zusammenhang mit der Vertauschung Leas
und Rachels abzeichnende Kooperation der beiden Schwestern findet
folglich ihre Fortsetzung in ihrem Zusammenleben als Erst- und
Zweitfrau Jakobs. Der in der Genesis-Erzählung durchschimmernde
Konflikt, der teilweise sogar offen ausgetragen wird, wird in den
meisten rabbinischen Auslegungen harmonisiert. Anstelle der sich in
einem 'Gebärwettstreit' äußernden Rivalität steht das wechselseitige
Eintreten der beiden Stammütter füreinander: Rachel stellt ihre
Schwester in der Hochzeitsnacht nicht bloß; Lea, deren Defizit,
'gehaßt' zu sein, durch ihre Vielzahl an Kindern wieder ausgeglichen
wird, nutzt ihren Vorteil nicht aus, verzichtet vielmehr zugunsten
ihrer Schwester auf weitere Söhne. In einer in BerR 72,3 überlieferten Auslegung zu Gen 30,14f. wird dann auch eine ziemlich
ausgeglichene Bilanz der 'Gewinne' und 'Verluste' der beiden Schwestern aufgestellt: Nach R. 'Ele'azar büßte Lea die Liebesäpfel ein,
gewann dafür aber zwei Stämme (durch die Söhne Issachar und
Sebulon) und die Erstgeburt; Rachel gewann die Liebesäpfel, verlor
jedoch zwei Stämme und die Erstgeburt. Nach R. Shmu'el bar
Naḥman besteht der zweite Gewinn Leas in dem gemeinsamen Grab
mit Jakob, das sich Rachel, wie im selben Abschnitt überliefert wird,
mit ihrem Ausspruch „bei dir möge er liegen" (Gen 30,15) verspielt
hat (vgl. auch ShirR 7 zu Cant 7,14 [א]).[49]

Mit ihrem Verhalten erweisen sich Rachel und Lea als würdige
Stammütter des Volkes Israel und damit als Vorbilder für ihre
Nachkommen, denn Kooperation und wechselseitiges Eintreten für-
einander sind nicht nur in der Familie, sondern gerade auch in der
Volksgemeinschaft gefragt.

---

[48] In y Ber 9,3 (60b) wird die Änderung des Geschlechts auf Rachels eigenes
Gebet zurückgeführt.

[49] Daneben existieren jedoch auch Auslegungen, die die beiden Schwestern nicht
auch eine Stufe stellen, z.B. die schon erwähnte Deutung der Unfruchtbarkeit Rachels
unter Verweis auf ihre Vormachtstellung im Haus (BerR 71,2 u.a.). An anderer
Stelle wird in einer Auslegung zu 1 Sam 2,5 „Die Unfruchtbare hat sieben [Kinder]
geboren" das gleiche Wortspiel auf Lea bezogen (BerR 72,1; vgl. MShem 5,11).

5.2.3. *Rachels Diebstahl; die Begegnung der Familie Jakobs mit Esau*

Auch die Auslegungen zu Gen 31 lassen das Bemühen der Rabbinen erkennen, sprachlich und inhaltlich auffällige Details des Bibeltextes zu deuten. Dies betrifft nicht nur Rachels Diebstahl, sondern auch die Vorbereitungen zur Flucht: In Gen 31,4 wird berichtet, daß Jakob seine beiden Hauptfrauen zu sich aufs Feld kommen ließ. Die beiden Frauen antworten auf Jakobs Vorschlag zur Flucht positiv und beklagen sich bitter über ihren Vater (Gen 31,14–16). Einige der Ausleger wundern sich über die Weise, auf die die Worte der Schwestern eingeleitet werden: ותען רחל ולאה—Da antworteten Rachel und Lea (Gen 31,14). Auf die Frage, weshalb Rachel als jüngere Schwester vor Lea genannt wird, überliefert der Midrasch BerR im Namen R. Yudans die Erklärung, daß sie vor ihrer Schwester gestorben sei (BerR 74,4).[50]

Inhaltlich bedeutsamer sind die Auslegungen, die Rachels Diebstahl betreffen. In den Midraschim werden unterschiedliche Gründe für die Tat Rachels genannt: In BerR 74,5 wird betont, daß sie לשם שמים handelt, d.h. in bester Absicht, denn sie wollte ihren Vater nicht seiner Schande (קלקוליה, scil. des Götzendienstes) überlassen. In eine ähnliche Richtung geht die Interpretation im späten Midrasch Ḥaserot weyitrot (wayeṣe 40): Rachel eifert für JHWH; sie gesteht Laban gegenüber sogar den Diebstahl ein und hält ihm selbst als Erklärung ihren Gotteseifer entgegen. Beide Auslegungen sind bemüht, nicht nur die in der biblischen Überlieferung fehlende Motivation für Rachels Diebstahl nachzuliefern, sondern auch ihr Verhalten zu entschuldigen. BerR läßt dieses Bemühen in der Überleitung von der Erklärung zum Zitat des Bibelverses Gen 31,19 deutlich durchblicken: לפיכך הוצרך הכתוב לומר—Deshalb *mußte* die Schrift sagen . . . (BerR 74,5). Nach R. Yoḥanan fand Laban, als er bei Rachel nach dem Teraphim suchte, nur Kleider; in diese sei der Teraphim verwandelt worden, damit Rachel nicht beschämt würde (BerR 74,9).[51]

---

[50] Als weiteres Beispiel für die Deutung sprachlicher Details kann z.B. die Interpretation der doppelten Nennung des Begriffs בנותי in Gen 31,43 angeführt werden: Nach BerR 74,13 hat Laban demzufolge vier Töchter; neben Lea und Rachel sind dies Bilha und Silpa—vgl. dazu die Überlieferung in TPsJ zu Gen 29,24.28, nach der Bilha und Silpa die Töchter Labans und seiner Konkubine sind.

[51] Diese Begründung findet sich im Druck von Venedig 305, nicht jedoch in Ms. London (vgl. app. crit. bei Theodor, J., Albeck, Ch., Midrash Bereshit Rabba. A Critical Edition with Notes and Commentary II, Jerusalem ³1996, 866).

In eine andere Richtung geht die Auslegung im Midrasch Tanḥuma (wayeṣe 12). Dort wird erzählt, daß Rachel den Teraphim mitnahm, weil sie befürchtete, er könne ihrem Vater von der Flucht Jakobs erzählen (vgl. PRE 36 [84b]). Gleichsam als Erklärung dieser Begründung wird auf Sach 10,2 verwiesen (. . . כי התרפים דברו־און) und die Beschreibung der Herstellung eines Teraphim nachgeschoben: Der erstgeborene Sohn wird geschlachtet und in Salz und Gewürze eingelegt; ein Goldplättchen, auf das der Name eines bösen Geistes geschrieben steht, wird von Zaubersprüchen begleitet unter seine Zunge geschoben, und er wird in eine Nische gestellt. Dann zündet man Kerzen vor ihm an und kann mit ihm sprechen.[52] Damit erklärt sich auch der Verlust, den der Diebstahl Laban zufügt, denn Götterbilder aus Holz oder Metall hätte er ohne größere Probleme wieder anfertigen lassen können. Zwar kommt im Text die Verachtung gegenüber der Verehrung eines auf diese Weise hergestellten Götzen zum Ausdruck, doch läßt die Überlieferung auch durchblicken, daß der Glaube, daß ein solcher Teraphim tatsächlich eine gewisse Macht besitzt, durchaus noch lebendig war, denn sonst wäre die Begründung des Diebstahls sinnlos. Rachel verfolgt nach der Auslegung in Tan wayeṣe 12 mit ihrem Diebstahl kein höheres Ziel, sondern handelt in ihrem eigenen Interesse und im Interesse ihrer Familie.

Die Auslegungen zu der Begegnung Jakobs mit seinem Bruder Esau Gen 33,1–16 betreffen in einem Punkt auch die Interpretation der Rachel-Gestalt. Auf die Frage, weshalb bei der Vorstellung der Jakob-Familie in V.2 die Kinder nach ihren jeweiligen Müttern aufgelistet werden, in V.7 jedoch Josef vor Rachel genannt wird, lautet nach BerR 78,10 die Antwort, daß Josef seine Mutter vor dem Blick des bösen Esau schützen wollte.[53] Nach PesR 13 [Friedmann 54b] gilt Jakobs Augenmerk v.a. Josef. Bei einem eventuellen Angriff Esaus bleibe wenigstens noch der hinter den anderen Familienmitgliedern laufende jüngste Sohn übrig.

Die soeben vorgestellten Auslegungen beschäftigen sich abgesehen von der Entwendung des Teraphim durch Rachel mit Details der Genesis-Erzählung, die heutigen Leserinnen und Lesern möglicher-

---

[52] Vgl. dazu auch die fast identische Erklärung in TPsJ zu Gen 31,19 und Dan, J., Teraphim. From Popular Belief to a Folktale, in: Heinemann, J., Werses, S., Studies in Hebrew Narrative Art. Throughout the Ages (ScrHie 27), Jerusalem 1978, 99–106.
[53] Vgl. auch BerR 90,4; PesR 12 [Friedmann 49b; 53a] und TPsJ zur Stelle.

weise nebensächlich erscheinen, doch liefern auch sie einen Beitrag zur Interpretation der Rachel-Gestalt. Neben der Tendenz, die Stammutter zu entlasten, die v.a. an der Interpretation des Diebstahls in BerR 74,5 deutlich wird, finden sich Anzeichen für eine Hervorhebung der Bedeutung Rachels. In BerR 78,10 ist ihre Vormachtstellung daran erkennbar, daß gerade sie als besonders schützenswert gilt.

5.2.4. *Benjamins Geburt und Rachels Tod*

Die Angabe כברת־הארץ in Gen 35,16, mit der die antiken Übersetzer ebenso wie die modernen Kommentatoren ihre Mühe haben, erscheint auch den Rabbinen erklärungsbedürftig. In BerR 82,7 finden sich mehrere Deutungen: Im Namen des R. 'Eli'ezer ben Ya'aqov ist die Interpretation „zu der Zeit, als das Land durchlöchert wie ein Sieb (הלולה ככברה) und das Getreide (הבר) vorhanden war" überliefert, von den Rabbinen allgemein „als das Getreide (הבר) schon (כבר) vorhanden und die Regenzeit vorüber, aber die Hitze noch nicht gekommen war". Den Auslegungen liegen verschiedene Wortspiele zugrunde, die an כברת anknüpfen (כבר, בר, כברה); gemeinsam ist ihnen ein zeitliches Verständnis der Angabe: Sie interpretieren den Terminus als Zeit- und nicht als Wegangabe.

Nach R. Yehuda (TanB wayeshev 10) wird mit Benjamin—wie bei den anderen Stammvätern—gleichzeitig eine Zwillingsschwester geboren, denn die Hebamme spricht zu Rachel: Auch (גם) dieser ist dein Sohn (Gen 35,17). Das גם bezieht sich in diesem Fall nicht auf Rachels ersten Sohn Josef, sondern auf eine mit Benjamin geborene Schwester (vgl. auch BerR 82,8). Der dem Neugeborenen von Rachel beigelegte Name Ben-Oni wird in BerR 82,9 als Übersetzung von בן צערי aufgefaßt;[54] Jakob nennt ihn auf Hebräisch Benjamin.

Auch der frühe Tod der Erzmutter bleibt in den rabbinischen Auslegungen nicht unkommentiert. Auf der Suche nach Begründungen ziehen sie v.a. zwei Verbindungslinien, zum einen zu Jakobs Zehntgelübde (Gen 28,20–22), welches von ihm nicht erfüllt wurde, zum anderen zu seiner Verfluchung des Teraphim-Diebs (Gen 31,32), mit der er—unwissentlich—seine eigene Frau traf.

In BerR 81,2 wird eine Mahnung Gottes an Jakob überliefert, er solle endlich sein Gelübde erfüllen. In WaR 37,1 führen die Rabbinen

---

[54] Druck von Venedig: בר צערי בלשון ארמי; vgl. Theodor, Albeck, II, a.a.O., 987, app. crit.

Gen 48,7 als Beweis dafür an, daß, wer ein Gelübde nicht erfüllt, für den Tod seiner Frau verantwortlich ist (vgl. QohR 5,4; QohZ 5,4). Tan wayishlaḥ 8 kombiniert diese beiden Aspekte: Jakob vergißt sein Gelübde zu erfüllen; quasi als 'Erinnerung' konfrontiert ihn Gott mit einigen Schwierigkeiten (צרות): der Auseinandersetzung mit Esau, der Begegnung mit dem Gottesmann, der Vergewaltigung Dinas und schließlich mit dem Tod seiner Lieblingsfrau.[55] Jakob, der keines der Mahnzeichen bemerkt, hat sich damit den Tod Rachels selbst zuzuschreiben.

In eine ähnliche Richtung gehen die Auslegungen, die eine Verbindung zwischen Jakobs Fluch und Rachels Tod herstellen, z.B. BerR 93,6 und Tan wayeṣe 12. In BerR 74,4.9 und QohR 10,5 wird die Verfluchung eindeutig als Fehler Jakobs (שגגה) bezeichnet. AgBer 51 führt zum Vergleich ein Gleichnis an: Wie ein Hirte, der einen Stein nach dem Wolf wirft, welcher eines seiner Schafe jagt, dabei aber das Schaf selbst trifft, zielte Jakob mit seiner Verfluchung auf Laban ab, traf dabei aber seine eigene Frau. Daß Rachel nicht sofort nach Aussprechen des Fluches stirbt, liegt nach einigen Auslegern daran, daß sie zuvor Benjamin auf die Welt bringen soll, mit dem sie bereits schwanger ist (Midrasch Yelamdenu, wayeṣe [68]; vgl. auch PesK 13,14 [Mandelbaum S.237f.]).

Jakob ist vom Tod seiner Frau tief betroffen. Nach R. Yoḥanan war für Jakob der Tod Rachels die schlimmste aller צרות. Dies zeige die Formulierung מתה עלי רחל—es starb *mir* Rachel—in Gen 48,7 (RutR 2,7).[56]

Daß Jakob Rachel nicht in der Höhle Machpela, sondern am Wegrand begräbt, erscheint daher um so verwunderlicher. Auch mit dieser Frage beschäftigen sich die jüdischen Bibelausleger und suchen nach Begründungen. Am ausführlichsten geschieht dies in PesR 3 [Friedmann 11b] im Zusammenhang mit der Interpretation von Gen 48,7. Jakob steht seinem Sohn Josef Rede und Antwort und erklärt ihm, weshalb er dessen Mutter nicht in Hebron begraben hat: Er habe dies eigentlich vorgehabt, auch habe ihn nicht—wie Josef

---

[55] Daß Tan hier in der Tat BerR 81,2 und WaR 37,1 voraussetzt, vermutet Milikovsky, H., עונשו של יעקוב עיון עריכותו של מדרש תנחומא—, in: Bar-Ilan. Annual of Bar-Ilan University-Studies in Judaica and the Humanities 18–19 (1981), 144–149.

[56] Vgl. dazu b Sanh 22b: Es wird gelehrt: Ein Mann stirbt nur seiner Frau, und eine Frau stirbt nur ihrem Mann ... Eine Frau stirbt nur ihrem Mann, denn es heißt: Als ich aus Paddan kam, starb mir Rachel (Gen 48,7).

vermutet—die Regenzeit davon abgehalten, und daß Josef den Leich-
nam seiner Mutter jetzt noch nach Hebron bringe, sei nicht angebracht, denn Gott selbst habe ihm befohlen, Rachel am Wegrand
zu beerdigen. Einst werde der Tempel zerstört werden, und Israel
müsse ins Exil. Wenn die Deportierten auf ihrem Weg ins Exil am
Grab Rachels vorbeikommen, werde die Stammutter für sie bei Gott
um Erbarmen flehen (vgl. BerR 82,10; AgBer 51). Diese Aussage
wird im Text mit einem Hinweis auf Jer 31,15–17 verknüpft. Der
Abschnitt wird unter Kapitel 5.4.4.1. ausführlicher besprochen werden; hier genügt der Hinweis darauf, daß die Rabbinen in ihrem
Bemühen, den frühen und plötzlichen Tod Rachels nicht unbegründet
stehenzulassen, eine Verbindungslinie zwischen dem Schicksal der
Stammutter und dem ihrer Nachkommen gezogen haben. Rachel
stirbt zwar in jungen Jahren, doch bleibt sie ihren Nachkommen
über ihren Tod hinaus nahe; ihr Eintreten für die Exilierten wird
gerade durch ihren im ersten Moment sinnlos erscheinenden Tod
auf der Reise und ihre Beerdigung am Wegrand ermöglicht.

Wo ist dieses Grab zu lokalisieren? Auch den rabbinischen Auslegern
sind die Differenzen innerhalb der unterschiedlichen Überlieferungen bewußt. Der älteste Beleg für die Beschäftigung mit der Frage
nach der Lokalisierung des Rachel-Grabes findet sich in der Tosefta
(t Sot 11,11): Die Aussagen in 1 Sam 10,2 und Gen 35,19/48,7 werden miteinander harmonisiert, indem Samuels Weisung an Saul
„Wenn du heute von mir gehst, wirst du zwei Männer am Rachel-
Grab im Gebiet Benjamins in Zelzach finden . . .“ wie folgt verstanden wird: Während Samuel mit Saul redet, sind die beiden
Männer[57] am Grab Rachels (scil. im Gebiet Judas), treffen wird Saul
sie jedoch im Gebiet Benjamins. Nach SifDev wezot haberakha 352
betont R. Me'ir, daß Rachel im Anteil Benjamins *gestorben* sei, was
dahingehend interpretiert werden kann, daß er zwischen dem Ort,
an dem Rachel gestorben ist—im Gebiet Benjamins—und der Stelle,
an der sie begraben wurde—in Juda—unterscheidet.[58] Damit ist

---

[57] באין und אותן kann sich m.E. nur auf die beiden Männer beziehen (vgl. 1 Sam
10,2: שני אנשים) und nicht auf die Eselinnen, die nach H. Bietenhard ins judäische
Gebiet gelangt waren, was von Samuel vorausgesehen worden sei (vgl. Bietenhard,
H., Der Tosefta-Traktat Soṭa. Hebräischer Text mit kritischem Apparat, Übersetzung, Kommentar (JudChr 9), Bern/Frankfurt a.M./New York 1986, 192,
Anm. 79).
[58] Vgl. dazu Jacob, B., a.a.O., 667.

jedoch die Angabe in 1 Sam 10,2 noch nicht hinreichend erklärt, denn sie bezieht sich eindeutig auf Rachels Grab.

Von einem 'Häretiker' (מינא) auf die komplizierte Sachlage angesprochen, muß R. Yana'i kapitulieren und bittet seinen Kollegen R. Yonatan um Hilfe; dieser gibt die Erklärung: Wenn du heute von mir an Rachels Grab vorübergehst, wirst du zwei Männer in Zelzach im Gebiet Benjamins finden (BerR 82,9).[59] Der Midrasch fügt noch eine weitere Deutung hinzu: Wenn du heute von mir im Gebiet Benjamins in Zelzach vorübergehst, wirst du zwei Männer bei Rachels Grab finden. Beide Interpretationen arbeiten mit Wortumstellungen innerhalb des Verses, wodurch die Ortsangabe עם־קברת רחל בגבול בנימן בצלצח in zwei Teile zerlegt wird. Dasselbe Prinzip liegt auch der in der Tosefta überlieferten Auslegung zugrunde. Die rabbinischen Erklärungen nehmen damit alle die Südtradition des Rachel-Grabes auf, die sich, wie die Untersuchung der biblischen Überlieferungen gezeigt hat, schon sehr bald durchgesetzt hatte und in rabbinischer Zeit sicher die maßgebliche geblieben war.

5.2.5. *Ergebnis*

Trotz der Vielfalt der Auslegungen lassen sich einige Grundzüge der rabbinischen Rezeption der Rachel-Erzählungen feststellen, die besonders an den im Midrasch BerR überlieferten Interpretationen deutlich werden: Rachel wird in einem sehr positiven Licht dargestellt, was sich z.B. an der Erklärung ihres Diebstahls zeigt. Ihre Beziehung zu Lea wird harmonisiert und der Konflikt entschärft, beide Frauen nützen nicht die Schwäche der anderen aus, sondern stehen sich gegenseitig bei. Zwar lassen diese Beobachtungen auf eine Gleichordnung der beiden Schwestern schließen, doch finden sich auch einige wenige Spuren, die von einer Vormachtstellung Rachels zeugen, z.B. ihre in BerR 78,10 angedeutete Position. Relativiert wird diese Beobachtung durch andere Auslegungen, die Lea eine besondere Stellung einräumen (vgl. v.a. BerR 70,15). Deutlich wird Rachels herausragende Position v.a. in den Interpretationen bezüglich ihres Grabes am Wegrand. Ihr Eintreten für ihre Generationen später in Gefangenschaft geführten Nachkommen unterscheidet sie von ihrer Schwester

---

[59] Die Überlieferung fehlt in Ms. London, das der kritischen Ausgabe von Albeck zugrund liegt. MShem 14,6 führt im Namen R. Yonatans die Erklärung aus t Sot 11,11 an.

und weist sie als fürsorgliche Stammutter des Volkes Israel aus.

Besonders die Auslegungen in BerR machen deutlich, daß den Erzeltern nach Ansicht der rabbinischen Bibelausleger eine paradigmatische Funktion zukommt. Dies gilt in besonderem Maße für den Erzvater Jakob, den Ahnherrn Israels. Doch weist auch die Darstellung Rachels und Leas, auf deren Bedeutung als Stammütter Israels an mehreren Stellen angespielt wird, über deren Rolle als Akteure einer Handlung in längst vergangenen Zeiten hinaus. Durch ihr vorbildliches Verhalten, v.a. durch ihr gegenseitiges Eintreten füreinander, zeigen sie in beispielhafter Weise der Großfamilie Israel Wege auf für den gegenseitigen Umgang innerhalb der Volksgemeinschaft.

Trotz ihres Vorbildcharakters gehen die konkreten Züge der Gestalten nicht verloren, die Erzählungen werden vielmehr durch zahlreiche haggadische Elemente angereichert. Die negativen Seiten werden jedoch weitgehend ausgeklammert, und so büßt die aus den rabbinischen Auslegungen zu eruierende Rachel-Gestalt gegenüber der Erzmutter der biblischen Überlieferung einiges an Konfliktfreudigkeit und Verschlagenheit ein. Die rabbinischen Kommentatoren gehen in ihren Interpretationen jedoch nicht so weit wie etwa die idealisierenden Darstellungen in TestIss und bei Josephus oder gar Philos allegorische Auslegung, die die biblischen Gestalten fast aller ihrer individuellen Züge beraubt.

Um zu einem umfassenderen Bild rabbinischer Rachel-Interpretationen zu gelangen, dürfen jedoch nicht nur die Auslegungen der Erzählungen selbst betrachtet werden, sondern es muß darüber hinaus nach den verschiedenen Kontexten gefragt werden, innerhalb derer auf die Gestalt Rachels verwiesen wird. Wegen der Fülle des Materials kann auch dies wiederum nur überblicksweise geschehen.

5.3. *Bezugnahmen auf Verse aus den Rachel-Erzählungen*

5.3.1. *Erwähnungen Rachels in unterschiedlichen Zusammenhängen*

Das Spektrum der Bezugnahmen auf die Gestalt Rachels ist enorm. Nicht immer besteht dabei ein Interesse an der Gestalt Rachels selbst. Häufig wird die Verbindung über kleine Details innerhalb des jeweiligen Bibelverses hergestellt. Zunächst ist eine Reihe mehrfach überlieferter Sprüche zu nennen, die an einzelne Verse aus der biblischen Rachel-Überlieferung anknüpfen. J. Fränkel unterscheidet zwischen מימרות חכמים und פתגמים עממיים. Bei der מימרה handelt es sich um einen Ausspruch eines bekannten Gelehrten, der einen Sachverhalt in markanter Weise auf den Punkt bringt, bei einem פתגם dagegen um ein anonym überliefertes volkstümliches Sprichwort. Die Grenzen sind jedoch fließend, da viele Gelehrte ihre Aussprüche in die Form eines Sprichworts kleideten.[60] Auch die folgenden Beispiele zeigen, wie schwer eine Grenze zu ziehen ist, denn etliche im Namen bestimmter Rabbinen überlieferte Aussprüche tragen volkstümlichen Charakter, so daß eine genauere Bestimmung nicht vorgenommen werden kann. Eines dieser 'Sprichwörter' wurde bereits in Abschnitt 5.2.1. erwähnt: Jakobs Kuß (Gen 29,11) wird unter Hinweis auf verschiedene Formen des nicht als unanständig empfundenen Küssens, wozu auch der Kuß unter Verwandten gerechnet wird, entschuldigt. Diese Sentenz wird neben BerR 70,12 auch in RutR 2,21 sowie ShemR 5,1 überliefert.

Ein weiterer Spruch knüpft an Gen 31,4 an: Jakob ruft seine beiden Frauen Rachel und Lea zu sich aufs Feld, um mit ihnen den Fluchtplan zu besprechen. Der Vers dient zur Untermauerung der Aussage, daß die 'Söhne des Ostens' (בני מזרח) sich vorzugsweise auf freiem Feld beraten. Von R. Shim'on ben Gamli'el ist an mehreren Stellen die מימרה überliefert, daß er wegen dreier Dinge die Söhne des Ostens liebt: Weil sie beim Essen das Fleisch schneiden und nicht abreißen, weil sie einander nur auf die Hand und nicht auf den Mund küssen und schließlich, weil sie Beratungen nur auf freiem Feld abhalten, d.h. an Orten, an denen sie nicht belauscht werden können; als Beleg dient, wie gesagt, Gen 31,4. Die Reihenfolge in der Aufzählung der Vorzüge variiert; außerdem wird der Ausspruch im Talmud im Namen R. 'Aqibas überliefert, welcher die Vorzüge der Meder preist (vgl. b Ber 8b). Des weiteren sind die Zusammenhänge, innerhalb derer das Zitat angeführt wird, unterschiedlich: In BerR 74,2 und TanB wayeṣe 24 ist der Spruch Bestandteil der Auslegung der Genesis-Erzählung, in b Ber 8b dagegen geht es um unterschiedliche Verhaltensregeln. An einer anderen Stelle im Midrasch Tanḥuma und in PesK dient ein Schriftvers über die Weisheit Salomos, die größer war als die der Bewohner des Ostens (1 Kön 5,10), als 'Aufhänger' für Betrachtungen über die Gepflogenheiten der 'Morgenländer' (Tan ḥuqqat 3; TanB ḥuqqat 11; PesK 4,3 [Mandelbaum S.60]).[61]

---

[60] Vgl. Fränkel, a.a.O., 395–434, bes. 395f.

[61] Ohne biblische Belegstellen ist der Spruch außerdem in QohR 7,3 und in abgekürzter Form in ShemR 19,3 überliefert.

In der מימרה selbst spielt die Person Rachels keine Rolle, denn die Verbindung zwischen Schriftzitat (Gen 31,4) und dem Ausspruch über den Beratungsort der Leute aus dem Osten (השדה אל צאנו) hergestellt: In beiden Fällen ist dies das Feld.

Zur Untermauerung des Sprichworts „Die Zugabe des Heiligen, gepriesen sei er, ist größer als die ursprüngliche Gabe" (תוספתו של הקב״ה גדולה/ יותר מן העיקר) dient u.a. ein weiterer Vers aus der biblischen Rachel-Überlieferung: Rachels Bitte um Hinzufügung eines zweiten Sohns Gen 30,24. Da mit Benjamin gleichzeitig eine Zwillingsschwester geboren wurde,[62] übertrifft in diesem Fall die zweite Gabe die erste, welche 'nur' aus der Geburt Josefs bestanden hatte (TanB ḥayye sara 10; vgl. TanB wayeṣe 20: Aus Benjamin seien zehn Stämme hervorgegangen, aus Josef dagegen nur zwei.). Als weitere Beispiele werden die Verlängerung der bereits vierzehnjährigen Amtszeit Hiskias um fünfzehn Jahre (vgl. Jes 38,5) oder die Geburt Abels (Gen 4,2) genannt. Während sich in TanB wayeṣe die Auslegung direkt auf die Rachel-Erzählung bezieht, geht es in TanB ḥayye sara um die Kinder Abrahams von seiner Frau Ketura, wodurch nach Ansicht der Ausleger[63] die Geburt Isaaks übertroffen wird (vgl. DevR 1,13 [Ausg. Wilna] im Zusammenhang mit Dtn 1,11).

Stärker mit der Person Rachels verbunden sind die weiteren Aussprüche, welche an der Thematik der Fruchtbarkeit bzw. Kinderlosigkeit anknüpfen.

Auf die schwierige Situation, in der sich kinderlose Frauen befanden, wurde bereits verwiesen (vgl. Abschnitt 5.2.2.), ebenso auf den mehrfach überlieferten Spruch, demzufolge Kinderlose neben Armen, Blinden und Aussätzigen als tot zu betrachten sind und damit zu den von der Gesellschaft Ausgestoßenen gehören (ebd.). Die Bezugnahme auf Rachel, welche eine lange Zeit ihres Lebens unter Kinderlosigkeit litt und dabei immer die Erfolge ihrer Schwester vor Augen hatte, legt sich nahe, zumal die Schrift ihren verzweifelten Ausruf überliefert: Verschaffe mir Kinder, sonst sterbe ich (Gen 30,1). Dieser Vers dient auch dem soeben erwähnten Ausspruch über die als tot zu betrachtenden Kinderlosen als Beleg.

---

[62] Vgl. dazu v.a. TanB wayeṣe 20 und Abschnitt 5.2.4. der Studie.

[63] In TanB ḥayye sara 10 überliefert den Ausspruch R. Shim'on b. Laqiš (genannt Resh Laqish) im Namen von R. 'Ele'azar Haqapar, in TanB wayeṣe 20 Resh Laqish ohne Berufung auf eine andere Autorität.

An zwei Stellen—BerR 45,2 und TanB wayeṣe 19—geht es allein
um das Schicksal der Kinderlosen. Im ersten Fall wird im Zusammenhang mit Gen 16,2—Sara fordert Abraham auf, zu ihrer Magd
zu gehen, da JHWH sie verschlossen hat—Saras Unfruchtbarkeit
thematisiert. Sie selbst bekennt, daß ihre Kinderlosigkeit von Gott
herrührt. Daran fügen die Redaktoren das Sprichwort, daß wer ohne
Kinder bleibt, wie tot und niedergerissen (הרוס) zu betrachten ist.
Als Beleg dient der Schriftvers Gen 30,1; ihm schließt sich ein Dialog
zwischen Jakob und Rachel an, in dessen Verlauf Jakob—und nicht
wie im biblischen Text Rachel!—den Vorschlag macht, die Magd
zu Hilfe zu nehmen.[64] Im anderen Fall (TanB wayeṣe 19) handelt
es sich um eine Auslegung zu Gen 30. Gen 30,1 dient wiederum
als Beleg für die Anwendung der Todesmetaphorik auf das Schicksal
der Kinderlosen. Als weiteres Beispiel wird ein Vers aus dem Danklied
Hannas aufgeführt: JHWH tötet und macht lebendig, er führt hinab
in die Grube und führt hinauf (1 Sam 2,6). Der Vers wird wie folgt
paraphrasiert: Hanna sprach: Bevor ich einen Sohn hatte, gehörte
ich zu den Toten, jetzt . . . werde ich zu den Lebenden gerechnet.[65]
Rachel, Sara und Hanna verbindet alle drei das Schicksal lang
andauernder Kinderlosigkeit, und so legt sich die Bezugnahme nahe,
besonders wenn—im Fall der Parallelisierung Rachels mit Hanna—
das Leiden in ähnlichen Metaphern seinen sprachlichen Ausdruck
findet. Weitere Vergleiche Rachels mit anderen biblischen Frauengestalten werden unter 5.3.3. besprochen.

Um die Gleichsetzung des Schicksals der Kinderlosen (מי שאין לו
בנים) mit dem der Armen (עני), Aussätzigen (מצורע) und Blinden (סומא)
geht es an den folgenden fünf Stellen. In allen Fällen werden die
gleichen Schriftzitate als Belege angeführt, Gen 30,1 dient dabei zur
Illustration des Schicksals der Kinderlosen.[66] In BerR 71,6 und EkhaR
3,2 ist der Ausspruch von den vier als tot zu Betrachtenden im
Namen R. Shmu'els überliefert, im Talmud (b Ned 64b und b AZ

---

[64] Im vorliegenden Kontext geht es geht es um die Erklärung des Wortes הרוס.
Jakob möchte von der Magd erbaut werden (אולי אבנה ממנה), woraus sich schließen
läßt, daß er als Kinderloser 'niedergerissen' war.
[65] עד שלא נתן לי בן הייתי מן המתים, עכשיו שנתן לי בן נמניתי עם החיים.
[66] Als weitere Belegstellen dienen Ex 4,19 für den Armen (Nicht alle Leute, welche
nach diesem Vers tot sein sollen, sind es auch tatsächlich, weshalb nach Ansicht
der Rabbinen von finanziell Ruinierten die Rede ist.), Num 12,12 für den Aussätzigen
(Die aussätzige Mirjam wird mit einem Totgeborenen in Beziehung gesetzt.) und
Thr 3,6 (die Gleichsetzung vom Leben in Finsternis mit dem Tod) für den Blinden.

5a) und in Tan ṣaw 13 anonym, in b Ned 64b wird ihm jedoch der Spruch über den Kinderlosen vorangestellt, welcher im Namen des R. Yehoshuʻa ben Levi überliefert wird. An der Parallelität von namentlicher und anonymer Überlieferung wird deutlich, wie fließend die Übergänge von מימרה und פתגם sind. In BerR und EkhaR erscheint der Spruch jeweils im Rahmen der Auslegung einer der Belegstellen—Gen 30,1 und Thr 3,6. Auch in b Ned ist mit der Diskussion von Ex 4,19 ein solcher Anknüpfungspunkt gegeben, während in b AZ 5a die Verbindung zwar ebenfalls über die Gleichsetzung von ʻin Armut lebenʼ und ʻsterbenʼ hergestellt wird, der Ausgangspunkt jedoch in Ps 82,7—. . . aber ihr werdet sterben wie Menschen—zu finden ist. Tan ṣaw 13 beschäftigt sich im Zusammenhang mit Jes 6,1 mit Lebenden, die Toten gleichen.

Weitere Sprüche greifen Gen 30,22 auf: Und Gott gedachte der Rachel, und Gott erhörte sie, und er öffnete ihren Mutterleib. Nach einer im Namen R. ʻAqibas (b Ber 45a) bzw. R. Yehoshuʻas (WaR 14,4 zu Lev 12,2) überlieferten מימרה belegt der Vers die Sentenz: Wie ein Haus einen Schlüssel hat, so hat die Frau einen Schlüssel. Die erwähnte Talmudstelle behandelt ausführlich die weibliche Physionomie, wobei die besprochenen Details durch eine bunte Auswahl an Bibelversen erläutert werden.

Gleich an mehreren Stellen ist die Rede von den drei bzw. vier Schlüsseln, die sich in der Hand Gottes befinden. Die מימרה wird in der Überlieferung verschiedenen Rabbinen zugeschrieben (R. Yoḥanan in b Taan 2a und TanB wayeṣe 16, R. Menaḥama [nach Ms. London u.a.] bzw. R. Tanḥuma [nach dem Druck von Venedig] im Namen des R. Bibi in BerR 73,4 und R. Yonatan in DevR 7,6 bzw. R. ʼAḥa im Namen R. Yonatans in MTeh 78,5; in TanB wayera 35, PesR 42 [Friedmann 178a], ʼOtiot deRabbi ʻAqiba zayin und nach R. Neḥemja [ebenfalls MTeh 78,5] wird der Ausspruch anonym überliefert) und auf unterschiedliche Weise ausgeschmückt, der Kern ist jedoch überall mehr oder weniger der gleiche: Drei bzw. vier[67] Schlüssel befinden sich in der Hand Gottes, kein Sterblicher

---

[67] Die Zahl schwankt: In b Taan 2a, BerR 73,4, DevR 7,6, PesR 42 und MTeh 78,5 ist zunächst nur von drei Schlüsseln die Rede, die Überlieferung vom vierten Schlüssel—der Ernährung—wird aber in b Taan und BerR angefügt; ʼOtiot de Rabbi ʻAqiba listet außer den auch an den anderen Belegstellen genannten zahlreiche weitere sich in der Hand Gottes befindliche Schlüssel auf.

verfügt über sie.[68] Es sind dies die Schlüssel für Regen (Dtn 28,12), Geburt/Mutterleib/Unfruchtbarkeit (Gen 29,31 bzw. 30,22), Totenerweckung (Ez 37,12 bzw. 13) und Lebensunterhalt/Ernährung/Ernte (Ps 145,16). Als Beleg für Gottes Handeln an den unfruchtbaren Frauen dient nicht nur die Erhörung Rachels, sondern in drei Fällen— DevR, MTeh, 'Otiot deRabbi 'Aqiba—sein Eingreifen zugunsten Leas. Da es sich dabei um relativ späte Midraschim handelt,[69] könnte als ursprünglicher Beleg tatsächlich nur Gen 30,22 hinzugezogen worden sein, doch wäre es auch denkbar, daß diese Texte eine ältere, wenn auch später verschriftlichte Tradition bewahren. Jedenfalls scheinen beide Schriftzitate gleichermaßen als Belegstellen geeignet, denn in beiden Fällen wird die Fruchtbarkeit auf das Eingreifen Gottes zurückgeführt.

Die Zusammenhänge, innerhalb derer das Wort von den Schlüsseln zu finden ist, sind auch bei diesem Ausspruch verschieden. So kann es sich dabei um die Auslegung eines der als Belegstellen angeführten Schriftverse handeln (Gen 30,22 in BerR 73,4 und TanB wayeṣe 16, Dtn 28,12 in DevR 7,6), oder die Beziehung wird über die Stichwörter Regen (b Taan 2a), Fruchtbarkeit (TanB wayera 35; MTeh 78,5) oder Ernährung ('Otiot deRabbi 'Aqiba zayin) hergestellt. PesR 42 thematisiert die Heimsuchung Saras (Gen 21,1) und vergleicht Gottes Gedenken an Rachel—den Beleg für den dritten Schlüssel—mit seinem Handeln an Sara. Inhaltlich geht es bei dem Ausspruch um die Zuweisung bestimmter Naturphänomene in den Machtbereich Gottes; die angeführten Bibelstellen zeigen, daß dies in Übereinstimmung mit der biblischen Überlieferung geschieht. Das gilt auch für den Bereich der Fruchtbarkeit: Sie ist eine Gabe Gottes, über die der Mensch nicht verfügen kann; schließt Gott nicht den Mutterleib auf, bleibt die Ehe kinderlos. Eine plötzliche Schwangerschaft nach langen Jahren der Unfruchtbarkeit wie bei Rachel kann daher nur auf das Eingreifen Gottes zurückgeführt werden. Die Parallelisierung mit den anderen Phänomenen zeigt, daß die biblisch-rabbinische Interpretation der Fruchtbarkeit in einen größeren Rahmen der Erklärung weiterer Naturerscheinungen u.ä. eingebettet ist.

---

[68] Ausnahmen bilden nach TanB wayeṣe 16 und MTeh 78,5 die Gerechten Elisa, Elia, Noah (nur in TanB) und Ezechiel, denen Gott, als es notwendig war, einen der Schlüssel übergab.

[69] Bei MTeh ist dies offensichtlich, die 'Otiot wurden nicht vor dem 7. Jh. verfaßt, DevR ist nicht eindeutig zu datieren.

Insgesamt läßt sich bei der Betrachtung der mehrfach überlieferten פתגמים und מימרות, welche an die Rachel-Überlieferungen anknüpfen, eine Konzentration auf das Thema Fruchtbarkeit/Kinder-
losigkeit erkennen (bei drei von sechs Ausspüchen) und damit auf
einen—wenn nicht *den*—zentralen Punkt, um den sich Lebensgeschichte
Rachels dreht. Doch zeigt ein Blick auf weitere Beispiele für das
Aufgreifen einzelner Verse aus den Rachel-Erzählungen, daß das
Spektrum immens groß ist, wodurch die eben festgestellte Beobachtung
wieder relativiert wird. Eine Auswahl an Belegen soll hier angeführt
werden.

Gelegentlich erscheint der Name Rachels—und der ihrer Schwester—
in der Diskussion halachischer Fragen, z.B. im Zusammenhang mit
der Rolle, die für eine des Ehebruchs verdächtige Frau geschrieben
wurde (פרשת סוטה, Num 5,11ff.). Die Rabbinen erörtern die Frage,
ob eine für eine gewisse Frau bestimmte Rolle auch für eine andere
Frau verwendet werden darf. R. Papa erläutert die ablehnende
Haltung eines der Tannaiten folgendermaßen: Weil die Rolle einmal für Rachel bestimmt war, kann sie nicht mehr für Lea bestimmt
werden (b Er 13a; vgl. die Parallelstelle b Sot 20b). Die inhaltliche
Bedeutung dieses Diskussionsbeitrags mag dahingestellt sein, von
Interesse ist in diesem Zusammenhang die Bezugnahme auf Rachel
und Lea. Dazu läßt sich sagen, daß die beiden hier lediglich als allgemeine Beispiele zweier Frauen dienen, Einzelheiten der biblischen
Überlieferung bleiben unerwähnt. Auf ähnliche Weise hat Rachel
Eingang in die Erörterung der Frage gefunden, ob, wenn die חליצה,
d.h. die Entbindung von der Schwagerehe, an zwei Schwestern vollzogen wird, die Nebenfrauen ebenfalls entbunden sind und ob, wenn
sie an den Nebenfrauen vollzogen wird, die Schwestern entbunden
sind (b Yev 27a). In diesem Zusammenhang wird Rachel namentlich
erwähnt; L. Goldschmitt bemerkt dazu in seiner Übersetzung: „Die
Angehörigen der Familie Ja'qobs werden im T. (scil. Talmud) stets
ad exemplum genannt."[70]

Ein etwas anderer Fall liegt in TanB wayeṣe 13 vor, denn der
Ausgangspunkt ist hier nicht die Tora bzw. eine halachisches Problem,
zu dessen Erläuterung Rachel und Lea herangezogen werden, sondern es werden die Verhältnisse im Hause Jakob im Sinne von Dtn

---

[70] Vgl. Goldschmitt, L., Der Babylonische Talmud. Nach der ersten zensurfreien
Ausgabe unter Berücksichtigung der neueren Ausgaben und handschriftlichen Materials
neu übertragen, IV, Königstein ³1980, 403, Anm. 27.

21,15–17 gedeutet: Die Konstellation—ein Mann, der eine Doppelehe mit einer geliebten und weniger geliebten Frau führt—trifft genau auf die Beziehung Jakobs zu seinen beiden Frauen zu.

Des weiteren wird an einigen Stellen im Zusammenhang mit Reinheitsfragen auf Verse aus den Rachel-Erzählungen Bezug genommen. In Tan meṣora' 9/TanB meṣora' 16 beispielsweise wird bei der Diskussion des Schriftverses Lev 15,25, der von der Unreinheit einer an übermäßig lange dauerndem Blutfluß leidenden Frau handelt, angefragt, wieso sich das Gebot auf die weibliche Unreinheit beschränkt, zumal die Unreinheit der Frau—als Zeichen für Fruchtbarkeit und damit für Kinder—weniger gravierend sei als die des Mannes. Sodann wird auf frühere Zeiten verwiesen, als die Männer noch unbefangen gegenüber unreinen Frauen auftraten, solange bis Rachel sagte: Mir geht es nach der Frauen Weise (Gen 31,35). Daraufhin habe sie das vorliegende Gebot (Lev 15,25) erhalten.[71] Auch in einer anderen Auslegung spielen die 'früheren Zeiten', als eine Regelung in puncto Reinheitsfragen anscheinend noch nicht nötig war, eine Rolle: Die Aussage „Und Rachel kam heran" (Gen 29,9) belegt nach Tan balaq 5/TanB balaq 8, daß die Menschen früher in Reinheit lebten, eine gegenseitige Annäherung folglich kein Problem war. Erst durch Bileam seien sie zur Unzucht verleitet worden.

Eine 'Paradebeispiel' dessen, was nach Y. Heinemann unter schöpferischer Philologie (פילולוגיה יוצרת) zu verstehen ist,[72] findet sich in b Meg 10b innerhalb der Auslegung von Est 1,1 . . . ויהי בימי אהשורוש. R. Levi oder nach der Meinung anderer R. Yonatan überliefern die Beobachtung, daß überall, wo in der Schrift ויהי steht, sich ein Unglück ereignet hat, und geben dafür zahlreiche Beispiele. Als Einwand werden Gegenbeispiele aufgelistet, u.a. Gen 29,10 (ויהי כאשר ראה יעקב את־רחל . . .—Als Jakob Rachel sah . . .), bei denen es sich um Freuden-, nicht um Unglückstage handelte. Die Lösung, die R. 'Ashi vorschlägt, besteht darin, zwischen ויהי und ויהי בימי zu unterscheiden; ויהי leitet einen Unglücks- oder Freudentag ein, ויהי בימי dagegen nur einen Unglückstag.

---

[71] Auch an anderen Stellen wird im rabbinischen Schrifttum auf Gen 31,35 verwiesen, z.B. b AZ 24b. Nach R. 'Ashi besteht ein Zusammenhang zwischen dem persischen Wort für Menstruierende *dastana* und Gen 31,35. Nach Goldschmitt, a.a.O., IX, ³1981, 509, Anm. 60, beruht die Etymologie auf einen Gleichklang, jedoch hält auch er sie für „kaum im Texte verständlich" (ebd.).

[72] Vgl. Heinemann, a.a.O., 96–164.

Auch einen Hinweis auf die Auferweckung der Toten, einer Vorstellung, die im rabbinischen d.h. nachbiblischen Judentum zwar fest verankert war, deren biblische Begründung jedoch nicht unbedingt auf der Hand lag,[73] finden die Rabbinen in einem Vers, in welchem Rachel—wenn auch nur indirekt—erwähnt wird. In Gen 37,10 wird überliefert, daß Jakob seinem Sohn Josef nach dessen Traum von den sich vor ihm verneigenden Himmelskörpern Vorhaltungen macht: Soll ich und deine Mutter und deine Brüder kommen und vor dir niederfallen? Da Rachel, Josefs Mutter, aber bereits tot ist, ergibt die Äußerung Jakobs nur einen Sinn, wenn man die Auferstehung der Toten voraussetzt—so die Meinung R. Levis im Namen des R. Ḥamaʾ bar Ḥaninaʾ (BerR 84,11). Dieser Interpretation wird entgegengehalten, daß Jakob nicht wußte, daß sich die Worte Josefs auf Bilha bezogen, welche ihn großgezogen hatte.

Die Liste der Bezugnahmen auf die Rachel-Erzählungen ließe sich länger fortsetzen, doch wäre der Ertrag für die vorliegende Untersuchung gering, weshalb nur noch auf zwei Themenkomplexe aufmerksam gemacht werden soll.

Eine Reihe von Auslegungen bezieht sich zwar auf die Stammutter Rachel, eigentlich geht es ihnen jedoch um Jakob. Jakobs Liebe zu Rachel wird mehrfach hervorgehoben,[74] noch häufiger hingegen ist von der צרת רחל die Rede, d.h. von dem Leid, welches Jakob von seiner Frau—wohl durch ihren frühen Tod—zugefügt wurde (vgl. Tan wayishlaḥ 8; Tan miqqeṣ 11/ TanB miqqeṣ 12; Tan ʿeqev 3; Tan behaʿalotekha 11). In Jakobs bewegtem Leben stellt die צרת רחל freilich nur eine der צרות dar, die der Erzvater zu meistern hat; andere צרות sind, wie aus den oben genannten Texten hervorgeht, mit den Namen Esau, Dina oder Josef verbunden. TanB wayishlaḥ 8 geht einen Schritt weiter als die übrigen Texte und nennt als Ursache, weshalb Jakob mit all diesen Schwierigkeiten konfrontiert wurde, das Nicht-Einhalten des Zehntgelübdes; damit wird der Erzvater letztlich selbst für den Tod seiner Frau verantwortlich gemacht.[75]

Zahlreiche Stellen beschäftigen sich ferner mit den Rachel-Söhnen (בני־רחל). Dabei fällt der Name der Stammutter in den meisten Fällen

---

[73] Vgl. z.B. die Diskussionen im Talmud im sog. ʿpereq ḥeleqʾ (b San 90aff., bes. 90a–92b) und Boyarin, D., Steinman, S., Resurrection. Rabbinic Period, in: EJ 14, Jerusalem 1971, 98–101.

[74] Vgl. TanB wayeshev 19; BerR 98,20 zu Gen 49,25: Sogar als Jakob seinem Sohn Josef den Segen erteilt, ist er in Gedanken bei Rachel.

[75] Vgl. dazu Abschnitt 5.2.4.

nur beiläufig, doch scheint mir eine mehrfach, zumeist im Namen des R. Shmu'el bar Naḥman überlieferte Tradition an dieser Stelle erwähnenswert: Esau bzw. seine Nachkommen wird/werden durch die Hand der Söhne Rachels fallen (BerR 75,5; 99,2; Tan wayeḥi 18; ki-teṣe 10; TanB wayeṣe 15; wayishlaḥ 5; wayeḥi 13; ki-teṣe 16; PesK 3,18 [Mandelbaum S.50f.]; BerR 73,7: durch die Hand der Nachkommen [בני בניה] Rachels; b BB 123b: durch die Hand der Söhne Josefs). Begründet wird dies (außer in b BB 123b und TanB wayeḥi 13) mit dem Hinweis auf Jer 49,20, einem Vers aus der Weissagung gegen Edom; die „Kleinen der Schafe" (צעירי הצאן) werden als Rachel-Stämme interpretiert, welche die kleinsten Stämme seien und in deren Hand es liege, den Feind zu besiegen. Esau, der große Widersacher Jakobs, Ahnherr der Edomiter, des Erzfeinds Israels, und in den rabbinischen Auslegungen Personifikation des feindlichen Rom, wird durch die Nachkommen Rachels bezwungen. Zeugen die biblischen Überlieferungen von den Enttäuschungen im Leben der Stammutter, so scheint sie nun doch ein klein wenig Anteil am Erfolg ihrer Nachkommen zu bekommen.

Im folgenden Abschnitt soll der Blick stärker auf die Gestalt Rachels selbst gelenkt werden. Welche Eigenschaften und Charakterisierungen können den Bezugnahmen auf die Rachel-Erzählungen entnommen werden?

5.3.2. *Charakteristische Kennzeichen und Eigenschaften Rachels*

Rachels Schönheit—als Kennzeichen ihrer äußeren Erscheinung—wird in BerR nach dem Druck Venedig bereits im Zusammenhang mit der Kommentierung der Erzählung hervorgehoben (vgl. BerR 70,16 zu Gen 29,17: עיקר סמניה של רחל לא היתה אלא נאה; die Passage findet sich nicht in Ms. London.); aufgrund ihrer Schönheit (נויה) wollte Jakob sie heiraten (Tan wayeṣe 6). Diese Schönheit vererbt sie auch ihrem Sohn Josef, dessen Gestalt im Alten Testament mit denselben Worten beschrieben wird wie Rachels Äußeres.[76]—Der Apfel fällt nicht weit vom Stamm, oder mit den Worten des Midrasch: Wirf den Stock in die Luft, er fällt immer wieder auf die Wurzel herab (BerR 86,6).

---

[76] Von Rachel heißt es: יפת־תאר ויפת מראה (Gen 29,17) und von Josef: יפה־תואר ויפה מראה (Gen 39,6).

Mehrere Auslegungen der rabbinischen Kommentatoren preisen Rachels Verschwiegenheit in dem Moment, als ihre Schwester mit Jakob verheiratet werden soll. Welch hohen Stellenwert die Fähigkeit, im rechten Augenblick zu schweigen, bei den Rabbinen einnimmt, bringt eine im Namen R. Shim'on b. Gamli'els überlieferte Sentenz zum Ausdruck, die in Tan wayeṣe 6 das Verhalten Rachels erläutern soll: כל ימי נדלתי בין החכמים ולא מצאתי לנוף טוב אלא שתיקה—Alle meine Tage bin ich zwischen den Weisen aufgewachsen und fand für meinen Körper nichts Besseres als das Schweigen. Rachels Verhalten in der heiklen Situation kann somit durchaus als weise bezeichnet werden. Auch BerR 71,5 und—parallel dazu—der späte Midrasch Shmu'el erwähnen Rachels Schweigen als charakteristisches Kennzeichen; ihre Nachkommen Benjamin und Saul zeichnen sich ebenfalls durch Verschwiegenheit aus (MShem 28,1; Tan wayeṣe 6 nennt neben Benjamin und Saul auch Josef).[77] In EstR findet sich im Zusammenhang mit der Notiz, daß Ester ihre Herkunft zunächst nicht verrät (Est 2,20), ebenfalls ein Verweis auf Rachels Schweigen bei der Vertauschung mit ihrer Schwester (EstR 6,12: מלמד שתפשה שתיקה בעצמה כרחל זקנתה שתפשה פלך שתיקה). BerR 73,4 gibt das Verhalten Rachels gegenüber ihrer Schwester als einen der Gründe an, weshalb Gott ihr letztlich Kinder gewährt. Das 'Schweigen' des Bibeltextes über Rachels Reaktion auf Labans Intrige—versuchte sie sich zu widersetzen, war sie zornig auf ihre Schwester oder nahm sie alles einfach hin?—wird in allen vorliegenden rabbinischen Überlieferungen als ein tatsächliches Schweigen der Erzmutter interpretiert. Dieses Verhalten betrachten die jüdischen Ausleger nicht als Passivität im Sinne fehlender Konfliktfreudigkeit, sondern als eine der hervorstechenden Qualitäten Rachels.[78]

Einige Texte, von denen bereits unter 5.2.1. die Rede war, beziehen sich auf dieselbe Episode, sprechen aber von Bescheidenheit (צניעות) statt von Verschwiegenheit. Bei den rabbinischen Bibelauslegern wird die צניעות zu einer Tugend, die v.a. bei Frauen zu preisen ist (vgl.

---

[77] Vgl. auch den Hinweis auf Rachels Schweigen in BerR 84,10.

[78] Trotz des allgemeinen Lobs für Rachels Fähigkeit, im rechten Moment zu schweigen, findet sich auch eine Überlieferung, die die angeblich weibliche Rede/Redseligkeit (דיבור) in der Erzählung der ersten Begegnung zwischen Jakob und Rachel verankert (vgl. BerR 70,11). In einer Paraphrase zu Gen 29,6 läßt der Midrasch die Hirten zu Jakob sagen: ... Und wenn du plaudern möchtest, siehe, da kommt Rachel mit der Herde. Darauf folgt der Kommentar: Daher heißt es, daß die Rede bei den Frauen anzutreffen ist (ebd.)

BemR 1,3); auf exemplarische Weise wird sie von Rut verkörpert.[79]
In b BB 123a diskutieren R. Ḥelbo und R. Shmu'el b. Naḥman die
Frage, weshalb Jakob Ruben die Erstgeburt abnahm und sie Josef
zusprach. Dabei wird auch eine Erklärung R. Yonatans in die Debatte
geworfen: Ursprünglich sollte der Erstgeborene Rachel entstammen,[80]
doch kam ihr Lea mit ihrem Gebet zuvor, so daß JHWH mit ihr
Erbarmen hatte; Rachel erhielt jedoch die Erstgeburt aufgrund ihrer
Bescheidenheit (צניעות) zurück. Diese bestand in der Weitergabe der
mit Jakob vereinbarten Erkennungszeichen an Lea aus Mitleid mit
ihrer Schwester. Auf dieselbe Episode bezieht sich auch b Meg 13b.
Rachels selbstloses Verhalten dient hier zur Illustration des Schriftverses
Hi 36,7: Er zieht seine Augen nicht ab vom Gerechten . . . Eine
größere Ehre als die der Veranschaulichung einer für צדיקים angemesse-
nen Verhaltensweise könnte der Stammutter wohl kaum zuteil werden. Als Belohnung zählt König Saul zu ihren Nachkommen.

In den beiden zuletzt genannten Überlieferungen sowie bei der
ebenfalls bereits erwähnten Schilderung der Tätigkeit Rachels als
'Souffleuse' unter dem Bett der Frischvermählten (EkhaR pet. 24,
vgl. 5.2.1.) belassen es die Ausleger nicht dabei, das Schweigen der
Erzählung ihrerseits mit dem Schweigen Rachels zu erklären, sondern füllen die Lücke des Bibeltextes mit dem Verweis auf Rachels
Selbstlosigkeit, welche in gewolltem Verzicht und bewußtem Eintreten
für ihre Schwester besteht. Rachels vorbildliches Verhalten wird gelobt, aber nicht idealisiert, denn sie bleibt eine Heldin 'zum Anfassen',
deren Motivation zum Handeln—erst zur Kooperation mit Jakob
gegen ihren Vater, dann gegen Jakob mit ihrer Schwester—aus den
rabbinischen Texten klar hervorgeht.

Daß Rachel als Mensch aus Fleisch und Blut gesehen wird, belegen auch eine Reihe von Auslegungen, innerhalb derer die Erzmutter
keineswegs als Vorbild fungiert, sondern im Gegenteil als Negativbeispiel herangezogen wird. Als Anknüpfungspunkte innerhalb der
biblischen Überlieferung dienen Rachels Eifersucht und der Diebstahl
des Teraphim.

---

[79] Ruts 'Bescheidenheit' (im Sinne von Keuschheit) wird z.B. daran ersichtlich,
daß sie sich beim Ährenlesen nicht bückt, sondern sich hinsetzt, und daß sie nicht
mit den Schnittern scherzt wie die anderen Frauen (vgl. RutR 4,9); vgl. dazu
Bronner, L.L., A Thematic Approach to Rut in Rabbinic Literature, in: Brenner,
A., Hg., A Feminist Companion to Rut (The Feminist Companion to the Bible 3),
Sheffield 1993, 146–169, bes. 157–160.
[80] Als Begründung dient die Hervorhebung Josefs in Gen 37,2.

Gen 30,1 konstatiert, daß Rachel ihre Schwester um deren Fruchtbarkeit beneidete. Auf den Versuch der Rabbinen, Rachels Verhalten
als 'Eifersucht' auf die guten Werke Leas zu interpretieren (vgl. BerR
71,6) und sie damit in einem positiveren Licht scheinen zu lassen,
wurde bereits hingewiesen.[81] Aber es gibt auch andere Quellen, die
keineswegs bemüht sind, das Verhalten Rachels zu entschuldigen,
sondern ungeschminkt von der Eifersucht der Stammutter reden. Im
Zusammenhang mit der Auslegung von Gen 30 steht beispielsweise
in Tan wayeṣe 9 die Aussage, daß Rachel auf Lea eifersüchtig war,
nachdem diese vier Kinder geboren hatte. Nach TanB wayeṣe 20
ist ihre Eifersucht mit der Angst verbunden, nun doch mit Esau verheiratet zu werden, weil sie Jakob keinen Sohn geboren hat.[82] Außerhalb des Erzählkontextes findet sich ein Hinweis auf Rachels
Eifersucht im Zusammenhang mit der Interpretation von Cant 8,6:
Denn stark wie der Tod ist die Liebe, und Leidenschaft (קנאה) hart
wie die Unterwelt. Die Liebe bezieht der Midrasch auf Jakobs Liebe
zu Rachel (s.o.), קנאה auf Rachels Gefühle gegenüber Lea (vgl. Gen
30,1) und fragt, was die Liebe an der Seite der Eifersucht tut (TanB
wayeshev 19).

Ähnliche Interpretationsmuster wie bei den Auslegungen zu Rachels
Eifersucht finden sich in bezug zum Diebstahl des Teraphim ihres
Vaters (Gen 31,19). Neben dem Bemühen, die Tat als Versuch der
Rettung der väterlichen Seele zu interpretieren (z.B. BerR 74,5),[83]
läßt sich auch in diesem Fall die gegenläufige Tendenz feststellen,
den Diebstahl in keiner Weise zu beschönigen. In TanB wayeshev
13 werden Beispiele aufgelistet für die Übereinstimmung bzw. Diskre-
panz von Tun und Ergehen im Falle schlechten Handelns. Im Falle
des Diebstahls zeigt das Beispiel Achans, wie es jemandem ergeht,
der stiehlt und dabei zu Schaden kommt (vgl. Jos 7); Rachel dagegen illustriert, wie es einer Person ergeht, die stiehlt und dabei
gewinnt. Wird hier Rachels Verhalten aufgrund ihres offensichtlichen
Erfolgs noch ein gewisser Respekt gezollt, so wird sie an anderen

---

[81] Vgl. Abschnitt 5.2.2. der Untersuchung.

[82] Im hebräischen Text steht: שמא יטלנה עשו מאחר שלא הולדתי בן.—Vielleicht
nimmt sie Esau, weil ich keinen Sohn geboren habe. Offensichtlich muß es aber
'mich' statt 'sie' heißen, damit die Aussage im Mund Rachels einen Sinn ergibt;
vgl. Townsend, J.T., Midrash Tanḥuma. Translated into English with Introduction,
Indices and Brief Notes (S. Buber Recension). I. Genesis, Hoboken 1989, 195, Anm.
64, der diesbezüglich auf Raschi verweist, welcher im gleichen Sinn interpretiert.

[83] Vgl. Abschnitt 5.2.3.

Stellen einfach als Diebin (נגבת) bezeichnet, ihr Sohn Benjamin, bei
dem der von Josef versteckte Becher gefunden wurde (vgl. Gen 44),
als Sohn einer Diebin (TanB miqqeṣ 13; AgBer 75).[84]

In einigen Quellen erscheint Rachel geradezu als Paradebeispiel
für eine eifersüchtige Frau oder eine Diebin. In BerR 45,5 werden
vier weibliche Eigenschaften aufgelistet: Frauen seien genußsüchtig
(נרנרניות), neugierig (ציתניות), faul (עצלניות) und eifersüchtig (קנאיות).
Für die Genußsucht wird Eva als biblisches Beispiel bemüht, für
Neugier und Faulheit Sara, um die es im vorliegenden Kontext auch
geht, und für die Eifersucht schließlich Rachel. R. Levi fügt noch
zwei weitere Eigenschaften hinzu, u.a. die Neigung zum Diebstahl mit
Hinweis auf Gen 31,19. Im Namen R. Levis ist die Überlieferung
von den vier schlechten Eigenschaften der Frauen ebenfalls in DevR
6,11 erhalten. Daran schließt sich eine andere, in ähnlicher Form
auch in BerR 18,2 festgehaltene Überlieferung, die sich mit der Frage
beschäftigt, weshalb Gott die Frau ausgerechnet aus der Rippe Adams
erschuf (Gen 2,22) und nicht etwa aus Auge, Ohr, Mund oder einem
anderen Körperteil. Aus Adams Herz erschuf er sie nicht, damit sie nicht
eifersüchtig werde—Rachel beweise allerdings das Gegenteil—,
und aus seiner Hand nicht, damit sie nicht stehle, aber auch dieses
habe sie dennoch getan, wie das Verhalten Rachels belege.[85] Die
hierbei zum Ausdruck kommende Charakterisierung Rachels ist nicht
gerade schmeichelhaft für die Stammutter, ganz zu schweigen von
ihrer Funktion, als Negativbeispiel gleich zweier angeblich weiblicher
Untugenden zu dienen. Welches Frauenbild befand sich in den
Köpfen der Rabbinen, wenn sie nahezu alle denkbaren schlechten
Eigenschaften den Frauen zuschrieben?[86] Gewiß loben die jüdischen
Ausleger bei vielen Gelegenheiten und auf vielerlei Weise die unterschiedlichsten Stärken der Frauen, z.B. ihre Mitleidsfähigkeit, aus der

---

[84] Vgl. auch AgBer 67.
[85] Die sich auf das Herz beziehende Aussage findet sich nur in BerR 18,2, die
Aussage über die Hand außer in BerR 18,2 und DevR 6,11 auch in Tan wayeshev 6 und TanB wayishlaḥ 17.
[86] In BerR 45,5 wird beispielsweise zu den oben genannten Untugenden die
Neigung zur Schwatzhaftigkeit und zur Aufwieglerei aufgeführt; in b Qid 80b fällt
die Bemerkung, daß Frauen leichtsinnig seien usw. Zur rabbinischen Einstellung
gegenüber Frauen vgl. z.B. Hauptmann, J., Images of Women in the Talmud, in:
Ruether, R.R., Hg., Religion and Sexism. Images of Woman in the Jewish and
Christian Traditions, New York 1974, 184–212, bes. 200–210; Wegner, J.R., The
Image and Status of Women in Classical Rabbinic Judaism, in: Baskin, J.R., Hg.,
Jewish Women in Historical Perspective, Detroit 1991, 68–93.

resultiert, daß auch ihre Gebete um Erbarmen meist effektiver sind.[87] J. Hauptmann listet eine Reihe von Frauen auf, deren beispielhafte Gelehrsamkeit im Talmud gepriesen wird,[88] doch wäre hier zu fragen, ob es sich dabei nicht um Ausnahmeerscheinungen handelt, die gerade wegen ihrer ungewöhnlichen Intelligenz und Bildung aus der Sicht der Rabbinen besondere Hervorhebung verdienen, das Bild der 'Durchschnittsfrau' jedoch von ganz anderen Zügen gekennzeichnet ist: Neugier, Schwatzhaftigkeit,[89] Faulheit, Eifersucht etc. Die pauschale Verurteilung erscheint um so mehr als ungerechtfertigt, als sowohl nach dem biblischen Zeugnis als auch nach den rabbinischen Auslegungen sich Eifersucht und Diebstahl—die im vorliegenden Zusammenhang maßgeblichen Kennzeichen—durchaus nicht nur bei den Protagonistinnen belegen lassen.[90] Im übrigen schreiben gerade rabbinische Interpretationen des Rachel-Lea-Konflikts den beiden Schwestern die Fähigkeit zu, ihre Eifersucht durch Kooperation zu überwinden (vgl. die unter 5.2.2. aufgeführten Quellen).

Zur 'Ehrenrettung' der Rabbinen ist zu bemerken, daß sich wenigstens eine Quelle anführen läßt, derzufolge die vier angeblich 'typisch weiblichen' Untugenden auch als männliche Eigenschaften aufgeführt sind. Diese Ansicht vertritt jedenfalls R. Yosi nach ARN B § 45,[91] und er findet auch für jeden Charakterzug eine Bibelstelle als Belegvers: „Und sie setzten sich, um zu essen" (Gen 37,25) belege die Genußsucht, der Neid der Söhne Jakobs auf Josef (Gen 37,11) die Eifersucht, die Tatsache, daß Josef das Gespräch seiner Brüder versteht (Gen 42,23), die Neugier und die Aufforderung Josefs an

---

[87] Vgl. das Gebet der Frau Honis, des 'Kreisziehers', b Taan 23b und dazu Hauptmann, a.a.O., 200f.

[88] Z.B. Berurja, die Frau R. Me'irs (b Ber 10a; b Pes 62b u.a.); vgl. Hauptmann, a.a.O., 202–204. Wegner, a.a.O., 76, betont, daß es sich bei Berurja um eine Ausnahmefrau handelt.

[89] Zur Schwatzhaftigkeit vgl. auch b Qid 49b: Von den zehn Kav Gesprächen (שיחה), die auf die Welt fielen, bekamen neun die Frauen.

[90] Erinnert werden kann hier etwa an die Eifersucht zwischen Kain und Abel (Gen 4; vgl. BerR 22,6), Isaak und Ismael (nach rabbinischer Interpretation streiten sich die beiden um das Erbe ihres Vaters, vgl. BerR 53,11) oder zwischen Josef und seinen Brüdern (Gen 37,11; vgl. BerR 84,10 zu Gen 37,8); vgl. dazu Bronner, L., Jealousy in Genesis in the Light of Rabbinic Sources, in: OTWSA 17/18 (1974/75), 1–12. Als männlicher Dieb ist z.B. Achan zu nennen (Jos 7). Zur Willkür in der rabbinschen Auswahl ist zu bemerken, daß mit demselben Recht, mit dem Rachel zur Illustration der weiblichen Neigung zum Diebstahl dient, Jakob als Beispiel männlicher Neigung zum Betrug herangezogen werden könnte.

[91] ר' יוסי אומר כשם שנתנו ד' מדות בנשים כך נתנו באנשים.

seine Brüder „Eilt und geht zu meinem Vater" (Gen 45,9) schließlich
die Faulheit. BerR 18,1 überliefert einen Ausspruch des R. 'Ele'azar
im Namen des R. Yosi Ben Zimra', demzufolge Gott den Frauen
mehr Einsicht (בינה) gegeben hat als den Männern. Dies läßt sich
nach R. Yeremja, welcher diese Meinung im Namen des R. Shmu'el
bar R. Yiṣḥaq äußert, daran erkennen, daß die Frauen vorwiegend
im Haus bleiben, während die Männer nach draußen gehen müssen,
um Erfahrungen zu sammeln (ebd.).

Als Fazit kann festgehalten werden: Zu der unter 5.2.5. als Ergebnis
formulierten Darstellung Rachels innerhalb der die Genesis-Erzählung
erläuternden Quellen muß ergänzt werden, daß neben dem Vorbild-
charakter, den die Stammutter in den rabbinischen Auslegungen
dadurch erhält, daß sie umsichtig handelt und Konflikte meistert,
auch die Funktion als Negativbeispiel für die rabbinischen Charakterisierungen Rachels kennzeichnend ist. Festgemacht wird dies an den
biblischen Aussagen über Rachels Eifersucht und ihrem Diebstahl,
welche zu verallgemeinernden Bemerkungen über weibliche Untugenden herangezogen werden.

5.3.3. *Rachel im Vergleich mit anderen Frauengestalten*

Zusammen mit Sara, Rebekka und Lea zählt Rachel zu den vier
Müttern: In b Ber 16b heißt es: Man nennt niemand anderes Mütter
(אמהות) als die vier. Gemeint sind die vier Stammütter Sara, Rebekka,
Lea und Rachel, auch wenn nur die letzten beiden namentlich
genannt werden. Andere Auslegungen zählen die Mägde Bilha und
Silpa noch hinzu und sprechen von sechs Müttern. Neben den sechs
Tagen der Schöpfung und den sechs Ordnungen der Mischna
erscheinen sie in ShirR 6 zu Cant 6,4 (ב), PesK 1,7 [Mandelbaum
S.11f.] und BemR 12,17 als Illustration für die Zahl sechs in der
Auslegung des Schriftverses Num 7,3: Und sie brachten ihre Gabe
vor JHWH: sechs bedeckte Wagen ... In EstR 1,12 sind sie in derselben Funktion in bezug auf die sechs Stufen, die zum Thron Gottes
führen, erwähnt.

Daß an diesen Stellen, die in nahezu stereotyper Weise von den
sechs Müttern sprechen, die Mägde ihren Herrinnen gleichgeordnet
sind, hängt wohl mit der 'geforderten' Sechszahl zusammen und sagt
wenig über die Bedeutung der beiden Mägde aus. Andere Auslegungen
beschränken sich—im Sinne von b Ber 16b—auf die vier Mütter.
Insgesamt drei mal ist im babylonischen Talmud eine Interpretation

zu Ri 5,24 überliefert, die die „Frauen im Zelt", vor denen Jaël gepriesen werden soll (תברך מנשים יעל אשת חבר הקיני מנשים באהל תברך), auf Sara, Rebekka, Lea und Rachel bezieht (b Naz 23b; Hor 10b; San 105b). Der Grund für dieses Lob auf Jaël im Debora-Lied besteht darin, daß sie Sisera betörte, um ihn hernach umzubringen (vgl. dazu die Auslegung R. Yoḥanans zu Ri 5,27 in b Naz 23b). Diese Tat erläutert den im Namen des R. Naḥman b. Yiṣḥaq über-lieferten Ausspruch: Besser ist eine gutgemeinte Sünde als ein nicht gutgemeintes gutes Werk (גדולה עבירה לשמה ממצוה שלא לשמה, vgl. b Naz 23b; Hor 10b). Eine Einschränkung des Lobs auf Jaël zugun-sten der Stammütter wird in b San 105 b vorgenommen: Die mutige Kämpferin wird nicht *vor* den Frauen im Zelt resp. den Erzmüttern gepriesen, sondern *wie* sie (מען). Damit wird sichergestellt, daß Jaëls Tat zwar aufs Höchste lobenswert bleibt, sie selbst aber nicht Sara, Rebekka, Rachel und Lea den Rang abläuft.

An einer anderen Stelle werden die Erzmütter nicht nur aufgezählt, die Bezugnahmen werden vielmehr inhaltlich ausgeführt. In WaR 30,10 erläutern die Frauen die vier Arten an Sukkot (vgl. Lev 23,40): Die „Früchte des Prachtbaumes" (פרי עץ הדר) symbolisieren Sara, d.h. den Etrog, denn Gott schmückte sie (הידרה) mit hohem Alter (vgl. Gen 18,11). Die Palmzweige (כפות תמרים) stehen für Rebekka: Einer Dattelpalme vergleichbar, die zwar eßbare Früchte hervor-bringt, an der es jedoch auch stachlige Dornen gibt, brachte Rebekka sowohl einen Gerechten als auch einen Frevler zur Welt. Die Myrthe (ענף עץ עבות) verkörpert Lea, deren Kinderreichtum der Vielzahl der Blätter am Myrthenzweig entspricht. Rachel schließlich wird durch die Bachweiden (ערבי נחל) symbolisiert, deren frühes Welken auf Rachels frühen Tod deutet.[92] Der Bezug auf die Stammütter stellt nicht die einzige Weise da, auf die die vier Arten in WaR 30 alle-gorisch ausgelegt werden; der Interpretation gehen Auslegungen vor-aus, die die Teile des Lulav als Gott selbst oder die Erzväter deuten, andere im selben Kapitel angeführte Interpretationen verstehen darunter den Sanhedrin oder das Volk Israel. Diese allegorischen Deutungen vergegenwärtigen im Zusammenhang mit Sukkot, dem Fest, an welchem sich Israel seiner Wüstenzeit erinnert, wichtige

---

[92] Vgl. dazu die Parallele in PesR 51,2. Die pesiqta, die nicht in jede Ausgabe aufgenommen ist, findet sich in Ms. Parma 220b–222a; vgl. dazu Braude, W.G., Pesikta Rabbati. Discourses for Feasts, Fasts, and Special Sabbaths II (YJS 18), New Haven/London 1968, 852, Anm.*.

Bestandteile der Heilsgeschichte des Volkes. Daß diese Form der
Auslegung nicht singulär ist, zeigt die allegorische Deutung des
Brunnens, an dem Jakob Rachel trifft. Gen 29,2f. dient als 'Aufhänger'
einer Reihe allegorischer Auslegungen, die Brunnen, Stein und Herden
auf Fakten aus der Geschichte Israels beziehen (BerR 70,8f., vgl.
Abschnitt 5.2.1.). In WaR 30 wird die Heilsgeschichte v.a. anhand
zentraler biblischer Gestalten—den Erzeltern—und wichtiger nachbiblischer Größen—dem Sanhedrin und seinen Gelehrten—verge-
genwärtigt. Daß dabei nicht nur auf die Erzväter, sondern auch auf
deren Frauen rekurriert wird, unterstreicht die Popularität und die
Bedeutung der Erzmütter für das Volk.

Welch großer Beitrag für die Heilsgeschichte Israels den Frauen gelegentlich zugeschrieben wird, zeigt eine in SER 25 (27) belegte Überlieferung: לא נלנל הקב"ה והוציא את ישראל ממצרים אלא בשביל שרה
רבקה ורחל ולאה. Somit hat Israel den Auszug aus Ägypten letztlich
den Stammüttern Sara, Rebekka, Rachel und Lea zu verdanken.[93]
Als 'Verdienste' der Erzmütter[94] nennt die erwähnte Überlieferung
bei Sara die Beherbergung eines Fremden im Bett Abrahams, bei
Rebekka die Bereitschaft, mit Elieser zu ziehen (vgl. Gen 24,58) sowie
bei Rachel und Lea ihren Entschluß, Jakob ihre Mägde als Nebenfrauen zu geben. Alle vier Frauen zeichnen sich durch selbst-loses
Handeln aus—Rachel und Lea sorgen darüber hinaus für die Ver-
mehrung der Jakobsöhne, der Vorfahren Israels—und tragen durch
ihr vorbildhaftes Verhalten zur Rettung ihrer Nachkommen aus der
Sklaverei in Ägypten bei.

Nachdem bisher immer nur von gemeinsamen Erwähnungen der
Stammütter die Rede war, scheint es mir angebracht, vor der Betrachtung des nächsten Vergleichspunktes einen kurzen Blick auf die
rabbinischen Auslegungen zu werfen, die sich mit den Erzählungen

---

[93] Nach einer anderen Überlieferung wurde Israel dank der gerechten Frauen
(נשים צדקניות) der damaligen Generation aus Ägypten befreit (vgl. b Sot 11b).
[94] Die Vorstellung, daß die Nachkommen von den Taten der Vorväter—und in
geringerem Ausmaß auch der Mütter—profitieren können, ist in der rabbinischen
Literatur weit verbreitet und zumeist in die Wendung בזכות האבות gefaßt (vgl. z.B.
BerR 76,5: Israel verdankt die Überquerung des Jordan Jakob; BerR 87,8: Josef
rettet sich vor der Frau Potifars dank des Verdienstes der Väter; TJon Jer 31,16
erwähnt die Taten der gerechten Väter: עובדי אבהתך אברהם צדיקיא—vgl. Abschnitt 3.2.2.
der Untersuchung; b RHSh 11a spricht sowohl vom Verdienst der Väter als auch
vom Verdienst der Mütter); vgl. dazu z.B. Neusner, Judaism and Its Social Metaphors,
a.a.O., 131–139 und Abschnitt 5.4.2.3. der Untersuchung.

über die beiden Erzmütter beschäftigen, welche bislang kaum berücksichtigt wurden: Sara und Rebekka.[95]

Nach BerR 40,4 war Sara von außerordentlicher Schönheit gekennzeichnet. Ihr erster Name Sarai bedeutete, daß sie Fürstin für sie selbst (לעצמה)
war, der neue Name bezeichnet Sara als Fürstin der ganzen Menschheit
(BerR 47,1). In Haran war Abraham für die Bekehrung der Männer
zuständig, Sara predigte den Frauen (BerR 39,14). Nach jahrelanger Unfruchtbarkeit wird Saras Jugend wiederhergestellt (BerR 47,2), und sie gebiert
Isaak. Zum Beweis, daß der Sohn tatsächlich von ihr stammt, stillt sie nicht
nur ihn, sondern eine Vielzahl von Säuglingen (BerR 53,9). Saras Lachen
bei der Ankündigung der Geburt eines Sohnes durch die drei Männer (vgl.
Gen 18,12) werten die Rabbinen eindeutig negativ; aber aufgrund dieses
Lachens habe sich Gott zum ersten Mal direkt an Sara gewandt und mit
ihr gesprochen (BerR 48,20; vgl. 45,10; 63,7). Die Vertreibung Hagars und
Ismaels wird in BerR dadurch gerechtfertigt, daß Sara Ismael beim Götzendienst und anderen Schandtaten beobachtet (BerR 53,11). Saras Tod
führen einige Ausleger auf den Schock zurück, den die Nachricht von der
Bindung Isaaks bei ihr ausgelöst hat (In PRE 32 berichtet der Satan von
der Bindung, nach WaR 20,2 und QohR 9,7 Isaak selbst;[96] die biblische
Überlieferung schweigt zu den Reaktionen Saras auf die Bindung Isaaks.).
Bezüglich Rebekka betonen die Rabbinen ihre Aufrichtigkeit trotz ihrer
Abstammung von einer betrügerischen Familie aus Mesopotamien (BerR
63,4). Ihre Unfruchtbarkeit rührt daher, daß sich der Segen, den ihr ihre
Mutter und ihr Bruder mit auf den Weg geben, in Wirklichkeit als Fluch
erweist, da die beiden nicht an den einen Gott glauben (BerR 60,13), Isaaks
Gebet um Kinder wird aber schließlich erhört. Über den unterschiedlichen
Charakter ihrer beiden Söhne ist sich Rebekka früh im Klaren, und sie
erkennt Jakobs Besonderheit (BerR 63,10). Als Motiv für Rebekkas Intervention
zugunsten Jakobs, als es um die Zubereitung des Mahls für Isaak geht,
nennt der Midrasch v.a. ihren Wunsch, Isaak von der Untat abzuhalten,
Esau zu segnen (BerR 65,6).[97] Esaus Absicht, seinen Bruder zu töten, wird
Rebekka vom heiligen Geist offenbart (BerR 67,9).

Die schon bei den Interpretationen zu Rachel und Lea festgestellte
Tendenz, die Erzmütter zu entlasten—bei diesen beiden Frauen ge-

---

[95] Zu Lea wurde bereits einiges im Zusammenhang mit der Darstellung der
Auslegungen zu den Rachel-Erzählungen gesagt. Hinzuzufügen ist eine Bemerkung
im Zusammenhang mit der Namensgebung für ihren vierten Sohn Juda (Gen 29,35).
Leas Ausspruch „Ich will JHWH danken" veranlaßt die Rabbinen zu konstatieren,
daß Lea die erste Person seit der Schöpfung ist, welche Gott dankt (b Ber 7b). Zu
den Auslegungen bezüglich Sara und Rebekka vgl. z.B. Chalier, a.a.O., 15–149;
Grohmann, a.a.O., 98–102 und Dolores, a.a.O., 322–328.

[96] Auch nach QohR 9,7 stirbt Sara eher aus Kummer als aus Freude über die
Rückkehr ihres Sohnes (צווחה: sie schrie/klagte; gegen Chalier, a.a.O., 68).

[97] Zum letzten Punkt vgl. auch die Darstellung Rebekkas in Jub 26.

schieht dies v.a. durch die Harmonisierung des Schwesternkonflikts—
läßt sich folglich auch bei den Auslegungen der Erzählungen über
Sara und Rebekka feststellen: Bei Sara betrifft dies die Motivation
zur Vertreibung Ismaels, bei Rebekka die Täuschung Isaaks. Dadurch erscheinen die Erzmütter als noch größere Vorbilder, als die
biblischen Überlieferungen selbst erkennen lassen, wenn auch nicht
als makellose Heldinnen, denn Sara bleibt immerhin noch ihr
öffentliches Lachen als Makel anhaften; außerdem werden in der
schon erwähnten Überlieferung von den vier schlechten Eigenschaften
der Frauen zwei mit Sara in Verbindung gebracht, nämlich Neugier
und Faulheit (BerR 45,5; DevR 6,11). Dennoch verbindet die vier
Stammütter eine Hochschätzung in der rabbinischen Literatur, welche
positive Züge innerhalb der biblischen Erzählungen aufgreift und
verstärkt, sowie mögliche negative Aspekte durch Erklärungen berei-
nigt, abschwächt oder harmonisiert.

Ein weiterer gemeinsamer Zug in der rabbinischen Darstellung
der Erzmütter liegt darin, daß ihnen die Gabe der Prophetie zugeschrieben wird. In BerR 72,6 wird R. Ḥanina' b. Pazi zitiert: אמהות
נביאות היו ורחל היתה מן האימהות—Die Mütter waren Prophetinnen,
zu ihnen gehörte auch Rachel. Als Beleg für Rachels prophetische
Gabe dient ihr Wissen um die Geburt genau eines weiteren Sohnes
nach der Geburt Josefs (vgl. Gen 30,24), weshalb Lea eine Tochter
anstelle eines siebten Sohnes zur Welt bringt. Diese Überlieferung
findet sich in ähnlicher Form—allerdings ohne den Hinweis auf die
prophetischen Fähigkeiten der anderen Stammütter—auch schon in
y Ber 9,3 (60b) (vgl. auch TanB wayeṣe 20). Auf Rebekkas prophetische Gabe weist abgesehen von der pauschalen Bezeichnung
aller Erzmütter als Prophetinnen in BerR 72,6 ihre vom heiligen
Geist vermittelte Kenntnis des Planes Esaus (BerR 67,9 s.o.). Auch
Sara wird die Gabe der Prophetie zugeschrieben; in b Meg 14a wird
sie, die die rabbinische Tradition mit Abrahams Nichte Jiska identifiziert
und ihren Namen von der Wurzel סכה (sehen) ableitet und auf ihre
visionären Fähigkeiten bezieht,[98] als einzige der Stammütter neben
Mirjam, Debora, Hanna, Abigajil, Hulda und Ester zu den sieben
Prophetinnen gerechnet.[99] Die Gabe der prophetischen Schau, mit

---

[98] Vgl. b Meg 14a: שסכתה ברוח הקדש; vgl. b San 69b: . . . שסוכה.

[99] Darüber hinaus kennt die rabbinische Tradition eine Reihe weiterer Prophetinnen
und mit dem heiligen Geist begabte Frauen, z.B. Ester (b Meg 15a). Die Tendenz,
besondere Einsichten bedeutender Frauen auf die Wirkung des heiligen Geistes

der alle Stammütter betraut sind, verbindet sie mit einer Anzahl weiterer bedeutsamer Frauen der biblischen Überlieferung und läßt sie den schon im Alten Testament als Prophetinnen bezeichneten Frauen Mirjam und Hulda in nichts nachstehen.

Neben den bisher genannten Punkten gibt es noch einen weiteren Themenkreis, der auf einen gemeinsamen Zug aller Stammütter verweist: ihre Unfruchtbarkeit. Sie hat ihren Anhaltspunkt in den biblischen Erzählungen und beschränkt sich nicht nur auf die Erzmütter, sondern betrifft auch Frauen wie Hanna (1 Sam 1,2) oder die Mutter Simsons (Ri 13,2), gleichsam zur Unterstreichung der Bedeutsamkeit der zu guter Letzt geborenen Kinder. Für die Unfruchtbarkeit der Stammütter geben die Rabbinen mehrere Erklärungen: Ihre Schönheit, die die jüdischen Exegeten offensichtlich sehr hoch bewerten, soll möglichst lange erhalten bleiben, damit sie ihren Ehegatten gefallen; einige Jahre sollen sie noch von schwerer Arbeit verschont bleiben; Gott hatte Freude daran, ihre Gebete zu hören (ShirR 2 zu Cant 2,14 [ח]; BerR 45,4; vgl. SER 18 [20]: Gott zeigt an den unfruchtbaren Frauen sein großes Erbarmen).

Die rabbinische Überlieferung setzt das Schicksal der unfruchtbaren Frauen an vielen Stellen zueinander in Beziehung. In PesR 43, einer pesiqta, die Hannas Erhörung zum Inhalt hat, wird überliefert, daß sich Hanna mit Sara, Rebekka und Rachel vergleicht [Friedmann 182a]. Auf die besorgten Fragen ihres Mannes antwortet sie, daß sie weint, wie Sara es tat, nichts ißt wie Rebekka und betrübten Herzens ist wie Rachel.[100]

Ein mehrfach überlieferter Midrasch bezieht das Geschick der nach biblischer Überlieferung kinderlosen Frauen aufeinander, indem er eine Gruppe von sieben Unfruchtbaren zusammenstellt: Sara, Rebekka, Lea, Rachel, die Frau Manoachs, Hanna und als siebte 'Frau' Zion,

---

zurückzuführen, verstärkt sich noch in den späteren Auslegungen, bes. im Midrasch HaGadol; dort finden sich auch konkrete Hinweise auf Leas prophetische Vorausschau (vgl. MHG Ber 524). Zu den Quellen vgl. Schäfer, P., Die Vorstellung vom Heiligen Geist in der rabbinischen Literatur (SZANT 28), München 1972, 51–58.

[100] Im Zusammenhang mit der Auslegung des Danklieds der Hanna (1 Sam 2,1–10) deutet R. 'Ele'azar bar Yosi den Schriftvers „Die Unfruchtbare gebiert sieben, und die viele Kinder hatte, welkt dahin" (1 Sam 2,5) auf Rachel und Lea; Letztere gebar sieben Kinder, während Rachel, obwohl sie vieler Kinder würdig gewesen wäre, frühzeitig dahinwelkte (MShem 5,11). Hier wird Lea, die Kinderreiche, zur Garantin des göttlichen Erbarmens mit den Unfruchtbaren; Rachels Erhörung spielt keine Rolle, es zählt nur ihr früher Tod.

welche nach Jes 54,1 („Rühme, du Unfruchtbare,...") ebenfalls mit
einer Kinderlosen zu vergleichen ist. PesK 20,1 (Mandelbaum S.310f.)
und MShem 6,4 verweisen auf die Frauen, um den Psalmvers Ps
113,9, der von der Unfruchtbaren, die zur Mutter wird, spricht
(...מושיבי עקרת הבית אם־הבנים שמחה), zu illustrieren. Für jede Frau
wird jeweils ein Vers angegeben, der von der Unfruchtbarkeit der
Frauen handelt, und zumeist ein weiterer Beleg für den sich schließlich
dennoch einstellenden Kindersegen. Während in MShem in Verbindung mit dem Danklied der Hanna die Erhörung dieser Frau am
Ende der Kette der Aufzählungen steht, läuft in PesK alles auf Zion
zu:[101] Das Schicksal der Frauen, die in ihrer Niedrigkeit von Gott
erhört werden (vgl. den Kontext des Psalms, bes. V.6f.), weist auf
das Ergehen Jerusalems. In AgBer 52 findet sich ebenfalls diese
Auflistung, doch wird hier nicht nur das Schicksal der Frauen unter-
einander parallelisiert, sondern die sieben Frauen werden darüber
hinaus mit den sieben Schöpfungstagen gleichgesetzt. Jede Frau wird
einem der Schöpfungstage zugeordnet, wobei der Bezug in den meisten Fällen über den dann doch geborenen Sohn hergestellt wird.[102]
So verweist etwa der Midrasch bei Rachel, welche mit dem vierten
Schöpfungstag verbunden wird, an dem die Gestirne erschaffen wurden, auf Josefs Traum Gen 37,9; Hanna wird in Verbindung mit
dem fünften Tag erwähnt, an dem Gott u.a. die Vögel erschuf (vgl.
Gen 1,20), denn ihr Sohn Samuel eilte nach Ansicht der Ausleger
wie ein Vogel von Ort zu Ort (vgl. 1 Sam 7,16). Wiederum spitzt
sich die Auflistung auf Zion zu: Die heilige Stadt wird dem siebten
Tag zugeordnet, an dem Gott ruhte. Als Ort, den sich Gott erwählt
hat, um dort zu wohnen, soll Zion zur Wohnstätte der göttlichen
Ruhe werden (vgl. Ps 132,13f.). Der entscheidende Punkt, an dem
sich die Wende zum Guten—welche sich bei den sechs unfruchtbaren
Frauen an der Geburt eines Sohnes abzeichnet—erkennen läßt, besteht
bei Zion folglich in der angekündigten Gegenwart Gottes. Diese
Wende liegt anders als bei den Stammüttern, Hanna und der Mutter
Simsons noch in der Zukunft.

---

[101] Zur Auslegung von PesK 20,1 vgl. Callaway, M., Sing, O Barren One: A
Study in Comparative Midrash (SBL.DS 91), Atlanta 1986, 120–123.
[102] Lediglich bei Sara, die dem ersten Schöpfungstag entspricht, an welchem
Himmel und Erde geschaffen wurden, erfolgt die Verbindung über Abraham bzw.
den Segen, der ihm von Melchisedek zuteil wird (Gen 14,19); zur Auslegung von
AgBer 52 vgl. Callaway, a.a.O., 117–120.

M. Callaway verweist bei ihrer Analyse der Texte auf zwei hermeneutische Grundprinzipien, die den Auslegungen zugrunde liegen:[103] 1. Zunächst läßt sich eine Analogie feststellen, welche in der Unfruchtbarkeit der Mütter besteht und es erlaubt, die Geschichten dieser Frauen zusammen zu lesen.[104] Die Mütter veranschaulichen jede für sich in exemplarischer Weise Gottes Handeln und zeigen, wie Gott die Niedrigen erhöht und Gebete erhört; die Wende in ihrem Schicksal wird zum Zeichen für die zukünftige Welt.[105] Gemeinsam stellen sie einen 'Querschnitt' durch das Heilshandeln Gottes an Israel dar, gewissermaßen die Heilsgeschichte Israels in konzentrierter Form. Sie selbst werden mit ihrem Verhalten zu Vorbildern, an denen sich die nachfolgenden Generationen orientieren können. 2. Durch die Parallelisierung des Schicksals Zions mit dem der unfruchtbaren Mütter wird deren Geschichte in einem anderen Licht gelesen. Während den biblischen Müttern bereits ein Sohn gewährt wurde, liegt die 'Fruchtbarkeit' Zions in der Zukunft und steht somit noch aus. Das Wirken Gottes an Hanna, der Mutter Samsons und den Stammüttern wird zum Zeichen für seine Hinwendung zu Zion; die Zukunft Zions wird in der Geschichte der biblischen Frauen vorweggenommen, so daß die Bedeutung dieser Gestalten nicht in der Vergangenheit liegt, sondern auf die Zukunft ausgerichtet ist. Damit erhalten die Geschichten von der Erzmüttern und den anderen unfruchtbaren Frauen ihre wahre Bedeutung in der Aktualisierung.

Auch die Geschichte Rachels kann in diesem Licht gesehen werden, denn auch ihre Erhörung wird zum Zeichen für Gottes verheißene Zuwendung zum Zion und dem zukünftigen Heilswirken an seinem Volk. Das Schicksal der Unfruchtbarkeit verbindet sie mit den anderen unfruchtbaren Frauen und damit mit einem Kreis, der über die Gruppe der Stammütter hinausgeht.[106]

---

[103] Vgl. Callaway, a.a.O., 123.

[104] In Anlehnung an die Klassifizierung von W.S. Towner, The Rabbinic „Enumeration of Scriptural Examples". A Study of a Rabbinic Pattern of Discourse with Special Reference to Mekhilta d' R. Ishmael (SPB 22), Leiden 1973, 120f., kann die sich aus der Zusammenstellung der sieben unfruchtbaren Frauen ergebende Analogie als eine hermeneutische Analogie bezeichnet werden, denn sie stellt den Bezug auf thematischer Ebene her (vgl. Callaway, a.a.O., 119).

[105] Zum Motiv 'Erhöhung der Niedrigen' vgl. z.B. Gottes Zuwendung an Lea BerR 71,1 und Hannas Gebet PesR 43 [Friedmann 179b], zur Gebetserhörung vgl. Abrahams Gebet für die unfruchtbaren Frauen BerR 39,11 und zur Erhörung der Unfruchtbaren als Zeichen für die zukünftige Welt BerR 77,1; vgl. auch die Untersuchung der drei Motive bei Callaway, a.a.O., 123–136.

[106] Auch zu anderen Frauen wird Rachel durch ein gemeinsames Schicksal in

5.3.4. *Ergebnis*

Der Überblick über die Bezugnahmen auf Verse der Rachel-Erzählungen hat gezeigt, in welch vielfältigen Zusammenhängen auf die Stammutter verwiesen wird: in פתגמים und מימרות—hier häufig im Zusammenhang mit dem Motivkreis '(Un-)Fruchtbarkeit'—, zur Illustration halachischer Fragen oder in der Wendung צרת רחל, die Jakobs Kummer mit seiner Frau beschreibt usw. Neben Rachels Schönheit loben die Midraschim v.a. ihre Verschwiegenheit bzw. ihre צניעות, aber daneben werden auch ihre negativen Seiten nicht übergangen. Die rabbinischen Auslegungen verweisen in diesem Zusammenhang auf Rachels Eifersucht und den von ihr begangenen Diebstahl und verbinden damit verallgemeinernde Aussagen über angeblich 'weibliche' Untugenden wie Neugier, Faulheit etc.

Der Vergleich mit anderen biblischen Frauengestalten betrifft in erster Linie die Stammmütter. Daß Rachel häufig mit ihnen zusammen genannt wird, ergibt sich aus der biblischen Tradition. Es zeigt sich, daß sich die Tendenz der Konfliktentschärfung, die bei den Auslegungen der Rachel-Lea-Erzählungen festzustellen ist, in ähnlicher Form bei den Interpretationen der anderen beiden Erzmütter nachweisen läßt. Gemeinsam werden die Stammütter zur allegorischen Interpretation des Lulav herangezogen (WaR 30,10), welche einige der wichtigsten Momente aus der Heilsgeschichte Israels vor Augen führt; ihren Verdiensten verdankt Israel den Auszug aus Ägypten (SER 25 [27]), und es werden ihnen prophetische Gaben attestiert (BerR 72,6 u.a.). Das Schicksal der Unfruchtbarkeit und die durch göttliches Eingreifen dennoch erfolgte Geburt eines Kindes verbindet Rachel mit weiteren Frauen. Wie diese wird sie zum Modell für

---

Beziehung gesetzt: Den Tod als Wöchnerinnen starben außer Rachel die Frau des Pinchas und nach rabbinischer Auslegung auch Michal (vgl. BerR 82,7; MShem 11,3). Bereits erwähnt wurden die Quellen, nach denen Sara, Rachel und Hanna—drei Frauen aus der Gruppe der Unfruchtbaren—an Rosh Hashana empfingen (b Ber 29a; RHSh 10b.11a; Jev 64b; vgl. Abschnitt 5.2.2.). Im späten Midrasch zu den Sprüchen wird nach der in der Ausgabe von S. Buber (vgl. die Angabe im Literaturverzeichnis) erhaltenen Fassung in der Auslegung von Prov 31,10ff., dem sogenannten 'Lob der tüchtigen Hausfrau', jeweils ein Vers auf eine biblische Frauengestalt bezogen, z.B. V.14, der die Frau mit einem Handelsschiff vergleicht, auf Rachel bzw. ihren Sohn Josef, welcher die Welt vor einer Hungersnot bewahrte (MMish 31,14). Daß bei einer solchen Schematisierung die Vergleichspunkte nicht immer sofort ersichtlich sind, liegt auf der Hand (vgl. z.B. die Auslegung zu V.17 in MMish 31,16, der das Stichwort 'Weinberg' enthält: Der Vers wird auf Moses Mutter Jochebed bezogen, denn Mose sei so wichtig wie ganz Israel gewesen, welches in Jes 5,7 mit einem Weinberg verglichen werde.).

vorbildliches Verhalten, und ihr Ergehen veranschaulicht die Zukunft Zions, welche nach den Verheißungen Gottes ebenfalls in einer Wende zum Guten besteht. Die Vorbildfunktion, die Rachel nach den rabbinischen Interpretationen der Genesis-Erzählungen einnimmt, ist folglich keine singuläre Erscheinung; Sara, Rebekka und die übrigen Frauen sowie eine Anzahl anderer biblischer Gestalten, z.B. Rut in RutR,[107] werden ebenso zu Modellen für Gott wohlgefälliges Verhalten, das am Ende auch belohnt wird. Der ethische Aspekt bei der Aktualisierung der biblischen Erzählungen in der rabbinischen Literatur ist nicht zu übersehen.

In den vorgestellten Auslegungen hebt sich die Gestalt Rachels nicht wesentlich von der Darstellung der übrigen bedeutenden Frauengestalten ab. Ihre Sonderstellung läßt sich v.a. an den Interpretationen zu Jer 31,15–17 erkennen, denen ich mich im folgenden zuwenden möchte.

5.4. *Rachels Klage Jer 31,15–17 in rabbinischen Auslegungen*

Die Einbettung der Klage Rachels in den größeren Kontext Jer 31,15–22 (vgl. Abschnitt 2.3.2.) wirkt sich in der Regel nicht auf die Behandlung des Textes in der rabbinischen Literatur aus, die in den seltensten Fällen Bezüge zwischen Jer 31,15–17 und 31,18–22 herstellt.[108] Dies rechtfertigt die Beschränkung auf Jer 31,15–17.

---

[107] Vgl. dazu Bronner, A Thematic Approach to Ruth, a.a.O.

[108] Zu Ausnahmen vgl. Abschnitt 5.4.2.4. und 5.4.3.2. In den Auslegungen zu Jer 31,18–22 spiegelt die Beziehung Gottes zu seinem geliebten Sohn Ephraim, der zur Umkehr findet und dessen JHWH sich erbarmt, das Verhältnis Israels zu seinem Gott wider (vgl. DevR 2,24; MTeh 70,1; 77,2). Die Wegweiser und Wegmale, die sich die Rückkehrer nach Jer 31,22 aufstellen sollen, werden in den jüdischen Auslegungen durchweg metaphorisch gedeutet und auf den Erwerb der Tora (b Er 54b) bzw. die Befolgung der Gebote (SifDev 'eqev 43) bezogen; sie zeigen den Weg an, den die Gemeinde Israels zu gehen hat. In diesem Zusammenhang muß auch noch einmal an TJon erinnert werden, das unter der Rückkehr Israels ebenfalls dessen Umkehr zur Tora versteht (vgl. TJon zu Jer 31,18–22). Unter המרורים verstehen die Ausleger 'Bitterkeiten' und beziehen diese auf die Tempelzerstörung (vgl. z.B. SifDev 'eqev 43).

5.4.1. *Bezugnahmen auf einzelne Verse aus Jer 31,15–17 ohne direkte Verbindung zur Rachel-Gestalt*

5.4.1.1. *BerR 5,4*

> R. Berekhja sprach: Die oberen Wasser trennten sich von den unteren nur mit Weinen; denn es steht geschrieben: *Dem Tropfen/Weinen der Ströme wehrt man* (מבכי נהרות חיבש) (Hi 28,11).
>
> R. Tanḥuma bringt es hiervon: *Er macht die Erde mit seiner Kraft* usw. [*zu [seiner] Stimme/[seinem] Donner ist viel Wasser* usw.* (לקול תתו המון מים)][109] (Jer 10,12f.).
>
> Und *Stimme* ist nichts [anderes] als Weinen, wie du liest: *Eine Stimme wurde in Rama gehört, ein Klagelied, bitterliches Weinen* (Jer 31,15).[110]

Zum Kontext: Der Abschnitt ist eingebettet in die Auslegungen zu Gen 1,9: Es sammle sich das Wasser unterhalb des Himmels an einem Ort, so daß das Trockene zu sehen ist; und es geschah so. Der Trennung von Wasser und Land am dritten Schöpfungstag geht die Scheidung der Wasser oberhalb der Feste von denen unterhalb der Feste am zweiten Tag voraus (vgl. Gen 1,6f.). Die Parasha beginnt mit zwei Gleichnissen (משלים) zur Sammlung des Wassers an einem Ort (BerR 5,1f.).[111] Es schließen sich verschiedene Auslegungen zu Ps 93,3 (Die Wasserströme, JHWH, die Wasserströme erheben ihre Stimme/... נשאו נהרות קולם...) und zur Sammlung der Wasser an einem Ort an, die teilweise das Stichwort קול aus Ps 93,3 aufgreifen. Der Abschnitt schließt mit einem Midrasch zu Ps 29,3 (קול יהוה על־המים) (BerR 5,3).

Im Namen R. Berekhjas, eines aus Palästina stammenden Amoräers des 4. Jahrhunderts, ist der Ausspruch überliefert, daß sich die oberen Wasser, d.h. die Wasser über der Feste, weinend von den unteren trennten, welche später den Ozean bildeten. Als Begründung dient der Schriftvers Hi 28,11a: ... מבכי נהרות חבש. Die Kombination der beiden Begriffe 'Ströme' (נהרות) und 'Weinen' (בכי) trägt zur Stützung der Aussage bei. Eine andere biblische Begründung führt R. Tanḥuma

---

[109] Zitat gemäß dem Druck nach Ms. Venedig 305.

[110] Nach Stemberger, Einleitung, a.a.O., 275, stammt der Midrasch in seiner jetzigen Form aus der ersten Hälfte des 5. Jh.s. Die Gliederung der Quellentexte wurde von der Verfasserin der Studie vorgenommen.

[111] Vgl. dazu die Analyse bei Thoma, C., Lauer, S., Die Gleichnisse der Rabbinen. II. Von der Erschaffung der Welt bis zum Tod Abrahams: Bereschit Rabba 1–63. Einleitung, Übersetzung mit Kommentar, Texte (JudChr 13), Bern/Berlin u.a. 1991, 83–89. Weitere Gleichnisse in BerR (das Gleichnis von der rebellischen Stadt in BerR 5,6 und das Gleichnis vom vollen Gefäß in BerR 5,7) beschäftigen sich ebenfalls mit der Sammlung des Wassers; vgl. dazu Thoma, Lauer, a.a.O., 90–93.

an, ein Zeitgenosse R. Berekhjas. Der erste Beleg, Jer 10,12f., liefert die Stichworte קול und מים (לקול תתו המון מים). Mit Hilfe einer גזירה שוה, die auf dem Stichwort קול aufbaut, schlägt der Ausleger die Brücke zu Jer 31,15: ... קול ברמה נשמע. Da in diesem Vers קול als בכי näher bestimmt wird, ist das gewünschte Ziel erreicht: Auch die 'Stimme' in Jer 10,13, die in diesem Fall auf die Wasser zu beziehen ist, bedeutet 'Weinen', und das Weinen des Wassers kann auf den Schöpfungsvorgang der Trennung der Wasser bezogen werden. Das Interesse an Jer 31,15 ist einzig durch seine Kombination der entscheidenden Begriffe קול und בכי gegeben, der weitere Inhalt des Verses—das Subjekt der Klage oder die Situation, die vorausgesetzt ist—und der größere Zusammenhang, in dem er steht, sind in diesem Fall bedeutungslos. Diese Auslegung stellt ein Musterbeispiel rabbinischer Auslegungstechnik dar: Alle Bibeltexte befinden sich auf der gleichen Ebene; jeder Bibelvers kann zur Interpretation eines anderen herangezogen werden—freilich unter Zuhilfenahme bestimmter Regeln, in diesem Fall der גזירה שוה. Das Interesse an einem Bibelvers beschränkt sich häufig auf ein einziges Wort oder eine Phrase, der Kontext ist unerheblich, wie auch im Fall der Bezugnahme auf Jer 31,15 in BerR 5,4.

5.4.1.2. *ShirZ zu Cant 1,1*

> Siebzig Namen gab er (scil. Salomo) Jerusalem [...]
> Sie wurde רמה genannt, denn es heißt: *Eine Stimme wurde in Rama/auf der Höhe* (ברמה) *gehört* (Jer 31,15).[112]

Zum Kontext: Innerhalb der Auslegungen zum ersten Vers des Hohenlieds—שיר השירים אשר לשלמה—werden eine Reihe von Aufzählungen überliefert, welche sich auf die Zahl siebzig beziehen: Siebzig Namen gibt es für Israel, siebzig für Jerusalem, die Tora und JHWH. Als vorletzter der siebzig Namen Jerusalems wird unter Hinweis auf Jer 31,15 רמה angeführt.

Bei den siebzig Namen Jerusalems handelt es sich zu einem Teil um aus der biblischen Tradition geläufige Beinamen der heiligen Stadt, wie etwa ציון oder עיר דוד. Auch andere Bezeichnungen lassen sich auf biblische Zuordnungen zurückführen, und der Midrasch führt

---

[112] Hinsichtlich der Datierung des Midrasch besteht noch Klärungsbedarf; nach Stemberger, Einleitung, a.a.O., 313, datiert ihn S. Schechter ins 10. Jh., doch enthalte das Werk auch viel altes Material.

auch zumeist einen Belegvers an, z.B. für חפצי בה Jes 62,4 und für נילה Jes 65,18. Andere der in ShirZ Jerusalem beigegebenen Namen erscheinen dagegen eher ungewöhnlich, z.B. die Bezeichnung לבנון, Libanon.

Die Verbindung zwischen Jerusalem und רמה liegt ebenfalls auf den ersten Blick nicht unbedingt auf der Hand. Daß Rama hier als Eigenname aufgefaßt wird und sich auf die Stadt im Gebiet Benjamin bezieht, ist unwahrscheinlich, aber nicht unmöglich, da der Midrasch auch andere Ortsnamen mit Jerusalem gleichsetzt, z.B. den Libanon oder Migdal Eder. Wahrscheinlicher ist jedoch, daß רמה in diesem Fall als Höhe verstanden wird.[113] Die Gleichsetzung mit Jerusalem wäre dann weniger erzwungen und entspräche auch den geographischen Gegebenheiten der Heiligen Stadt, die, auf einer Anhöhe gelegen, ihre Umgebung überragt.

Versucht man nun, auf dem Hintergrund dieser Gleichsetzung Jer 31,15ff. neu zu interpretieren, so könnte man argumentieren, daß die Verlagerung der Klage Rachels nach Jerusalem ihren Worten besonderes Gewicht verleiht. Vorausgesetzt, daß sich die Trauer Rachels auf die nach der Zerstörung Jerusalems exilierten Judäer bezieht,[114] wäre die Stammutter noch näher am Ort des Geschehens und nicht nur Zeugin des Deportationszugs, sondern auch der Zerstörung der Heiligen Stadt und des Tempels. Erweist sich damit die Gleichsetzung von Rama und Jerusalem in ShirZ als bedeutungsvoll für die Auslegung von Jer 31,15–17 und von größerer Relevanz als zunächst vermutet? M.E. sollte man die Beziehung nicht überinterpretieren. רמה wird als einer unter siebzig Namen für Jerusalem aufgeführt und hat als Ortsbezeichnung etwa dieselbe Qualität wie die beiden ebenfalls erwähnten 'Namen' הר מרום und הר נבוה. Dies relativiert die Bedeutung der Identität von Jerusalem und Rama für die Interpretation von Jer 31,15–17. Die siebzig Namen Jerusalems stellen vielmehr einen Beleg für die Bedeutung der Stadt dar—entsprechend den siebzig Namen für Israel, die Tora und JHWH, welche zusammen eine unauflösbare Einheit bilden. In den der Heiligen Stadt beigegebenen Namen spiegelt sich die Vielfalt Jerusalems und seiner Bewohner sowie ihre Geschichte mit JHWH wider.

---

[113] Vgl. zu diesem Problem auch die Ausführungen unter 2.3.1. und die in Kapitel 3 angeführten antiken Übersetzungen.

[114] In den rabbinischen Auslegungen ist dieser Zusammenhang fast immer gegeben (vgl. die in dieser Studie besprochenen Quellen).

5.4.1.3. *Tan shemot 3/TanB shemot 5*

[Ex 1,1: *Und das sind die Namen der Söhne Israels, die nach Ägypten kamen . . .*]
Issachar: *(Denn)*[115] *es gibt einen Lohn* (שכר) *für dein Tun* (Jer 31,16).[116]

Zum Kontext: Der Midrasch beschäftigt sich mit der Liste der Jakobsöhne nach Ex 1,1–5. Zu jedem der Söhne wird ein Beleg aus der Bibel als 'Etymologie' angeführt, wobei sich die beiden Fassungen Tan und TanB als nahezu identisch erweisen; lediglich Benjamin erscheint in TanB an späterer Stelle. In einem weiteren Schritt führt der Midrasch eine Auslegung des R. Yehoshuʿa von Sakhnin im Namen seines Lehrers R. Levi, eines palästinischen Amoräers Anfang des 4. Jahrhunderts, an, die sich mit der Reihenfolge der Söhne in der erwähnten Liste im Vergleich zu anderen Auflistungen der Nachkommen Jakobs auseinandersetzt.[117]

Nach Tan shemot 3 werden alle Stämme לשם גאולת ישראל benannt (nach TanB לשם גאולתן). Für Issachar bedeutet dies, daß auf ihn Jer 31,16—es gibt einen Lohn (שכר) für deine Mühe—bezogen wird. In Gen 30,18 nennt Lea ihren fünften eigenen Sohn Issachar mit der Begründung, daß Gott ihr ihren Lohn (שכרי) gegeben habe, weil sie Jakob ihre Magd überlassen habe, damit diese ein Kind von ihm gebäre. Auch bei den anderen Söhnen wird bei der Erklärung ihres Namens in Tan shemot in keiner Weise auf die Etymologien der Genesis-Erzählung angespielt, doch ist an der Erklärung des Namens

---

[115] כי findet sich nur in der in TanB überlieferten Fassung. Auch die Auslegung der Stelle in ShemR 1,5 führt für jeden Namen eine Etymologie an; diese unterscheidet sich jedoch von der Tanḥuma—Version (Die Erklärung des Namens Issachar orientiert sich an Jer 31,16 [Denn der Heilige, gepriesen sei er, gab ihnen den Lohn für ihre Arbeit, die Beute Ägyptens und die Beute des Meeres] und greift dann auf Gen 15,14 zurück: Und danach werden sie mit großem Besitz ausziehen.).

[116] Der in zwei Fassungen erhaltene Midrasch Tanḥuma ist über längere Zeit gewachsen (ca. 5.–9. Jh.), was die genaue Datierung des Textes erschwert (vgl. Stemberger, Einleitung, a.a.O., 300f.).

[117] Daß die Reihenfolge variiert, hat nach R. Yehoshuʿa den Sinn, die Gleichwertigkeit der Söhne zu unterstreichen; die Söhne der Herrinnen—d.h. Leas und Rachels—sollen nicht vor den Nachkommen ihrer Mägde genannt werden, es gibt keine Bedeutenderen und Geringeren. Ein gewisser Unterschied in ihrer Bedeutung läßt sich aber scheinbar doch nicht leugnen, denn der Text fährt fort zu erläutern, daß die Stammväter (Stütz-)balken der Welt (תקרתן של עולם) seien. Wie gewöhnlich ein Balken mit dem dicken Ende an die Spitze des anderen gelegt werde, so gehe auch bei den Söhnen Jakobs einer dem anderen voraus, so jedenfalls nach Tan shemot 3 (vgl. ShemR 1,6). TanB shemot 5 spricht davon, daß die Spitze des einen Balkens an die Spitze des anderen gelegt werde, doch macht der Vergleich nur dann einen Sinn, wenn von einem dicken und einem dünnen Ende die Rede ist (vgl. die englische Ausgabe von Townsend, II, a.a.O., 6, Anm. 27: „The text is probably corrupt.").

Issachar erstaunlich, daß er, der Lea-Sohn, durch die Verbindung mit Jer 31,16 als Lohn für Rachels Mühe interpretiert wird, auch wenn das Wortspiel שכר שׂ ישׂ—ישׂשׂכר offensichtlich der Anlaß war. Worin Rachels Lohn genau besteht, läßt der biblische Text offen, doch ob ein weiterer Neffe für die bis dahin noch kinderlose Stammutter tatsächlich eine Belohnung darstellt, erscheint mehr als fraglich! Es gibt jedoch die Möglichkeit, die Verbindung zwischen Issachar und Jer 31,16 von der 'Mandragora-Episode' (Gen 30,14–18) her zu interpretieren: Rachel überläßt Jakob für eine Nacht ihrer Schwester, um die begehrten Liebesäpfel zu erhalten; das Ergebnis ist Issachar, der fünfte Sohn Leas, der in gewisser Weise das Resultat der Bemühungen Rachels darstellt, auch wenn diese ihn sicher nicht als Belohnung empfunden haben wird. Etwas 'um die Ecke gedacht' erscheint die Etymologie folglich nicht mehr ganz so willkürlich.

Nimmt man die Aussage ernst, daß die Jakobsöhne nach ihrer bzw. Israels Erlösung benannt worden sind, so kommt noch eine weitere Dimension hinzu: Rachels Klage und die tröstende Verheißung wurde längst nicht mehr nur auf die Nachkommen Benjamins und Josefs bezogen. Möglicherweise schon zur Zeit der Redaktion des Jeremiabuches, sicher aber in rabbinischer Zeit wurde Rachel die Mutterrolle für Gesamtisrael zugesprochen. Diese 'gesamtisraelitische Perspektive' könnte auch hinter der Verknüpfung von Jer 31,16 mit dem Namen des Lea-Sohnes Issachar stehen.

5.4.2. *Jer 31,15–17 in Verbindung mit der Prophetie Jeremias und der Prophetie allgemein*

5.4.2.1. *EkhaR pet. 34*

> Wie weit reichte die Prophetie Jeremias? Rav Ja'aqov und R. 'Aba'. Und es gibt [Leute], die sagen: R. 'Ele'azar und R. Yoḥanan.
> Einer sagte: Bis zu *der Israel zerstreute, wird es [wieder] einsammeln* (Jer 31,10).
> Und der andere sagte: Bis zu *und es gibt Hoffnung für deine Nachkommenschaft, Spruch JHWHs, und [die] Kinder werden in ihr Gebiet zurückkehren* (Jer 31,17).[118]

---

[118] Als einer der ältesten Auslegungsmidraschim wurde EkhaR wohl noch in der ersten Hälfte des 5. Jh.s redigiert; vgl. Stemberger, Einleitung, a.a.O., 282.

Zum Kontext: Die Auseinanderandersetzung um die Reichweite der jeremianischen Prophetie in EkhaR pet. 34 ist eingebettet in einen größeren Abschnitt aggadischer Überlieferungen zu Jeremias Verhalten angesichts der Zerstörung Jerusalems und der Deportation der Einwohner Judas: Jeremia leidet mit seinen exilierten Landsleuten; sieht er sie gefesselt, so hängt er sich ebenfalls Ketten um. Von JHWH selbst vor die Alternative gestellt, entweder die Exilierten zu begleiten, dann verweilte Gott in Jerusalem bei den Zurückgebliebenen, oder in Jerusalem zu bleiben, dann ginge Gott mit ins Exil, entscheidet er sich für die zweite Möglichkeit, um den Deportierten Gottes Beistand zu ermöglichen. An dieser Stelle wird in EkhaR die Dauer der Prophetie Jeremias erörtert. Es folgen weitere Belege für Jeremias Mitleiden und seine Fürsorge, beispielsweise sammelt er bei seiner Rückkehr Leichenteile der Ermordeten ein und hüllt sie in seinen Talit. Die petiḥa schließt hoffnungsvoll mit einem Wort aus dem Buch Ezechiel, demzufolge das öde Land wieder bebaut werden soll (Ez 36,34).

Der Midrasch EkhaR zeichnet sich in formaler Hinsicht dadurch aus, daß der Auslegung der einzelnen Verse des Buches Threni über dreißig Proömien, sog. petiḥot, vorangestellt sind.[119] Daß die letzte petiḥa das Schicksal Jeremias in Verbindung mit der Zerstörung Jerusalems zum Inhalt hat, ist angesichts der Tatsache, daß die Tradition diesem Propheten die Autorschaft der Klagelieder zuschreibt, sicher kein Zufall. Diese Vermutung wird durch einen Blick auf die rabbinischen Interpretationen zur Gestalt Jeremias gestützt. Schon in der biblischen Überlieferung wird Jeremia zum 'leidenden Propheten': An seinem prophetischen Auftrag scheint er fast zu zerbrechen; er klagt (vgl. die sog. Konfessionen Jer 11,18–20; 12,1–6; 15,10f.15–21; 17,14–18; 18,18–23; 20,7–18) und verflucht den Tag seiner Geburt (Jer 15,10; 20,18). Von seinen Gegnern wird er in die Zisterne geworfen (Jer 37f.). Aus ihr wird er bei der Eroberung Jerusalems zwar befreit (Jer 39), doch muß er gegen seinen Willen mit einer Gruppe Flüchtender nach Ägypten auswandern, wo sich seine Spuren verlieren (Jer 42–44). Jeremia leidet nicht nur an seinem

---

[119] Die Zählung schwankt zwischen 34 und 36, je nachdem, ob pet. 2 und 31 als eine oder zwei petiḥot gezählt werden. Die Zahl 36 ist wohl vom Zahlenwert des Wortes איכה beeinflußt, der ebenfalls 36 beträgt (vgl. Stemberger, a.a.O., 282). Eine petiḥa dient in der Regel der Hinführung zu einem Toraabschnitt. Der Ausleger spannt in einer zumeist kunstvollen Predigt den Bogen von einem Vers aus den Propheten oder Schriften bis zu einem der Anfangsverse aus dem entsprechenden Toraabschnitt (vgl. z.B. Fränkel, a.a.O., 445–448; Heinemann, J., The Proem in Aggadic Midrashim—A Form-Critical Study, in: ders., Noy, D., Hgg., Studies in Aggadah and Folk-Literature. Edited on Behalf of the Institute of Jewish Studies (ScrHie 22), Jerusalem 1971, 100–122).

eigenen Schicksal, sondern empfindet auch Mitleid für sein Volk, für
das er Fürbitte einlegt (Jer 18,20), jedoch wird ihm diese von Gott
untersagt (Jer 7,16; 11,14; 14,11).

Im rabbinischen Schrifttum wird die Tradition vom mitleidenden
Propheten aufgenommen und verstärkt.[120] Dies zeigt sich besonders
an der Darstellung der Reaktionen Jeremias auf die Zerstörung Jerusalems und des Tempels sowie auf die Deportation seiner Landsleute.
Jeremias Einfluß auf das Ergehen der Stadt ist so gewaltig, daß diese
erst eingenommen werden kann, als er sie verlassen hat (PesK 13,14
[Mandelbaum S.238]—Als Vergleich dient das Schicksal Rachels,
die erst starb, als sich Benjamin nicht mehr in ihrem Bauch befand!).
JHWH muß den Propheten deshalb aus der Stadt 'locken' (PesR 26
[Friedmann 131a]). Als er bei seiner Rückkehr nach Jerusalem von
weitem Rauch über der Stadt sieht, trägt ihn die Hoffnung, es han-
dle sich um Opferrauch und Israel habe inzwischen Buße getan
(PesR 26 [Friedmann 131b]). Wie schon erwähnt, möchte er aus
Mitleid mit seinem Volk seine Landsleute am liebsten ins Exil be-
gleiten—verzichtet jedoch, um die Begleitung durch Gott selbst zu
ermöglichen—und sich dieselben Leiden auferlegen (EkhaR pet. 34;
PesK 13,9 [Mandelbaum S.231f.]; PesR 26 [Friedmann 131b]; vgl.
MTeh 137,2). In EkhaR pet. 24 wird Jeremias Eintreten für sein
Volk 'zurückhaltender' dargestellt. Angesichts des zerstörten Tempels
bricht JHWH in Tränen aus; über Jeremias Reaktion schweigt der
Text, berichtet jedoch vom Auftrag Gottes an Jeremia, die Patriarchen
und Mose aus den Gräbern zu holen, denn „sie wissen zu weinen"
(שהם יודעים לבכות, ebd.)—man könnte ergänzen: im Gegensatz zu
dir, Jeremia! Die unterschiedliche Rolle dieser Fürsprecher wird an
anderer Stelle ausführlicher zur Sprache kommen.[121] Trotz dieser
Überlieferung, in welcher der Prophet eher als Nebenfigur erscheint
und als Diener JHWHs dessen Weisungen ausführt, hat sich das Bild
vom mitleidenden Propheten in der Tradition durchgesetzt. Seine
Fähigkeit, die Leidenden zu trösten, erstreckt sich sogar auf Zion
selbst: In einer Vision begegnet er einer klagenden Frau in schwarzen
Kleidern, deren Mann und Söhne umgekommen sind. Als sie sich

---

[120] Als relevante Texte kommen neben EkhaR pet. 34 und einigen zerstreuten
Überlieferungen v.a. PesK 13 und PesR 26 in Frage. Zu den rabbinischen Auslegungen
bezüglich der Gestalt Jeremias vgl. auch Berlin, G.L., a.a.O., 234–300, zu Jeremias
Verhalten angesichts der Tempelzerstörung bes. 258–267.
[121] Vgl. Abschnitt 5.4.4.2. der Untersuchung.

ihm als Mutter Zion zu erkennen gibt, tröstet sie Jeremia, indem er
sie auf das Schicksal Hiobs verweist, der ebensoviel durchlitten hat
wie sie; in ähnlicher Weise werde auch die Mutter Zion Trost und
Rettung erfahren (PesR 26 [Friedmann 131b–132a]).

Die pesiqta stammt in der vorliegenden Form sicher aus später
Zeit,[122] doch heißt dies nicht, daß die darin bewahrten Traditionen
nicht auch älter sein können. Inhaltlich bringt sie genau das zum
Ausdruck, was in EkhaR pet. 34 innerhalb der Erörterung, wie weit
die Prophetie Jeremias reicht, in Verbindung mit den beiden Jeremia-
Zitaten festgehalten wird. Jeremia kündigt die Sammlung der
Zerstreuten (vgl. Jer 31,10), bzw. die Rückkehr der Exilierten (Jer
31,17) an. Welches der beiden Zitate weiterreicht, ist nicht ganz klar;
das erste faßt jedoch die Rückkehr konkreter: JHWH selbst wird das
von ihm zerstreute Volk sammeln und es hüten wie ein Hirt seine
Herde.[123] In Jer 31,17 ist dagegen allgemeiner von Hoffnung für die
Nachkommen die Rede, welche in der Möglichkeit der Rückkehr
besteht.

Innerhalb der petiḥa hat die Überlieferung die Funktion, angesichts
des Leids, das in diesem Proömium zur Sprache kommt, auf die
hoffnungsvolle Wende hinzuweisen. Jeremia, der mitfühlende Prophet,
ist nicht nur Zeuge des Elends, sondern auch Gewährsmann für die
Zukunft des Volkes, die in der Rückkehr in die Heimat besteht. Sich
dessen zu vergewissern, läßt die Überlieferungen über Zerstörung
und Exilierung, die sich durch den gesamten Midrasch EkhaR ziehen,
besser ertragen, da sie nun in einem anderen Licht erscheinen. Der
Text kann damit als 'hermeneutischer Schlüssel' zum Verständnis
der Gestalt Jeremias und seiner Prophetie verstanden werden. Er
weist auf den End- und Zielpunkt der jeremianischen Prophetie und
auf die darin enthaltene heilvolle Botschaft für das Volk Israel.

Im Midrasch finden sich immer wieder Spuren der Aktualisierung
des biblischen Textes, d.h. seine Botschaft wird nicht nur auf die

---

[122] Zu PesR 26 vgl. insbesondere Prijs, L., Die Jeremia-Homilie Pesikta Rabbati
Kapitel 26. Eine synagogale Homilie aus nachtalmudischer Zeit über den Propheten
Jeremia und die Zerstörung des Tempels. Kritische Edition nebst Übersetzung und
Kommentar (StDel 10), Stuttgart/Berlin u.a. 1966; Goldberg, A., Pesiqta Rabbati
26, ein singulärer Text in der frühen Rabbinischen Literatur, in: FJB 17 (1989),
1–44.

[123] Vgl. auch die in y Ber 5,1 (36b.37a) überlieferte Diskussion der hier erwähnten Rabbinen R. 'Ele'azar und R. Yoḥanan über die Frage, ob die Prophetie
Jeremias mit Mahnungen oder Trostworten endete.

Situation der Zerstörung Jerusalems im Jahre 587 v.Chr. bezogen, sondern ebenso auf die Zerstörung des zweiten Tempels 70 n.Chr.[124] Angesichts dieser verheerenden Katastrophe für das jüdische Volk hält der Midrasch daran fest, daß der Bund Gottes mit dem auserwählten Volk weiterhin Bestand hat.[125] Israel hat durch seinen Ungehorsam die Katastrophe selbst verschuldet, es wurde somit zurecht bestraft, aber eine Umkehr ist möglich. Für die Möglichkeit, daß sich doch noch alles zum Guten wendet, zeugt nicht zuletzt auch die Aussage über die Reichweite der jeremianischen Prophetie in EkhaR pet. 34.

Wie in den bisher vorgestellten Texten spielt auch in dem soeben besprochenen die Person Rachels keine Rolle. Die Tatsache, daß an sie die Zusage über die Rückkehr der Nachkommen ergeht, wird vernachlässigt zugunsten einer Aussage über die Botschaft des Propheten im Zusammenhang mit der Frage, in welchem Umfang Jeremia das Heil vorausgesagt hat. Diese Aussage wird zur tröstlichen Botschaft für die Nachkommen der Stammutter auch in späteren Zeiten.

5.4.2.2. *EkhaZ 15/EkhaZ B 11*

EkhaZ 15: Eine andere Auslegung. *Tröstet, tröstet mein Volk.*
Rabbi sagt: Es gibt keinen Grund, daß Jerusalem beunruhigt ist vor dem Heiligen, gepriesen sei er, daß es nicht zufriedengestellt wird:
Wie sitzt sie einsam (Thr 1,1).—Er sagte zu ihr (scil. Jerusalem): Ich lasse dich allein ruhen für deine Nachkommen, denn es heißt: *Und Israel wird sicher allein wohnen* (Dtn 33,28).
Sie weint nachts (Thr 1,2).—*Halte deine Stimme vom Weinen zurück und deine Augen von [den] Tränen* (Jer 31,16).
Jerusalem wurde im Elend gefangen (Thr 1,3).—*Und er wird die Zerstreuten Judas sammeln von den vier Enden der Erde* (Jes 11,12) [. . .]

EkhaZ B 11: [Eine andere Auslegung. *Tröstet, tröstet mein Volk.*]
Rabbi sagt: Es gibt nichts Aufregendes meiner Ansicht vor dem Heiligen, gepriesen sei er, daß er sie (scil. Jerusalem) nicht zufriedenstellt.
Jeremia sagte: *Wie sitzt sie einsam* (Thr 1,1).—Und der Heilige, gepriesen

---

[124] Vgl. z.B. die Erwähnung der römischen Kaiser Vespasian in EkhaR 1,31, Hadrian in EkhaR 5,5 sowie Vespasian, Hadrian und Trajan in EkhaR 1,45 zu Thr 1,16 u.a.
[125] Zur Botschaft des Midrasch EkhaR vgl. z.B. Neusner, J., The Midrash Compilations of the Sixth and Seventh Centuries. An Introduction to the Rhetorical, Logical, and Topical Program. I. Lamentations Rabbah (BJS 187), Atlanta 1989, 171–187.

sei er, antwortete: Ich lasse dich für deine Nachkommen allein wohnen, denn es heißt: *sicher allein* (Dtn 33,28).
Jeremia sagte: *Sie weint nachts* usw. (Thr 1,2).—Und der Heilige, gepriesen sei er, antwortete: *Halte deine Stimme vom Weinen zurück* usw. (Jer 31,16).
Jeremia sagte: *Jerusalem wurde im Elend gefangen* usw. (Thr 1,3).—Und der Heilige, gepriesen sei er, antwortete: *Und er wird die Zerstreuten Judas sammeln* (Jes 11,12) [. . .][126]

Zum Kontext: Hinsichtlich des Zusammenhangs, in dem ein Vers aus Jer 31,16 zitiert wird, stimmen beide Fassungen überein: Den Ausgangspunkt stellt Jes 40,1 dar („Tröstet, tröstet mein Volk"). Im Namen Rabbis (Yehuda Ha-Nasi's), dem die Tradition die Redaktion der Mischna in der ersten Hälfte des dritten Jahrhunderts zuschreibt, wird eine Auslegung angeführt, die zur Bekräftigung der Aussage dient, daß sich für Jerusalem letztlich alles zum Guten wenden wird. In dieser Auslegung wird jeweils einem Vers aus den Klageliedern ein anderer Bibelvers—sozusagen als Antwort—gegenübergestellt. Dieser nimmt zumeist ein Stichwort aus dem Threni-Vers auf und zeugt vom zukünftigen Heil für Israel. Jer 31,16 erscheint als Erwiderung auf Thr 1,2. Am Ende wird nochmals ein Teil aus Thr 1,16 zitiert (כי רחק ממני מנחם...), und das Stichwort מנחם führt zurück zum Anfang: נחמו נחמו עמי (Jes 40,1).

In bezug auf die aufgeführten Verse unterscheiden sich die beiden Fassungen nur geringfügig,[127] Unterschiede gibt es jedoch in der 'Dramaturgie', d.h. hinsichtlich des Rahmens, in den die Verse gebettet sind. Version A beschränkt sich größtenteils auf eine unkommentierte Gegenüberstellung der beiden korrespondierenden Verse, lediglich das erste Verspaar ist als Gegenüber von Jerusalems Klage und Gottes Antwort gestaltet. Ob dies auch bei den weiteren Verspaaren intendiert ist, bleibt offen. Der Text der Fassung B dagegen greift eine alte Tradition auf und legt die Threni-Verse Jeremia in den

---

[126] Der in einer längeren (Fassung A, Ms. Parma 541) und kürzeren Fassung (B, Ms. Parma 261) überlieferte Midrasch EkhaZ enthält Auslegungen zu den ersten drei Versen der Threni, in der Hauptsache 'Aggadot über die Tempelzerstörung; etliches Material stammt aus bT oder anderen Midraschim; EkhaZ wurde nicht früher als im 10. Jh. redigiert. Eine kritische Ausgabe liegt derzeit noch nicht vor, vgl. Mandel, P.D., מדרש איכה רבתי. מבוא ומהדורה ביקורתית לפרשה השלישית. כרך א: מבוא, חיבור לשם קבלת תואר דוקטור לפילוסופיה, הוגש לסינט האוניברסיטה העברית בירושלים [Jerusalem] 1996/97, 179–181.
[127] EkhaZ B bringt zu Thr 1,4 und 1,7 einen anderen Korrespondenzvers; bei Thr 1,21 führt die Fassung A zwei Verse auf, EkhaZ B nur einen; Thr 1,8 und der 'antwortende' Vers fehlen in EkhaZ B (Da Fassung A Thr 1,7 Ps 106,45 und Thr 1,8 Jer 50,20 zuordnet, die Version B bereits Thr 1,7 Jer 50,20 gegenüberstellt, ist in dieser Fassung Ps 106,45 und Thr 1,8 möglicherweise abhanden gekommen.).

Mund.[128] Damit kommt es zu einer Gegenüberstellung der Worte
Jeremias mit der Antwort Gottes: Jeremia klagt über den desolaten
Zustand Jerusalems und der Bevölkerung Judas, und JHWH spricht
ihm als Antwort tröstende Worte zu.

Auch in dieser Auslegung klingt das Jeremiabild der jüdischen
Tradition an: Als unmittelbarer Zeuge der Zerstörung Jerusalems
und der Deportation seiner Landsleute leidet der Prophet mit dem
Volk; die Klagelieder sprechen ihm 'aus dem Herzen'. Die hoffnungsvollen Perspektiven, die das Jeremiabuch entwickelt, und die
die Tradition nach der in EkhaR pet. 34 enthaltenen Überlieferung
auch dem Propheten selbst zuschreibt (s.o.), kommen hier nicht in
den Blick. Jeremia bleibt vielmehr der Zug des leidenden und mitleidenden Propheten anhaften. Eine weitere Überlieferung aus dem
Midrasch EkhaR interpretiert die Prophetie Jeremias in demselben
Sinn, indem sie Worte des Propheten der Prophetie Jesajas gegenüberstellt: R. Yehuda bar R. Shim'on und R. 'Aibo und die Rabbinen
sagten: Wie sie (scil. die Israeliten) von aleph bis taw sündigten, wurden sie von aleph bis taw getröstet. Und so findest du, daß Jesaja
alle harten Prophezeihungen Jeremias über Israel (כל נבואות קשות
שנתנבא ירמיהו על ישראל) vorweggenommen und gemildert (wörtl.:
geheilt) hat. Die nun folgende Gegenüberstellung konfrontiert die
Verse des ersten Kapitels der Threni („Jeremia sagte . . .") mit Trostworten aus dem Jesajabuch („Jesaja dagegen sagte . . .") (EkhaR 1,23).

In EkhaZ wird Jer 31,16 mit Thr 1,2 in Verbindung gebracht;
verbindendes Element ist die Wurzel בכה: Jerusalem weint (תבכה
בכו), und Gott fordert die—personifizierte—Stadt auf, mit dem Weinen
aufzuhören (מנעי קולך מבכי). Die ursprünglich an Rachel gerichteten
Trostworte beziehen sich nun auf das zerstörte Jerusalem. Grammatikalisch ist dies korrekt, da die beiden Angeredeten das gleiche Genus
aufweisen. Auch inhaltlich macht die Übertragung Sinn, denn zum
einen wird Jerusalem sowohl in der biblischen Überlieferung, insbesondere im Buch der Threni, als auch in der rabbinischen Literatur als einsame Frau und Witwe dargestellt.[129] Zum andern läßt die
Frage nach dem Subjekt der Klage in Jer 31,15 durchaus die Antwort
zu, daß sich hinter 'Rachel' ein Kollektiv verbirgt: In der Klage der
Stammutter um ihre Nachkommen geben diese selbst ihrer Trauer

---

[128] Davon, daß die Threni Jeremia zugeschrieben werden, zeugen z.B. b BB 15a
und TThr 1,1; vgl. auch die Überschrift in LXX.
[129] Vgl. z.B. Thr 1,1; PesR 26 (Friedmann 131b).

Ausdruck. In TJon zu Jer 31,15 sind Jerusalem und Israel, wie bereits bemerkt, direkt als klagendes Subjekt genannt.[130] In der Fassung B, die Jeremia klagen und Gott antworten läßt, findet sich noch eine Spur—beabsichtigter oder unbeabsichtigter?—Ironie: Setzt man die Auffassung voraus, daß die im Namen Jeremias überlieferten Prophetensprüche auch tatsächlich von ihm stammen—wie dies die Rabbinen sicher taten (vgl. EkhaR pet. 34)—, so scheint der Prophet so vom Schmerz übermannt, daß er sich seiner eigenen Weissagungen nicht mehr erinnert. JHWH muß Jeremia Worte entgegenhalten, die er selbst überliefert hat: Halte deine Stimme vom Weinen zurück (Jer 31,16)![131]

5.4.2.3. *MekhY pisḥa 1*

> Wenn du sagen wolltest: Ich schließe [daß Gott sich auch in einem unreinen Land offenbart] aus den Propheten, mit denen er außerhalb des Landes [Israel] gesprochen hat: Auch wenn er mit ihnen außerhalb des Landes gesprochen hat, sprach er mit ihnen nur wegen des Verdienstes der Väter, denn es heißt (Jer 31,15–17): *So spricht JHWH: Eine Stimme wurde in Rama gehört* usw. *So spricht JHWH: Halte deine Stimme vom Weinen zurück und deine Augen von [den] Tränen, und es gibt Hoffnung für deine Nachkommenschaft, Spruch JHWHs* usw.
> Und auch wenn er mit ihnen außerhalb des Landes sprach wegen des Verdienstes der Väter, sprach er mit ihnen nur an einem reinen Ort [des] Wassers, denn es heißt (Dan 8,2): *Und ich war am Fluß Ulai.* Dan 10,4: *Und ich war am großen Strom, das ist der Hidaqel.* Und es heißt (Ez 1,3): *Es geschah das Wort JHWHs* usw.
> Und einige sagen, er sprach mit ihm im Land, und er sprach mit ihm außerhalb des Landes, denn es heißt: *Es geschah* (הָיֹה הָיָה) *das Wort JHWHs.* [Das erste] הָיֹה: denn er sprach mit ihm im Land, [das zweite] הָיָה: denn er sprach mit ihm außerhalb des Landes.[132]

---

[130] Vgl. Abschnitt 3.2.2. der Studie. Eine kollektive Deutung findet sich auch in EkhaR 1,23 (Israel weint); vgl. dazu Abschnitt 5.4.5.1.

[131] Nach dem Genus bezieht sich diese Antwort jedoch nicht auf Jeremia—es sei denn, es läge eine Inkongruenz vor—, sondern auf die weinende Stadt.

[132] Die Überlieferung wurde auch in Tan aufgenommen (vgl. Tan bo 5). Die Version in MekhSh ist wesentlich kürzer; ein Hinweis auf Jer 31 fehlt. MekhY stammt frühestens aus der zweiten Hälfte des 3. Jh.s, MekhSh aus dem 4. oder 5. Jh. (vgl. Stemberger, Einleitung, a.a.O., 253–257). Eckart, K.-G., Untersuchungen zur Traditionsgeschichte der Mechilta, Diss. Berlin 1959, 62–64, hält im Fall des hier vorgestellten Textes dennoch die Version in MekhSh für die ursprüngliche, welche MekhY vorgelegen habe, Schäfer, a.a.O., 74, zieht dagegen die Fassung in MekhY vor. Ob es sich bei der Argumentation mit dem Verdienst der Väter und Jer 31 um eine Erweiterung handelt, oder ob in MekhSh eine Verkürzung vorliegt, ist nicht mehr zu entscheiden.

Zum Kontext: Im Midrasch wird die Bedeutung der Ortsangabe 'im Land
Ägypten' in Ex 12,1 (Und JHWH sprach zu Mose und Aaron im Land
Ägypten.) diskutiert; da vom Zusammenhang her klar ist, daß sich Mose
und Aaron in Ägypten befinden, erübrigt sich eigentlich die Angabe des
Ortes, bzw. muß seine Betonung einen besonderen Grund haben.[133] Daß
'im Land Äygpten' 'innerhalb der Stadt' bedeutet, wird mit einem Schluß
vom Leichteren aufs Schwerere (קל וחומר) verworfen: Wenn schon Mose
um zu beten aus der Stadt hinausging (dies schloß man aus Ex 9,29), um
wieviel mehr muß er dies tun, um von Gott eine Offenbarung zu empfangen. Als Grund wird angegeben, daß die Stadt voller Götzendienst war.
Es folgen Ausführungen über den Ort der Offenbarung und Sätze über
den Ausschluß durch Erwählung: Zunächst waren alle Länder für die (göttliche) Anrede geeignet (כשרות לדברות), doch nach der Erwählung Israels
offenbarte sich Gott nur dort. Weitere Einschränkungen erfolgen durch die
Erwählung Jerusalems und des Tempels sowie innerhalb des Volkes Israel
durch die Erwählung Aarons bzw. Davids. Auf diesem Hintergrund setzt
sich der Text mit dem Einwand auseinander, daß Gott doch mit einigen
Propheten auch außerhalb des Landes Israel geredet habe, woraus sich die
logische Konsequenz ergebe, daß er seine Offenbarung nicht nur im Land
der Verheißung kundtue.

Der Midrasch gibt auf den Einwand, daß Gott mit den Propheten
auch außerhalb Israels kommuniziert habe, verschiedene Antworten:[134]
Gott offenbarte sich den Propheten außerhalb des Landes 1. nur
wegen des Verdienstes der Väter, 2. nur an einem reinen Ort am
Wasser, d.h. an einem besonders auserwählten Ort, 3. nur, wenn er
mit demselben Propheten zuvor schon einmal im Land Israel
gesprochen hatte.

   Im Zusammenhang mit Jer 31 ist die erste Begründung von besonderem Interesse. Gott spricht mit den Propheten außerhalb Israels
nur בזכות אבות; als Beleg wird Jer 31,15–17 in Auszügen angeführt.
Weil Gott Rachel die Rückkehr der Nachkommen verheißen hat,
sprach er mit den Propheten im Exil—diese mußten nämlich dem
Volk die Aufforderung zur Rückkehr übermitteln. Welche Rolle spielt
hierbei die זכות אבות? In einem kurzen Exkurs soll auf die Wendung
näher eingegangen werden.

---

[133] Vgl. die Analyse bei Goldberg, Funktionale Form, a.a.O., 18f.34f.
[134] Vgl. dazu die Erklärung bei Schäfer, a.a.O., 74.

Exkurs: זכות אבות/ זכות אמהות

Bei dem Hinweis auf die Verdienste der Väter handelt es sich um eine häufig gebrauchte Wendung im rabbinischen Schrifttum.[135] Der Gedanke, daß die Gerechtigkeit der Vorfahren auch ihren Nachkommen zugute komme, setzt die Vorstellung voraus, daß der Einfluß der Gerechten nicht mit deren Tod endet, sondern seine Wirkung darüber hinaus anhält (vgl. z.B. Mirjam in b MQ 28a). Dies trifft auf eine Vielzahl gerechter Vorväter— und in beschränkterem Maß auch -mütter—zu, besonders aber auf die drei Erzväter Abraham, Isaak und Jakob. Nach ShemR 44,7 fordert Gott nach der Errichtung des goldenen Kalbs von Mose die Nennung zehn gerechter Männer; Mose kommt zunächst nur auf sieben Gerechte, nennt dann aber, nachdem er sich vergewissert hat, daß auch die Toten noch 'leben' (המתים חיים הם), die Namen Abrahams, Isaaks und Jakobs. B Shab 89b schildert auf sehr anschauliche Weise, wie Abraham und Jakob sich weigern, für ihre Nachkommen einzutreten, lediglich Isaak legt ein gutes Wort für sie ein. Eine große Zahl von Belegen spricht jedoch vom Verdienst aller drei Patriarchen (vgl. z.B. WarR 29,7). בזכות אבות werden die Israeliten aus Ägypten befreit (ShemR 15,5), gab Gott ihnen Manna (MekhY wayassa' 3 [Horovitz/Rabin S.165f.]), schenkte ihnen den Sieg über Amalek (MekhY 'amaleq 1 [Horovitz/Rabin S.179]) u.v.m. Gegen ein allzu großes Vertrauen auf die זכות אבות, die nach R. 'Aḥa' für immer wirksam bleibt (vgl. y San 10,1 [50a]), wendet R. Yudan bar Ḥanan im Namen des R. Berekhja ein: Der Heilige, gepriesen sei er, sprach zu Israel: Meine Kinder, wenn ihr das Verdienst der Väter abnehmen (שמטה) und das Verdienst der Mütter schwach werden (שנתמוטטה) seht, dann geht und haltet fest an der Güte (לכו והידבקו בחסד). Der Mensch ist aufgefordert, seinen Teil beizutragen und sich nicht zu sehr auf die gerechten Taten seiner Vorfahren zu verlassen.[136] SifDev ha'azinu 329 (Finkelstein S.380; vgl. MTeh 146,2) formuliert noch schärfer: Väter können nicht ihre Söhne retten (vgl. Abraham und Ismael, Isaak und Esau) und Brüder nicht ihre Geschwister (vgl. Isaak und Ismael, Jakob und Esau).

Die Tradition weiß auch die Verdienste frommer Frauen zu schätzen, insbesondere der Stammmütter Sara, Rebekka, Rachel und Lea; nach SER 25 (27) geht die Befreiung Israels aus Ägypten auf ihr Verdienst zurück. Neben der Vorstellung von der זכות אבות existiert auch die Wendung בזכות אמהות. Die Belege sind zwar von geringerer Zahl, aber sie zeugen davon, daß auch dem Wirken der Stammütter ein über ihren Tod hinausgehen-

---

[135] Auch in dieser Studie wurde gelegentlich darauf verwiesen; vgl. die Bemerkungen zu TJon 31,15–17 in Abschnitt 3.2.2. und kapitel 5, Anm. 94. Zur זכות אבות vgl. auch Marmorstein, A., The Doctrine of Merits in Old Rabbinical Literature (PJC 7), London 1920, bes. 147–171; Urbach E.E., The Sages. Their Concepts and Beliefs. Translated from the Hebrew by I. Abrahams (Publications of the Perry Foundation in the Hebrew University of Jerusalem) I, Jerusalem ⁴1995, 496–508.

[136] Nach QohR 4,1 können Nachkommen sogar ihre Vorfahren retten (בזכות בניהם).

der Einfluß zugetraut wurde. Die Erhörung Rachels geht nach BerR 73,3 beispielsweise zu einem Teil auf das Verdienst der Mütter zurück (וימשע אליה אלהים בזכות יעקוב ויפתח [רחמה] בזכות האמהות). In PesR 48 (Friedmann 191) steht das Verdienst der Mütter neben dem der Väter. In einer mehrfach bezeugten Auslegung zu Cant 2,8 wird das Verdienst der Väter mit den Bergen und das Verdienst der Mütter mit den Hügeln verglichen, über die der Geliebte hüpft (b RHSh 11a; PRE 48).[137] In eine ähnliche Richtung geht eine Interpretation zu Ex 17,9: ראש weist auf das Verdienst der Väter, נבעה auf das der Mütter (PesR 12 [Friedmann 49a]). Möglicherweise wird damit jedoch auch ein Unterschied angedeutet: Die זכות אמהות ist in den Augen der Rabbinen zwar beachtlich, aber eben doch nur mit einem Hügel zu vergleichen und kommt nicht an die Größe der זכות אבות heran.[138] Im Hinblick auf das gleich zu diskutierende Verständnis von MekhY pisḥa 1 ist jedoch festzuhalten, daß die זכות אמהות als eigenständige Größe ihren Platz in den rabbinischen Schriften innehat.

Wie verhält sich die auf Jer 31,15–17 gestützte Aussage in MekhY pisḥa 1, daß Gott בזכות אבות mit den Propheten außerhalb des Landes redete, zu der Tatsache, daß die jüdischen Ausleger einen Unterschied zwischen der זכות אבות und der זכות אמהות kennen? Gott kommuniziert mit den Propheten im Exil dank der Intervention Rachels, d.h. die an die Stammutter gerichteten Trostworte enthalten die Zusage der Rückkehr der Exilierten, woraus indirekt folgt, daß Gott die Propheten beauftragt, den Deportierten die Rückkehr-Verheißung zu vermitteln.[139] Der Überblick über den Gebrauch der Wendung בזכות אבות bzw. אמהות בזכות hat aber gezeigt, daß sehr wohl zwischen dem Verdienst der Erzväter und der Erzmütter unterschieden wird. Nun könnte man argumentieren, Jer 31,15–17 *belege* zwar indirekt, daß Gott mit den Propheten außerhalb des Landes sprach; daß es zu dieser göttlichen Offenbarung tatsächlich *kam*, sei aber sehr wohl dem Verdienst der Väter zuzuschreiben, welches dann freilich an dieser Stelle nicht näher benannt würde. Eine solche

---

[137] Vgl. die auf Ms. Epstein basierende Übersetzung bei Friedlander, G., Pirḳê de Rabbi Eliezer (The Chapters of Rabbi Eliezer the Great). According to the Text of the Manuscript Belonging to Abraham Epstein of Vienna. Translated and Annotated. With Introduction and Indices, New York ⁴1981, 376; in der Ausgabe Warschau ist nur vom Verdienst der Väter die Rede.

[138] Auch in PesK 5,8 (Mandelbaum S.92) wird in Verbindung mit Cant 2,9 an einem Unterschied festgehalten (das Fenster wird auf die זכות אבות und das Gitter auf die זכות אמהות bezogen), dessen Qualität jedoch nicht näher benannt wird (ähnlich auch in BemR 11,2).

[139] So interpretiert auch Lauterbach in seiner Mekhilta-Ausgabe die Stelle (vgl. S.5, Anm. 5). Vgl. auch die Erläuterungen bei Horovitz/Rabin S.2.

Argumentation baut nicht nur auf komplizierten Gedankengängen
auf, sie mißachtet auch völlig den Inhalt der angegebenen Verse,
d.h. die Rolle Rachels im vorliegenden Zusammenhang. Wenn an
dieser Stelle an ihre Klage und die darauf folgende bedingungslose
Zusage der Heimkehr ihrer Nachkommen erinnert wird, legt es sich
nahe, das 'Verdienst der Väter' mit der Stammutter in Verbindung
zu bringen. Der Bezug der Wendung בזכות אבות auf ein weibliches
Subjekt ist, wie gesagt, ungewöhnlich, doch zeugte es schon von einer
großen Ignoranz des Autors, wenn er das Verdienst der Stammutter
in Erinnerung riefe, die göttliche Offenbarung außerhalb Israels
jedoch allein dem Verdienst der Väter zuschriebe. Eine größere
Wahrscheinlichkeit hat die Annahme für sich, daß אבות hier im Sinne
von Vorfahren zu verstehen ist. Die Betonung läge dann darauf, daß
es sich bei bei dieser Offenbarung weder um eine Selbstverständlichkeit
noch um ein Verdienst der gegenwärtigen Generation handelt, sondern daß Israel sie allein seinen Vorfahren zu verdanken hat. Die
Aussage hat damit einschränkenden Charakter parallel zu den
Hinweisen, daß Gott sich den Propheten außerhalb Israels nur an
einem reinen Ort offenbarte und nur, wenn er zuvor mit dem Propheten schon im Land selbst gesprochen hatte.

Die Kommunikation Gottes mit den Propheten außerhalb Israels
als Konsequenz aus der in Jer 31 überlieferten Klage Rachels und
der göttlichen Zusage zu verstehen, bedeutet konkret, die durch die
Propheten übermittelte Aufforderung zur Rückkehr der Intervention
und dem Beharren der Stammutter zuzuschreiben. Letztlich ist es
das Verdienst Rachels, das für die verbannten Judäer die Rückkehr
in die Heimat erwirkt. Auf einer anderen Ebene betrachtet hängt
jedoch noch mehr an dieser Aussage: Mit der Ansage der Rückkehr
der Propheten verbindet sich die erhoffte Wende nach dem Exil und
damit die Kernaussage in den Heilsweissagungen der Propheten,
allen voran Deuterojesajas, der die Rückkehr mit einer neuen
Schöpfung und einem zweiten Exodus vergleicht, welcher den ersten
noch übertrifft (vgl. z.B. Jes 43,19f.; 51,11; 55,12 zum neuen Exodus
und 41,18f.; 49,11 zu neuen Schöpfung). Gleiches gilt für die im
Namen Jeremias oder Ezechiels überlieferten Heilsworte (vgl. z.B.
Jer 33,7; Ez 37 u.a.). Daß das Zentrum der Heilsprophetie—die
Ansage einer Wende für die Exilierten—auf die in Jer 31,15–17
überlieferte Klage der Stammutter Rachel zurückgeführt wird, unterstreicht die Tragweite dieses Textes. In ihm verbirgt sich nicht nur
ein Hinweis auf die Reichweite der Prophetie Jeremias (vgl. EkhaR

pet. 34), sondern auch auf die Legitimation der eine verheißungsvolle
Zukunft voraussagenden prophetischen Weissagungen.

5.4.2.4. *MTeh 119,67*

> *Wasserströme fließen aus meinen Augen herunter* usw. (Ps 119,136) [...]
> Und so sagt die Schrift: *Eine Stimme wurde in Rama gehört* usw., *Rachel
> weint um ihre Kinder* (Jer 31,15). Und sah denn Rachel, daß Josef Söhne
> hatte? Starb sie nicht auf dem Gebärstuhl, als sie Benjamin geboren
> hatte?
>   Deshalb: Die Propheten weinen über Israel, weil sie nicht die Tora
> befolgen. Zu ihnen sprach der Heilige, gepriesen sei er: Ihr weint
> wegen der Aufhebung der Tora? *So spricht ʒHWH: Halte deine Stimme
> vom Weinen zurück* usw. (Jer 31,16).
>   Deshalb heißt es: *Wasserströme fließen aus meinen Augen herunter.*[140]

Zum Kontext: Der Schriftvers, auf den sich die Auslegung bezieht—Ps
119,136—, lautet in seiner vollen Länge: Wasserströme fließen aus meinen
Augen herunter, weil man deine Tora nicht hält. Dazu bietet der Midrasch
drei Interpretationen, wobei er den Vers verschiedenen Personen in den
Mund legt: 1. David weint um zwei Menschen, die sich von der Tora ent-
fernten, nämlich um Doëg—er verriet David und erschlug die Priester von
Nob (vgl. 1 Sam 21,8; 22,9f.18f.)—und um Ahitofel, der zu Absalom über-
lief (vgl. 2 Sam 15,31; 16,15–17,23).[141] 2. Jeremia weint. Als Beleg dient
ein durch eine גזירה שוה ermittelter Vers aus den Threni, dessen Anfang
mit Ps 119,136 nahezu identisch ist (Ps 119,136: פלני־ מים ירדו עיני; Thr
3,48: פלני־מים תרד עיני). 3. Die Propheten weinen. Diese Interpretation
basiert auf Jer 31,15f. und ist durch die Stichworte 'Weinen' und 'Augen'
mit dem Psalmvers verknüpft.

Der Ausgangspunkt für die Verbindung, die der Midrasch zwischen
der Klage Rachels und dem Schicksal der Propheten herstellt, liegt
in der Frage, wie Rachel um ihre Nachkommen (in diesem Sinn
werden die בנים hier verstanden) weinen kann, wenn sie doch schon
bei der Geburt Benjamins starb. Der Midrasch entscheidet sich nicht

---

[140] Der zweite Teil des Midrasch Tehillim (zu Ps 119–150) stammt aus später
Zeit, möglicherweise erst aus dem 11.–13. Jh. (zu den unterschiedlichen Datierungsversuchen vgl. Stemberger, Einleitung, a.a.O., 316 und Braude, W.G., The Midrash
on Psalms. Translated from the Hebrew and Aramaic, II (YJS 13), New Haven
1959, xxviii–xxx). Da MTeh 119,67 eine beachtenswerte Interpretation zu Jer
31,15–17 bietet, soll der Text dennoch berücksichtigt werden.
[141] Doëg und Ahitofel werden in MTeh 119,16.47.50 ebenfalls als Negativbeispiele
erwähnt (zu Ahitofel vgl. auch MTeh 55,1).

für die Möglichkeit, daß Rachel aus ihrem Grab heraus weint, sondern sucht nach einer anderen, kollektiven Deutung für das Subjekt der Klage: Es sind die Propheten, die wegen der Untreue des Volkes Israel gegenüber der Tora, der Weisung Gottes, weinen und von Gott getröstet werden. Auf sie bezieht der Midrasch auch den Psalmvers bzw. Thr 3,48.

Der gesamte Ps 119 kreist um das Thema Tora/Weisung/Gebote Gottes: Dem Beter verlangt nach der Tora (V.20), die ihm süßer ist als Honig (V.103), und er hat Freude an ihr (V.16.24.70); die Weisung Gottes ist ihm Trost (V.50.52), Licht (V.105), Ratgeber (V.24) und macht ihn weise (V.98). MTeh nimmt die Hochschätzung der Tora an vielen Stellen auf, nicht nur in MTeh 119. Die Tora, die ursprünglich für die gesamte Menschheit bestimmt war, aber von den Völkern abgelehnt wurde (MTeh 68,11), existierte schon vor der Schöpfung (MTeh 72,6; 90,12; 93,3). Eine Vernachlässigung des Torastudiums wiegt schwer, und die Ablehnung der Tora durch Israel hätte sogar zur Vernichtung der Welt führen können (MTeh 75,1; 76,4). Beschäftigt man sich hingegen mit der Weisung Gottes, so kann man dadurch die Begierde besiegen (MTeh 34,2). In MTeh 119,54 bekennt der Beter, daß die Tora immer bei ihm sei, sogar im Badehaus und beim Schlafen.

Auch das Bild von den klagenden Propheten aus MTeh 119,67 geht auf die biblische Tradition zurück; als dominierend erweist sich hierbei die Gestalt Jeremias. Während Propheten wie Amos, Micha und Jesaja das Volk und seine Führer eher anklagen—v.a. wegen sozialer Mißstände (vgl. z.B. Am 5,4–17; Mi 2,1–11; Jes 1; 5,8–24)—, als daß sie selbst klagen (vgl. aber Am 5,1; Mi 1,8), sind im Jeremiabuch an mehreren Stellen Klagen des Propheten über sein Schicksal und die Feindschaft, die ihm das Volk entgegenbringt, überliefert.[142] Auf der anderen Seite ist dem Propheten jedoch auch daran gelegen, für sein Volk vor Gott einzutreten.[143] In der nachbiblischen

---

[142] Jeremia klagt, daß er wie ein Schaf zur Schlachtbank geführt wird (Jer 11,19), Zweifel an seiner Prophetie laut werden (17,15) und daß ihm sein Amt über den Kopf wächst (20,7). Er verflucht den Tag seiner Geburt (15,10; 20,14–18) und wünscht sich den Untergang seiner Gegner und daß Gott ihm zu seinem Recht verhelfe (11,20; 15,15; 17,18; 18,21–23; 20,11f.). Zu den Konfessionen vgl. auch 5.4.2.1.

[143] Vgl. 14,8f.18f. und das Verbot der Fürbitte 7,16; 11,14; 14,11. Zur Gestalt Jeremias als Fürbitter und Interzessor im Alten Testament vgl. Hesse, F., Die Fürbitte im Alten Testament. Inaugural-Dissertation zur Erlangung der Doktorwürde der hohen Theologischen Fakultät der Friedrich-Alexander-Universität Erlangen 1951,

Tradition, die, wie schon erwähnt, diese Züge an der Gestalt Jeremias
verstärkt (vgl. z.B. EkhaR pet. 34; PesR 26), spielt die zuletzt genannte Funktion Jeremias als Interzessor eine noch größere Rolle als im
Alten Testament selbst:[144] Nach 2 Makk 15,14–16 betet Jeremia für
das Volk Israel; Jeremia streut sich Asche auf das Haupt und bittet
um Vergebung für die Sünden seines Volkes (ParJer 2,2f.); seine
Gebete und die Gebete Baruchs sind wie eine starke Säule oder feste
Mauer für Jerusalem (Αἱ γὰρ προσευχαὶ ὑμῶν ὡς στῦλος ἑδραῖός ἐστιν
ἐν μέσῳ αὐτῆς, καὶ ὡς τεῖχος ἀδαμάντινον περικυκλοῦν αὐτήν); solange
sich die beiden in der Stadt aufhalten, bleibt diese uneinnehmbar
(ParJer 1,2). Besonders ausgeprägt ist die Fürsprecherfunktion des
Propheten in JerApocr: Mehrmals und eindringlich bittet Jeremia
um Erbarmen für sein Volk.[145] Jeremia nimmt damit im frühjüdischen Schrifttum unter den Fürsprache haltenden Gestalten einen
wichtigen Platz ein. Auch die rabbinische Tradition, die v.a. Mose
und den Patriarchen eine bedeutende Rolle als Fürsprecher zuschreibt,[146] kennt Auslegungen über Jeremia als Interzessor (vgl. z.B.
PesR 31 [Friedmann 143b.144a]). Jeremia erweist sich damit über
seine Rolle als Mahner und Warner, die ihm sein prophetisches Amt
zuweist, hinaus als Anwalt für das Volk Israel. Aber nicht nur Jeremia,
sondern auch allen anderen Propheten wird die Fähigkeit zugetraut,
vor Gott erfolgreich für Israel einzutreten. Dies belegt ein Abschnitt
aus ShemR: Wie Kinder sich an erwachsene Personen wenden, damit
diese beim Vater für sie um Erbarmen bitten, fingen die Israeliten
an, die Propheten zu bitten, bei Gott für sie um Erbarmen zu flehen,
was diese dann auch taten (ShemR 46,4).[147]

In MTeh 119 klagen die Propheten darüber, daß das Volk Israel
die Gebote Gottes nicht einhält. Damit greift der Midrasch einen

---

46–54; Johansson, N., Parakletoi. Vorstellungen von Fürsprechern für die Menschen
vor Gott in der alttestamentlichen Religion, im Spätjudentum und Urchristentum,
Lund 1940, 16–18. Zur biblischen Überlieferung und zu rabbinischen Interpretationen bezüglich der Gestalt Jeremias vgl. auch die Interpretation von EkhaR pet. 34
im Rahmen der vorliegenden Untersuchung.

[144] Vgl. v.a. Wolff, C., a.a.O., 83–89.

[145] Vgl. z.B. A Coptic Jeremiah Apokryphon, Hg. Kuhn, K.H., in: Muséon 83
(1970), 15.27.29.31.35.

[146] Vgl. z.B. EkhaR pet. 24 und Abschnitt 5.4.4.2. der Untersuchung.

[147] Vgl. auch WaR 1,13; ShirR 1 zu Cant 1,7 [ב] und den Hinweis bei Zorn,
R., Die Fürbitte im Spätjudentum und im Neuen Testament. Inaugural-Dissertation
zur Erlangung der Doktorwürde der hohen Theologischen Fakultät der Georg-
August-Universität Göttingen 1957, 79, Anm. 4.

'klassischen' Topos aus der in der biblischen Überlieferung bezeugten prophetischen Kritik auf. Während die Stammutter Rachel, das
ursprüngliche Subjekt der Klage in Jer 31,15–17, als 'Frau aus dem
Volk' um ihre eigene Nachkommen trauert und klagt, drückt sich
in der Klage der Propheten eine gewisse Distanz zum Volk aus,
denn in ihrer Klage schwingt auch ein gehöriges Maß an Anklage
mit. Auf der anderen Seite zeigt die emphatische Reaktion der Propheten, daß sie wirklich um ihre 'Kinder' trauern. Daß sie diese Trauer
in Form einer Klage vor Gott bringen, ist nicht nur Zeichen ihrer
Verzweiflung, sondern belegt ihr Mitleiden mit dem Volk und ihren
Wunsch, daß sich deren Schicksal zum Guten wende. So kann die
Klage der Propheten letztlich als Ausdruck ihres Fürsprecheramtes
interpretiert werden, denn bei aller Kritik am Verhalten ihrer Zeitgenossen streben sie doch deren Rettung an und bekommen diese
letztlich auch von Gott mit den Worten von Jer 31,16f. zugesagt.

In MTeh 119,67 wird Rachels Klage Jer 31,15–17 als Ausdruck
der Propheten in ihrem Amt verstanden. In einem von der Gestalt
Jeremias geprägten Prophetenbild[148] erscheinen die Propheten als
Leidende, die trotz ihrer Kritik an Israel, das die Tora—Wille Gottes
und Lebenselexier schlechthin—vernachlässigt, um ihr Volk trauern.
Der Trost, der ihnen von Gott selbst zugesprochen wird, besteht
nach Jer 31,16f. in der Rückkehr der 'Kinder' und hat darum auch
Konsequenzen für das angeklagte und beklagte Volk. Im Midrasch
selbst wird diese Rückkehr nicht weiter inhaltlich ausgeführt, doch
könnte man, wenn man den Kontext des Psalmes berücksichtigt,
diese Rückkehr auch metaphorisch als Umkehr des Volkes und damit
erneute Hinwendung zur Tora verstehen. Dafür sprächen auch die
rabbinischen Auslegungen, die die in Jer 31,22 genannten Wegweiser
und Wegmale für die Rückkehrer metaphorisch im Sinne von
Befolgung der Gebote (SifDev 'eqev 43) und Erwerb der Tora (b Er
54b) deuten, und die Interpretation in TJon 31,18–22. In MTeh
119,67 läge dann einer der wenigen Fälle vor, in denen die Auslegung
von Jer 31,18–22 in die Interpretation des Kernstücks der Klage
Rachels mit einfließt.

Als Teil eines späten Midrasch setzt auch MTeh 119,67 bereits
bestehende Traditionen voraus und führt sie weiter, z.B. Überliefe-

---

[148] Die Gestalt Jeremias ist in MTeh 119,67 auch insofern 'präsent', als der
Prophet im Zusammenhang mit Thr 3,48 namentlich erwähnt wird.

rungen über Fürsprache ausübende Propheten und den leidenden Jeremia, sowie die Substitution des klagenden Subjekts (vgl. EkhaR 1,23; SER 28 [30]). Letztere wird unter 5.4.5. eigens thematisiert.

Die Texte, die Rachels Klage mit der Prophetie und den Propheten in Verbindung bringen, tun dies auf höchst unterschiedliche Weise: Sie sehen darin eine dem verzweifelten Propheten zugesprochene hoffnungsvolle Zusage (EkhaZ 15/EkhaZ B 11), einen Erweis für die Reichweite der jeremianischen Prophetie bis zur Ansage der Rückkehr der Exilierten (EkhaR pet. 34) und den Angelpunkt für die heilvolle Wende in der prophetischen Verkündigung (MekhY pisḥa 1). Darüber hinaus dient die Gestalt Rachels als Identifikationsfigur für die um das untreue Israel klagenden Propheten, denen Gott als Trost eine wie auch immer geartete 'Umkehr' des Volkes verheißt; nach dem dahinter stehenden Verständnis vom prophetischen Amt wird der Verkünder des Gotteswortes vorwiegend als Leidender gesehen, der einer um ihre Kinder trauernden Mutter vergleichbar ist (MTeh 119,67).

5.4.3. *Jer 31,15–17 in Verbindung mit den Rachel-Erzählungen der Genesis*

5.4.3.1. *BerR 70,10f.*

> *Und er* (scil. Jakob) *sprach zu ihnen* (scil. den Hirten): *Geht es ihm* (scil. Laban) *gut* (השלום לו)? *Und sie antworteten: Es geht [ihm] gut* (שלום). *Durch welches Verdienst? Und siehe, seine Tochter Rachel kommt mit den Schafen;* *so steht geschrieben: So spricht JHWH: Eine Stimme wurde in Rama gehört, ein Klagelied, bitterliches Weinen. Rachel weint um ihre Kinder usw. Halte deine Stimme vom Weinen zurück usw. Denn es gibt einen Lohn für dein Tun* (Jer 31,15f.) *usw.*
>
> *Und er sprach zu ihnen: Ist Friede* (שלום) *zwischen euch und ihm? Und sie sprachen: Es ist Friede.* Und wenn du plaudern möchtest, *(und) siehe: Rachel kommt mit den Schafen.* So sagt man, daß die Redseligkeit (wörtl. Rede) bei den Frauen gefunden wird.

Zum Kontext: BerR 70,10f. beschäftigt sich mit dem Gespräch zwischen Jakob und den Hirten bei der Ankunft des Erzvaters in Haran über deren Herkunft und das Wohlbefinden Labans (Gen 29,4–6). Den Deutungen liegen einige Wortspiele zugrunde: Die Hirten kommen aus Haran (מהרן), d.h. fliehen vor dem Zorn Gottes (מחרונו שלהקב"ה); Jakobs Erkundigung nach Laban wird als Frage an die Hirten interpretiert, ob sie den kennen, der in Zukunft ihre Sünden weiß machen wird (שעתיד ללבן) wie Schnee. Die Frage nach dem Wohlergehen Labans nimmt der Midrasch zweimal auf; das erste Mal verbindet er die positive Antwort mit dem Auftritt Rachels und der väterlichen Herde und führt Jer 31,15f. an. In einem zweiten

Anlauf deutet er שלום als „Friede" zwischen Laban und den Hirten, d.h. als Abwesenheit von Streitigkeiten. Die offensichtlich an keinem weiteren Gespräch interessierten Hirten verweisen auf die Ankunft Rachels, die Jakob die Möglichkeit zu einem kleinen Plausch gibt—nach dem Midrasch sind Frauen für derlei Unterhaltungen prädestiniert.

Die Ausleger in BerR verbinden Rachels erstes Auftreten mit Jer 31,15f.; Labans jüngste Tochter wird vorgestellt, indem auf ihre Rolle in der Geschichte Israels verwiesen wird: Sie wird später um ihre Nachkommen weinen, welche ihre Heimat verlassen müssen, um ins Exil zu gehen, aber ihr gilt auch die Zusage der Rettung ihrer Kinder.[149] Auf diese Weise ist die Rachel-Erzählung der Genesis in BerR von Anfang an mit Jer 31 verknüpft.

Das Stichwort 'Exil' fällt bereits im Zusammenhang mit der Auslegung der Eröffnung des Gesprächs in Gen 29,4; der Midrasch kommentiert: R. Yosi bar Ḥanina', ein palästinischer Amoräer aus der zweiten Hälfte des 3. Jahrhunderts, deutete diesen Vers auf das Exil (פתר קרייה בגלות). Auch die Interpretationen der Namen Haran als Zorn Gottes und Laban im Hinblick auf den, der die Sünden hinwegnimmt, deuten darauf hin, daß die Ausleger den Text auch noch in einem anderen Sinn verstanden haben wollten als in seinem ursprünglichen, wörtlichen. Letztlich geht es ihnen um Exil und Erlösung. Jakob, der Ahnherr Israels, hat den langen Weg in die Fremde angetreten und trifft auf Menschen, die vor dem Zorn Gottes fliehen. Doch weiß er, daß es in Zukunft die Möglichkeit der Befreiung von den Sünden und damit Rettung und Erlösung geben wird. Auch das Zitat aus Jer 31—Rachels Klage—weist in diese Richtung, indem es den Verlust der Nachkommen Rachels und die Zusage der Entschädigung und damit ebenfalls die Themen Exil und Errettung zur Sprache bringt.[150]

Setzt man BerR 70,10 mit dem größeren Kontext des Midrasch in Beziehung, so fällt vor allen Dingen die Nähe zu den allegorischen

---

[149] Das Zitat aus Jer 31 reicht in BerR 70,10 nach Ms. London nur bis V.16, doch klingt in dem Rachel verheißenen Lohn auch bereits die Zusage der Rückkehr der Kinder aus V.17 an.

[150] Vgl. Neusner, J., Genesis Rabbah. The Judaic Commentary to the Book of Genesis. A New American Translation. 3 Parashiyyot Sixty-Eight through One Hundred on Genesis 28:10 to 50:26 (BJS 106), Atlanta 1985, 34: „Now the history of the redemption of Israel is located in the colloquy between Jacob and Laban's sons."

Auslegungen bezüglich des Brunnens, an dem Jakob die Leute aus
Haran trifft, auf (vgl. BerR 70,8f.). Auf die Bedeutung dieser
Interpretationen, die die Geschichte Israels vom Exodus bis in die
Zeit des Sanhedrin vergegenwärtigen, wurde bereits verwiesen (vgl.
Abschnitt 5.2.1.): Indem der Midrasch die Geschichte des Gottesvolkes
in Erinnerung ruft und mit seinem Ahnherrn in Verbindung bringt,
deutet er an, daß mit dem Schicksal Jakobs die gesamte Existenz
Israels auf dem Spiel steht. Die Herausforderungen, vor die er gestellt
wird, weisen auf die Gefährdungen voraus, mit denen sich Israel
konfrontiert sehen wird. Jakobs Schicksal hat damit exemplarische
Bedeutung für das Volk Israel. Dies wird durch die allegorischen
Auslegungen angedeutet, die wie eine Linse wirken, durch die der
Text zu betrachten ist.

Auch der Verweis auf Jer 31,15f. im Zusammenhang mit dem
ersten Auftritt Rachels innerhalb der Erzählung kann in diesem Sinne
verstanden werden, denn auch hier eröffnet sich—in diesem Falle
nicht durch eine allegorische Auslegung, sondern durch die Anführung
einer weiteren Bibelstelle—eine neue Dimension des Textes, und
diese weist Konsequenzen für die Interpretation der Rachel-Gestalt
auf: Rachel ist nicht nur eine hübsche junge Frau, die gehorsam die
Schafe ihres Vaters weidet und in die sich der flüchtige Jakob auf
der Stelle unsterblich verliebt, sondern auch die Stammutter, die sich
noch nach ihrem Tod um ihre Kinder sorgt und durch ihr beharrliches Klagen die Zusage der Rückkehr ihrer Nachkommen aus dem
Exil erreicht. Den Rabbinen ist dieser Zusammenhang von solcher
Wichtigkeit, daß sie bei der Einführung Rachels sogleich daran erinnern. Aber nicht nur die Person Rachels soll in diesem Sinne verstanden werden, auch für die folgenden Erzählungen ist die Erinnerung
an Rachels Klage von Bedeutung. Wie die allegorischen Auslegungen
bezüglich des Brunnens wirkt das Zitat aus Jer 31 als Filter für den
Fortgang der Erzählung: Was auch immer den das Volk Israel
repräsentierenden biblischen Gestalten widerfährt und vor welche
Herausforderungen sie die Geschichte Israel stellt, am Ende steht die
Rettung des Gottesvolkes. In diesem Fall verbürgt dics die Stammutter
Rachel, die sich mit ganzer Kraft für ihre Nachkommen einsetzt.

5.4.3.2. *BerR 71,2; PesK 20,2; RutR 7,13*
Rachels Unfruchtbarkeit hat sich sowohl in den biblischen Erzählungen
als auch in den rabbinischen Auslegungen als eines der zentralen
Themen erwiesen, um die die Überlieferungen kreisen. Auch eine

Interpretation zu Jer 31,15, die gleich an drei Stellen belegt ist, ist mit dieser Thematik verknüpft.

> BerR 71,2: *Und Rachel war unfruchtbar.*
> R. Yiṣḥaq sprach: Rachel war die Hauptperson (עקרו, wörtl. die Hauptsache) des Hauses; wie es heißt: *Und Rachel war unfruchtbar* (עקרה) [die Hauptperson des Hauses].
> R. 'Abba' bar Kahana' sprach: Die Mehrzahl der Oberen [stammte] von Lea, deshalb machte man Rachel zur Hauptperson: *Und Rachel war unfruchtbar*—Rachel war die Hauptperson des Hauses.
> R. Shmu'el bar Naḥman[151] sprach: Weil die Dinge in Verbindung mit Rachel gesagt werden, deshalb wird Israel nach ihrem Namen genannt, denn es heißt: *Rachel weint um ihre Kinder* (Jer 31,15), und nicht nur nach ihrem Namen, sondern nach dem Namen ihres Sohnes, denn es heißt: *Vielleicht wird sich JHWH Zebaoth über den Rest Josefs erbarmen* (Am 5,15), und nicht [nur] nach dem Namen ihres Sohnes, sondern [auch] nach dem Namen des Sohnes ihres Sohnes, denn es heißt: *Ist mir Ephraim [nicht] ein teurer Sohn* (Jer 31,20)?

Zum Kontext: Die Überlieferung wird in BerR innnerhalb der Kommentierung der Rachel-Erzählungen in Zusammenhang mit der Auslegung von Gen 29,31 angeführt.[152] Der Vers stellt das Ergehen der beiden Schwestern gegenüber: Lea, der 'Verhaßten', gewährt Gott Fruchtbarkeit, während Rachel unfruchtbar bleibt. Die Interpretationen in BerR beschäftigen sich mit den Gründen für Leas Unbeliebtheit und Rachels Kinderlosigkeit. Dabei sind sie um Abschwächung allzu schroffer Aussagen und um einen Ausgleich zwischen den beiden Schwestern bemüht (vgl. Abschnitt 5.2.2.).

> PesK 20,2 (Mandelbaum S.311f.): R. 'Abba' bar Kahana' sprach: Der Hauptteil (עיקר) der Oberen [stammt] von Lea; aber man machte Rachel zur Hauptperson (עיקר), wie man sagt: *Und Rachel war unfruchtbar* (Gen 29,31).
> R. Yiṣḥaq sprach: Rachel war die Hauptperson (עיקרה) des Hauses, wie man sagt: Und *Rachel war unfruchtbar* (ebd.)—die Hauptperson.
> R. Shim'on ben Yoḥai lehrte: Weil alle Dinge von Rachel abhingen, deshalb wurden ihre Nachkommen nach ihrem Namen genannt: *Rachel weint um ihre Kinder* (Jer 31,15). Und letztlich nicht [nur] nach ihrem Namen, sondern sogar nach dem Namen ihres Sohnes: *Vielleicht wird*

---

[151] In Ms. Stuttgart Sammlung Orient. 32 und Yalq, Druck Venedig 326 wird der Ausspruch R. Yiṣḥaq zugeschrieben, im Druck Venedig 305 sowie einem jemenitischen Ms. (von R. Elkanan Adler, London) R. Shim'on ben Yoḥai.

[152] In TanB wayeṣe 15 wird im Zusammenhang mit Gen 29,31 die Unfruchtbarkeit Rachels ebenfalls auf ihre Sonderstellung im Haus bezogen, allerdings ohne Jer 31,15 damit in Verbindung zu bringen. In BerR 72,1 wird das Wortspiel עקרה/עיקרה auf das Schicksal Leas angewandt.

sich JHWH über den Rest Josefs erbarmen (Am 5,15). Und nach dem Namen des Sohnes ihres Sohnes: *Ist mir Ephraim [nicht] ein teurer Sohn* (Jer 31,20)?[153]

Zum Kontext: Die Piska zum Thema עקרה רני, „rühme du Unfruchtbare" (Jes 54,1), beginnt mit einer Auflistung der sieben unfruchtbaren Frauen Sara, Rebekka, Rachel, Lea, der Frau Manoachs, Hanna und Zion (vgl. Abschnitt 5.3.3.) unter Anführung der biblischen Belege. In den darauf folgenden Abschnitten finden sich Erklärungen zu einzelnen Versteilen aus Jes 54,1, zunächst zum Wort עקרה—u.a. die zu analysierende Überlieferung—, im Anschluß daran zu לא ילדה.

> RutR 7,13: *Und es sprachen das ganze Volk im Tor und die Ältesten: [Wir sind] Zeugen. JHWH mache die Frau, die in dein Haus kommt, wie Rachel und wie Lea* (Rut 4,11).
> R. Yiṣḥaq sprach: Rachel war die Hauptperson des Hauses, deshalb: *Und Rachel war unfruchtbar* (Gen 29,31)—die Hauptperson (עיקרה) des Hauses.
> R. Berekhja sprach: Die Mehrzahl der Oberen stammte von Lea. Deshalb macht er Rachel zur Hauptperson (עקרה).
> R. Shim'on ben Yoḥai lehrte: Weil die Dinge in bezug auf Rachel gesagt wurden, deshalb wurde Israel nach ihrem Namen genannt: *Rachel weint um ihre Kinder* (Jer 31,15). Und letztlich nicht [nur] nach ihrem Namen, sondern nach dem Namen ihres Sohnes, denn es heißt: *Vielleicht wird sich JHWH über den Rest Josefs erbarmen* (Am 5,15). Und letztlich nicht [nur] nach dem Namen ihres Sohnes, sondern nach dem Namen des Sohnes ihres Sohnes: *Ist mir Ephraim [nicht] ein teurer Sohn?* (Jer 31,20). Und jeder Bedeutende in Israel [ist] nach dem Namen Ephraims [benannt]: *Und David [war] der Sohn des Efratiters* (1 Sam 17,12); *und Jerobeam, der Sohn Nebats, Efratiter* (1 Kön 11,26).[154]

Zum Kontext: In RutR steht die Überlieferung im Zusammenhang mit Rut 4,11, dem über Rut gesprochenen Hochzeitssegen, mit dem die Versammelten der Braut wünschen, wie Rachel und Lea zu werden, die das Haus Israel erbauten. Das an Rachels Unfruchtbarkeit geknüpfte Wortspiel, in welchem Rachels Vormachtstellung zum Ausdruck kommt, erklärt, weshalb Rachel im Hochzeitssegen vor ihrer Schwester genannt wird, die mit ihren sechs Söhnen und einer Tochter einen quantitativ größeren Beitrag zum Aufbau des Hauses Israel geleistet hat.

---

[153] PesK stammt mit großer Wahrscheinlichkeit aus dem 5. Jh., vgl. Stemberger, Einleitung, a.a.O., 290f.
[154] Stemberger, Einleitung, a.a.O., 311, datiert den Midrasch um 500.

Die Überlieferung besteht aus drei Teilen, wobei sich die einzelnen Fassungen in bezug auf die Reihenfolge der ersten beiden Teile und die Namen der Rabbinen, denen sie zugeschrieben werden, unterscheiden; außerdem bestehen kleinere Unterschiede in den Formulierungen. BerR führt zuerst im Namen R. Yiṣḥaqs[155] das Wortspiel an, das Rachels Unfruchtbarkeit (ורחל עקרה) auf ihre besondere Stellung (היתה עקרו שלבית) hin (um)interpretiert. Ihre Unfruchtbarkeit führt laut dieser Deutung also nicht zur Schwächung ihrer Position—was angesichts der Wertschätzung, die man dem Kindersegen entgegenbrachte, nicht verwundert hätte—, sondern wird als Zeichen für ihre herausragende Position im Haus gedeutet. Diese bezieht sich zunächst auf die Familie Jakobs. Daß Rachel für Jakob tatsächlich eine wichtigere Rolle spielte als Lea, geht aus den Erzählungen der Genesis eindeutig hervor; dieser Frau gilt seine große Liebe, um sie dient er insgesamt vierzehn Jahre (vgl. die Auslegung in TanB wayeṣe 15), und das Ringen Leas um die Zuneigung ihres Mannes belegt, daß Rachel auch in den Jahren ihrer Unfruchtbarkeit Jakobs geliebte Frau bleibt. Doch klingt auch hier eine weitere Dimension an: In den Erzählungen über die Familie Jakobs sehen die Rabbinen die Geschichte des Volkes vorweggenommen, und so bezieht sich Rachels Vormachtstellung nicht nur auf den unmittelbaren Familienkreis, sondern auf die gesamte Volksgemeinschaft.

Weiterhin gilt zu bedenken, daß es sich bei Rachels Kinderlosigkeit nur um eine vorübergehende Beeinträchtigung handelt. Auch dies könnte die Rabbinen beeinflußt haben, die Feststellung ורחל עקרה nicht als absolute Aussage stehenzulassen, sondern neu zu interpretieren.

An den Ausspruch R. Yiṣḥaqs schließt sich eine im Namen seines Zeitgenossen R. 'Abba' bar Kahana' überlieferte erste Erklärung, die darauf abzielt, einen Ausgleich zwischen den beiden Schwestern herzustellen:[156] Als Entschädigung dafür, daß aus Lea mehr Stämme und bedeutendere Leute hervorgingen, nahm Rachel in der Familie

---

[155] Gemeint ist Yiṣḥaq II. Nappaḥa', ein Amoräer aus dem 3. Jahrhundert; vgl. Bacher, W., Die Agada der Palästinischen Amoräer. II: Die Schüler Yoḥanans (Ende des dritten und Anfang des vierten Jahrhunderts), Straßburg 1896, 205.244.

[156] In PesK ist die Reihenfolge dieser beiden Überlieferungsteile umgekehrt; in RutR ist—nach der Ausgabe M.B. Lerners (Ms. Oxford)—die Erklärung im Namen R. Berekhjas überliefert. In der Wilnaer Ausgabe entspricht die Reihenfolge PesK, und das Wortspiel wird R. 'Abba' bar Kahana' zugeschrieben (vgl. Ms. Cambridge und Erstdruck).

einen wichtigeren Platz ein. In diesem Zusammenhang ist an BerR
70,15 zu erinnern: Sowohl Lea als auch Rachel brachten Stammherren,
Könige und Propheten hervor, Rachel, die 'Kleine', wird jedoch von
der großen Schwester übertroffen, der durch Juda und Levi die Gabe
der ewigen Königs- und Priesterwürde zuteil wurde (vgl. 5.2.1.).
Andere Stellen betonen—im Sinne von BerR 71,2—die Gleichwertigkeit
der beiden Schwestern, welche beide Gewinne und Verluste hinzuneh-
men hatten (BerR 72,3; ShirR 7 zu Cant 7,14). Auch die Gewährung
der Fruchtbarkeit für die 'verhaßte' Lea weist in diese Richtung (vgl.
BerR 71,1f.; b BB 123a; TanB wayeṣe 10; AgBer 48 und Abschnitt
5.2.2.). Laut BerR 71,2 parr. befindet sich Rachel in der benachteiligten
Position und hat deshalb einen Ausgleich verdient. Für die Rabbinen
ist offensichtlich nicht hinnehmbar, daß die Nachkommen der 'unbe-
deutenden' Lea in der Geschichte Israels eine größere Rolle spielen
sollten als die Nachkommen ihrer Schwester und sich auf diesem
Hintergrund Zweifel an der Position Rachels melden könnte. Erhält
in der biblischen Überlieferung Lea einen Ausgleich für die Zurückset-
zung, so ist es nach dieser rabbinischen Auslegung Rachel, die für
die Schmach entschädigt wird.

In RutR steht die Erklärung in einem etwas anderen Zusammenhang: Zum einen beantwortet sie die sich in Verbindung mit Rut
4,11 aufdrängende Frage, weshalb hier Rachel vor Lea genannt wird,
zum anderen können die סובין, d.h. die Oberen/Ältesten, von denen
in der Erklärung die Rede ist, direkt mit den זקנים aus Rut 4,11 in
Verbindung gebracht werden, welche als Mitglieder des Stammes
Juda aus Lea hervorgingen. Daß der Hochzeitssegen, der Rachel an
die Spitze stellt, aus dem Mund der Nachkommen Leas ertönt—
nämlich der anwesenden Ältesten—, wird von dem Ausleger als Beleg
dafür gedeutet, daß Rachel tatsächlich die Hauptperson des Hauses
war (vgl. auch TanB wayeṣe 15).

Während die erste Erklärung v.a. den Aspekt des Ausgleichs zwischen Rachel und Lea hervorhebt, zielt die zweite Auslegung im
Namen R. Shmu'el bar Naḥmans bzw. R. Shim'on b. Yoḥais[157] auf
die Betonung der Vormachtstellung Rachels ab: Alle Dinge hängen
von Rachel ab. Auch hier stehen Ereignisse aus den Überlieferungen der Genesis im Hintergrund, z.B. die Geburt ihres ersten Sohnes,

---

[157] R. Shmu'el bar Naḥman lebte Ende 3./Anfang 4. Jh., R. Shim'on b. Yoḥai
Mitte 2. Jh.

die Jakob das 'Startsignal' zum Aufbruch aus Mesopotamien gibt
(Gen 30,25), oder wiederum Jakobs Dienst bei Laban um die geliebte
Frau. Der entscheidende Punkt, an dem Rachels Position als
Hauptperson des Hauses festgemacht wird, liegt jedoch in der Tatsache,
daß nach ihr Israel (BerR; RutR nach Ms. Oxford) bzw. ihre
Nachkommen (PesK; RutR nach Ms. Cambridge und dem Erstdruck)
benannt werden. Und um ihre Bedeutung noch zu unterstreichen,
fügt die Auslegung Verse an, aus denen hervorgeht, daß Israel nach
ihrem Sohn Josef (Am 5,15) bzw. dem Enkel Ephraim (Jer 31,20)[158]
benannt ist.

Als Beleg für die Nennung der Israeliten nach dem Namen Rachels
und damit für Rachels Stellung als עקרו שלבית dient Jer 31,15: Rachel
weint um ihre Kinder. Die Interpretation beruht auf der Gleichsetzung
Rachels mit Israel in Jer 31,15 und setzt damit ein kollektives Verständnis der Klage der Stammutter voraus: Das Volk Israel sieht sich
selbst als ein um seine Nachkommen klagendes Volk; eine ähnliche
Interpretation findet sich in EkhaR 1,23 in einer Auslegung, die
Rachels Klage ebenfalls auf Israel als Kollektiv bezieht.[159] Die
Stammutter wird zur Identifikationsfigur für—wohlgemerkt ganz—
Israel. Die Selbstidentifikation Israels mit seiner Stammutter Rachel
ist insofern bemerkenswert, als in den meisten Fällen dieses Privileg
den männlichen Vorfahren vorbehalten ist, wie etwa Josef und
Ephraim in der vorliegenden Überlieferung, zuvorderst jedoch Jakob,
dessen Gleichsetzung mit Israel auf die biblische Überlieferung zurückgeht (vgl. Gen 32,29). Kollektive Deutungen der Vorväter Israels
finden sich in weiten Teilen des Alten Testaments, v.a. in den
Prophetenbüchern (zu Jakob vgl. z.B. Jes 9,7; 10,21; Jer 10,25; 30,10;
Hos 12,3; zu Ephraim vgl. Hos 11,3; 12,2). Die rabbinischen Überlieferungen nehmen die kollektiven Interpretationen auf und inten-
sivieren sie, so daß beispielsweise der Erzvater Jakob und das Volk
Israel förmlich zu einer Einheit verschmelzen; Jakobs Bruder Esau
verkörpert das feindliche Rom.[160] Die Erzmütter stehen auch hier
im Schatten ihrer Männer und am Rande des Interesses. Von daher
kann die Identifikation Israels mit Rachel nicht anders denn als Indiz

---

[158] Neben MTeh 119,67 liegt hier ein weiterer Fall der Berücksichtigung eines
Verses aus dem größeren Kontext der Klage Rachels vor.

[159] Vgl. dazu die Interpretation des Textes in Abschnitt 5.4.5.1.

[160] Vgl. Neusner, Judaism and Its Social Metaphors, a.a.O., 129–131 sowie kapitel 5, Anm. 380 in Abschnitt 5.2.1. der vorliegenden Studie.

für eine sich an dieser Stelle abzeichnende Sonderstellung der Stammmutter interpretiert werden.

Die Deutung Rachels als Hauptperson des Hauses—d.h. letztlich
des Volkes—wird mit dem Hinweis erklärt, daß nach ihr das ganze
Volk Israel benannt ist, und diese Gleichsetzung setzt voraus, daß
der Stammutter tatsächlich eine besondere Stellung im Selbstverständnis
des jüdischen Volkes zukommt.—Die Argumentation dreht sich folglich im Kreis. Die in BerR 71,2, PesK 20,2 und RutR 7,13 überlieferte Auslegung macht keine Angaben, worin die Sonderstellung
Rachels konkret begründet liegt. Zwar verknüpft sie sie durch ein
Wortspiel mit Rachels Unfruchtbarkeit, doch kann darin kaum ein
wirklicher Grund liegen; die Interpretation dient eher zur Beseitigung
eines vermeintlichen Makels. Über Anhaltspunkte bezüglich des besonderen Status der Stammutter geben andere Texte Auskunft.

5.4.3.3. *BerR 82,10*

> *Und Rachel starb und wurde am Weg nach Efrat begraben* usw. (Gen 35,19).[161]
> Weshalb kam Jakob auf den Gedanken (מה ראה יעקב), Rachel am Weg
> nach Efrat zu begraben? Jakob sah nämlich voraus, daß die Exilierten
> dort vorbeiziehen würden. Deshalb begrub er sie dort, damit sie für
> sie um Erbarmen bitte, wie geschrieben steht: *Rachel weint um ihre Kinder*
> usw. *So spricht JHWH: Halte deine Stimme vom Weinen zurück* usw. *Und es*
> *gibt Hoffnung für deine Nachkommenschaft* usw. (Jer 31,15–17).

Zum Kontext: Die Auslegung wird im Rahmen der Kommentierung der
Genesis-Erzählungen angeführt: Die Familie Jakobs befindet sich auf der
Reise von Mesopotamien in Jakobs Heimat, als Rachel in der Nähe von
Bethlehem mit Benjamin niederkommt und bei der Geburt stirbt.

Die Überlieferung knüpft an eine Frage an, die sich beim Lesen der
Genesis-Erzählung stellt: Wieso begrub der Erzvater Jakob seine
geliebte Frau Rachel am Straßenrand und nicht etwa in der Höhle
Machpela, dem Familiengrab, in welchem schon Sara und Abraham
und später auch Isaak, Rebekka und Lea begraben lagen (vgl. Gen
49,31)? Daß ausgerechnet Rachel auf dieses Privileg verzichten mußte,

---

[161] Etliche Mss. (Ms. Paris Sammlung 149; Ms. Vatikan Samml. 30; Ms. Oxford
Samml. 147 u. 2335; Ms. München Samml. 97 u.a.) fügen an dieser Stelle die
Diskussion zwischen R. Yannai, R. Yonatan und einem Andersgläubigen über die
unterschiedlichen Lokalisierungen des Rachel-Grabes an; in Ms. London fehlt
die Überlieferung.

beschäftigt die Rabbinen, so daß sie sich um Erklärungen bemühen. Der Midrasch schreibt Jakobs Verhalten seiner weisen Voraussicht zu,[162] welche ihn ahnen läßt, daß an dieser Stelle einst die nach Babylon Deportierten vorbeiziehen werden; diesen könnte Rachels Beistand von großer Hilfe sein.

Die Bezugnahme auf Jer 31 in diesem Zusammenhang basiert auf einigen Voraussetzungen: Rachel erhebt ihre Klage am Ort ihres Grabes. Für die Menschen der Antike war an dieser Vorstellung nichts Ungewöhnliches, und auch anderen biblischen Gestalten wurde ein Wirken an ihrem Grab über ihren Tod hinaus zugetraut, z.B. Samuel (vgl. Sir 46,20 und dazu 1 Sam 28,7ff.), besonders aber Elisa (vgl. 2 Kön 13,21 und z.B. Sir 48,13). Rachels Grab wird einerseits im Einklang mit der Endgestalt der Genesis-Erzählung in der Nähe von Bethlehem lokalisiert; andererseits läßt die Verbindung mit dem Schicksal der Exilierten vermuten, daß in der Interpretation auch die Lokalisierung des Grabes in Rama im Norden anklingt, denn an diesem Ort versammelten sich nach Jer 40,1 die deportierten Judäer. Die Auslegung des Textes auf das babylonische Exil und die Ausweitung des 'Bezugskreises' der Stammutter auf die Nachkommen Leas sind bereits so selbstverständlich, daß sie nicht weiter kommentiert werden.

BerR 82,10 antwortet nicht nur auf die sich aus der Genesis-Überlieferung ergebende Frage nach dem Grund für die Beerdigung Rachels am Wegrand, sondern füllt auch eine Lücke innerhalb des Textes aus dem Jeremiabuch. Jer 31,15–17 berichtet von Rachels Klage und dem tröstenden Zuspruch, doch schweigt der Text über den konkreten Inhalt der Klage. Der Midrasch läßt die Stammutter zwar auch nicht zu Wort kommen, doch bestimmt er Rachels Weinen näher als לבקש רחמים. Dies bedeutet, daß die Ausleger nicht an eine Totenklage denken, welche die Stammutter angesichts des Verlustes ihrer Kinder erhebt; ferner steht nicht Rachels eigene Trauer im Vordergrund, sondern der Einsatz für ihre Nachkommen. Spätere Generationen interpretierten Rachels Klage als Versuch der Stammutter, bei Gott Erbarmen und damit die Rückkehr ihrer Nachkommen zu erwirken. Ihre Verbundenheit mit ihren Kindern kommt

---

[162] Nach Ms. Paris Samml. 149 und Ms. München Samml. 97 geht die Voraussicht direkt auf die Wirkung des Heiligen Geistes zurück: (Ms. München) הקודש/(Ms. Paris) צפה ברוח הקדש . . .

in der Szene nach BerR eindrücklich und plastisch zum Ausdruck:
Die bereits Verstorbene erhebt ihre Stimme nicht im fernen Reich
der Toten bzw. an einem nicht näher zu bestimmenden Ort im
Himmel; sie klagt beim Anblick des Deportationszuges aus ihrem
Grab heraus und ist damit den in Bedrängnis geratenen Kindern
nicht nur geistig, sondern auch räumlich nahe.[163] Rachels Funktion
als Fürsprecherin ihres Volkes, die auch in weiteren Auslegungen
eine Rolle spielt, zeichnet sich in diesem frühen Midrasch bereits ab
und soll im nächsten Abschnitt eigens thematisiert werden. Zuvor
muß jedoch noch ein weiterer Text behandelt werden, der sich mit
Rachels Grab am Wegrand beschäftigt.

5.4.3.4. *AgBer 51*

> Und warum starb sie am Weg nach Efrat? Weil der Heilige, gepriesen
> sei er, sprach: Meine Kinder brauchen sie, zu der Stunde, da sie sündi-
> gen und rauben. Und sie erinnert mich, weil ich mich ihrer erinnerte,
> denn es heißt (Jer 31): *So spricht JHWH: Eine Stimme wurde in Rama ge-
> hört* usw. Er sprach zu ihr (ebd.): *Halte deine Stimme vom Weinen zurück.*
> Und welchen Lohn hat sie dafür, daß ihre Tage verkürzt wurden und
> sie am Wegrand starb? Damit sie mich an meine Kinder erinnert,
> denn es heißt (ebd.): *Denn es gibt einen Lohn für dein Tun, Spruch JHWHs,
> und [die] Kinder werden in ihr Gebiet zurückkehren.*[164]

Zum Kontext: Die Auslegung wird im Zusammenhang mit dem Toravers
Gen 30,22 (Und Gott gedachte Rachel . . .) angeführt, zu dessen Interpretation
Themen aus der Rachel-Überlieferung in Erinnerung gerufen werden:
Rachels Eifersucht, als Eifersucht auf Leas gute Werke gedeutet, ihr Kinder-
wunsch, Gottes Gedenken an die Stammutter, der Diebstahl und ihr früher,
von Jakobs Fluch verursachter Tod. Auf die sich anschließende Frage, weshalb
Rachel am Wegrand starb, antwortet die vorliegende Überlieferung.

---

[163] Eine sehr eindrückliche Überlieferung findet sich in dem mittelalterlichen, frühestens aus dem 11. Jh. stammenden Midrasch Sefer ha-Yashar: Auf seinem Weg
nach Ägypten mit den midianitischen Kaufleuten kommt Josef am Grab seiner
Mutter vorbei; dort fängt er bitterlich an zu weinen und fleht Rachel um Hilfe an
(אמי אמי ילדתני עורי וקומי וראי נא את בנך איך נמכר לעבד ואין מנחם . . .). Rachels
Stimme ertönt aus der Erde und versichert Josef, daß sie mit ihm leidet; er solle
sich nicht fürchten, sondern auf JHWH vertrauen und getrost nach Ägypten ziehen
(Ausgabe Goldschmidt, Berlin 1923, 150f.). Rachels Sorge—an dieser Stelle um
ihren leiblichen Sohn und nicht um spätere Generationen—wird hier sehr plastisch
geschildert.
[164] Der Midrasch AgBer stellt eine Predigtsammlung zur Genesis dar, die wohl
aus dem 10. Jh. stammt. Jede der Homilien besteht aus drei Teilen, die jeweils an
einen Vers aus der Genesis, den Propheten und den Schriften anknüpfen; vgl.

Dieser späte Midrasch lehnt sich eng an BerR 82,10 an: Wie in BerR wird auch hier dem unerklärlichen Vorgang—der Beerdigung einer der Stammütter Israels nicht im Familiengrab, sondern am Straßenrand—durch den Hinweis auf den sich daraus ergebenden Nutzen für die Nachkommen Sinn verliehen. Dieser Nutzen steht ebenfalls im Zusammenhang mit der Interpretation von Jer 31,15–17. Gegenüber der älteren Auslegung fallen kleine, aber signifikante Unterschiede auf. Nicht Jakob, sondern Gott selbst sieht voraus, daß die Exilierten, die er als seine Kinder (בניי) bezeichnet, die Hilfe der Stammutter einst benötigen werden. Nach zwei Richtungen stellt der Midrasch Verbindungen her; die eine betrifft die Wurzel זכר: Weil Gott sich an Rachel erinnerte (Gen 30,22), soll sie ihn nun an seine Kinder erinnern. Durch dieses wechselseitige Erinnern werden Rachels Klage Jer 31,15 und Gottes Gedenken an Rachel, das zur Erfüllung ihres Kinderwunsches führt, miteinander verbunden. Der zweite Komplex verknüpft Rachels Aufgabe, das Elend der Exilierten zu vergegenwärtigen, wie BerR mit ihrem Tod am Wegrand und bindet daran Gottes Zusage, daß die Verbannten zurückkehren werden. Diese Rückkehr wird Rachel als Lohn für ihre Tätigkeit zugesagt.

Nach AgBer erweist sich Gott als derjenige, der alle Fäden in der Hand hat. Er selbst sorgt in kluger Voraussicht dafür, daß seinem Volk selbst dann noch jemand zur Seite steht, wenn es in die Verbannung nach Babylon geschickt wird. Eine mögliche Erklärung für diese Uminterpretation besteht darin, daß nach BerR der Eindruck entstehen könnte, Gott habe sein Volk vergessen und Israel habe die Rettung nur seinen umsichtigen Vorfahren zu verdanken: Jakob, der weiß, weshalb er seine Frau am Straßenrand beerdigt, und Rachel, die sich ihrer Nachkommen annimmt und bei Gott um Erbarmen bittet. Demgegenüber zeigt sich JHWH nach AgBer 51 als treusorgender Vater, der vorausschauend den Gang der Ereignisse lenkt und auch dann das Wohl seiner Kinder im Blick hat, wenn er sie zur Strafe in die Verbannung schicken muß. Nicht nur die Beerdigung Rachels an der Straße nach Efrat geschieht gemäß der göttlichen Vorsehung, Gott selbst gibt der Stammutter vielmehr den Auftrag, ihn an seine Kinder zu erinnern. Rachels Einschreiten ist damit nicht

---

Stemberger, Einleitung, a.a.O., 306f. AgBer verwendet zahlreiche ältere Midraschim und gestaltet sie teilweise neu, vgl. Jellinek, A., Hg., Bet ha-Midrasch. Sammlung kleiner Midraschim und vermischter Abhandlungen aus der älteren jüdischen Literatur. IV, Jerusalem ²1938, VII.

auf ihre eigene Initiative zurückzuführen, sondern wird von 'höchster Instanz' veranlaßt. Sie tritt nicht als Anwältin für das Volk auf wie in anderen Texten—besonders ausgeprägt in EkhaR pet. 24—, sondern erinnert Gott—von ihm selbst dazu bestimmt—an *seine* Kinder.

Im Vergleich zu älteren Überlieferungen wird die Rolle Rachels in AgBer 51 heruntergespielt; sie handelt nicht selbständig, sondern aufgrund göttlicher Vorherbestimmung und in Entsprechung zum göttlichen Handeln an ihr selbst, welches ihr zu den Kindern verhalf, deren Nachkommen sie jetzt beisteht.

Die vier zuletzt besprochenen Überlieferungen BerR 70,10; BerR 71,2/RutR 7,13/PesK 20,2; AgBer 51 und BerR 82,10 zeigen, wie eng in den rabbinischen Auslegungen die Rachel-Erzählungen der Genesis mit Rachels Klage Jer 31,15–17 verbunden sind: Rachels erstes Auftreten, ihre Unfruchtbarkeit als vermeintlicher Makel und ihr Tod—d.h. Anfang, Ende und eines der zentralen Themen der Rachel-Erzählungen—sind mit Jer 31 verknüpft. Dies ist ein deutlicher Hinweis darauf, daß die jüdischen Ausleger die Erzählungen über Rachel durch die Brille von Jer 31 gelesen haben wollten, und zwar in der Deutung, die sie aus dem Text herauslesen: Rachels früher Tod und ihr Grab am Wegrand haben einen tieferen Sinn, der in dem Einsatz der Stammutter für ihre Kinder liegt; mit dieser ihr zugeschriebenen Rolle wird sie gleich zu Beginn identifiziert, und die zeitweilige Unfruchtbarkeit tut ihrer Stellung keinen Abbruch. Aber auch für die Interpretation von Jer 31,15–17 gilt, daß die Verbindung mit der Genesis-Erzählung sich auf die Auslegung des Textes auswirkt. Bereits auf der Ebene der biblischen Texte können dementsprechende Bezüge festgestellt werden, z.B. durch den Gebrauch der Wurzel שכר.[165] Die rabbinischen Auslegungen bringen diese versteckten Hinweise zur Sprache und führen sie erzählerisch aus: Rachels Klage steht in enger Verbindung mit ihrem Wunsch nach Kindern und ihrem Tod am Wegrand. Im Zusammenhang mit Rachels Fürsprache für ihr Volk kommt noch ein weiteres Element hinzu, das in EkhaR pet. 24 eine herausragende Rolle spielt.

---

[165] Vgl. Abschnitt 2.4.

5.4.4. *Rachel als Fürsprecherin*

5.4.4.1. *PesR 3 [Friedmann 11b]*

Als er (scil. Jakob) sie (scil. Ephraim und Manasse) gesegnet und zu Stammvätern (wörtl.: Stämmen) gemacht hatte, fing er (scil. Josef) an, über die Angelegenheit betreffs Rachel zu reden. Er sagte zu ihm (scil. Jakob): Warum kam sie nicht ins Grab mit dir (d.h. in das du kommen wirst)? Denn Josef war über diese Sache sehr betrübt. Sein Vater hob an und erwiderte ihm in bezug auf sie (scil. Rachel):

Als ich von Paddan kam ist hier nicht geschrieben, sondern *Und als ich von Paddan kam* (Gen 48,7). Was bedeutet *und ich*? Er sprach zu ihm: Bei deinem Leben, wie du dir wünschtest, daß deine Mutter in das Grab gekommen wäre, so wünschte ich [es]; denn so steht geschrieben: *und ich*.
Starb mir.[166] Was bedeutet *mir*? Auf mir lag die Last. Eine andere Erklärung: *Mir*, denn ich vermißte sie, weil ich keinen Genuß hatte außer ihr. *Sie starb mir*, denn ich vermißte sie.

Er sprach zu ihm: Vielleicht gibt es etwas (d.h. einen Grund), daß du sie nicht in das Grab gebracht hast, vielleicht war Regenzeit? Er sprach zu ihm: Nein, *es war noch* כברת ארץ, *nach Efrat zu kommen*. Zwischen Pessaḥ und dem Wochenfest war es, zu der Zeit, da die Erde wie ein Sieb hin- und herschwingt, so daß man reisen kann.[167]
Josef sprach zu ihm: Entscheide jetzt, und ich bringe sie hinauf und begrabe sie. Jakob sprach zu ihm: Du kannst es nicht, mein Sohn, denn ich habe sie dort nur aufgrund der [göttlichen] Rede begraben, denn auch ich wünschte, sie hinaufzubringen und zu begraben, aber der Heilige, gepriesen sei er, ließ mich nicht; denn es heißt: *und ich begrub sie dort*.

Was bedeutet *dort*? Gemäß der [göttlichen] Rede. Und warum? Denn es war vor ihm offenbar und von ihm vorhergesehen, daß am Ende der Tempel zerstört werden wird und seine Söhne ins Exil gehen werden. Und sie werden zu den Vätern gehen und sie bitten, für sie zu beten, und sie werden ihnen nicht nützen, und wenn sie des Weges gehen, kommen sie und umarmen das Grab Rachels, und sie erhebt sich und bittet den Heiligen, gepriesen sei er, um Erbarmen und sagt vor ihm: Herr der Welt, höre auf die Stimme meines Weinens und erbarme dich meiner Kinder oder gib mir meinen Anspruch.[168] Sofort hörte der Heilige, gepriesen sei er, auf die Stimme ihres

---

[166] Zu den möglichen Bedeutungsvarianten von מתה עלי vgl. auch die Erörterungen unter 2.2.1.

[167] In Ms. Parma 1240 lautet die Stelle ככברה שיבולים חלות—Braude, Pesikta Rabbati I, a.a.O., 75, Anm. 52, übersetzt „ears of corn from which bread is made".

[168] Bei אוניא handelt es sich um ein Lehnwort aus dem Griechischen, abgeleitet von ὠνή; vgl. Krauss, S., Griechische und lateinische Lehnwörter im Talmud, Midrasch und Targum. Mit Bemerkungen von I. Löw, II, Berlin 1899 (Nachdr. Hildesheim 1964), 21, zur Übersetzung vgl. Sokoloff, M., A Dictionary of Jewish Palestinian Aramaic of the Byzantine Period (Dictionaries of Talmud, Midrash and Targum II), Ramat-Gan ²1992, 40.

Gebets. Woher? Denn so [sagt] die Schrift: *Bitterliches Weinen, Rachel weint um ihre Kinder* (Jer 31,15). Und die Schrift [sagt]: *Und es gibt Hoffnung für deine Nachkommenschaft, [Spruch JHWHs,] und [die] Kinder werden in ihr Gebiet zurückkehren* (Jer 31,17).

So überzeugte er ihn, weshalb seine Mutter nicht in das Grab kam.[169]

Zum Kontext: Die dritte pisqa der Pesiqta Rabbati, eine Predigt zu Ḥanukka, beschäftigt sich mit der Einhaltung der von den Weisen—und nicht von Gott selbst—gegebenen Gebote; zunächst geht es um die Verwendung von Ḥanukka-Öl, dann um die Autorität der Worte Abrahams und Jakobs. Letzterer erklärte Ephraim und Manasse zu Stammvätern und gab dem jüngeren Ephraim beim Segen den Vorzug. Dem Zuspruch des Segens geht die Klärung einiger Fragen bezüglich Gen 48 voraus, wozu auch die Umstände der Beerdigung Rachels gehören.

Der im vorliegenden Zusammenhang relevante Abschnitt beruht auf Gen 48,7. Die Auslegung ist als Dialog zwischen Josef und seinem Vater Jakob gestaltet, der jedoch unterbrochen wird, um sprachliche Auffälligkeiten des Bibeltextes zu diskutieren. Zuerst geht es um das waw vor אני; der Ausleger versteht es im Sinne von גם: Wie Josef hatte sich auch Jakob gewünscht, Rachel in der Höhle Machpela zu begraben. Für das emphatische מתה עלי werden zwei Interpretationen angeführt: Es war Jakob, auf den die Aufgabe zukam, sich um Rachel zu kümmern, oder: Jakob ist derjenige, der Rachel vermißt.[170] Die Jakob in den Mund gelegte Antwort auf Josefs Frage, ob es an der Jahreszeit lag, daß Rachel nicht im Familiengrab in Hebron beerdigt wurde, ähnelt der Erklärung R. ’Eli‘ezer ben Ja‘aqovs aus BerR 82,7, die כברה als Sieb deutet. Josefs Bereitschaft, seine Mutter jetzt selbst nach Hebron zu bringen, weist Jakob zurück mit der Begründung, daß er ein göttliches Gebot befolgte. Darauf deutet nach Ansicht der Kommentatoren die Ortsangabe שם in Gen 48,7.

Die Überlieferung in PesR 3 verbindet zwei Motive: den Verweis auf Rachels Fürsprache für die Exilierten als Grund für ihr Grab am Wegrand und die Überbietung der erfolglosen Patriarchen durch

---

[169] Zur Unsicherheit bei der Datierung von PesR vgl. Stemberger, a.a.O., 295–297. Die Datierungsversuche dieser Sammlung von Predigten zu den Festen und besonderen Feiertagen reichen vom 3. bis zum 9. Jh. Grözinger, K.E., Ich bin der Herr, dein Gott! Eine rabbinische Homilie zum Ersten Gebot (PesR 20) (FJS 2), Bern/Frankfurt 1976, 8f., unterscheidet fünf bzw. sechs Quellen, doch gehört PesR 3 keiner der genannten an.

[170] Als Ausdruck des Verlustes fassen auch RutR 2,7 und b Sanh 22b die Präposition auf (vgl. Abschnitt 5.2.4. der Untersuchung).

die Stammutter. Im Vergleich zu der Überlieferung aus BerR 82,10 schildert PesR 3 die Ereignisse ausführlicher: Die Exilierten ziehen nicht nur an Rachels Grab vorbei (עוברות, BerR), sondern sie umarmen es (מהבקין, PesR), worauf die Stammutter sich erheben wird (עומדת). Rachels Klage wird auch in PesR als Bitte um Erbarmen interpretiert (מבקשת רחמים). Die hier gebrauchte Wendung taucht auch in anderen Texten auf, die die Fürsprache vor Gott zum Inhalt haben, z.B. bei Abrahams Fürsprache für die Sodomiter BerR 39,6 (... בשעה שעמד אברהם אבינו לבקש רחמים על סדומים ...) oder bei Moses Intervention nach Errichtung des goldenen Kalbs BemR 12,1 (... מיד עמד משה ובקש רחמים מלפניו ...).[171] Darüber hinaus gibt die Auslegung den Inhalt der Klage wieder. Die Überlieferung ist damit nicht nur gegenüber BerR erweitert worden, Sprache und Bilder haben vielmehr eindeutig an Intensität zugenommen. Die zweite Tradition, die pisqa 3 aufgreift, die vergebliche Fürsprache der Patriarchen, findet sich ausführlich in EkhaR pet. 24 (s.u.), in PesR wird sie nur knapp angedeutet: Die Verbannten wenden sich hilfesuchend an die Erzväter, doch diese können nichts ausrichten (ואינם מועילים להם). Ob die erfolglose Fürsprache der Patriarchen tatsächlich darauf zurückzuführen ist, daß ihrer Gräber in der Höhle Machpela außer Reichweite lagen und sie deshalb die Hilfeschreie der in Not Geratenen nicht hören konnten, bleibt dahingestellt.[172] Nicht die räumliche Distanz ist nach PesR ausschlaggebend für ihren Mißerfolg; der Midrasch betont vielmehr die außergewöhnlichen 'Rechte' der Stammutter, die die Rückkehr der Exilierten nicht nur erbittet, sondern als Erfüllung ihres Anspruchs (אוניא) einfordert und von JHWH erhört.

Jer 31,15–17 wird in PesR 3 wie in BerR 82 am Grab Rachels lokalisiert und mit dem Weg der Judäer in Verbindung gebracht, welcher sie auch nach Rama führte. Die in der biblischen Überlieferung nicht mitgeteilte Klage Rachels wird nicht nur in Über-

---

[171] Weitere Belege finden sich in BerR 26,5 (Lot bittet für die Sodomiter); WaR 10,1 (Abraham bittet für Sodom); ShemR 51,4 (Mose legt für Israel Fürsprache ein) u.v.m.

[172] So interpretiert Braude, a.a.O., 76, Anm. 55. M.E. muß die Stelle im Zusammenhang mit einer Überlieferung aus EkhaR pet. 24 interpretiert werden, welche die Versuche der Erzväter, für ihre Nachkommen bei Gott Erbarmen zu erwirken, auf eindrückliche Weise schildert. Zur Datierung dieses Textes, dessen Endfassung sicher nach PesR entstand, vgl. bes. Kapitel 5, Anm. 174.

einstimmung mit BerR 82 als Bitte um Erbarmen gedeutet, sondern wird darüber hinaus verbalisiert. Nach PesR fleht die Stammutter mit eindringlichen Worten um Erbarmen und fordert die Rückkehr ihrer Kinder als ihr Recht ein: Herr der Welt, höre auf die Stimme meines Weinens und erbarme dich über meine Kinder oder gib mir meinen Anspruch! Rachel hält also auch nach dieser Tradition keine Totenklage, sondern wendet sich fürsprechend an JHWH. Jedoch wird ihre Trauer in der Formulierung שמע בקול בכייתי deutlich, welche eine große Nähe zu Jer 31,15 aufweist (קול ברמה נשמע נהי בכי . . .).

5.4.4.2. *EkhaR pet. 24*

Zur selben Stunde sprang unsere Mutter Rachel vor dem Heiligen, gepriesen sei er, auf und sprach:

Herr der Welt, es ist vor dir offenbar, daß dein Knecht Jakob mich besonders innig liebte (אהבני אהבה יתירה) und um mich sieben Jahre beim Vater diente. Und als die sieben Jahre um waren und der Zeitpunkt meiner Hochzeit mit meinem Mann kam, beschloß mein Vater, mich für meinen Mann mit meiner Schwester zu vertauschen. Aber es wurde mir die Sache so schwer, daß mir der Plan bekannt war, und ich tat [sie] meinem Mann kund und gab ihm ein Zeichen, daß er zwischen mir und meiner Schwester unterscheide, damit mein Vater mich nicht austauschen könne. Aber danach bereute ich bei mir selbst und ertrug meine Sehnsucht und erbarmte mich meiner Schwester, daß sie nicht zur Schmach hinausgehe. Und am Abend vertauschte man meine Schwester für meinen Mann mit mir, und ich gab meiner Schwester alle Zeichen, die ich meinem Mann gegeben hatte, damit er dächte, daß sie Rachel sei. Und nicht nur das, sondern ich ging hinein, unter das Bett, in welchem er mit meiner Schwester lag, und als er mit ihr sprach, schwieg sie, und ich antwortete ihm auf jede Sache, damit er nicht die Stimme meiner Schwester erkannte, und ich tat ihr Gutes (ונמלתי חסד עמה). Und ich war nicht eifersüchtig auf sie, und ich ließ sie nicht zur Schmach hinausgehen.

Und was bin ich, daß ich—Fleisch und Blut, Staub und Asche— nicht eifersüchtig war bei meiner Bedrängnis und meine Schwester nicht zu Schande und Schmach hinausgehen ließ. Und du, König, Lebendiger und Ewiger, Barmherziger, weshalb bist du eifersüchtig auf den Götzendienst, in dem nichts Wirkliches ist, und hast meine Kinder verbannt, und sie werden durch das Schwert getötet, und die Feinde verfahren mit ihnen nach ihrem Belieben?

Sofort regte sich das Erbarmen des Heiligen, gepriesen sei er, und er sprach: Deinetwegen, Rachel, führe ich Israel an seinen Ort zurück. So steht geschrieben (Jer 31): *So spricht JHWH: Eine Stimme wurde in Rama gehört, ein Klagelied, bitterliches Weinen. Rachel weint um ihre Kinder; sie weigert sich, sich trösten zu lassen über ihre Kinder, denn keines ist [mehr]* (Jer 31,15). Und es steht geschrieben: *So spricht JHWH: Halte deine Stimme vom Weinen zurück und deine Augen von [den] Tränen, denn es gibt einen Lohn für dein Tun* usw. (Jer 31,16). Und es steht geschrieben: *Und es gibt Hoffnung für deine Nachkommenschaft, Spruch JHWHs, und [die] Kinder werden in ihr Gebiet zurückkehren* (Jer 31,17).

Zum Kontext: Mit Jes 22,1 eröffnet R. Yoḥanan die petiḥa. Im Zusammenhang mit Jes 22,12—und der Herr JHWH Zebaoth rief an jenem Tage zum Weinen, Klagen, Haarescheren und Sack Anlegen—wird Folgendes überliefert: JHWH, die Dienstengel und der Prophet Jeremia machen sich auf, den in Trümmern liegenden Tempel zu besichtigen. Beim Anblick des zerstörten Heiligtums bricht Gott in Tränen aus; er hat seine Kinder gewarnt, aber kann jetzt nichts mehr für sie tun und vergleicht sich mit einem Menschen, der für seinen einzigen Sohn den Trauhimmel aufstellte, dieser jedoch darunter verstarb. An Jeremia richtet Gott den Auftrag, die Patriarchen und Mose zu holen, damit sie mit ihm zusammen trauern, denn „sie wissen zu weinen". Jeremia ruft Mose und weckt die Patriarchen, denn es sei Zeit, Fürsprache vor Gott einzulegen (הגיע זמן שאתם מתבקשין לפני הקב״ה). Weinend und klagend gelangen Abraham, Isaak, Jakob und Mose vor JHWH.

Der Fortgang der Handlung, die Fürsprache der Patriarchen und Mose vor Gott für die nach Babylon Verbannten, wird im Namen R. Shmu'el bar Naḥmans überliefert. Die Szene gleicht einer Verhandlung im Gerichtssaal. Als erster tritt Abraham auf. Er verweist auf seine einstmalige Bereitschaft, seinen Sohn Isaak zu opfern. JHWH hält dagegen, daß die Israeliten verbannt wurden, weil sie die Tora übertreten haben. Sodann läßt Gott die Tora auftreten, damit sie gegen Israel Zeugnis ablege, doch gelingt es Abraham, mit dem Hinweis, daß Israel als einziges Volk bereit war, die Tora anzunehmen, diese davon abzuhalten, gegen das Volk Gottes zu zeugen. Ähnlich verfährt der Patriarch mit den zweiundzwanzig Buchstaben des Alphabets, die JHWH ebenfalls zur Zeugenschaft gegen Israel aufruft; beschämt müssen sie den Rückzug antreten. Abraham verweist nochmals auf die Bindung seines Sohnes, und Isaak fährt fort: Er habe sich bereitwillig auf den Altar zur Opferung binden lassen. Auch Jakob meldet sich zu Wort und führt an, was er für seine Kinder getan hat: Zwanzig Jahre habe er bei Laban verbracht und sein Leben für seine Kinder eingesetzt, die sein Bruder Esau umzubringen gedachte. Wie eine Henne ihre Küken habe er seine Kinder großgezogen; JHWH solle sich dieser Fürsorge erinnern und Erbarmen mit Jakobs Nachkommen haben. Als letzter ergreift Mose das Wort: Er hält sich zugute, das Volk Israel vierzig Jahre durch die Wüste geführt zu haben, und überredet Jeremia, ihn nach Babylon zu bringen, fest entschlossen, das Volk Israel auch von diesem Ort heim ins Gelobte Land zu führen. Er muß erkennen, daß er gegen Gottes unwiderruflichen Beschluß (נגזרה נזירה) nichts ausrichten kann, doch verkündet er dem enttäuschten Volk, daß es JHWH bald selbst heimführen werde. Den Patriarchen berichtet Mose nach seiner Rückkehr aus Babylon, daß sich ihm dort ein Bild des Grauens geboten hat: Die Israeliten würden getötet und grausam gefoltert, sie verhungerten, verdursteten u.v.m. Daraufhin brechen alle in Weinen und Klagen aus und trauern zutiefst um die Verbannten. Mose verflucht die Sonne, weil sie sich nicht verfinsterte, als die Feinde den Tempel zerstörten, und hält JHWH vor: Ein Rind oder ein Schaf sollt ihr nicht mit seinem Jungen an einem Tag schlachten (Lev 22,28). Und sie töteten schon so viele Kinder und ihre Mütter und du schweigst? Damit ist das Stichwort für die Stammutter gefallen; sie springt auf und ergreift das Wort.

Die ausführliche Wiedergabe des Kontextes ist notwendig, um einen Eindruck von der Atmosphäre zu vermitteln, die den Midrasch prägt. Dennoch kann die Zusammenfassung die Direktheit und Eindrücklichkeit der Sprache und der Bilder kaum angemessen wiedergeben: Gott selbst weint beim Anblick des zerstörten Heiligtums, Jeremia geht zur Höhle Machpela und weckt die toten Patriarchen aus ihrem Schlaf, Mose besucht die Exilierten und wird Zeuge der unvorstellbaren Qualen, die sie zu erdulden haben, und Rachel schließlich besitzt die Unverfrorenheit, ihre eigene Selbstlosigkeit der Eifersucht JHWHs gegenüberzustellen.

Die Überlieferung von der Fürsprache der Patriarchen, Moses und Rachels findet sich nur in drei Handschriften—in Ms. Parma Palatina 2393 (de Rossi 1408), Ms. Oxford, Bodleian, Selden A Sup.102 sowie Ms. München, Staatsbibliothek 229—und dem Druck von Konstantinopel.[173] Mit großer Wahrscheinlichkeit handelt es sich um einen späteren Zusatz.[174] Auf Neusner wirkt die Überlieferung insgesamt einheitlich;[175] es ist jedoch denkbar, daß

---

[173] Nach Mandel, a.a.O., I, 44–46, stammt der Erstdruck wahrscheinlich von 1514 (vgl. auch S.182–187). Er beruft sich dabei auf Lerner, M.B., אנדת רות ומדרש רות רבה. חיבור לשם קבלת תואר דוקטור לפילוסופיה חלק א׳. מבוא, [Jerusalem] 1971, 22f.32–36.
[174] Vgl. Mandel, a.a.O., I, 191, Anm. 3*. Die Mss. stammen aus dem 13. (Ms. München), 14./15. (Ms. Parma Palatina) bzw. aus dem beginnenden 16. Jahrhundert (Ms. Oxford). Mandel stützt sich auf eine Beobachtung Carl N. Astors (The Petihta'ot of Eicha Rabba. Submitted in partial fulfillment of the requirements for the degree of Doctor of Philosophy in Talmud and Rabbinics, The Jewish Theological Seminary of America 1995; vgl. 18, Anm. 16).
[175] Vgl. Neusner, J., Lamentations Rabbah. An Analytical Translation (BJS

der Auftritt Rachels nachträglich hinzugefügt wurde, da sich hier die sprachlichen Anzeichen, die für eine späte Abfassungszeit sprechen, häufen.[176] Dies läßt vermuten, daß die Überlieferung zu einem späteren Zeitpunkt verschriftlicht wurde als die 'klassischen' Midraschim, d.h. offensichtlich aus nachtalmudischer Zeit stammt, eine genauere Datierung läßt sich jedoch kaum vornehmen.[177] Der Zusatz in EkhaR pet. 24 steht somit nicht am Anfang einer Entwicklung, sondern spiegelt ein fortgeschrittenes Stadium der Interpretationen zur Gestalt Rachels wider. Als solcher ist er trotz der relativ späten Abfassungszeit für die vorliegende Untersuchung von großem Interesse.

Die Traditionen, die im Text verarbeitet wurden, sind vielfältig: Gottes Trauer,[178] das Auftreten der zweiundzwanzig Buchstaben,[179]

---

193), Atlanta 1989, 79: „. . . with no important interpolations or imperfections of any kind".

[176] Diesen Hinweis verdanke ich Prof. M. Kister. Einige Formulierungen, vorwiegend Anklänge an biblische Wendungen, finden sich kaum in den frühen, 'klassischen' Midraschim, z.B. עד(ך)מאד (vgl. Gen 27,33f.; 1 Sam 11,15; 1 Kön 1,4 u.a.; Tan mishpaṭim 11; yitro 11 u.a., häufig jedoch innerhalb eines Bibelzitats, z.B. Tan toledot 13; MTeh 119,20), לחרפה (תצא) (vgl. Jes 30,5; Jer 6,10; 20,8; 24,9 u.a.; Tan pequde 3 באו לחרפה; shemini 11 הולכים לחרפה u.a.), נצמתי (Gen 6,7; 1 Sam 15,11; Jer 31,19 u.a.; in den Midraschim taucht die Formulierung abgesehen von EkhaR pet. 24 nur in Bibelzitaten auf, z.B. MTeh 119,19; SER [6] 7).

[177] Ob der Text wirklich erst wie die ältesten handschriftlichen Überlieferungen ins 12./13. Jh. zu datieren ist, wie dies Sered, S.S., Rachel's Tomb: The Development of a Cult, in: Jewish Studies Quarterly 2 (1995), 103–148, in ihrer Untersuchung voraussetzt, ist fraglich (vgl. 105, Anm. 15 und 109. Sered stützt sich auf eine Bemerkung P. Mandels, führt jedoch keinen genauen Literaturverweis an.). Denkbar wäre auch das 9. oder 10. Jh. als Abfassungszeit, zumal Raschi (1040–1105) die Erzählung bereits zu kennen scheint; vgl. מקראות גדולות zu Jer 31,14(15): Raschi gibt einen Midrasch wieder, demzufolge die Erzväter und -mütter bei Gott Fürsprache für Israel einlegen, nachdem Manasse im Tempel ein Götzenbild aufgestellt hat. Nur Rachel vermag JHWH zu überzeugen, indem sie auf den Umgang mit ihrer Schwester verweist: והלא אני הכנסתי חרתי בתוך ביתי . . . אף אתה אם הכניסו חרתך צרתך בביתך שתוק להם.

[178] Vgl. Kuhn, P., Gottes Trauer und Klage in der rabbinischen Überlieferung (Talmud und Midrasch) (AGJU 13), Leiden 1978, 232–239. In Verbindung mit dem Vers Jes 22,12, der auf Gottes Trauer bezogen wird, findet sich in EkhaR pet. 24 der Hinweis „wenn es nicht ein geschriebener Schriftvers (מקרא שכתוב) wäre, wäre es nicht möglich, es zu sagen"—offensichtlich hielten es auch die Rabbinen für ein Wagnis, auf solch menschliche Weise von Gott zu reden (vgl. Kuhn, a.a.O., 235). Von Gottes Weinen und seiner Trauer angesichts des zerstörten Tempels und der Verschleppung seines Volkes ist jedoch an zahlreichen Stellen im rabbinischen Schrifttum die Rede, vgl. z.B. b Ber 3a. 59a; b Hag 5b; PesR 28 [Friedmann 134b].

[179] Nicht erst in der Kabbala, die mit den Buchstaben des Alphabets mystische Spekualtionen verbindet, wird den einzelnen Buchstaben ein gewisses Eigenleben zugesprochen, auch schon in der rabbinischen Literatur sind sie mit personhaften Zügen ausgestattet (vgl. Rothkoff, A., Horodezky S.A./Ed., Alphabet, Hebrew, in: EJ 2, Jerusalem 1971, 747–749). Mit Hilfe

Israels Leiden im Exil,[180] die Fürsprache der Patriarchen und weitere Themen klingen an. Im Zusammenhang mit der Gestalt Rachels ist v.a. der Fürsprache-Komplex von Bedeutung. In BerR 82,10 heißt es bereits von Rachel, daß sie um Erbarmen bat (שתבקש עליהם רחמים), und in PesR 3 wird dieser Aspekt ausgestaltet und auf die vergebliche Fürsprache der Patriarchen angespielt. Im Zusatz zu EkhaR pet. 24 treten die Erzväter, Mose und Rachel als Fürsprecher auf.

Exkurs: Israels Fürsprecher
Die rabbinischen Auslegungen, die sich mit der Fürsprache[181] Moses und der Patriarchen beschäftigen, gehen im Kern bereits auf die biblische Überlieferung zurück.[182] Nach den Überlieferungen des Alten Testaments setzt sich v.a. Mose als Fürsprecher ein (vgl. Jer 15,1; Ps 99,6-8; 106,23). Sein Eintreten wendet die Plagen in Ägypten (Ex 8,4.8.24-26 u.a.) und die Bestrafung des aufmüpfigen Volkes in der Wüste (z.B. Num 11,1-3) ab, v.a. jedoch bittet er nach der Anfertigung des goldenen Kalbes Gott um Erbarmen mit dem halsstarrigen Volk (Ex 32,11-14; vgl. Dtn 9,25-29). Bei den Patriarchen wird Abraham durch seine Fürsprache für Sodom (Gen 18,22-33) zur herausragenden Gestalt. Daneben treten im Alten Testament

---

des Alephbeth erschafft Gott die Welt (b Ber 55a); den Wetteifer der Buchstaben um die Mithilfe bei der Erschaffung der Welt gewinnt schließlich das Beth, mit dem Gen 1,1 beginnt. Als Ausgleich für das enttäuschte Aleph läßt Gott die Offenbarung am Sinai, d.h. die zehn Gebote (Ex 20,2), mit dem ersten Buchstaben des Alephbeth beginnen (vgl. BerR 1,10).

[180] Die zahlreichen Überlieferungen, die das Ausmaß des Leidens der exilierten Judäer beschreiben und beklagen (vgl. z.B. EkhaR 2,4; Tan yitro 5; PesR 31 [Friedmann 144a.b]), sind ein Zeichen für die traumatische Erfahrung, die Israel mit dem Exil verbindet, die Realität spiegeln sie kaum wider, denn es gilt als erwiesen, daß die Lebensbedingungen der Verbannten aufs Ganze gesehen doch einigermaßen erträglich gewesen sein müssen. Das Leben im Exil „bedeutete freilich nicht, daß die Deportierten gefangen oder eingekerkert gewesen wären oder daß sie schwere Sklavenarbeit hätten verrichten müssen und daher in wenigen Ruhestunden weinend und klagend an den Kanälen Babyloniens gesessen hätten (Ps 137)." (Fohrer, G., Geschichte Israels. Von den Anfängen bis zur Gegenwart, Heidelberg/Wiesbaden ⁶1995, 190.); vgl. Donner, H., Geschichte des Volkes Israel und seiner Nachbarn in Grundzügen. 2: Von der Königszeit bis zu Alexander dem Großen. Mit einem Ausblick auf die Geschichte des Judentums bis Bar Kochba (GAT 4/2), Göttingen 1986, 383f.

[181] Mit Zorn, a.a.O., 30-34, ist zwischen Fürbitte—als (sich wiederholender) Bitte um zukünftigen Segen, z.B. in Form von Regen—und Fürsprache—der einmaligen Interzession eines Einzelnen zur Abwendung des Zornes Gottes—zu unterscheiden.

[182] Zu Fürbitte und Fürsprache im Alten Testament vgl. Johansson, a.a.O., 4-40; Hesse, a.a.O., 14-63; Zorn, a.a.O., 77-82; zu Mose Aurelius, E., Der Fürbitter Israels. Eine Studie zum Mosebild im Alten Testament (CB.OT 27), Lund 1988.

eine ganze Anzahl weiterer Fürsprecher auf, z.B. Samuel (1 Sam 7,8), Amos (Am 7,2.5) und Jeremia (Jer 18,20 u.a.). In himmlischen Gerichtsszenen erweisen sich auch Engel als Fürsprecher der Menschen (z.B. Sach 1,12; 3,1–4).

Im Laufe der Zeit nimmt das Bedürfnis nach Fürsprechern zu. In den frühjüdischen Schriften konzentriert sich das Interesse auf die Interzession engelhafter Gestalten,[183] doch finden sich auch Belege, die vom Einfluß zeugen, den man den Patriarchen zutraute; am eindrücklichsten geschieht dies im hebräischen Henochbuch: In 3 Hen 44,7–10[184] wird von R. Yishma'el überliefert, daß er die Geister Abrahams, Isaaks, Jakobs und der übrigen Gerechten sah, die man aus ihren Gräbern herausgeführt hatte. Die Patriarchen bitten Gott um die Erlösung der Kinder Israel und brechen angesichts der in Erinnerung gerufenen Verfehlungen des Volkes in Tränen aus. Darauf spricht JHWH: Abraham, mein Geliebter, Isaak, mein Erwählter, Jakob, mein Erstgeborener. Wie sollte ich sie nun von den Völkern der Erde befreien können. Und sofort rief Michael, der Fürst Israels, während er mit lauter Stimme weinte, und sprach (Ps 10,1): Warum stehst du so weit fort, o Herr.[185]

In der rabbinischen Literatur treten die Engel als Interzessoren zurück—wohl weil eine allzu große Verehrung dieser Wesen eine Gefahr für den Monotheismus dargestellt hätte[186]-, aber sie werden auch hier gelegentlich als Ankläger oder Fürsprecher erwähnt (b Hag 16a; b Shab 12b; ShemR 21,4 u.a.), in letzterer Funktion besonders der Erzengel Michael (z.B. b Yom 77a; ShemR 18,5). Im Zentrum stehen jedoch Mose und die Patriarchen, die ihre Fürsprecherfunktion gleich einem Anwalt in einer Gerichtsverhandlung wahrnehmen. Mose übernimmt die Verteidigung Israels (מלמד . . . סניגוריא, DevR 3,11; vgl. BemR 7,4; ShemR 43,1) und setzt sich als פרקליט für die Tochter Pharaos ein (ShemR 18,3). Er gilt als Vater aller Beschirmer (WaR 1,3), der für Israel Fürsprache hält (b Yom 36b) und um Erbarmen bittet (בקש רחמים, BemR 12,1), besonders nach Israels Versündigung durch die Errichtung des goldenen Kalbs: Als Mose in der himmlischen Gerichtsverhandlung die Verteidigungsrede hält, vertreibt er Satan als Ankläger (ShemR 43,1), und er erinnert das Volk Israel daran, daß er durch sein Eintreten für die Israeliten 600.000 Menschen gerettet hat (DevR 7,10). Mose wird

---

[183] Vgl. z.B. TestLev 3,5; 5,6; äthHen 9,1–3 u.v.m.; vgl. Johansson, a.a.O., 65–119; Zorn, a.a.O., 90–98, verweist zudem auf die Rolle, die im hellenistischen Judentum die Märtyrer als Interzessoren spielen (4 Makk 6,28f.; 17,21f. u.a.).

[184] Kapiteleinteilung nach Odeberg, H., 3 Henoch or the Hebrew Book of Enoch. Edited and Translated for the First Time. With Introduction, Commentary and Critical Notes, Cambridge 1928 (Nachdr. 1973); zu den verschiedenen Mss. vgl. Synopse zur Hekhalot-Literatur, Hg. Schäfer, P., in Zusammenarbeit mit M. Schlüter und H.G. v. Mutius (TSAJ 2), Tübingen 1981.

[185] Übersetzung des letzten Abschnitts von Johansson, a.a.O., 124. Auf die Fürsprache der Patriarchen verweist auch schon Philo, Exsecr 165f.

[186] Vgl. Johansson, a.a.O., 161. Zum folgenden Abschnitt vgl. Johansson, a.a.O., 161–174; dort finden sich weitere Belegstellen.

damit in der rabbinischen Literatur als der Fürsprecher schlechthin dargestellt. Gleich nach Mose folgen in der Rangordnung Abraham und die übrigen Patriarchen. Die biblische Überlieferung von Abrahams Bitte um die Verschonung Sodoms wird in BerR 49,14 zur Gerichtsverhandlung umgestaltet. Zum Aufbruch Gottes nach dem Gespräch (Gen 18,33) heißt es beispielsweise: Der Richter (דיין) wartet, während der Verteidiger (סניגור) spricht (wörtl.: lehrt); schweigt der Verteidiger, erhebt sich der Richter . . . Während sich der Richter ihm freundlich zeigt, spricht der Verteidiger; erhebt sich der Richter, schweigt der Verteidiger (BerR 49,14). Darüber hinaus werden Abraham und Isaak durch ihre Opferbereitschaft zu Mittlern zwischen Gott und Volk (WaR 29,9 u.a.). Auch im Zusammenhang mit der Zerstörung des Tempels tritt Abraham als Fürsprecher auf. JHWH trifft den Patriarchen im zerstörten Tempel. Abraham versucht, für 'seine Kinder' Erbarmen zu erwirken. Zu ihren Gunsten führt er an, daß diese vielleicht nicht vorsätzlich gesündigt haben und die Sünden nur von einer Minderheit begangen wurden, aber Gott widerspricht ihm bei jedem seiner Einwände (b Men 53b; vgl. EkhaR 1,20). Die anderen Erzväter treten gegenüber Abraham in den Hintergrund, doch ist nach einer Überlieferung aus b Shab 89b Isaak der einzige unter den Patriarchen, der bereit ist, ein gutes Wort für die Israeliten einzulegen.

Mose und die Patriarchen sind bei weitem nicht die einzigen Gestalten, denen in den rabbinischen Auslegungen die Bereitschaft zur Fürsprache für das Volk Israel zugetraut wird. Auf die Rolle der Propheten wurde bereits in anderem Zusammenhang hingewiesen,[187] und auch die Tora kann—ganz im Gegensatz zu ihrer Rolle in EkhaR pet. 24—als Fürsprecherin auftreten (ShirR 8 zu Cant 8,12).

Frauen spielen im Fürsprache-Komplex eine äußerst geringe Rolle. Zwar wird in b MQ 28a auf die sühnende Wirkung des Todes Mirjams verwiesen und den Frauen, besonders den Stammüttern, durchaus die Einflußnahme auf das Geschick Israels zugestanden, was z.B. in der Wendung בזכות אמהות zum Ausdruck kommt, als Fürsprecherinnen tauchen sie in den einschlägigen Texten nicht auf; Rachels Auftritt in EkhaR pet. 24 ist in dieser Hinsicht singulär.

Nach diesem Überblick über die Bedeutung der herausragenden Fürsprechergestalten im rabbinischen Schrifttum soll nun wieder das Interesse auf den Zusatz in EkhaR pet. 24 gelenkt werden. Auch hier wird die Szene als große Gerichtsverhandlung geschildert, bei der die einzelnen Fürsprecher einer nach dem anderen auftreten und ihr Plädoyer abgeben. Am ausführlichsten tut dies Abraham, der 'Liebling Gottes' (אוהבך); seiner Trauer schließen sich sogar die Dienstengel an. Abraham wirft seine Bereitschaft zur Opferung Isaaks

---

[187] Vgl. ShemR 46,4; WaR 1,13; ShirR 1 zu Cant 1,7 [ב] und die Ausführungen zu MTeh 119,67 in Abschnitt 5.4.2.4. der Untersuchung.

in die Waagschale, und es gelingt ihm, die Tora und die Buchstaben des Alphabets, welche als Zeugen auftreten, zu entkräften, doch findet er bei JHWH kein Gehör. Ebenso ergeht es Isaak und Jakob sowie Mose, der als 'Pragmatiker' die Rückführung des Volkes selbst in die Hand nehmen möchte.[188] Auch andere Überlieferungen bringen—direkt oder indirekt—zum Ausdruck, daß die Fürsprecher mit ihrer Interzession nicht immer Erfolg haben. Dies zeigen gerade diejenigen Auslegungen, die sich mit der Tempelzerstörung beschäftigen (vgl. z.B. Abrahams Fürsprache b Men 53b).[189] Angesichts der großen Katastrophe scheint alle menschliche Intervention, auch die der großen Gottesmänner, vergebens. Aber auch ohne Verkündung eines Erfolgs spiegeln die Texte das Vertrauen Israels in die bedeutenden Gestalten der Vergangenheit wider, denen zugetraut wird, für das Volk einzutreten, sein Elend zu beklagen und dieses vor Gott zu bringen.

Nach EkhaR pet. 24 findet Israel dennoch eine Fürsprecherin, die sich erfolgreich für ihre Nachkommen einsetzt. Die Überlieferung beruht auf einer Auslegung zu Jer 31,15–17. Wie in BerR 82,10 und PesR 3 wird auch hier die Klage als Bitte um das Erbarmen Gottes gedeutet. Auf dem Hintergrund der soeben besprochenen Stellen zum Fürsprechertum Moses und der Patriarchen wird deutlich, daß BerR 82,10 und PesR 3 zu dieser Textgruppe gezählt werden müssen. In diesen beiden Auslegungen wird Rachels Tätigkeit als לבקש רחמים umschrieben, einem feststehenden Terminus (vgl. BemR 12,1 u.a.). Die Auslegung in EkhaR füllt durch eine ausführliche Erzählung die Bitte inhaltlich. Diese Erzählung knüpft an die Rachel-Überlieferungen der Genesis an; wie in b BB 123a und b Meg 13b wird die Vertauschung der beiden Schwestern als freiwilliger Verzicht Rachels interpretiert, welche Lea bereitwillig die mit Jakob vereinbarten Erkennungszeichen verrät, um ihre Schwester nicht zu beschämen. Rachels vielgelobte Verschwiegenheit (vgl. BerR 71,5; EstR 6,12 u.a.) ist damit nicht ein Zeichen ihrer Schwäche und ihrer Unfähigkeit,

---

[188] Der Prophet Jeremia agiert in EkhaR pet. 24 nur im Hintergrund; weder tritt er als einer der Fürsprecher auf, noch zeigt er auf andere Weise sein Mitgefühl mit dem Volk, seine Rolle beschränkt sich vielmehr darauf, die Protagonisten an den Ort ihres Auftretens zu führen.

[189] Vgl. auch DevR 7,10: Gott läßt Mose wählen, ob er selbst am Leben bleiben möchte, um das heilige Land zu betreten, oder ob er mit seinem Verzicht das Leben von 600.000 Israeliten retten möchte—Mose hat bei seiner Fürsprache folglich nur einen 'Teilerfolg' zu verbuchen.

die eigenen Bedürfnisse zu artikulieren, sondern zeugt im Gegenteil von ihrer Entschlossenheit, das Wohl der Schwester vor ihre eigenen Interessen zu setzen. Auf die groteske Situation, die sich ergibt, als Rachel nach EkhaR pet. 24 sich unter dem Bett der Eheleute versteckt und anstelle Leas antwortet, damit Jakob am Klang der Stimme nicht merkt, daß er betrogen wird, wurde bereits verwiesen (vgl. Abschnitt 5.2.1.). Die Stammutter wird hier als Frau mit originellen, unkonventionellen Ideen dargestellt, die eigene Initiativen entwickelt und zur Kooperation bereit ist, zunächst mit Jakob gegen Laban und später mit Lea gegen Jakob. Eigeninitiative entwickelt Rachel ebenfalls, als sie sich um Erbarmen für ihre Kinder bittend an JHWH wendet. Ungefragt ergreift sie das Wort nach dem Auftritt der großen Männer Israels und beklagt nun wiederum (vgl. die Auslegungen in BerR 82,10 und PesR 3) nicht selbstbezogen ihr eigenes Schicksal, sondern tritt fürsprechend für ihre Kinder ein. Indem sie auf ihre eigene Bereitschaft zum Verzicht verweist, führt sie JHWH die Sinnlosigkeit seiner Eifersucht auf die fremden Götzen vor Augen. Wenn schon ein Mensch aus Fleisch und Blut bereit ist, über ihm widerfahrene Kränkungen hinwegzusehen, wie kann dann Gott selbst, der Barmherzige, sich seiner Eifersucht hingeben und beleidigt schmollen? Rachels 'Klage' weist keine Spuren von Selbstmitleid auf, sondern dient dem Einsatz um ihre Nachkommen; freilich kann man in der Rückkehr ihrer Kinder auch die Erfüllung ihres eigenen Wunsches nach zahlreicher Nachkommenschaft sehen.[190] Die Argumentation in dem der Stammutter Rachel in den Mund gelegten Plädoyer klingt gewagt, aber ihre Tradenten sahen offensichtlich kein Problem darin, daß in solcher Weise von und zu JHWH gesprochen wird, sonst hätten sie die Überlieferung nicht weitergegeben.

Daß Rachel in EkhaR pet. 24 mit ihrer Fürsprache mehr Erfolg hat als die aus der Überlieferung bekannten Fürsprechergestalten, ist ein Hinweis auf die Popularität der Stammutter und die Hochschätzung, die man ihr entgegenbrachte, denn eine ähnliche Rolle wird keiner der anderen biblischen Frauengestalten zugeschrieben, auch nicht den übrigen Erzmüttern. Die Betonung liegt auf der Hochschätzung Rachels und nicht auf einer Schmälerung des Verdienstes Moses und der Patriarchen, deren erfolgreiche Interzessionen an anderen

---

[190] Im Sinne einer 'posthumen' Erfüllung der Sehnsüchte Rachels interpretiert Abrams, a.a.O., 221, die Stelle.

Stellen gebührend gewürdigt werden. Das Szenario spielt sich zwar im Himmel ab, doch steht, wie der Verweis auf Jer 31 zeigt, das Bild von der am Grab weinenden Rachel und ihrer in BerR 82,10 mit den Worten שתבקש עליהם רחמים angedeuteten Fürs-prache im Hintergrund.

Die Botschaft der petiḥa mit dem Zusatz über Israels Fürsprecher besteht darin, die Dimension der Hoffnung angesichts des fort-dauernden Exils anzuzeigen. Das Scheitern Moses und der Patriarchen zeigt den Ernst der Stunde an; beim Anblick des zerstörten Heiligtums ist JHWH zwar von tiefer Trauer erfüllt, doch dauert sein Zorn über das abtrünnige Volk noch so sehr an, daß er der Fürsprache der Patriarchen und der Intervention Moses nicht nachgibt. In Rachel hat Israel jedoch eine erfolgreiche Fürsprecherin gefunden, denn die Stammutter erwirkt die Errettung ihrer Kinder. Die Auslegung zu Jer 31,15–17 war möglicherweise in der Auseinandersetzung zwischen Juden und Christen von Bedeutung: Auch angesichts der Zerstö-rung des Tempels und des Lebens im Exil kann sich Israel auf das Eintreten seiner Vorfahren verlassen; die Stammutter Rachel selbst wird zur Anwältin des Volkes, so daß die erfolglose Intervention der 'prominenten Fürsprecher' nicht als Zeichen für Gottes Abkehr von Israel interpretiert werden kann.

Die Grundaussage des Zusatzes fügt sich in die Botschaft des gesamten Midrasch EkhaR: Gott hat den Bund mit Israel nicht aufge-kündigt (EkhaR 3,11 [כ]). Die Zerstörung des Tempels und das Exil sind nicht als Willkürhandlungen Gottes zu verstehen, sondern das Volk hat sein Schicksal durch seine Abkehr von der Tora selbst ver-schuldet. JHWH hält jedoch Israel auch in seinem Strafen die Treue; die Shekhina geht mit ins Exil, als die Kinder verschleppt werden (EkhaR 1,32), und er selbst betrauert die Katastrophe zutiefst (EkhaR pet. 2; 1,1). Von Gott bestraft zu werden, kommt letztlich einem Privileg gleich, welches nur Israel zuteil wird (EkhaR 1,35). Somit ist Gottes Zorn Ausdruck des Ringens mit seinem Volk, das ihm nicht gleichgültig ist und das er nicht aufgeben möchte. Israel ist darum nicht verworfen, und wenn Gott zürnt, gibt es noch Hoffnung, denn wer zürnt, wird schließlich besänftigt (EkhaR 1,23).[191] Dies zeigt nicht zuletzt die Reaktion JHWHs auf Rachels Fürsprache im Zusatz zu EkhaR pet. 24.

---

[191] Vgl. Neusner, J., Israel After Calamity. The Book of Lamentations (The Bible of Judaism Library Series), Valley Forge 1995, 3–8.

5.4.4.3. *EkhaZ 26/ EkhaZ B 20*[192]

> Zur selben Stunden erhoben sich alle in einem Verband und schrien und weinten; der Heilige, gepriesen sei er, sprach zu ihnen: Väter der Welt, warum weint ihr? Er sprach zu ihnen: Wehe dem Alten, der in seiner Jugend Erfolg hatte, aber in seinem Alter keinen Erfolg hatte; wehe dem König, dessen Söhne gefangen genommen wurden, solange er lebte, und der sie nicht retten konnte; wehe dem König, der zum Gelächter wurde für alle seine Geschöpfe, wie es heißt: *Ich wurde zum Gelächter für mein ganzes Volk* (Thr 3,14).
>
> Sie sprachen vor ihm: Herr der Welt, vielleicht gibt es keine Rückkehr der Kinder? Er sprach zu ihnen: Redet nicht so; gibt es ein Geschlecht, das meiner Herrschaft entgegensieht, werden sie sofort erlöst, denn es heißt: *Und es gibt Hoffnung für deine Nachkommenschaft, Spruch JHWHs, und [die] Kinder werden in ihr Gebiet zurückkehren* (Jer 31,17).

Zum Kontext: Der Zusammenhang, in dem die vorliegende Überlieferung steht, ist nahezu mit der Parallele in EkhaR pet. 24 identisch: Angesichts des zerstörten Tempels bricht Gott in Tränen aus und geht zusammen mit den Dienstengeln und Jeremia die Ruinen des Heiligtums besichtigen. Jeremia wird beauftragt, Mose und die Patriarchen herbeizuholen, welche ebenfalls das Unglück beklagen und nacheinander ihre Stimme zur Fürsprache erheben. Die Version in EkhaZ ist um einiges kürzer als der entsprechende Abschnitt in EkhaR, v.a. die Rede Abrahams. Moses Besuch bei den nach Babylon Verschleppten folgt in EkhaZ in beiden Fassungen erst nach dem übersetzten Abschnitt.

Einer der größten Unterschiede zur Parallele in EkhaR besteht in der Aufnahme von Rachels Klage Jer 31,15–17. EkhaZ führt lediglich Jer 31,17 an, jedoch nicht als Zusage an die klagende Stammutter, sondern als Zuspruch für Mose und die Patriarchen, die an einer Rückkehr der Exilierten zweifeln. Rachel tritt als Person überhaupt nicht auf, von ihrer außergewöhnlichen Fürsprache ist nicht die Rede.

Der Midrasch Zuṭa stammt zwar aus späterer Zeit als der Midrasch Rabba[193] und greift zahlreiche, aus anderen Midraschwerken bekannte Überlieferungen auf, aber im vorliegenden Fall handelt es sich bei der Parallelüberlieferung um einen Zusatz zu EkhaR. Damit ergeben sich für das Verhältnis der beiden Versionen mehrere Interpretationsmöglichkeiten: 1. EkhaZ hat die Überlieferung aus EkhaR übernommen und gekürzt. 2. Der Zusatz in EkhaR basiert auf der Überlieferung aus EkhaZ. 3. Beide Versionen sind unabhängig voneinander entstanden. Das Fehlen einer Untersuchung des

---

[192] Die vorliegende Übersetzung entspricht EkhaZ 26; die Abweichungen in EkhaZ B sind minimal.

[193] Mandel, a.a.O., 180, verweist auf die Unterschiede bezüglich des Stils.

Verhältnisses von EkhaR und EkhaZ erschwert eine fundierte Argumentation, so daß die geleisteten Beobachtungen wenigstens zum Teil dem Bereich der Spekulationen zuzuordnen sind.[194]

Eine Überprüfung der Parallelüberlieferungen in EkhaZ und EkhaR ergibt, daß die Unterschiede in der Regel gering oder unerheblich sind.[195] Auch die inhaltlichen Abweichungen verändern den Sinn einer Überlieferung nicht wesentlich; beispielsweise heißt nach EkhaZ 9 das Kind, das von seiner Mutter geschlachtet wird, Yosef ben Doëg (vgl. b Yom 38b), nach EkhaR 1,51 trägt der Vater diesen Namen; EkhaZ 9 und EkhaR 4,16 nennen sieben Übertretungen, die die Israeliten begingen, als sie den Propheten Sacharja töteten, von denen jedoch nicht alle völlig identisch sind. Inhaltlich stärker ins Gewicht fällt die unterschiedliche Wiedergabe der Überlieferung, nach der eine Frau in der Nachbarschaft des Rabban Gamli'el um ihren verstorbenen Sohn (EkhaZ) bzw. zwei verstorbenen Söhne (EkhaR) trauert; R. Gamli'el weint mit ihr, bis ihm die Augenwimpern ausfallen. Nach EkhaR 1,24 tut er dies, weil ihn das Weinen der Frau an die Tempelzerstörung erinnert, EkhaZ 6 gibt keinen Grund an.

Die Abweichung in der Überlieferung über die Fürsprache haltenden Patriarchen fällt damit eindeutig aus dem Rahmen, denn während Rachel sich nach EkhaR auf eindrückliche Weise für ihre Nachkommen einsetzt, wird sie in EkhaZ nicht einmal erwähnt.

Für die erste Möglichkeit—die verkürzte Übernahme der Überlieferung durch EkhaZ—kann als Argument angeführt werden, daß den Tradenten die Überlieferung von der Stammutter, die mit ihrer Fürsprache mehr Erfolg hat als Abraham, Isaak, Jakob und Mose und die Sinnlosigkeit des göttlichen Zorns an ihrer eigenen Selbstlosigkeit erweist, zu riskant, wenn nicht gar anstößig erschien, so daß sie diese bei der Zusammenstellung des ohnehin kürzeren Midraschwerks aus dem Text eliminierten. Hier bot sich ihnen ein willkommener Anlaß zur Kürzung. Für anstößiger als die theologischen Inhalte hielt man möglicherweise die Tatsache, daß hier eine Frau die Patriarchen überbietet; wie bereits erwähnt, wird außer Rachel keine Frau in der rabbinischen Literatur mit der Aufgabe der Fürsprache betraut.[196] Der Überlieferung würde damit freilich die Spitze genom-

---

[194] Die Überprüfung eines weiteren—unveröffentlichten—Manuskripts zu EkhaZ B (Ms. Wien 55 [Heb 204]) erbrachte keine weiteren Aufschlüsse über den Entstehungsprozeß des Midrasch, da an dieser Stelle die beiden Mss. übereinstimmen.

[195] Vgl. z.B. EkhaZ 40 mit EkhaR pet. 2 (beide Fassungen sind fast wörtlich identisch), EkhaZ 1 (Ausgabe Buber, Anm. 3) mit EkhaR 1,1 (es wird jeweils ein anderer Belegvers angeführt), EkhaZ 39 mit EkhaR pet. 4 (EkhaZ führt die Überlieferung in der dritten Person an, nach EkhaR spricht Gott selbst in der ersten Person) usw.

[196] Ein ähnlicher Fall liegt bei der frühjüdischen Schrift Josef und Asenath vor,

men. Aus seinem ursprünglichen Kontext herausgelöst wird Jer 31,
17 verallgemeinert und die Zusage an die klagende Rachel in eine
an die Patriarchen und Mose gerichteten Verheißung, daß die
Rückkehr der nach Babylon Exilierten auf jeden Fall stattfinden
werde, uminterpretiert.

Doch auch der umgekehrte Fall ist denkbar und hat möglicherweise sogar mehr Wahrscheinlichkeit für sich.[197] Für die Annahme,
daß es sich bei dem Auftritt Rachels um eine gegenüber der in
EkhaZ erhaltenen Version sekundäre Erweiterung handelt, spricht
die Beobachtung, daß sich in diesem Abschnitt die auf eine späte
Abfassungszeit deutenden sprachlichen Anzeichen häufen.[198] In bezug
auf die innere Logik der Erzählung fällt auf, daß Rachels Auftritt
in EkhaR pet. 24 völlig unvorbereitet erfolgt. Nun könnte man dies
als Überraschungseffekt und rhetorische Raffinesse des Erzählers deuten, doch verwundert es, daß Jeremia lediglich Mose und die
Patriarchen ruft, von Rachel jedoch nicht die Rede ist, bis sie plötz-
lich „aufspringt" (קפצה רחל אמנו). Die Einfügung der Episode
könnte, wenn man die Fassung nach EkhaZ als bekannt voraussetzt,
durch den Schriftvers Jer 31,17 motiviert worden sein. Da die tröstliche
Zusage an die Patriarchen und Mose der Antwort Gottes auf die
Klage Rachels entnommen ist, ist es durchaus denkbar, daß dieser
Schriftvers die Einfügung der Überlieferung über die Fürsprache der
Stammutter Rachel hervorgerufen hat. Pate gestanden haben dürfte
dabei die Auslegung aus BerR 82,10, die Rachel bereits die Funktion
als Fürsprecherin zuschreibt und diese mit dem Ort ihres Grabes in
Verbindung bringt. PesR 3 stellt diesen Zusammenhang ebenfalls
her. Ob dieser Text der Fassung in EkhaR pet. 24 zeitlich vorausgeht, ist kaum zu entscheiden. Kürze, sprachliche Prägnanz und die
enge Anlehnung an BerR 82,10 würden dafür sprechen.

Die Möglichkeit, daß die beiden Fassungen in EkhaR bzw. EkhaZ
unabhängig voneinander entstanden sind, ist nicht völlig auszuschließen.

---

die in zwei Rezensionen existiert, von denen die eine eine eindeutig frauenfeindlichere
Tendenz aufweist als die andere; vgl. die Monographie von Standhartinger, a.a.O,
205–216.

[197] So interpretiert auch S. Buber das Verhältnis der beiden Fassungen; vgl. die
Ausgabe Bubers von EkhaZ, Anm. סב zu EkhaZ 26: אבל בפתיחתא שם הוא קצה
בשינוים ובהרחבה.

[198] Vgl. die Ausführungen zu EkhaR pet. 24. Was die Rede der anderen Fürsprecher
betrifft, so ist in EkhaR pet. 24 v.a. der Auftritt Abrahams umfangreicher gestaltet; das Zeugnis der Tora und der zweiundzwanzig Buchstaben gegen Israel findet
sich nur in EkhaR.

Die Tatsache, daß sie beide die Erhörung der Fürsprache mit Jer 31,17 verbinden, läßt jedoch eher eine Verbindung zwischen den Versionen vermuten.

In der vorliegenden Fassung lassen sich dem Text keine weiteren Aussagen über das Rachelbild entnehmen. Das Zitat von Jer 31,17 zeigt jedoch, daß und wie auf die biblische Überlieferung unabhängig von ihrem unmittelbaren Kontext Bezug genommen wird. Für bibelkundige Hörer und Leser der Auslegung dürfte der Zusammenhang mit der Klage der Stammutter dennoch klar gewesen sein.

Die Beziehungen zwischen den Auslegungen, die eine Fürsprechertätigkeit Rachels bezeugen, sind komplex und nicht völlig zu klären. Eines läßt sich jedoch an den Texten ablesen: Die Bedeutung Rachels hängt mit ihrer Rolle als Fürsprecherin für ihre in Bedrängnis geratenen Nachkommen zusammen, welche auf der Interpretation von Jer 31,15–17 basiert. Die Popularität der Stammutter hat im Laufe der Zeit zugenommen und zu erzählerischen Ausschmückungen geführt.

5.4.5. *Substitution Rachels in Jer 31,15–17*

5.4.5.1. *EkhaR 1,23*

R. Shim'on ben Yoḥai lehrte: Der Heilige, gepriesen sei er, sprach zu Israel: Bei eurem Leben, ihr habt zuvor ein Weinen um Nichtiges geweint, einst werdet ihr ein wirkliches Weinen weinen.
R. Yehoshu'a von Sakhnin im Namen R. Levis: An zwei Orten weinte Israel ein Weinen um Nichtiges, anstatt ein wirkliches Weinen zu weinen. Und wo [weinte Israel ein Weinen um Nichtiges]? Es steht geschrieben: *Und Mose hörte das Volk weinen nach ihren Familien* (Num 11,10). Und dieses: *Und die ganze Gemeinde hob an* [*und erhob ihre Stimme* (Num 14,1)].
    Und wo weinten sie ein wirkliches Weinen? [R. 'Aibo und unsere Rabbinen.] R. 'Aibo sprach: Eines in Rama und eines in Babylon. In Rama, denn es steht geschrieben: *Eine Stimme wurde in Rama gehört, ein Klagelied, bitterliches Weinen* (Jer 31,15). In Babylon, denn es steht geschrieben: *An den Flüssen Babylons, dort saßen wir und weinten* (Ps 137,1).
Und unsere Rabbinen sprachen: Eines im Land Juda und eines in Babylon. Im Land Juda, denn es steht geschrieben: *Sie weinte bitterlich* (Thr 1,2). Und eines in Babylon: *An den Flüssen Babylons* [,*dort saßen wir und weinten*] (Ps 137,1).
    R. 'Aibo und unsere Rabbinen. R. 'Aibo sprach: Wenn sie geweint hätten, damit sie nicht deportiert worden wären, wären sie nicht deportiert worden.
    Und unsere Rabbinen sprachen: Aufgrund dieses Weinens wird der

Heilige, gepriesen sei er, sie zurückbringen, denn es steht geschrieben: *So spricht JHWH: Halte deine Stimme vom Weinen zurück* (Jer 31,16). *Und er sagt: Und es gibt Hoffnung für deine Nachkommenschaft, Spruch JHWHs* (Jer 31,17).

Zum Kontext: Im Zusammenhang mit der Auslegung zu Thr 1,2 בכו תבכה בלילה—bitterlich weint sie des Nachts—beschäftigen sich die Rabbinen mit Ps 77 und der Frage, ob Gott sein Volk für immer verstoßen hat. An die Wiedergabe der Meinung des R. Yehoshuʻa ben Levi „Wenn Verwerfung da ist, gibt es keine Hoffnung, wenn aber Gott zürnt, gibt es Hoffnung; denn nur wer zürnt, wird schließlich besänftigt" schließt sich obige Überlieferung an, die zum Ausgangsvers zurückführt.

Der im Namen des R. Shimʻon b. Yoḥai überlieferte Ausspruch über die Unterscheidung zwischen dem Weinen um Nebensächliches (בכיה של תפילות) und um Wesentliches (בכיה של ממש), steht durch das Stichwort ‘Weinen’ mit dem Ausgangsvers in Verbindung. Er beantwortet die unausgesprochene Frage, welchen Sinn die doppelte Verwendung der Wurzel בכה in Thr 1,2 macht,[199] und setzt voraus, daß sie nicht die Intensität des Weinens zum Ausdruck bringt, sondern auf zwei verschiedene Ereignisse anspielt: Israel weinte einmal um Nebensächliches, als es des Manna überdrüssig war und sich nach Fleisch sehnte (Num 11,10), und ein zweites Mal nach dem Bericht der Kundschafter über Riesen im Gelobten Land (Num 14,1). Um Wesentliches weinte nach Ansicht R. ’Aibos und der übrigen Rabbinen das Volk in Babylon, worauf Ps 137,1 (An den Flüssen Babylons saßen wir und weinten . . .) hinweist, und nach R. ’Aibo in Rama; letzteres wird durch Rachels Klage belegt. ‘Unsere Rabbinen’ führen anstelle von Jer 31,15 Thr 1,2 für das Weinen des Volkes in Judäa an, sehen aber in Gottes Antwort auf Rachels Klage Jer 31,16f. einen Beleg für die Rückkehr der Exilierten.

Die Verzweiflung des Volkes, das vom Wüstenleben genug hatte und den Übertreibungen der Kundschafter Glauben schenkte, wurde demnach als unangemessen empfunden, angesichts der Katastrophe des Exils und der Tempelzerstörung war das Weinen Israels nach Ansicht der Rabbinen jedoch angebracht. Die Funktion von Rachels

---

[199] In PesR 29 zu Thr 1,2 wird die Frage offen gestellt und auf zweierlei Weise beantwortet: Das erste Weinen geschieht über Jerusalem, das zweite an den Flüssen Babylons, oder: Jerusalem weint über sich selbst und darüber, daß Jeremia die Stadt verläßt [Friedmann 137a].

Klage Jer 31 als Beleg für dieses angebrachte Weinen impliziert eine kollektive Deutung des klagenden Subjekts als Volk Israel.

An dieser Stelle muß kurz auf die anderen, bereits besprochenen Texte eingegangen werden, welche kollektive Deutungen von Jer 31,15–17 enthalten: TJon zu Jer 31,15 sowie die Mehrfachüberlieferung BerR 71,2/ PesK 20,2/ RuthR 7,13. TJon interpretiert die klagende Rachel sowohl als Jerusalem als auch als Israel, BerR und die anderen Texte leiten aus Jer 31,15 die Nennung Israels nach dem Namen Rachels ab und implizieren damit ebenfalls ein kollektives Verständnis der redenden Person. In EkhaZ 15 wird nur auf Jer 31,16 Bezug genommen, dieser Vers aber der klagenden Stadt Jerusalem als Antwort zugesprochen.

Die Interpretation Jerusalems als weinende Frau in TJon und EkhaZ 15 steht in der Tradition der Deutung der heiligen Stadt als Mutter, die um ihre Kinder weint. Schon bei Deuterojesaja findet sich das Bild von Jerusalem, der unfruchtbaren Frau, die in naher Zukunft Kinder gebären wird (Jes 54,1–3). Nach einer Überlieferung aus Tritojesaja wird Zion ihre Kinder ohne Wehen gebären; sie tröstet ihre Kinder und läßt sie an ihren Brüsten trinken (Jes 66,7–14). Im Gegensatz zu etlichen Zeugnissen der exilischen Propheten wird Jerusalem bei Deutero- und Tritojesaja nicht mit seinen Bewohnern gleichgesetzt, die sich der verschiedensten Vergehen schuldig gemacht haben (vgl. z.B. Jes 1,21–23; 2,8f. u.a.), sondern es wird zwischen der unschuldigen Stadt und ihren frevelhaften Einwohnern unterschieden. Jerusalem selbst werden mütterliche Züge verliehen. Für die sich konstituierende Gemeinde wirkt dieses Bild identitätsstiftend, denn sowohl die verarmten Zurückgebliebenen als auch die desillusionierten Heimkehrer können daraus Trost schöpfen.[200] Als verlassene und von Gott getröstete Frau wird Jerusalem erstmals im Buch Baruch, einer apokryphen Schrift aus dem 2. Jh. v.Chr., dargestellt: Jerusalem ist von ihren Kindern verlassen (Bar 4,12.16.19) und weint in Sorge um sie (ἐξαπέστειλα δε μετὰ κλαυθμοῦ καὶ πένθους, 4,11); sie klagt zunächst ohne Tröstung (4,20), doch schwenkt ihre Trauer in Zuversicht um, daß sie ihre Kinder zurückerhalten wird. Daß hier das Bild von der klagenden Rachel im Hintergrund steht, ist unverkennbar.[201] Eine weitere Klage Jerusalems ist in 4 Esra erhalten: Eine weinende Mutter erzählt dem Seher Salathiel/Esra ihre Geschichte. Dreißig Jahre blieb sie unfruchtbar, bis sie endlich einen Sohn gebar, den sie mit viel Liebe großzog, doch starb er bei seiner Hochzeit (4 Esr 9,38–10,4). Der Seher weiß nicht, wen er vor sich hat, doch erklärt ihm der Engel

Uriel, daß es sich bei der Frau um Zion handelt (10,5–60).[202] In diesem
Zusammenhang muß auch auf einen aus späterer Zeit stammenden Text
verwiesen werden, der bei Callaway unberücksichtigt bleibt: die Überlieferung
der Begegnung Jeremias mit der Witwe Zion aus PesR 26 [Friedmann
131.132a]. Auch Jeremia kann die Frau zunächst nicht identifizieren, sie gibt
sich ihm dann aber selbst als Mutter Zion zu erkennen und wird vom Propheten getröstet. Dieser Text dürfte ebenso auf Jer 31,15–17 zurückgehen.[203]

Die vorgestellten Texte haben gemeinsam, daß sie mit der Zerstörung
des Tempels in Zusammenhang stehen und Jerusalem als klagende
Mutter darstellen.[204] Durch die Unterscheidung zwischen der Stadt
selbst und ihren schuldig gewordenen Bewohnern bleibt die Heiligkeit
Jerusalems bewahrt. Als Mutter der Juden beweint sie wie Rachel
das Schicksal ihrer Kinder. Damit wird klar, daß hinter der Beziehung zwischen der Stammutter und Jerusalem nicht eine kollektive Deutung der klagenden Rachel—im Sinne der Bewohner der
Stadt—steht. Die Interpretation verläuft vielmehr in umgekehrter
Richtung, d.h. die Gestalt Rachels steht 'hinter' Jerusalem. Die heilige
Stadt wird personifiziert, wodurch ihr Schicksal auf plastische Weise
veranschaulicht und damit lebendig wird. Dies gilt auch für die
Gleichsetzung in TJon zu Jer 31,15. Hinter der Klage Rachels verbirgt sich die trauernde Stadt Jerusalem. Zion weint und trauert
selbst und ersetzt damit die Stammutter als klagendes Subjekt.

Anders verhält es sich bei der Identifikation Rachels mit Israel.
Wenn das Volk Israel in der rabbinischen Literatur durch eine Gestalt
symbolisiert wird bzw. sich in einer biblischen Gestalt wiederfindet
und repräsentiert sieht, so ist dies in den meisten Fällen Jakob, der

---

[202] Vgl. Callaway, a.a.O., 83–89. Die Schrift wurde nach der Zerstörung Jerusalems
70 n.Chr, whrscheinlich zur Zeit Domitians verfaßt.

[203] Vgl. z.B. Berlin, a.a.O., 296, Anm. 86.

[204] Vgl. Callaway, a.a.O., 89f. Im Neuen Testament findet sich ein weiteres
Beispiel für die Verbindung Jerusalems mit einer der Stammütter, in diesem Fall
Sara. In Gal 4,21–31 symbolisieren die beiden Frauen Hagar und Sara nach allego-
risch-typologischer Deutung zwei Bundesschlüsse bzw. irdisches und himmlisches
Jerusalem. Sara repräsentiert das obere, freie Jerusalem und wird zur Mutter der
christlichen Gemeinde (V.26). Paulus steht mit seiner Interpretation eindeutig in der
jüdischen Tradition; im Gegensatz zu den oben angeführten Beispielen erscheint
Sara-Jerusalem in Gal nicht als klagende Frau, sondern in Verbindung mit Jes 54,1
als Mutter zahlreicher Kinder, nämlich der christlichen Gemeinde (V.27) und wird
damit ebenfalls zur Identitätsfigur; vgl. Callaway, a.a.O, 107–113. Zu Gal 4,21–31
vgl. z.B. Fung, R.Y.K., The Epistle to the Galatians (NIC), Grand Rapids 1989,
204–221; Dunn, J.D.G., The Epistle to the Galatians (BNTC), London 1993,
242–259; hier findet sich auch religionsgeschichtliches Vergleichsmaterial und die
Erörterung der Frage, ob in Gal 4 eine Allegorie oder eine Typologie vorliegt. Zum

schon nach der biblischen Überlieferung den Namen Israel erhält.[205]
Zwar findet sich, v.a. in den Auslegungen zum Hohenlied, die
Bezeichnung Israels als Geliebte oder Braut Gottes (vgl. z.B. ShirR
2 zu Cant 2,9.14.16; ShirR 4 zu Cant 4,8f.) und damit die Identifi-
zierung Israels mit einer weiblichen Person, doch handelt es sich bei
der Braut aus Cant nicht um eine konkrete, im Sinne des rabbinis-
chen Geschichtsverständnisses 'historische' Gestalt. Die Gleichsetzung
Rachels mit Israel in EkhaR 1,23 (sowie TJon zu Jer 31,15 und
BerR 71,2 parr.) bildet in der Tat eine Ausnahme und zeigt, daß
Rachel unter den weiblichen Vorfahren Israels eine besondere Stellung
einnahm. Als Stammutter des gesamten Volkes rückt sie auf eine
Stufe mit Jakob und wird mit der Klage um ihre Kinder zur
Identifikationsgestalt für Israel; in ihrer Trauer um die Nachkommen
findet sich das Volk Israel selbst wieder.

R. 'Aibo setzt diese kollektive Deutung von Jer 31,15 voraus und
interpretiert die darin artikulierte Trauer als 'Weinen um Wesentliches'.
Anhand des Vergleichs mit den für die Trauer um Nebensächliches
genannten Beispielen—dem Überdruß des Manna und der Furcht
vor angeblichen Riesen im Gelobten Land—, wird deutlich, was mit
dem Weinen um Wesentliches gemeint ist. Angesichts der Zerstörung
Jerusalems mit dem Tempel und der Deportation des Volkes nach
Babylon war das Weinen Israels wirklich angebracht, denn hier trat
eine tatsächliche Katastrophe für das Volk ein—die rabbinischen
Überlieferungen sprechen an vielen Stellen davon, daß Gott selbst
trauert und weint.[206] Man könnte überlegen, ob in diesem 'wirklichen
Weinen' noch mehr steckt, nämlich die Einsicht, daß Israel dieses
Unglück selbst herbeigeführt hat, indem es durch die Mißachtung
der Gebote Gottes Schuld auf sich geladen hat. Die Erkenntnis gefehlt
zu haben, verursachte dann die Verzweiflung, stellte aber gleichzeitig
den ersten Schritt zur Buße dar, welche letztlich zur Vergebung
führt. Gottes Antwort auf 'Rachels' Klage Jer 31,16f., die in diesem
Zusammenhang zwar nicht zitiert wird, aber sicher im Hintergrund
steht, zeigt, daß das Elend nicht von endgültiger Dauer ist, denn die
Verbannten werden heimkehren.

---

jüdischen Hintergrund der Auslegung vgl. Grohmann, M., Sara und Hagar. Anfragen
an die Exegese von Gal 4,21–31 von der Wirkungsgeschichte her, in: Protokolle
zur Bibel 7 (1998), 53–74, bes. 65–69.
[205] Vgl. Gen 32,29 und die Untersuchung von BerR 71,2 parr. in Abschnitt
5.4.3.2.
[206] Vgl. b Ber 3a. 59a; EkhaR pet. 24 u.a.

Rachels Klage Jer 31 als Zeugnis für Israels kollektive Trauer weist demnach auf die Klage der Bewohner des Landes selbst angesichts der Zerstörung von Stadt und Tempel und der Verschleppung des Volkes und nicht auf die Trauer von Stadt bzw. Land um die Einwohner. Das ganze Volk weint, und dem ganzen Volk gilt auch—aufgrund der Einsicht in sein Fehlverhalten—das Erbarmen Gottes und die Zusage der Rückkehr und Restitution. Die Überlieferung über den Status Rachels als Hauptperson des Hauses BerR 71,2 bezeugt ebenfalls, daß das ganze Volk hinter der Klage steht. Im Gegensatz zu der gleichfalls kollektiven Interpretation von Am 5,12 (Jakob) und Jer 31,20 (Ephraim), die bereits von der biblischen Überlieferung intendiert ist, hebt die rabbinische Interpretation mit der kollektiven Deutung von Jer 31,15–17 den Text auf eine neue Ebene.

5.4.5.2. *SER 28 (30)*

Meine Kinder sind von mir weggegangen und sind nicht mehr (Jer 10,20): Weil Israel unter die Völker verbannt wurde.

Der Heilige, gepriesen sei er, hatte nicht im Sinn, sie an ihren Ort zurückzuführen, bis sich Rachel im Gebet vor den Heiligen, gepriesen sei er, stellte. Sie sprach vor ihm: Herr, der Welt, erinnere dich, daß ich mich nicht ärgerte über meine Bedrängnis (צרה). Und nicht nur das, sondern mein Mann diente um mich sieben Jahre. Und zu der Stunde, da ich unter die Huppa trat, vertauschten sie [mich mit] meine[r] Schwester Lea. Und ich sprach nicht mit Jakob, damit er nicht unterscheiden könne (יכיר) zwischen meiner Stimme und der Stimme meiner Schwester. Und gilt hier nicht קל וחומר?[207] Und was bin ich, Fleisch und Blut, ich ärgerte mich nicht über meine Bedrängnis, und du ärgerst dich über das Problem (צרה) mit dem Götzendienst, [über sie,] über die es heißt: *Sie haben Augen, aber sie sehen nicht, sie haben Ohren, aber sie hören nicht* (Ps 115,5f.)?

Sofort regte sich sein Erbarmen, und er schwor Rachel, daß er sie (scil. die Israeliten) an ihren Ort zurückführen werde. Denn es heißt: So spricht JHWH: *Eine Stimme wurde in Rama gehört, ein Klagelied, bitterliches Weinen. Rachel weint um ihre Kinder* usw. (Jer 31,15). Lies nicht: *Rachel weint um ihre Kinder*, sondern: der Geist Gottes *weint um seine Kinder. Er/Sie weigert sich, sich trösten zu lassen über ihre/seine Kinder, denn keines ist [mehr]. So spricht JHWH: Halte deine Stimme vom Weinen zurück* usw., *und es gibt Hoffnung für deine Nachkommenschaft, Spruch JHWHs* (Jer 31,16f.).[208]

---

[207] Wörtl. „Leichtigkeit und Schwere", d.h. der Schluß a minori ad maius, eine der sieben hermeneutischen Regeln Hillels.

[208] Das Werk, das auch Tanna' de-be 'Eliyyahu genannt wird und sich zu einem großen Teil mit der Auslegung biblischer Gebote beschäftigt, daneben aber auch

Zum Kontext: Die Überlieferung steht im Zusammenhang mit der Auslegung von Jer 10,20a: Mein Zelt ist zerstört, und alle meine Seile sind zerrissen, meine Kinder sind von mir gegangen und sind nicht mehr. In der Deutung wird das zerstörte Zelt auf den Tempel bzw. die Lehrhäuser bezogen, die zerrissenen Seile auf die Weisen. Zur Erläuterung des zweiten Teils der Vershälfte wird eine Auslegung zu Rachels Klage Jer 31,15–17 angeführt; die sprachliche Nähe (Jer 10: בני יצאני ואינם —Jer 31: על־בניה כי אינו) begünstigt diese Verbindung.

Die Auslegung enthält bekannte Überlieferungen in leicht abgewandelter Form: Rachels Fürsprache für ihre Nachkommen, die das Erbarmen Gottes bewirkt—allerdings nicht mit dem erfolglosen Einsatz der Patriarchen in Zusammenhang gebracht wird—und das Argument, daß sie die Vertauschung mit Lea um ihrer Schwester willen widerstandslos hinnahm, als Begründung dafür, daß JHWH sich nicht über die toten Götzen ärgern soll. Die Version in SER, nach der Rachel überhaupt nicht mit Jakob sprach, damit er anhand der Stimmen nicht zwischen ihr und ihrer Schwester unterscheiden könne, erscheint unter dem Aspekt der Logik weniger plausibel als die Fassung in EkhaR, denn Jakob müßte Rachels Stimme wenigstens vom ersten Treffen der beiden gekannt haben, das zum Zeitpunkt der Hochzeit freilich sieben Jahre zurückliegt. Die innere Logik dieses Textes, der wie EkhaR pet. 24, EkhaZ 26/EkhaZ B 20 und PesR 3 in die Rubrik der Fürsprache-Texte fällt, ist jedoch nicht das Entscheidende; das 'Neue' dieser Fassung der Erzählung liegt vielmehr in der Deutung Rachels, der ein Wortspiel zugrunde liegt: Der Text liest nicht רחל, sondern zerteilt den Namen und fügt ein ו und ein א ein, so daß sich רוח אל, der Geist Gottes, ergibt. Handelt es sich lediglich um ein schönes Wortspiel, oder verbirgt sich hinter der Substitution ein tieferer Sinn?

Um diese Frage zu beantworten, muß ein kurzer Blick auf die Bedeutung des Geistes Gottes in der rabbinischen Literatur geworfen werden. Zunächst ist festzustellen, daß die Bezeichnung רוח אל höchst ungewöhnlich ist. Biblisch belegt ist sie nur in Hi 33,4. In den klassischen Midraschim kommt sie nicht vor; der Geist Gottes

---

zahlreiche Erzählungen enthält, stammt wohl aus der Zeit zwischen der Abfassung des bT und dem 9. Jahrhundert (zu Einzelheiten vgl. Stemberger, Einleitung, a.a.O., 332f.).

wird hier zumeist als רוח הקודש, Heiliger Geist, bezeichnet.[209] Gemeint ist damit der Geist, der von Gott kommt und v.a. auf den
Propheten und anderen herausragenden Persönlichkeiten ruht (vgl.
b Yom 9b; WaR 15,2).[210] Der Heilige Geist fungiert als Medium der
göttlichen Offenbarung und somit als Offenbarungsweise Gottes.[211]
Er ist damit aufs Engste mit Gott selbst verbunden, eine genaue
Verhältnisbestimmung ist jedoch schwierig, auch im Falle von SER
28 (30). P. Kuhn spricht im Zusammenhang mit dieser Stelle von
'Subjektsidentität' zwischen Gott und Geist und führt drei weitere
Belege aus SER bzw. SEZ an, die zeigen sollen, daß die Bezeichnung
'Heiliger Geist' in Abwechslung mit dem Gottesnamen verwendet
wird.[212] Dies trifft jedoch allenfalls auf den dritten Beleg aus SEZ 8
zu: In einer Auslegung zu 1 Kön 19 spricht zunächst Gott, dann
der Heilige Geist mit Elia. Einige Abschnitte nach dem Verweis auf
Rachels Fürsprache wird in SER 28 (30) überliefert, daß das Volk
mit Worten aus Ps 83,2 zu Gott (אלהים) fleht und der Heilige Geist
(רוח הקודש) antwortet. Ein ähnlicher Fall findet sich in SEZ 4. Hier
heißt es, daß Gott sich aufgrund der Bitten Moses, als dieser das
zweite Mal auf den Sinai steigt, erbarmt und der Heilige Geist die
gute Botschaft verkündet. Der Geist wird an den beiden letzten
Stellen zum Sprachrohr Gottes und verkündet dessen Willen, eine
Identität kann m.E. nicht a priori postuliert werden. Dies gilt auch
für SEZ 8; hier handelt es sich bei den dem Heiligen Geist in den
Mund gelegten Worten um eine Aufforderung an den Propheten (die
allerdings nach 1 Kön 19,15f. durch Gott selbst ergeht).

   Andere Überlieferungen belegen deutlicher, daß dem Geist ein
gewisses 'Eigenleben' zukommt. Dazu gehören auch die Texte, in
denen der Heilige Geist die Rolle des Fürsprechers für Israel übernimmt: Nach R. Aha' tritt der Heilige Geist als Fürsprecher nach
beiden Seiten, d.h. sowohl für Israel als auch für Gott, auf (הדא
רוח הקודש פי סנינוריא היא מלמדת זכות לכן ולכן, WaR 6,1). Auch DevR
3,11 bezeugt das Fürsprechertum des Geistes. Er steht damit in der

---

[209] Gelegentlich findet sich auch die Bezeichnung רוח אלהים, häufig handelt es
sich dabei jedoch um ein Schriftzitat, z.B. BerR 2,3f.; Tan tazria' 1; Tan naso' 21.
Unabhängig von einem Zitat ist von der רוח אלהים z.B. in Tan bemidbar 11 die
Rede.
[210] Vgl. Unterman, A., Ru'aḥ Ha-Kodesh, in: EJ 14, Jerusalem 1971, 364–366.
[211] Vgl. Schäfer, Die Vorstellung vom Heiligen Geist, a.a.O., 62.
[212] Vgl. Kuhn, a.a.O., 219–221, bes. 221 und Anm. 9 ebd.

Nachfolge Moses, von dessen Fürsprache der Abschnitt ebenfalls zeugt.[213] Ohne ein gewisses Maß an Selbständigkeit wäre die Übernahme der Fürsprecherrolle durch den Heiligen Geist nicht möglich, v.a. nicht die Wahrnehmung dieser Funktion im Gegenüber zu Gott selbst (WaR 6,1).[214]

Was ergibt sich daraus für das Verständnis von SER 28 (30)? Die Überlieferung selbst stellt den Zusammenhang mit dem Fürsprecher-Komplex her: Die Stammutter Rachel legt bei Gott für ihre Nachkommen Fürsprache ein; aufgrund eines Wortspiels wird sie durch den Geist Gottes substituiert, der an ihrer Stelle weint und klagt und—wie der Kontext nahelegt—bei Gott um Erbarmen bittet. Die Substitution der Fürsprache haltenden Rachel durch die רוח אל macht nur dann Sinn, wenn der Geist mit Gott nicht völlig identisch ist. Zu dieser Deutung stehen auch die von Kuhn angegebenen Stellen nicht im Widerspruch.

Dennoch existiert zwischen Gott und dem Geist als Offenbarungsmedium eine enge Verbindung, und dies bedeutet, daß die Gleichsetzung Rachels mit dem Geist Gottes—auch wenn durch ein Wortspiel hervorgerufen—eine große Überhöhung ihrer Person darstellt. Die Identifikation einer biblischen Gestalt mit dem Heiligen Geist ist im rabbinischen Schrifttum höchst ungewöhnlich, wenn nicht gar singulär. Ein vager Anklang findet sich in ARN 37 in einer Überlieferung, die den Stammvätern und Stammüttern die sieben Eigenschaften gegenüberstellt, mit denen Gott die Welt erschuf.[215] Jedoch

---

[213] In Ms. Oxford, auf dem die Ausgabe Liebermanns basiert, fehlt die Passage. QohR 12,7 belegt die Vorstellung, daß der Geist nicht für Israel Fürsprache hält, sondern Israel nach der Zerstörung Jerusalems verläßt. Die Nachfolge in der Fürsprache Moses betont Johansson, a.a.O., 159f.

[214] Eine forensische Funktion kommt dem Geist—als Paraklet—im übrigen auch nach dem Johannesevangelium zu (vgl. Joh 15,26; der Kontext—Joh 16,1f.—weist auf die Situation der Verfolgung; vgl. auch Lk 12,11f.). Auch hier geht der Geist von Gott aus, ist jedoch nicht mit ihm identisch. Die Bedeutung des Parakleten bei Johannes ist freilich komplex (vgl. z.B. Schnackenburg, R., Das Johannesevangelium. III. Kommentar zu Kap. 13–21 (HThK IV/3), Freiburg/Basel/Wien ⁴1982, 138–154). Die Rolle des Parakleten beschränkt sich nicht auf die Zeugenschaft; zu seinen Aufgaben gehören Lehre und Erinnerung an die Worte Jesu (Joh 14,26) und als Geist der Wahrheit die Überführung der Jünger in die Wahrheit (Joh 16,13). Die Herkunft der Idee ist unklar; Mowinckel, S., Die Vorstellungen des Spätjudentums vom heiligen Geist als Fürsprecher und der johanneische Paraklet, in: ZNW 32 (1933), 97–130, vermutet einen Zusammenhang mit jüdischen Fürsprecher-Vorstellungen; vgl. auch Johansson, a.a.O., 265–267.

[215] בשבעה דברים ברא הקדוש ברוך הוא את עולמו אלו הן. בדיעה. בבינה. ובגבורה. בחסד.

ist hier weder vom Geist die Rede, noch findet in der Zuordnung eine wirkliche Identifikation oder Substitution statt wie in SER 28 (30) bei Rachel und dem Geist Gottes.

Die Gleichsetzung Rachels mit der רוח אל zeigt auf der einen Seite die Hochschätzung, die man ihr entgegenbrachte, und den Stellenwert, den sie einnahm; auch die Bedeutung des Bibeltextes Jer 31,15–17 als tröstliche Zusage wird damit unterstrichen. Auf der anderen Seite löst diese Interpretation den Text aus seinem ursprünglichen Zusammenhang, die konkrete Gestalt Rachels, deren Klage mit ihrem aus den Genesis-Erzählungen bekannten Schicksal unlöslich verbunden ist, löst sich auf—ganz im Gegensatz zu der Überlieferung aus EkhaR pet. 24, die ihr noch mehr Farbe verleiht—und tritt hinter dem Geist Gottes zurück.[216] Die Auslegung macht deutlich, wie die rabbinischen Exegeten mit dem Text 'spielen', durch ihre Interpretationen die verschiedenen Bedeutungsebenen entfalten, ohne dabei in Beliebigkeit zu verfallen.

5.4.5.3. *MTeh 119,67*

Der bereits bei den Auslegungen zu Jer 31,15–17 in Verbindung mit der Prophetie angeführte Text soll hier unter dem Aspekt der Substitution des klagenden Subjekts noch einmal besprochen werden.[217] Gestützt wird die Ersetzung Rachels in MTeh durch ein Argument der Logik: Rachel kann nicht um ihre Nachkommen in der zweiten Generation klagen, wenn sie bereits bei der Geburt des zweiten Sohnes gestorben ist. In der Interpretation, die der Midrasch vorschlägt, wird die Gestalt Rachels eliminiert und durch die Propheten als die Klagenden ersetzt. Wie in EkhaR 1,23 liegt hier eine kollektive Deutung vor, doch basiert sie nicht auf einer Identifikation der Stammutter mit ihren Nachkommen, sondern die Propheten beklagen—als Gegenüber zum Volk—das Schicksal Israels und verbinden

---

ובְרַחֲמִים. בְּדַיָּין. וּבְנַעֲרָה: כְּעִנְיָן שֶׁבָּרָא הַקָּבָּ"ה אֵת עוֹלָמוֹ כָּךְ בָּרָא שְׁלֹשָׁה אָבוֹת וְאַרְבַּע אִמָּהוֹת. [שְׁלֹשָׁה אָבוֹת אַבְרָהָם וְיִצְחָק וְיַעֲקֹב וְאַרְבַּע אִמָּהוֹת שָׂרָה רִבְקָה וְרָחֵל וְלֵאָה].

[216] Sered, a.a.O., 111, Anm. 18, diskutiert die Möglichkeit, ob auf diese Weise ein 'Personenkult', der die Gestalt Rachels allzu sehr in den Mittelpunkt stellt, in Schranken gewiesen werden sollte, verwirft sie dann aber aufgrund mangelnder Hinweise auf eine zur Zeit der Abfassung des Textes bereits bestehende kultische Bedeutung Rachels. M.E. muß die Annahme, daß hinter der Substitution ein Reglementierungsversuch steht, nicht zwangsläufig mit der Postulierung einer kultischen Bedeutung Rachels einhergehen.

[217] Zu Übersetzung und Kontext vgl. oben unter 5.4.2.4.

damit Kritik an deren Verhalten. Inhaltlich steht diese Auslegung der Deutung in SER 28 (30) nahe, denn die Propheten sind letztlich die Träger des Geistes Gottes, doch erscheint es mir fraglich, ob man deshalb einen direkten Zusammenhang zwischen den beiden Texten postulieren kann.[218]

Anhaltspunkte für die Substitution Rachels durch die Propheten liegen v.a. in der Funktion der Propheten als Fürsprecher, welche die rabbinische Überlieferung den Gottesmännern zuschreibt (vgl. WaR 1,13; ShirR 1 zu Cant 1,7 [ב]; ShemR 46,4). In Anbetracht der Tatsache, daß es sich bei MTeh 119 um einen sehr späten Text handelt, läßt sich vermuten, daß die Auslegung in MTeh 119,67 ältere Midraschim voraussetzt und verarbeitet. So könnte sich in der Ersetzung Rachels durchaus ein Anklang an die Fürsprache haltende Stammutter abzeichnen, denn während es sich bei der Ausgestaltung des Motivs in EkhaR pet. 24 zwar um einen späteren Zusatz handelt, findet sich bereits in BerR 82,10 in der Wendung לבקש רחמים ein Hinweis auf Rachels Funktion als Fürsprecherin für ihre Nachkommen. Nach der biblischen und der rabbinischen Überlieferung gehen die Propheten—und insbesondere Jeremia—nicht nur mit dem Volk ins Gericht und halten ihm den Spiegel ihrer unrechten Taten vor, sondern nehmen an ihrem Geschick Anteil und leiden mit bei ihrer Bestrafung. Dies prädestiniert sie zur Übernahme der ihnen in MTeh 119,67 zugeschriebenen Rolle. Die Substitution wird dadurch erleichtert, daß der Text in Jer 31 abgesehen von der Erwähnung Rachels sehr allgemein gehalten ist: Eine Mutter—Rachel—weint um ihre verschwundenen Kinder, worauf JHWH ihr Trost spendet und die Rückkehr der Kinder zusagt. Dieser Text wird in MTeh nicht inhaltlich entfaltet—wie etwa in EkhaR pet. 24—, sondern als pro-phetisches Zeugnis interpretiert. Dies gibt Aufschluß über die Rolle der Propheten und ihr Verhältnis zu Israel, demgegenüber sie als Mahner und Anwälte auftreten, und zu JHWH, als dessen Sprachrohr sie fungieren, vor dem sie sich aber auch als Fürsprecher des Volkes einsetzen. Die in Jer 31,15–17 versteckten Bezüge zu den Rachel-Überlieferungen der Genesis läßt die Auslegung in MTeh unberücksichtigt.

---

[218] Braude, The Midrash on Psalms II, a.a.O., 515, Anm. 41, sieht diesen Zusammenhang als gegeben: „The commentator seems to read not *Raḥel* but *ruaḥ 'El* . . .“ (ebd.).

Die Ersetzung Rachels in MTeh 119,67 durch die Propheten und
die Deutung der Situation als Trauer um das die Tora Gottes mißach-
tende Volk fügt sich thematisch in den Kontext des Psalmes sowie
seiner rabbinischen Auslegung ein (vgl. die Analyse unter 5.4.2.4.)
und entspricht einem Teil der Auslegungen zu Jer 31,18–22, welche
die Befolgung der Tora als Skopus des Textes herausstellen (TJon
zu Jer 31,18–22; SifDev ʿeqev 43; b Er 54b). Es stellt sich die Frage,
ob die Auslegung von Jer 31,15–17 in MTeh 119,67 den Kontext
der biblischen Überlieferung—die Exilierung Israels bzw. Judas—
überhaupt noch berücksichtigt. Insofern als die Mißachtung der Tora
nach biblischer und rabbinischer Sicht zur Bestrafung durch Gott
und damit zur Zerstörung des Tempels und zur Deportation der
Bevölkerung führte, ist dieser Kontext freilich präsent. Im Zentrum
stehen jedoch die Propheten, die die Nichtbeachtung der Tora beklagen. Die ihnen zugesagte Rückkehr Israels bestünde dann folgerichtig
und in Entsprechung zu TJon zu Jer 31,18–22, SifDev ʿeqev 43 und
b Er 54b in dessen erneuter Hinwendung zur Tora. Damit hebt die
Auslegung der Klage Rachels in MTeh 119,67 die Überlieferung auf
eine neue Interpretationsebene, welche es erlaubt, den Text metaphorisch im Hinblick auf Einhaltung und Mißachtung der Tora zu
deuten.[219]

Die Substitution Rachels als Subjekt der Klage in Jer 31,15 geschieht
demnach in der rabbinischen Literatur auf vielfältige Weise: Die
Verbindung mit Jerusalem steht im Zusammenhang mit Deutungen,
die die Heilige Stadt als verlassene Witwe und um ihre Kinder
trauernde Mutter darstellen; die Identifikation des Volkes mit seiner
Stammutter führt dazu, daß sich Israel in Jer 31,15 selbst als klagendes Subjekt sieht; in zwei relativ späten Texten schließlich wird
der Geist Gottes selbst als um Israel trauernd gesehen bzw. die
Propheten als um den Ungehorsam des Volkes Weinende.

---

[219] Dies widerlegt die Behauptung Sereds, die metaphorische Deutungen von Jer
31,15–17 nur in den frühen Midraschim und Ausarbeitungen der Rolle Rachels
ausschließlich in späten Texten findet; vgl. a.a.O., 110f. MTeh 119,67 findet bei
ihr keine Erwähnung. Darüber hinaus scheint mir die von Sered vorgenommene
chronologische Einordnung der Texte überaus problematisch: Die Datierung von
SER ins 6. Jh. ist nicht unumstritten; dasselbe gilt für die Einordnung von PesR,
einem Sammelwerk, das Predigten aus unterschiedlicher Zeit umfaßt, ins 9. Jh. Zum
Zusatz zu EkhaR pet. 24 vgl. Kapitel 5 Anm. 174. Diese Überlieferung könnte durchaus auch zeitgleich mit PesR 3 redigiert worden sein.

5.4.6. *Ergebnis: Hauptlinien der Interpretation von Jer 31,15–17 in der rabbinischen Literatur*

Die Untersuchung der relevanten Texte hat gezeigt, daß die Auslegungen zu Rachels Klage Jer 31,15–17 in unterschiedliche Richtungen weisen. Eine Schematisierung tut den Texten insofern Gewalt an, als sich etliche der Auslegungen nicht ohne weiteres eindeutig klassifizieren lassen. MTeh 119,67 gehört sowohl zur Gruppe der Texte, die eine Verbindung mit der Prophetie aufweisen, als auch zu denjenigen, die das Subjekt der Klage substituieren; BerR 71,2 parr. knüpft an die Genesis-Erzählung an und impliziert eine kollektive Deutung Rachels; BerR 82,10 steht ebenfalls mit der Genesis-Überlieferung in Verbindung und gehört zu den Auslegungen, die Rachels Klage als aktive Fürsprache deuten; dasselbe trifft auf PesR 3 und den Zusatz in EkhaR pet. 24 zu; SER 28 (30) schließlich gehört zur Gruppe der Fürsprache- und Substitutionstexte. Die Einteilung macht aber dennoch Sinn, da anhand dieser Klassifizierungen die wesentlichen Tendenzen deutlich werden, die die rabbinischen Interpretationen zu Jer 31,15–17 aufweisen.

Einige Auslegungen lassen sich nur schwer in eine der Gruppen einordnen, weil die Zusammenhänge, innerhalb derer auf Jer 31,15–17 verwiesen wird, zu unterschiedlich sind: In BerR 5,4 wird Rachels Klage durch das Stichwort 'Weinen' mit der Trennung von oberem und unterem Wasser und damit mit der Weltschöpfung in Verbindung gebracht. Nach ShirZ zu Cant 1,1 lautet einer der siebzig Namen Jerusalems Rama; Tan shemot 3/ TanB shemot 5 bringt Rachels 'Lohn' mit dem Namen Issachar in Zusammenhang, dessen Existenz in gewisser Weise tatsächlich auf die Bemühungen Rachels zurückgeht. Die Gestalt Rachels spielt in diesen Texten trotz des Verweises auf Jer 31,15–17 keine Rolle. Gleichwohl wird in diesen Auslegungen deutlich, nach welchen Prinzipien die rabbinischen Exegeten die Schrift auslegten.

Eine Anzahl von Texten interpretiert Jer 31,15–17 v.a. als prophetisches Zeugnis, speziell als Botschaft des Propheten Jeremia. Zeitlich am Anfang steht MekhY pisḥa 1: Eine der Antworten auf die Frage, weshalb Gott mit den Propheten auch außerhalb Israels kommunizierte, enthält in Verbindung mit Jer 31,15–17 den Verweis auf die זכות אבות, der Israel die Offenbarung Gottes außerhalb des Landes zu verdanken hat. Die Kommunikation Gottes mit den Propheten außerhalb des Landes—durch Jer 31 ermöglicht—impliziert die

Verheißung der Rückkehr der Exilierten; somit wird Rachels Klage zum Schlüsseltext für die Ansage einer heilsgeschichtlichen Wende. In einer Auslegung in EkhaR pet. 34 wird Jer 31,17 mit der Person Jeremias verbunden; der Vers weist auf den Zielpunkt seiner Prophetie. Jeremia, den die Tradition als den um die Zerstörung trauernden und mit dem deportierten Volk leidenden Propheten kennt, wird zum Tröster und Verkünder des bevorstehenden Heils für Israel. Im Mittelpunkt steht nicht die Tröstung Rachels, sondern ihrer Nachkommen, des Volkes Israel. In eine andere Richtung deutet die Auslegung in EkhaZ B 11. Jeremia ist hier nicht derjenige, der Trost verkündet, sondern er selbst klagt, und Gott antwortet ihm mit Jer 31,16, d.h. mit Worten, die er—nach der Tradition—selbst überliefert hat. MTeh 119,67 läßt nicht nur Jeremia, sondern die Propheten allgemein trauern. Der Inhalt ihrer Klage besteht in der Trauer um den mangelnden Toragehorsam des Volkes. Klage und Anklage sind hier vermischt, doch zeugt die Trauer der Propheten durchaus von Solidarität mit dem abtrünnigen Volk und läßt die Funktion der Propheten als Interzessoren für Israel durchschimmern. Der Kontext in dieser zeitlich spät anzusetzenden Auslegung legt es nahe, die den Propheten in Aussicht gestellte Rückkehr des Volkes metaphorisch als Umkehr und erneute Hinwendung zur Tora zu deuten. Auch in dieser Textgruppe spielt die Gestalt Rachels nur eine untergeordnete Rolle.

Eine weitere Gruppe von Auslegungen bezeugt die enge Verbindung, die zwischen Rachels Klage Jer 31,15–17 und den Rachel-Erzählungen der Genesis besteht. Dies zeigt sich bereits bei Rachels erstem Auftritt nach BerR 70,10f., den die Rabbinen mit Jer 31,15f. verbinden. Das Jeremia-Zitat weist auf die spätere Bedeutung der Stammutter, was nicht ohne Konsequenzen für die Interpretation der Rachel-Gestalt in den Vätergeschichten bleibt und auf eine andere Dimension der Erzählungen von den Erzvätern und Erzmüttern deutet: Letztlich geht es um die Geschichte des Volkes Israel, die auf dem Spiel steht; seine Gefährdung und Errettung, Exil und Erlösung, spiegeln sich den rabbinischen Auslegungen zufolge bereits in den biblischen Erzählungen wider. Auch an anderen Stellen werden die Genesis-Überlieferungen mit Jer 31 verknüpft. BerR 71,2; PesK 20,2 und RutR 7,13 leiten Rachels besondere Stellung mit Hilfe des Wortspiels עקרה—עיקר aus ihrer Unfruchtbarkeit ab. Die Auslegungen sind nicht nur bemüht, einen Ausgleich zwischen den beiden Schwestern zu schaffen, es geht ihnen vielmehr um eine Begründung der Vormachtstellung Rachels, zu deren Untermauerung Jer 31,15 dient:

Israel wird nach Rachel, Josef bzw. Ephraim benannt. Im Hintergrund steht eine kollektive Deutung der klagenden Rachel als Volk Israel. Diese außergewöhnliche Interpretation, die die Stammutter auf eine Stufe mit den Ahnherren Israels—allen voran Jakob—stellt, weist ihrerseits auf die Bedeutung, die die Rabbinen Rachel beimaßen.

Rachels Grab am Wegrand erklären sowohl BerR 82,10 als auch PesR 3 und AgBer 51 damit, daß die Stammutter, wenn der Deportationszug vorbeizieht, für ihre Nachkommen um Erbarmen bitten kann, und verbinden diese Interpretation mit Jer 31,15–17. Im Kern findet sie sich schon in BerR, doch berichten die späteren Auslegungen ausführlicher und mit Akzentverschiebungen. Die rabbinischen Interpretationen verleihen dem sinnlos erscheinenden Ereignis Sinn; in bezug auf Jer 31,15–17 füllen sie die 'Lücke' des Bibeltextes, der die Worte der Klage Rachels nicht überliefert, und deuten die Klage als Bitte um Erbarmen—in PesR 3 wird diese sogar ausformuliert. Rachel klagt demnach nicht um tote Kinder, sondern tritt fürsprechend für sie ein. Die Auslegungen zeigen, daß nicht nur Jer 31 in die Genesis-Überlieferungen 'hineingelesen' wird, sondern die Erzählungen auch als Hintergrund für das Verständnis von Rachels Klage dienen. EkhaR pet. 24 zieht mit der Anspielung auf die Ereignisse im Zusammenhang mit Jakobs Hochzeit weitere Elemente hinzu.

Auch die Funktion Rachels als Fürsprecherin, welche eine weitere Gruppe von Auslegungen zum Inhalt hat, findet sich im Kern bereits in BerR:[220] BerR 82,10 interpretiert Rachels Klage als Bitte um Erbarmen (רחמים . . . תבקש), PesR 3 überliefert knapp den Inhalt der 'Klage': Rachel fordert das, was ihr als Mutter zusteht. In einem Zusatz zu EkhaR pet. 24 wird Rachels Einsatz für ihre Nachkommen mit viel Freude am Detail erzählerisch breit entfaltet. In ähnlicher, aber nicht so pointierter Weise läßt auch SER 28 (30) die Stammutter Fürsprache für ihre Nachkommen einlegen. Das Gerichtsszenario in EkhaR pet. 24 entspricht vergleichbaren Texten, die von der Fürsprache Moses oder der Erzväter, gelegentlich auch der Engel, zeugen. In diese Tradition läßt sich auch die Überlieferung von Rachels Fürsprache einreihen, doch besteht die Besonderheit darin, daß hier einer weiblichen Person eine solche Funktion zukommt.

---

[220] Damit zeichnet sich bereits die Sonderstellung Rachels ab—welche freilich erst in späteren Texten zur vollen Entfaltung kommt; gegen Sered, a.a.O., 105, die die besondere Bedeutung Rachels erst an dem Zusatz zu EkhaR pet. 24 festmacht.

Dieser Tatbestand läßt Rückschlüsse über die Bedeutung der Gestalt
Rachels zu, die längst als Mutter des gesamten Volkes verehrt wurde.
In Jer 31,15–17 wird ihre Popularität exegetisch verankert, ihre
emphatische und beharrliche Trauer angesichts der Deportation ihrer
Nachkommen zeichnet Rachel vor den anderen Stammüttern aus
und hebt sie über diese hinaus. Auf einer anderen Ebene zeigt Rachels
erfolgreiche Interzession, daß ihre Nachkommen, die den Text überlieferten, ihre Lage auch in späteren Zeiten nicht als aussichtslos
betrachteten. Im Midrasch EkhaR, dem die Überlieferung über die
Fürsprache Rachels hinzugefügt wurde, ist die in den Threni beklagte
Katastrophe transparent für dem Volk zu späterer Zeit widerfahrenes
Unglück, insbesondere die Zerstörung des zweiten Tempels. Auf
diesem Hintergrund läßt sich vermuten, daß auch Rachels Fürsprache
nicht als auf eine einmalige Intervention beschränkte Aktion gesehen wurde, sondern ihre Bedeutung als Fürsprecherin anhielt.

Andere Akzente setzen die Texte, die Rachel als klagendes Subjekt
substituieren. Von Bedeutung ist in diesem Zusammenhang die kollektive Interpretation: Das Volk Israel selbst klagt und weint, explizit
nach EkhaR 1,23 und TJon, implizit nach BerR 71,2 parr. Die
Ausweitung der Rolle Rachels als Ahnfrau nicht nur der Nachkommen
Josefs und Benjamins, sondern ganz Israels kommt hier zur Vollendung: Das Volk betrachtet Rachel nicht nur als seine Repräsentantin,
sondern identifiziert sich mit ihr so sehr, daß es in ihrem Schicksal
sein eigenes sieht. Dies trifft zunächst auf die Klage selbst als Artikula-
tionsform zu, indirekt aber auch auf die der/den Klagenden zugesprochene tröstliche Zusage. Nicht die Stimme des Volkes selbst,
sondern die der Propheten—als Mahner und Fürsprecher—erklingt
nach MTeh 119,67 in Jer 31,15. Gestützt wird die Substitution durch
ein Argument der Logik; direkte Anhaltspunkte für diese Ersetzung gibt der Bibeltext selbst jedoch nicht her. Eine weitere
Substitution, wenn auch keine kollektive Deutung, findet sich schließlich in SER 28 (30): רוח אל, der Geist Gottes klagt. Den Hintergrund für dieses Wortspiel bilden Vorstellungen, die den Geist als
Fürsprecher für Israel vor Gott sehen. Diese Gleichsetzung zeigt, wie
die Gestalt Rachels überhöht wurde. Ebenso wie bei den kollektiven
Deutungen geschieht dies jedoch auf Kosten der konkreten Züge der
Gestalt.

Der Überblick macht deutlich, daß der Kern der charakteristischen Interpretationen der Klage Rachels Jer 31,15–17 bereits in
den frühen Auslegungen angelegt ist: Die Interpretation als Schlüsseltext

prophetischer Heilsweissagungen (MekhY) und Kernstück des Propheten
Jeremia (EkhaR), die Verbindung zu Rachels Grab am Wegrand,
zu dessen Erklärung der Text sinnstiftend beiträgt (BerR), die Deutung
der Klage als Bitte um Erbarmen und damit als aktive Fürsprache
für die Nachkommen (BerR) und die Substitution Rachels im Sinne
einer Identifikation mit dem Volk Israel (EkhaR) finden sich alle in
den klassischen Midraschwerken. In den späteren Texten lassen sich
zwei Tendenzen feststellen: zum einen die erzählerische Ausgestaltung
der Fürsprache-Tradition, die in dem Zusatz zu EkhaR pet. 24 gipfelt,
zum anderen die Ersetzung Rachels durch die Propheten (MTeh)
bzw. ihre Gleichsetzung mit dem Geist Gottes (SER). Beide Tendenzen
weisen auf die Popularität der Rachel-Gestalt. Einerseits fand man
in ihrer Trauer die eigene wieder, andererseits erhoffte man sich
Rettung durch ihr mutiges Eintreten, hinter dem man letztlich den
Geist Gottes selbst am Werk sah.

5.5. *Zusammenfassung*

Die vielfältigen Auslegungen, die in den unterschiedlichsten Zusammenhängen auf die Stammutter Rachel verweisen, sträuben sich
gegen allzu schematische Klassifizierungen. Trotzdem lassen sich
einige Beobachtungen bündeln und Tendenzen erkennen.

Rachels Klage Jer 31,15–17 wird von den rabbinischen Auslegern
an zahlreichen Stellen auf dem Hintergrund der Genesis-Erzählungen
interpretiert. Diese zeichnen sich in der Interpretation der jüdischen
Kommentatoren durch folgende Besonderheiten aus: Mögliche
Mißverständnisse, Ungereimtheiten und unverständliche Passagen des
Bibeltextes werden geklärt, z.B. Jakobs Kuß, die Bezeichnung Leas
als 'Gehaßte', Rachels Diebstahl sowie die Angabe כברת־הארץ. Wie
in der biblischen Überlieferung steht die Fruchtbarkeitsthematik im
Zentrum des Interesses; Rachels Unfruchtbarkeit wird im Hinblick
auf ihre Sonderstellung positiv gedeutet. Das Verhältnis der beiden
Schwestern zueinander zeichnet sich in den Midraschim durch
Kooperation und gegenseitige Unterstützung aus. Ihr Verhalten ist
vorbildlich und wie das der Erzväter beispielhaft für die nachfolgenden Generationen. Rachels früher Tod geht nach einem Großteil
der Auslegungen zu Jakobs Lasten; er hat sein Gelübde nicht erfüllt
bzw. unwissentlich einen Fluch über seine Frau ausgesprochen. Hinter
Rachels Beerdigung am Wegrand sehen die Rabbinen einen tieferen

Sinn: Auf diese Weise ist sie ihren später vorüberziehenden exilierten Nachkommen nahe und kann für sie Fürsprache einlegen.

Die bereits in den biblischen Überlieferungen erkennbaren Bezüge zwischen Jer 31 und den Rachel-Erzählungen der Genesis—z.B. durch die Stichworte שכר und כי איננו—werden in den rabbinischen Auslegungen verstärkt und ausgeweitet. In BerR wird Jer 31 bereits bei Rachels erstem Auftritt in Erinnerung gerufen und damit die Perspektive angedeutet, auf die hin die Genesis-Erzählungen zu interpretieren sind. Als Anknüpfungspunkt für eine Verbindung der Klage Rachels mit den Genesis-Überlieferungen dient innerhalb der Erzählung neben dem Grab der Stammutter die Vertauschung der beiden Schwestern, die in den Midraschim als freiwilliger Verzicht Rachels interpretiert wird.

Rachels Verschwiegenheit und ihre damit verbundene Bereitschaft zum Verzicht wird zur wichtigsten positiven Eigenschaft, die die Midraschim an der Stammutter loben. Die Auslegungen verschweigen jedoch nicht die negativen Seiten, d.h. Rachels Diebstahl und ihre Eifersucht—daneben finden sich wohlgemerkt auch Interpretationen, die bemüht sind, beides zu erklären und abzuschwächen. Bei aller Hochschätzung, die die Rabbinen der Stammutter entgegenbringen, ergibt sich somit doch ein ambivalentes Bild, was dazu führt, daß die Gestalt Rachels nicht idealisiert wird. Dies schadet jedoch nicht ihrem 'Image' und schmälert auch nicht ihre Bedeutung als Vorbild für die Nachkommen, sondern erleichtert die Identifikation und läßt Rachel zu einer 'Heldin zum Anfassen' werden.

Bei ihrer Beschäftigung mit der Gestalt Rachels ziehen die rabbinischen Auslegungen auch Parallelen zu den anderen biblischen Frauengestalten, besonders zu den übrigen Stammüttern. So verbindet Sara, Rebekka, Rachel und Lea beispielsweise die Gabe der Prophetie. Besondere Bedeutung erhält in diesem Zusammenhang das Schicksal vorübergehender Unfruchtbarkeit, das die vier Frauen mit Hanna und der Frau Manoachs teilen und das Gott auf wundersame Weise wendet, so daß die Frauen schließlich doch noch gebären. Indem ihre Erhörung zum Zeichen für Gottes erneute Zuwendung zum Zion wird, nehmen die Frauen das Schicksal Jerusalems vorweg.

Auf Rachels besondere Stellung weisen vereinzelte Auslegungen im Zusammenhang mit den Genesis-Überlieferungen hin, deutlich wird sie jedoch v.a. anhand der Interpretationen zu Jer 31,15–17. Auch an dieser Stelle bestehen Verbindungen zu Zion/Jerusalem:

Rachels Klage beeinflußt die Vorstellung von Jerusalem als klagender und trauernder Mutter.

Die rabbinischen Auslegungen zu Jer 31,15–17 beziehen den Text allesamt auf das babylonische Exil. Rachel wird unhinterfragt als Mutter Gesamt-Israels gesehen, und von dort wird der Bogen weiter gespannt zu einer kollektiven Deutung der Klage Rachels: Das Volk Israel selbst trauert und wird getröstet. Die Klage der Stammutter, deren Worte der Bibeltext nicht überliefert, deutet eine Gruppe von Auslegungen als Fürsprache für ihre in Not geratenen Nachkommen. Was in frühen Texten (BerR) bereits angelegt ist, führen spätere weiter aus; besonders der Zusatz zu EkhaR pet. 24 schildert die Fürsprache-Szene in allen Details. Diese Interpretationen charakterisieren Rachel als aktive Mutter, die sich für ihre Kinder mit allem Nachdruck und aller Raffinesse, die sie zu bieten hat, einsetzt. Auch in diesem Zusammenhang wird sie nicht verklärt, sondern als Frau, die zur Erreichung ihrer Ziele auch zu unkonventionellen Mitteln greift, charakterisiert.

Eine andere, nahezu gegenläufige Tendenz weisen diejenigen Texte auf, die Rachels Klage metaphorisch deuten und die Stammutter als klagendes Subjekt substituieren. Neben der Deutung auf das Volk Israel als Ganzem und auf die um Israel trauernden Propheten ist v.a. die Interpretation Rachels als רוח אל bemerkenswert. Die konkreten Züge werden hier zugunsten einer theologischen Interpretation fallengelassen, die Gottes Geist selbst um das Volk klagen und für Israel Fürsprache einlegen läßt. Diese Auslegung entkleidet den Text seiner Konkretheit und deutet darauf hin, daß sich die Bedeutung von Jer 31,15–17 nicht auf die Situation der nach Babylon Exilierten beschränkt. Der Text ist für spätere Zeiten aktuell.

5.6. *Ausblick*

Die im Kern bereits in den alten Midraschim angelegte und in den späteren Auslegungen entfaltete Bedeutung Rachels als um ihre Kinder weinende und für das Volk Fürsprache einlegende Mutter findet in späterer Zeit und auch außerhalb der Midraschwerke ihre Fortsetzung.

In der Liturgie spielt Rachel v.a. an Rosh Hashana eine bedeutende Rolle[221]—an diesem Tag soll sie der Tradition nach empfangen

---

[221] Vgl. Brown-Gutoff, a.a.O., 178f.

haben (vgl. b Rosh 10b.11a). Am zweiten Tag von Rosh Hashana
wird als Haftara Jer 31,2–20 gelesen. Des weiteren gedenkt man an
diesen Tagen, die die Umkehr des Einzelnen zum Thema haben, in
besonderer Weise der Verdienste der Vorfahren—der Erzväter und
auch der Erzmütter. Die Geschichte Rachels thematisiert ein Gedicht
des möglicherweise aus Palästina stammenden und im 8. oder 9.
Jahrhundert lebenden Dichters R. 'El'azar ha-Kallir,[222] das in die
'Amida des Morgengebets am ersten Tag von Rosh Hashana eingefügt wurde. Darin heißt es von Rachel u.a.: ,דמעות מבכה על בנים
קשבה מנעי אם בנים—Als sie Tränen um ihre Kinder weinte, hörte
sie: Höre auf, [bald wirst du sein eine] Mutter von Kindern.
    Auch die Kabbala beschäftigt sich mit Jer 31,15–17. Der Zohar
sieht in Rachel einerseits die ganze Gemeinde Israels (כנסת ישראל)
weinen und interpretiert damit die Stelle metaphorisch. Andererseits
klagt die Stammutter in Rama, d.h. nach dem Zohar im oberen,
himmlischen Jerusalem. Rachels Trauer beschränkt sich nicht auf
die nach Babylon exilierten Nachkommen, sondern wann immer
Israel im Exil lebt, weint Rachel um das Volk (רחל מבכה על בניה כל
זמנא דישראל אינון בנלוחא איהא מבכה עלייהו דאיהי אימא דלהון; Zohar
III, 29b). Rachel, die mit der Shekhina selbst identifiziert wird (vgl.
Zohar I, 175a.203a; III, 20b.187a u.a.), klagt ohne Ende, wird schließlich aber vom Messias getröstet, als er an ihrem Grab vorbeikommt
(Zohar III, 8b). Die Kabbalisten um Yiṣḥaq Luria in Safed verleihen der Klage Rachels besonderen Ausdruck in Form der Mitternachts-
vigilien, die aus dem Tikkun Rachel—der Anordnung für Rachel—und
dem Tikkun Lea bestehen.[223] Die beiden Frauen symbolisieren zwei
Aspekte der Shekhina, Rachel die sich im Exil befindende und Lea
die erlöste Shekhina. Beim Tikkun Rachel beteiligen sich die Betenden
am Leiden der Shekhina, indem sie sich um Mitternacht erheben,
Asche aufs Haupt streuen und Psalmen (z.B. Ps 137), das letzte
Kapitel der Threni sowie andere Klagegesänge rezitieren. Beim sich
anschließenden Tikkun Lea steht die Verheißung der Erlösung im
Mittelpunkt, die Gott der Gemeinde Israel bzw. der Shekhina zusagt.
In der Verbindung Rachels mit der Klage im Exil und Leas mit der
Verheißung der Erlösung findet sich ein versteckter Hinweis darauf,
daß Rachel nicht immer der Vorzug vor Lea gegeben wurde.

---

[222] Vgl. Zunz, L., Literaturgeschichte der synagogalen Poesie, Berlin 1865, 29–64,
bes. 31–33.
[223] Vgl. dazu Scholem, G., Zur Kabbala und ihrer Symbolik, Zürich 1960 (²1977),
196–199.

Am eindrücklichsten ist die Bedeutung Rachels an der Geschichte
ihres Grabes ablesbar, das bis heute zu den am meisten besuchten
jüdischen heiligen Stätten in Israel zählt.[224] Durchgesetzt hat sich die
südliche Lokalisierung, die Rachels Grab in der Nähe von Bethlehem
verortet; von seiner Bedeutung als Pilgerstätte zeugen jüdische und
christliche Pilgerberichte.[225] Benjamin von Tudela, einer der bekannte-
sten jüdischen Pilger, beschreibt in seinem Reisebericht das Grab
Rachels:

> Das Grabmal besteht aus elf Steinen nach der Zahl der Söhne Jakobs,
> und darüber befindet sich eine Kuppel auf vier Säulen. Und alle Juden,
> die vorübergehen, schreiben ihren Namen auf die Steine des Grabmals.[226]

Diese Gestalt behielt das Grab bis ins 18. Jahrhundert bei, in dessen
Verlauf man den Schrein mit einem geschlossenen Gewölbe umgab.
1841 und 1885 konnten durch die finanzielle Unterstützung Sir Moses Montifiores wichtige Renovations- und Ausbauarbeiten vorgenommen werden. In der Nähe des Rachel-Grabes befindet sich der 1926
mit Blick auf das Grab der Stammutter errichtete Kibbuz Ramat-
Rachel. Vor allem als das Grab von 1948 bis 1967 unter jordani-
scher Verwaltung stand und damit israelischen Besuchern nicht
zugänglich war, wurde der Kibbuz zu einem beliebten Ausflugsziel.[227]
Heutigen Besucherinnen und Besuchern wird der Blick auf den Kup-
pelbau durch eine hohe Mauer verstellt. Als Festung ausgebaut, befindet
sich das Grab Rachels auf israelischem Gelände innerhalb des unter
palästinensischer Verwaltung stehenden Gebietes der Zone A.

Im Laufe des 19. Jahrhunderts wuchs die kultische Bedeutung des
Ortes: Zunächst wurde das Grab hauptsächlich von Männern an
bestimmten Tagen besucht, z.B. am 11. Ḥeshwan, dem vermeintlichen
Todestag Rachels, und an den Neumonden. Mit der Zeit hat sich
der Ort zu einer Wallfahrtsstätte entwickelt, die v.a. von Frauen fre-

---

[224] Vgl. dazu Sered, a.a.O.; Graibski, P.b.Z., ציון לקבר רחל אמנו, Jerusalem
1931/32; Shiller, E., קבר רחל, Jerusalem 1977.

[225] Zu den christlichen Pilgerberichten vgl. Kapitel 6, Anm. 269. Auch den
Muslimen gilt das Rachelgrab als heilige Stätte. Der sich in unmittelbarer Nähe
des Grabes befindende muslimische Friedhof zeugt von der Bedeutung des Ortes;
vgl. Shiller, a.a.O., 18–20.

[226] Übersetzung nach der Quelle bei Ya'ari, A., מסעות ארץ ישראל של עולים יהודים
מימי הבינים ועד ראשית ימי שיבת ציון., Ramat-Gan ²1976, 42. Benjamin wird bei der
Zahl der Jakobssöhne nicht mitgerechnet, weil er zu diesem Zeitpunkt noch ein
Säugling war.

[227] Vgl. z.B. Keel, Küchler, a.a.O., 596–606.

quentiert wird. Besonders bei Unfruchtbarkeit, Krankheiten oder
einer bevorstehenden Geburt wird Rachels Hilfe und Beistand erbeten.
Dabei hat sich neben dem Weinen, Küssen des Schreins und—in
den 40er Jahren des 20. Jahrhunderts—dem Ausleihen des Schlüssels
vor einer Geburt als besonderer Ritus das Wickeln eines roten Fadens
um das Grab herausgebildet, der dann als Glücksbringer für Fruchtbarkeit getragen wird.[228] Bis in die heutige Zeit dient Rachel als
Identifikationsfigur bei persönlicher Trauer und als Fürsprecherin, an
die sich die Frauen in ihren Nöten wenden. Die Anknüpfungspunkte
ergeben sich aus den biblischen und rabbinischen Überlieferungen,
besonders aus der Erhörung Rachels nach langen Jahren der Unfruchtbarkeit sowie ihrer Klage um und der erfolgreichen Fürsprache
für die verlorenen Kinder. Die Rituale sind leicht nachzuvollziehen
und geben auch einfachen Frauen die Chance, sich am Kult zu
beteiligen. Es existieren zwar vorformulierte Gebete,[229] doch wenden
sich die meisten Besucherinnen mit selbst formulierten Bitten an die
Stammutter.

Neben der Rolle, die Rachel in der persönlichen Frömmigkeit v.a.
bei Frauen spielt, kommt ihr eine weitere und umfassende Bedeutung
als Mutter der Nation zu. Als solche ist sie nicht nur für religiösen
Juden von Wichtigkeit, sondern wird darüber hinaus auch im säku-
laren Judentum zum Symbol für die Leiden der Juden im Exil, aber
auch für die Sammlung der Zerstreuten und Heimkehr der Exilierten.
In einem Gebet für Besucher des Rachelgrabes heißt es:

> Was sollen wir sagen und was sollen wir reden, wenn beim ersten Exil,
> das nur siebzig Jahre dauerte, unsere Mutter Rachel die Welt erschütter-
> te, was soll sie jetzt sagen, angesichts dieses bitteren und überstürzten
> Exils, wo wird nun schon tausend und neunhundert Jahre in einem
> Exil nach dem andern sind . . .[230]

Insbesondere für die Überlebenden der Schoah, die nach Palästina
kamen, wurde das Rachelgrab zu einem wichtigen Ort, den sie

---

[228] Vgl. Shiller, a.a.O., 16f.; Sered, a.a.O., 135–138; dies., Rachel's Tomb and
the Milk Grotto of the Virgin Mary: Two Women's Shrines in Bethlehem, in: JFSR
2 (1986), 7–22, bes. 11–14.

[229] Vgl. z.B. die Fassung in ספר תפילת חנה השלם. תפילות תחנונים ובקשות עצות
 וסגולות לבנות ישראל, Jerusalem 1995/96, 234–241.

[230] Vgl. ספר תפילת חנה השלם, a.a.O., 34: מה נלות ראשון מה נאמר ומה נדבר, אם על„
שהיה רק לשבעים שנה הרעישה רחל אמנו את העולם, מה תאמר עתה בגלות
"... המר והנמהר הזה אשר זה אלף ותשעה מאות שנה שאנצנו בגולה אחר גולה

aufsuchten, um zu klagen und zu danken. Die Einträge der Besucherinnen und Besucher in einem von dem Wächter Freiman geführten Tagebuch spiegeln diese Anliegen auf eindrückliche Weise wider. So klagt beispielsweise eine gerade neu eingewanderte Frau:

> Wohin, wohin soll der Rest der Flüchtlinge gehen, die nackt und mittellos übriggeblieben sind, es gibt keinen anderen Ort außer dem Land Israel. Rachel, Rachel [. . .] wie lange werden wir ohne Heimat sein; eine Heimat wollen wir und nur im Land Israel! Sechs Millionen Juden sind umgekommen, es reicht! Es reicht![231]

Rachels Klage um ihre Kinder und die ihr zugesagte Rückkehr ihrer Nachkommen Jer 31,15–17 erweist sich damit als transparenter Text, der sowohl auf die Nöte einzelner Frauen als auch auf das Schicksal eines ganzen Volkes bis in die Gegenwart übertragen werden kann.

---

[231] Übersetzung nach dem Tagebucheintrag Freimans vom 7.11.1946, wiedergegeben bei Shiller, a.a.O., 37; dort finden sich weitere Zitate (S.33–37); vgl. auch Sered, S.S., Rachel's Tomb. Societal Liminality and the Revitalization of a Shrine, in: Religion 19 (1989), 27–40. Auch der jüdische Philosoph Emil Fackenheim sieht in Rachels Klage den Inbegriff für die Trauer um die Verfolgungen des Volkes Israel und die Vernichtung der Juden durch die Schoah; vgl. ders., New Hearts and the Old Covenant: On Some Possibilities of a Fraternal Jewish-Christian Reading of the Jewish Bible Today, in: Crenshaw, J.L., Sandmel, S., Hgg., The Divine Helmsman. Studies on God's Control of Human Events, Presented to Lou H. Silberman, New York 1980, 191–205; ders., The Lament of Rachel and the New Covenant, in: Cross Cur 40 (1990), 341–349.

KAPITEL 6

ÜBERBLICK: RACHEL IN DEN SCHRIFTEN
DER KIRCHENVÄTER

Ziel und Motivation patristischer Exegese des Alten Testaments ist die
für die Kirchenväter bestehende Notwendigkeit, von den alttestamentlichen Texten ausgehend die Fundiertheit einer Vielzahl christlicher
Thesen zu beweisen, insbesondere jener, die sich auf die Person Christi
und auf den göttlichen Charakter seiner Mission beziehen.[1]

Die einer solchen Exegese zugrundeliegende Hermeneutik interpretiert das
Verhältnis von Altem und Neuem Testament als Verheißung und Erfüllung;
in den Schriften des Alten Bundes wird vorausverkündet, was sich im Neuen
Testament durch das Kommen Jesu Christi erfüllt hat. Mit diesem hermeneu-
tischen Rüstzeug ausgestattet, nehmen die Theologen der Alten Kirche den
Kampf an zwei Fronten auf, zum einen gegen Häretiker—insbesondere
Markion—, welche die Relevanz des Alten Testaments für die christliche
Kirche leugnen, zum anderen gegen die Juden, die ihrerseits ihre Auslegung
auf dieselben Schriften gründen.

Im vorliegenden Kontext ist v.a. die zweite Stoßrichtung von Bedeutung.
Antijüdische Polemik ist von Anfang an—in unterschiedlicher Intensität und
Ausprägung—Bestandteil christlicher Exegese.[2] Dies hängt mit der Ausgangssituation zusammen: Die Kirche beansprucht für sich, legitime Erbin Israels
und damit auch dessen Heiliger Schriften zu sein, doch ist das Alte Testament
sowohl den Juden als auch den Christen heilig. Es ergibt sich damit für
die christliche Exegese ein doppeltes Ziel: Sie ist einerseits bemüht, aus dem
Alten Testament die Wahrheit des Christentums zu erhärten, und hat es
sich andererseits zur Aufgabe gemacht, die jüdischen Ansprüche auf ebendiese
Schriften als illegitim zurückzuweisen.[3] Methodisch geschieht dies mit Hilfe
des Schriftbeweises[4] sowie der typologischen und allegorischen Bibelauslegung;[5]

---

[1] Hruby, K., Rabbinische und patristische Exegese, in: ders., Aufsätze zum nachbiblischen Judentum und zum jüdischen Erbe der frühen Kirche, Hgg., Osten-
Sacken, P. v.d., Willi, T. (ANTZ 5), Berlin 1996, 321–348, Zitat S.321.

[2] Vgl. Hruby, a.a.O., 322.

[3] Vgl. Simon, M., Verus Israel. A Study of the Relations between Christians and
Jews in the Roman Empire (135–425). Translated from the French H. McKeating,
Oxford 1986, 156.

[4] Das gesamte Alte Testament wird unter dem Aspekt gelesen, daß es Jesu
Messianität beweist, umgekehrt erfüllt Jesus jedes Detail der Schrift; vgl. Frend,
W.C.H., The Old Testament in the Age of the Greek Apologists A.D. 130–180,
in: SJTh 26 (1973), 129–150, bes. 144.

[5] Jedoch finden sich auch genügend Beispiele für die Beibehaltung des Wortsinns,

die sprachliche Grundlage bildet für die griechischsprachigen Kirchenväter die Septuaginta, für die lateinischen neben den altlateinischen Übersetzungen in späterer Zeit v.a. die Vulgata.

Im Hintergrund der antijüdischen Argumentation christlicher Exegeten, die in der Vorstellung von der Substitution Israels durch die Kirche als neuem Gottesvolk gipfelt,[6] stehen unerfüllte Erwartungen, daß sich die Juden von der Wahrheit der christlichen Botschaft überzeugen und zum christlichen Glauben bekehren ließen. Nicht nur ging das Judentum—wie von christlicher Seite prognostiziert—nicht von alleine unter, sondern es war vielmehr auch nach der konstantinischen Wende mit seinen Gottesdiensten, Festen u.ä. von bleibender Attraktivität in christlichen Kreisen.[7] Die mangelnde Bekehrungsbereitschaft der Juden und die Anziehungskraft ihrer Religion als die alleinige Ursache christlicher antijüdischer Ressentiments von christlicher Seite aus zu betrachten, wäre freilich verfehlt; die Wurzeln lagen zum größten Teil im christlichen Selbstverständnis selbst. Es gilt jedoch zu bedenken, daß sich hinter den von Christen vorgebrachten antijüdischen Äußerungen nicht immer reelle Erfahrungen mit jüdischen Zeitgenossen verbargen. Der Abgrenzung vom Judentum kam auch dann noch eine wichtige Stellung im Prozeß christlicher Identitätsfindung zu, als das theologische Gespräch im Ringen um die Wahrheit längst nicht mehr auf der Tagesordnung stand.[8]

Die Beziehungen zwischen Juden und Christen in den ersten Jahrhunderten unserer Zeitrechnung waren nicht ausschließlich von Feindschaft gekenn-

---

vgl. dazu z.B. Horbury, W., Old Testament Interpretation in the Writings of the Church Fathers, in: Mulder, Sysling, a.a.O., 727–787, bes. 763–770. Zur Typologie vgl. Daniélou, J., Sacramentum futuri. Études sur les origines de la typologie biblique (ETH), Paris 1950.

[6] Zur Argumentation vgl. Ruether, R.R., Nächstenliebe und Brudermord. Die theologischen Wurzeln des Antisemitismus (ACJD 7), München 1978, 113–168; McDonald, L.M., Anti-Judaism in the Early Church Fathers, in: Evans, C.A., Hagner, D.A., Anti-Semitism and Early Christianity. Issues of Polemic and Faith, Minneapolis 1991, 215–252; Simon, a.a.O., 135–178; Hruby, a.a.O., 321–348. Vgl. ferner Abel, J.C., Jewish-Christian Controversy in the Second and Third Centuries A.D., in: Jud. 29 (1973), 112–125; Klassen, W., Anti-Judaism in Early Christianity: The State of the Question, in: Richardson, P., Granshon, D., Hgg., Anti-Judaism in Early Christianity. 1. Paul and the Gospels (SCJud 2), Waterloo 1986, 1–19; Lieu, J.M., Image and Reality. The Jews in the World of the Christians in the Second Century, Edinburgh 1996, 1–21.277–290. Der Vorwurf des Gottesmordes wird in der Anfangszeit noch nicht erhoben, findet sich dann aber beispielsweise bei Johannes Chrysostomus (Jud. 1,7,2).

[7] Dies traf z.B. auf Antiochia zu, wie den Predigten des Johannes Chrysostomus zu entnehmen ist; vgl. Simon, a.a.O., 369–384; McDonald, a.a.O., 236–244.

[8] Dies betont v.a. Taylor, M.S., Anti-Judaism and Early Christian Identity. A Critique of the Scholarly Consensus (StPB 46), Leiden/New York/Köln 1995 und kommt zu dem Ergebnis, daß diesem 'symbolic antijudaism' in der Theoriebildung bezüglich der Ursachen und Formen christlichen Antijudaismus' bisher zu wenig Beachtung geschenkt wurde (zur Bedeutung des symbolischen Antijudaismus vgl. bes. 127–187).

zeichnet. Unter den Exegeten kam es v.a. im palästinisch-syrischen Raum zu Kontakten und gegenseitigem Austausch; christliche Theologen, allen voran Origenes und Hieronymus, beschäftigten sich mit jüdischer Bibelexegese.[9] Origenes selbst konnte wohl kein Hebräisch, interessierte sich jedoch für den hebräischen Urtext. Der Kirchenvater Hieronymus ließ sich nach eigenen Aussagen von einem jüdischen Lehrer in der hebräischen Sprache unterweisen (vgl. epist. 84,3) und zitiert gelegentlich jüdische Bibelauslegungen, doch waren seine Hebräischkenntnisse gering.

Parallelen zwischen den christlichen und rabbinischen Bibelauslegern betreffen sowohl die exegetischen Methoden als auch Einzelauslegungen und sind v.a. bei Origenes, Hieronymus und dem syrischen Kirchenvater Aphrahat anzutreffen. Doch ist bei der Bewertung derselben Vorsicht geboten: Nicht zwangsläufig kann eine Parallele im Sinne einer direkten—christlichen— Übernahme aus der rabbinischen Auslegungstradition interpretiert werden; das gemeinsame Erbe an Auslegungstraditionen sowie gemeinsam Denkformen und Vorgehensweisen können auch ohne gegenseitige Abhängigkeit zu ähnlichen Ergebnissen führen.[10]

6.1. *Patristische Auslegungen der Rachel-Erzählungen*[11]

Auf die Rachel-Erzählungen der Genesis nehmen die christlichen Ausleger an zahlreichen Stellen Bezug. Wie die Rabbinen beschäftigen sie sich mit auffälligen Details der Erzählung.[12]

---

[9] Vgl. dazu Stemberger, G., Das klassische Judentum. Kultur und Geschichte der rabbinischen Zeit, München 1979, 202–206.

[10] Vgl. Stemberger, Das klassische Judentum, a.a.O., 203f. Die ältere Forschung war in diesem Punkt weniger kritisch als die neuere. In diesem Zusammenhang ist v.a. auf die Bemühungen J. Neusners (Aphrahat, a.a.O.; zur Kritik an früheren Studien vgl. 7–13) und B.L. Visotzkys (a.a.O., 1–27) zu verweisen. Als hilfreich erweist sich außerdem die Klassifizierung der Parallelen bei Smith, M., Tannaitic Parallels to the Gospels (SBL.MS 6), Pennsylvania 1951; vgl. ferner Sandmel, S., Parallelomania, in: JBL 81 (1962), 1–13. Als Beispiele für eine Untersuchung gegenseitiger Beeinflussung, die die Problematik nicht auf die Frage nach der Übernahme beschränkt, seien Hirshman, M., המקרא ומדרשו: בין חז״ל לאבות הכנסייה (ספריית הילל בן ציים)" Tel Aviv 1992; ders., The Greek Fathers and the Aggadah. Formats of Exegesis in Late Antiquity, in: HUCA 59 (1988), 137–165; und die Arbeiten E.E. Urbachs im Sammelband von A. Shinan, האגדה בספרות מיקראה, דרשות חז״ל ופירושי אוריגנס, Jerusalem 1983 (מצקרים ומקורות ליקוטי "חרבין" ד) 113–135; לשר השרים היהודי־נחצרי והוכיה וההוכוח נינוה אנשי תשובת 237–241) ינוהדי genannt. Zur exegetischen Arbeit der einzelnen Kirchenväter vgl. den Überblick bei Horbury, a.a.O.; Simonetti, M., Biblical Interpretation in the Early Church. An Historical Introduction to Patristic Exegesis, Edinburgh 1994; Reventlow, H. Graf, Epochen der Bibelauslegung. I. Vom Alten Testament bis Origenes, München 1990; II. Von der Spätantike bis zum Ausgang des Mittelalters, München 1994; sowie die Artikel in Sæbø, Hebrew Bible/Old Testament, a.a.O.

[11] Der Überblick über die Auslegungen der Kirchenväter zu den alttestamentlichen Rachel-Überlieferungen erhebt keinen Anspruch auf Vollständigkeit.

[12] Clemens von Alexandrien (gest. 215 n.Chr.) beispielsweise bemüht sich, für die

Johannes Chrysostomus (354–407) paraphrasiert in seinen Predigten zur Genesis den biblischen Text, jedoch nicht ohne eigene oder von der Tradition übernommene Deutungen mit einfließen zu lassen und seine Zuhörerinnen und Zuhörer zu ermahnen. Die Begegnung zwischen Rachel und Jakob und der weitere Verlauf der Ereignisse gehen nach Chrysostomus auf Gottes Fügung zurück, und Jakob wird zum exemplum für den, dem Gott in allen Dingen zugeneigt ist (hom. 55,1f. in Gen.). Auf den Kuß, mit dem Jakob Rachel begrüßt, bevor er sich ihr zu erkennen gibt, bezieht sich z.B. Ambrosius (ca. 333–397). Er läßt die Stammutter—und nicht Jakob—aufgrund ihrer Keuschheit (*pudor*) in Tränen ausbrechen;[13] erst die Nachricht, daß Jakob mit ihr verwandt sei, habe sie beruhigen können (virg. 3,3).

Bei einigen Kirchenvätern finden sich typologische oder allegorische Auslegungen zu Gen 29. Als erster Kirchenvater deutet Origenes (185–254) die Brunnenszene aus Gen 29 allegorisch: Die Begegnung zwischen Jakob und Rachel bringt er mit dem Treffen zwischen Abrahams Knecht und Rebekka bzw. Mose und Zippora in Verbindung, welche ebenfalls an einem Brunnen zusammentrafen. Aus dem Brunnen fließt nach Origenes das lebendige Wort, und er steht letztlich für Jesus Christus selbst (hom. 12,1 in Num.).[14] Die Frauen, auf die Jakob, Mose und der Knecht Abrahams am Brunnen treffen, bezeichnet er als Tugenden der Seele, die beim lebendigen Wort wohnen (ebd).[15] Der tiefere Sinn des Zusammentreffens mit der zukünftigen Frau am Brunnen liegt nach hom. 10,5 in Gen. in der Vereinigung der Seele mit Gott. Nach einem Origenes zugeschriebenen Fragment (fr. in Ezech. [PG 17, 288]) zeichnet sich in der Tat Jakobs

---

doppelte Erwähnung der Hirtendienste Rachels (sie kam mit den Schafen bzw. hütete die Schafe, Gen 29,9) eine Erklärung zu finden: Dies lehre die Anspruchslosigkeit (ἀτυφία) der Stammutter (paed. 3,9,49). Der Einfluß Philos ist bei Clemens deutlich feststellbar, wenn er auf dessen Bezeichnung Jakobs als Asket (ἀσκητής) zurückgreift. Er deutet sie im Sinne von Beschäftigung mit den δόγματα (str. 1,5,31). Zur Interpretation Jakobs als Asket bei Philo vgl. z.B. Jos 1; Abr 52–54; Mut 12.88; Som I,167 sowie die Ausführungen unter 4.1.2.2. dieser Studie. In str. 1,5,31 liegt einer der wenigen Fälle vor, in denen Clemens Philo namentlich erwähnt; vgl. dazu Gianarelli, a.a.O.,125f.; Runia, D.T., Philo in Early Christian Literature. A Survey (CRI. III. Jewish Traditions in Early Christian Literature 3), Assen/Minneapolis 1993, 132–156; Siegfried, a.a.O., 343–351.

[13] Vgl. Josephus, Ant 1,288f.

[14] Vgl. Philo, Quaest. in Gen IV,19: Brunnen symbolisieren Einsicht und Erkenntnis, die aus der Tiefe hervorquellen; vgl. Siegfried, a.a.O., 356.

[15] Vgl. dazu z.B. die Interpretation Leas und Rachels als Tugenden bei Philo Congr 26–28 u.a. Zum Einfluß Philos bei Origenes vgl. z.B. Runia, a.a.O., 157–183.

das Werk Christi ab: Der Stein, den der Erzvater vom Brunnen
wälzt, ist mit der Decke auf dem Gesetz zu vergleichen, die erst von
Jesus Christus beseitigt wird (2 Kor 3,14). Eine von Origenes abweichenden Deutung bringt Gregor von Nyssa (gest. um 390) vor. Den
von Jakob weggewälzten Stein interpretiert er mit Hilfe der allegorischen Auslegungsmethode als Christus. Nur Jakob/Israel, d.h.
der auf Gott blickende Verstand, kann ihn emporheben und der
Herde der Kirche lebendiges Wasser geben (bapt. Chr. [GNO
9,231f.]).[16]

Die typologischen Auslegungen unterscheiden sich zwar inhaltlich,
doch liegt ihnen derselbe hermeneutische Ansatz zugrunde: Der wahre
Gehalt der Erzählungen liegt nicht in ihrem wörtlichen Sinn, sondern ist auf einer anderen, spirituellen Ebene zu suchen. Auf dieser
Ebene werden die alttestamentlichen Geschichten vom Neuen
Testament her gelesen, d.h. das Christusgeschehen wird zum Zielpunkt,
auf den die Überlieferungen über den Erzvater Jakob hinsteuern und
von dem her sie ihre wahre Bedeutung empfangen. Die allegorische
bzw. typologische Deutung der Episode ist jedoch kein Einzelfall, es
würde vielmehr eher erstaunen, bliebe der Abschnitt davon ausge-
spart.[17]

Das spannungsreiche Verhältnis zwischen Rachel und Lea interpretieren die meisten patristischen Auslegungen typologisch/allegorisch
als Gegenüber von Kirche und Synagoge.[18] Augustin (354–430) führt
eine weitere typologische Deutung an, in welcher Lea als *vita activa*
und Rachel als *vita contemplativa* interpretiert wird: Lea, *laborans*, steht
für das zeitliche Leben, in welchem sich die Menschen abmühen,
Rachel, *'visum principium' siue 'uerbum, ex quo uidetur principium'*, für das
ewige Leben, indem es zur Schau der göttlichen Freude kommt (c.
Faust. 22,52; vgl. cons. euang. 1,5). Jakob erhält Rachel erst nach
Lea, denn auf dieser Erde gelangt man nicht sofort zu den Freuden

---

[16] Am Ende des Abschnitts bringt Gregor die typologische Deutung Jakobs als
Christus gegenüber Laban, der den Teufel symbolisiert, ein, bleibt also nicht bis
zum Ende der Auslegung auf dem eingeschlagenen Weg. Ambrosius setzt wie
Origenes verschiedene Brunnengeschichten miteinander in Beziehung; die Brunnen
deutet er als die Tiefe der unergründlichen Lehre (*profundae altitudo doctrinae*, Isaac
4,21).
[17] Vgl. z.B. Daniélou, a.a.O. Er untersucht insbesondere die typologische Deutung
Adams und des Paradieses, Noahs und der Flut, Isaaks, Moses und des Exodus
sowie der Josua-Überlieferungen.
[18] Vgl. Abschnitt 6.2.

der Weisheit. Die Namensdeutungen, die an Leas schwachen Augen und Rachels schöner Gestalt anknüpfen, finden sich auch bei Ambrosius (vgl. epist. 4,4) und gehen letztlich auf Philo zurück.[19] Rachels Unfruchtbarkeit deutet Augustin dahingehend, daß das kontemplative Leben sich von jeder Beschäftigung freihalten möchte. Allerdings möchte die *vita contemplativa* ihr Wissen weitergeben und ist betrübt, wenn die Menschen nicht zu derjenigen Tugend eilen, von der sie das Göttliche und Unvergängliche lernen können—Rachel beneidet ihre Schwester (c. Faust. 22,54).

Die biblische Erwähnung der Eifersucht Rachels (vgl. Gen 30,1) stößt bei mehreren Kirchenvätern auf Interesse. Euseb von Caesarea (gest. um 340), der in p.e. 9,21,1–10 eine knappe Nacherzählung der in Gen 29,1–35,22 überlieferten Ereignisse bietet, vergißt nicht, Rachels Eifersucht auf ihre Schwester zu erwähnen (21,3). In seinem Psalmenkommentar erklärt er Rachels Forderung nach Kindern als Äußerung einer vom Irrtum geleiteten Frau (Τῇ γοῦν ἐσφαλμένως λεγούσῃ τῷ ἀνδρὶ . . .), Jakobs Erwiderung dagegen als die Antwort eines weisen Mannes (Ps. 99 [100]). Auch Chrysostomus bezieht in seinen Auslegungen eindeutig Stellung für den Erzvater. Er tadelt Rachels Verhalten nicht nur aufs Schärfste, sondern geht noch einen Schritt weiter und bezeichnet die Eifersucht als typisch weibliche Eigenschaft (γυναικώδης, hom. 56,4 in Gen.; non desp. 5). Gleichwohl möchte die Schrift hier ein Exempel statuieren, denn sie erwähnt sowohl die guten als auch die schlechten Taten der Gerechten, damit wir diese meiden, jene aber nachahmen (non desp.). Daß Rachel schließlich Jakob ihre Magd gibt, kann jedoch als Zeichen ihrer Einsicht (εὐγνωμοσύνη) gewertet werden (hom. 38,1 in Gen.).[20] Der Kirchenvater Ambrosius scheint für Rachels Neid auf ihre Schwester etwas mehr Verständnis aufzubringen, wenn er erklärt, daß die Stamm-

---

[19] Vgl. die Deutung Leas als κοπιῶσα Mut 254; Migr 145 und Rachels als ὅρασις βεβηλώσεως Congr 25; vgl. Siegfried, a.a.O., 386. Auch bei Hieronymus findet sich die Deutung des Namens Lea als *laborans* (vgl. quaest. hebr. in gen 30,2); für den Namen Rachels hat Hieronymus zwei Erklärungen: *uidens principium/deum* bzw. *uisio sceleris* oder *ouis* als Übersetzung aus dem Hebräischen (vgl. nom. hebr. Gen R; 1 Reg [1 Sam] R; Mt R; in quaest. hebr. in gen. 30,21 gibt Hieronymus nur die Übersetzung wieder). Auf die Rezeption der Deutung der beiden Gestalten als *vita activa* und *contemplativa*, besonders bei Gregor d. Gr. und im monastischen Schrifttum verweist Guillaume, P.-M., Rachel et Lia, in: D.S. 13, Paris 1988, 25–30, bes. 28f.

[20] Ihr Verlangen nach der Mandragora zeigt wiederum, wie sehr sie vom Affekt geleitet ist (hom. 56,5 in Gen).

mutter krank vor Liebe (*vulnerata charitatis*, virginit. 14,91) sei. Aber auch er hält die Eifersucht für eine weibliche Eigenschaft und verbindet mit dem Hinweis auf Lea und Rachel, welche ihre Mägde Jakob überließen, eine Mahnung an die Frauen, von der Eifersucht Abstand zu nehmen, *qui saepe mulieres in furorem incitat* (Abr. 1,4,24). Die Kirchenväter stehen damit den Rabbinen in der Beurteilung weiblicher Eigenschaften in nichts nach.

Eine Bewertung des von Rachel verübten Diebstahls nimmt z.B. Gregor von Nazianz vor. Indem er zur Nachahmung aufruft, wertet er die Tat uneingeschränkt positiv: Wenn du eine Rachel bist oder eine Lea, eine patriarchenhafte (πατριαρχικὴ) und große Seele, stiehl auch du die Götterbilder, die du bei deinem Vater findest, damit du sie nicht bewahrst, sondern wegschaffst (or. 45,21). Rachel wird damit zur Verfechterin des wahren Glaubens. Sie entwendete den Teraphim nicht etwa, um von seinem Besitz zu profitieren, sondern um das väterliche Haus vom Götzendienst zu reinigen. In dieselbe Richtung weist ein Traditionsstrang in den rabbinischen Auslegungen (vgl. BerR 74,5 u.a.).

Nicht ganz so eindeutig verhalten sich die Stellungnahmen Chrysostomus'. Der Hinweis auf Rachels Diebstahl Gen 31,19 zeige, wie sehr die Stammutter noch den väterlichen Gebräuchen der Götterbildverehrung anhänge, denn was habe sie alles auf sich genommen, um die Bilder zu entwenden. Chrysostomus preist jedoch auch die Größe ihres Verstands (σύνεσις, 57,6), mit dem sie ihren Vater überlistet, indem sie sich auf die Bilder setzt, um sie vor Laban zu verbergen. Gänzlich positiv wird die Tat in einer Predigt zu Ps 139 eingeschätzt, die allerdings nicht mit Sicherheit Chrysostomus zugeschrieben werden kann: Rachel wird zu den Frauen gezählt, die andere Menschen vor dem Tod und anderen Gefahren retteten, weil sie durch den Diebstahl ihren Vater vom Götzendienst befreite (hom. in Ps. 139 [sp.]).[21]

Mit Benjamins Geburt befassen sich nur wenige Ausleger. Nach Ambrosius beispielsweise nennt Rachel ihren Sohn 'Sohn meines Schmerzes', weil sie vorhersieht, daß aus dem Stamm Benjamins

---

[21] Vgl. auch Basilius v. Caesarea, hom. 12,12; BerR 74,5. Ambrosius legt die Stelle allegorisch aus: *Sancta Rachel* verkörpert die *ecclesia* oder *prudentia*, die sich nicht mit leeren Ideen und eitlen Götterbildern abgibt, sondern das wahre Wesen der Trinität kennt (fug. saec. 5,27; vgl. Jac. 2,5,25).

Paulus hervorgehen werde, der mit seinen Verfolgungen der Kirche große Schmerzen bereiten werde (patr. 12,57; vgl. epist. 18,10).[22]

Den Ort, an dem Rachel stirbt, lokalisieren die christlichen Exegeten übereinstimmend bei Bethlehem, wobei sie die vom biblischen Glossator vorgenommene Gleichsetzung Efratas mit Bethlehem (vgl. Gen 35,16; 48,7) übernehmen.[23] Die Angabe אֶרֶץ־כִּבְרַת, die in der LXX mit χαβραθα wiedergegeben wird, deutet Hieronymus temporal als *in electo terrae tempore cum introiret Ephratam*—zu einem für die Erde ausgewählten Zeitpunkt . . .—bzw. *uernum tempus*—im Frühling. Diesem Verständnis gibt er den Vorzug vor der Auffassung Aquilas (quaest. hebr. in gen. 35,19; vgl. die Übersetzung der Vulgata). Darüber, wie er zu seiner Erklärung kommt, gibt er keine Auskunft, doch fällt auf, daß die zentralen rabbinischen Auslegungen in dieselbe Richtung tendieren (vgl. BerR 82,7: zu der Zeit, als das Getreide schon vorhanden und die Regenzeit vorüber, aber die Hitze noch nicht gekommen war). Wenn Hieronymus hier in der Tat eine jüdische Interpretation übernimmt, so wäre dies nicht der einzige Fall.[24] Allerdings nennt der Kirchenvater nicht seine Quelle, und so bleibt die Beobachtung im Rahmen der Vermutungen.[25]

Die von den Rabbinen immer wieder gestellte Frage, weshalb die Stammutter Rachel nur in einem Grab am Wegrand bestattet wurde, beschäftigt die Kirchenväter allenfalls am Rande. Ambrosius sieht wie andere Exegeten vor und nach ihm in Rachel die Kirche präfiguriert; ihre Stellung am Wegrand soll den Vorbeiziehenden Segenssprüche entlocken (epist. 18,12). Die Nähe 'Rachels' zu den Gläubigen

---

[22] Hieronymus beschäftigt sich mit der—bis heute umstrittenen—Erklärung beider Namensformen, die er in der Vulgata mit *filius doloris* bzw. *filius dexterae* wiedergibt (V Gen 35,18; vgl. tract. psalm. 7). In quaest. hebr. verwirft er audrücklich die Übersetzung Benjamins mit *filium dierum*, d.h. Sohn der Tage, denn Rechte heiße *iamin*, Tag(e) dagegen *iamim* (quaest. hebr. in gen. 35,18; vgl. in Ier. 6,18; epist. 108,10). Dabei zieht er freilich nicht in Betracht, daß es sich auch um eine aramäische Pluralform halten könnte. Zur Einschätzung der Hebräischkenntnisse Hieronymus' vgl. z.B. Stemberger, G., Hieronymus und die Juden seiner Zeit, in: Koch, D.-A., Lichtenberger, H., Hgg., Begegnungen zwischen Judentum und Christentum in Antike und Mittelalter, FS H. Schreckenberg (SIJD 1), Göttingen 1993, 347–364, bes. 347f.; vgl. auch die dort genannte Literatur.

[23] Vgl. z.B. Eus., p.e. 9,21,10; d.e. 7,2,35; onomast. zu Gen (GCS 11,1, S.82); qu. Steph. 8,4; Ambr., Jac. 2,7,32; Hier., in Mich. 2,5,2; Just., dial. 78,8 lokalisiert das Grab ebenfalls in Bethlehem, bezieht sich aber nicht auf die Gleichsetzung mit Efrata.

[24] Vgl. z.B. in Ier. 6,18 und Stemberger, Hieronymus, ebd.

[25] Keel, a.a.O., 609, sieht die Abhängigkeit Hieronymus' von jüdischen Auslegungen als gegeben. Generell zurückhaltend äußert sich Stemberger, Hieronymus, a.a.O.

ist wie in den rabbinischen Auslegungen auch hier durch das Grab
am Wegrand gegeben, doch steht dahinter nicht das Bild von der
Mutter, an die sich die Kinder hilfesuchend wenden, sondern eher
das einer Wallfahrtsstätte, zu der die Gläubigen pilgern. Die Säule
auf dem Grabmal symbolisiert die Kirche als Stütze der Wahrheit
(Ambr., Jac. 2,7,34).

Als Wallfahrtsstätte wurde das Rachelgrab auch von christlichen
Pilgern aufgesucht.[26] Von Einfluß war bei der genauen Lokalisierung
des Grabs eine gewisse Zeit lang die Notiz aus der LXX über die
Existenz eines Hippodroms in der Nähe der Grabstätte.[27] Sextus
Julius Africanus[28] und Origenes (fr. 34 in Mt.) erwähnen ein solches
(vgl. Eus., d.e. 7,2,35).[29] Hieronymus, dem ein Hippodrom in seiner
Nachbarschaft—wenn es dieses gegeben hätte—bekannt gewesen sein
müßte, bemerkt nicht nur in seiner Übersetzung des Euseb'schen
Onomastikons, daß die Bezeichnung Hippodrom auf die LXX zurückgeht (GCS 11,1, S.83),[30] sondern äußert auch in quaest. hebr. in
gen. 35,16.19 seine Verwunderung über diese Übersetzung: *nescio
quid uolentes hippodromum LXX interpretes transtulerunt.*[31]

Zitate aus den Rachel-Überlieferungen tauchen bei den christlichen
Auslegern in den unterschiedlichsten Zusammenhängen auf.[32] Mit

---

[26] Vgl. z.B. den Reisebericht des Pilgers von Bordeaux (334) (Itin. Burdig. 598,4f.).
Egeria erwähnt in ihrem Bericht zwar den Brunnen, an dem Jakob Rachel traf und
den Ort, von dem sie die Götterbilder Labans stahl (20,11; 21,1.4), nicht jedoch
das Grab der Stammutter. Zu den antiken christlichen Pilgerberichten vgl. z.B.
Stemberger, G., Juden und Christen im Heiligen Land. Palästina unter Konstantin
und Theodosius, München 1987, 77–104 sowie Donner, H., Pilgerfahrt ins Heilige
Land. Die ältesten Berichte christlicher Palästinapilger (4.–7. Jahrhundert), Stuttgart
1979.

[27] Vgl. dazu Abschnitt 3.1.2. der Untersuchung.

[28] Georgius Syncellus zitiert den Jerusalemer Gelehrten (192–240) in seiner
Chronographia (107A); vgl. dazu den Hinweis bei Jeremias, Jo., a.a.O., 75.

[29] Bei der Erklärung der Ortsangabe Efrata im Onomastikon formuliert Euseb
jedoch vorsichtiger ἐν τῷ καλουμένῳ ἱπποδρόμῳ—in dem sogenannten Hippodrom
(Onom. zu Gen, GCS 11,1, S.82). Keel, a.a.O., 309, sieht in dieser Formulierung
Eusebs eine eindeutige Abmilderung, da er wohl gewußt habe, daß es an dieser
Stelle keine Pferderennbahn gab.

[30] Des weiteren korrigiert er die Entfernungsangabe Eusebs ἀπὸ σημείων δ' τῆς
Ἱερουσαλήμ zu *quinto miliario ab Ierusalem.*

[31] In seinem Micha-Kommentar übernimmt Hieronymus allerdings die Bezeichnung
in hippodromo unkritisch (in Mich. 2,4,8.9). Weitere Belege für das Rachel-Grab finden
sich bei Hieronymus epist. 108,10 und in Hierem 6,18.

[32] Z.B. vergleicht Chrysostomus Jakobs Liebe zu Rachel mit der Liebe des Paulus
zu Gott, der um Christi willen alles ertrug, und verknüpft damit die Aufforderung
an seine Zeitgenossen, dem Vorbild nachzueifern (hom. 55,2 in Gen.). Hieronymus

dem Verweis auf das Ergehen biblischer Gestalten—in diesem Fall
Rachels und ihrer Familie—verbinden sie Mahnungen an die Christen,
es den Alten nachzutun, beispielsweise Ambrosius in Abr. 1,4,24: An
die Erwähnung Leas und Rachels, welche Jakob ihre Mägde gaben,
um auf diese Weise für Nachkommen zu sorgen, schließt sich die
Aufforderung an die Frauen an, von der Eifersucht Abstand zu
nehmen. Die Geschichten und Gestalten des Alten Testaments dienen
den christlichen Theologen zur Ausgestaltung und Veranschaulichung
ihrer Mahnungen; die Überlieferungen werden weniger auf ihre
geschichtliche Bedeutung hinterfragt als vielmehr auf ihren Ertrag
hinsichtlich der Gestaltung des christlichen Lebens, und so dienen
auch Rachel und Jakob als ethische Vorbilder.

Eine besondere Rolle spielen dabei die Bezugnahmen auf Jakob
und Rachel in Verbindung mit der Ehethematik. Die Einstellung der
Kirchenväter zur Ehe ist ambivalent: Einerseits wissen die christlichen
Theologen deren Vorzüge zu schätzen (z.B. Chrys., hom. 20 in Eph.),
andererseits aber betonen sie auch die damit verbundenen Schwierigkeiten (vgl. Gr. Nyss., virg., Chrys., virg. u.a.).[33] Dabei knüpfen
sie mit ihrer Haltung an neutestamentliche Aussagen an, besonders
an Paulus, der die Heirat zwar nicht ablehnt, der Ehelosigkeit aber
eindeutig den Vorzug gibt (vgl. 1 Kor 7,7–9); letztlich steht auch die
Ehe unter dem eschatologischen Vorbehalt (1 Kor 7,29–33).

Erwähnungen Rachels finden sich bei etlichen Kirchenvätern in
allgemeinen Äußerungen zur Ehe, z.B. bei Ambrosius. Er verweist
auf die Ehen der Stammütter Sara, Rebekka und Rachel, um die

---

sieht in der Liebe Jakobs zu Rachel die Christusliebe präfiguriert: *Nihil amantibus
durum est, nullus difficilis cupienti labor . . . amemus et nos Christum . . .* (epist. 22,40).

[33] Vgl. etwa Chrys., hom. 20 in Eph. mit Gr. Nyss., virg.; Chrys., virg. Vgl. dazu
Crouzel, H., Marriage and Virginity: Has Christianity Devalued Marriage?, in: ders.,
Mariage et Divorce. Célibat et caractère sacerdotaux dans l'église ancienne. Études
diverses (EHCIC 11), Torino 1982, 45–65. Zahlreiche Kirchenväter heben die
Vorzüge der *virginitas* hervor, etwa Cyprian, der darin die Möglichkeit sieht, daß
sich die Frau von dem Fluch befreit, unter dem sie seit der Vertreibung aus dem
Paradies steht (hab. virg. 22; vgl. Hier., epist. 130,8). Vgl. Ruether, R.R., Misogynism
and Virginal Feminism in the Fathers of the Church, in: dies., Religion and Sexism,
a.a.O., 150–183. Verzichtet eine Frau auf die Ehe, so kann sie damit ihre Unterlegenheit gegenüber dem Mann kompensieren. Der Sinn der Ehe besteht nach
Ansicht der meisten Autoren in der Fortpflanzung, deren immanente Sündhaftigkeit
v.a. Augustin betont. Das Leben in der ehelichen Gemeinschaft, das die Männer
vom Verkehr mit Prostituierten abhalten soll, ist kein Gut an sich, sondern wird
zum Eingeständnis an die menschliche Schwachheit (vgl. z.B. Hier., epist. 48,14
und dazu Ruether, Misogynism, a.a.O., 166).

positive Bedeutung des Lebens in einer ehelichen Gemeinschaft zu unterstreichen, welche in der Zeugung von Nachkommen besteht (virg. 1,7,34).[34] Chrysostomus bezieht sich auf die Stammütter im Zusammenhang mit seinen Ausführungen über kinderlos gebliebene Ehepaare. Diese soll man nicht zu Unrecht der Sünde verdächtigen, denn auch die Ehen Abrahams mit Sara, Isaaks mit Rebekka und Jakobs mit Rachel—allesamt fromm und gerecht—blieben zunächst kinderlos (pecc. 6).[35]

Ein besonderes Problem stellt für die Kirchenväter die Polygamie der Erzväter Abraham und Jakob dar, welche sich eigentlich nicht mit christlichen Ehevorstellungen vereinbaren läßt. Origenes gibt mehrere Antworten: Zu Zeiten der Erzväter sah man in der Polygamie kein Problem, und es konnten mehrere Frauen geheiratet werden (comm. 45 in Mt.).[36] Ungeachtet der Tatsache, daß Jakobs Zuneigung ausschließlich Rachel galt, argumentiert Origenes, daß Jakob im Prinzip nur eine Frau hatte, denn er war nur mit einer—Lea— begraben; Gleiches gilt für Abraham, der seine letzte Ruhe nur neben Sara fand (comm. 35 in 1 Cor.).[37] Letztlich gehört jedoch für den Kirchenvater die Ehe des Erzvaters Jakob mit zwei Haupt- und zwei Nebenfrauen ebenso wie Abrahams Ehe mit Sara und Hagar zu den unverständlichen Geheimnissen (μυστήρια ταῦτα τυγχάνειν ὑφ᾽ ἡμῶν μὴ νοούμενα, princ. 4,2,1). Auch Ap(p)onius (5. Jh.) versucht die Vielehe der Erzväter einzuschränken. Er tut dies mit dem Verweis, daß die Erzväter in Wirklichkeit nur eine Frau liebten; diese sei figürlich als unser einziger Glaube zu verstehen (in Cant. 12,24). Die Ehre der Erzväter und -mütter ist damit gerettet, und die christlichen Vorstellungen vom ehelichen Leben sind es ebenfalls. Die biblischen Gestalten können den Christen weiterhin als Vorbild dienen.

---

[34] Vgl auch Ambr., vid. 15,90.

[35] Kyrill von Jerusalem (gest. 386) argumentiert geradezu 'rabbinisch', wenn er denjenigen, die eine Beteiligung des Heiligen Geistes an der Geburt Jesu mit dem Argument ablehnen, Maria werde als Frau/Gattin Josefs bezeichnet (Mt 1,24: καὶ παρέλαβεν τὴν γυναῖκα αὐτοῦ), so daß das Kind auf natürliche Weise von dem Paar gezeugt worden sei, Gen 29,21 entgegenhält: ἀπόδος τὴν γυναῖκά μου. Jakob bezeichnet gegenüber Laban Rachel als seine Frau, obwohl er zu diesem Zeitpunkt noch gar nicht mit ihr verheiratet, sondern nur verlobt ist. Folglich behauptet Kyrill—mit Hilfe eines Analogieschlusses—, daß auch Maria aufgrund ihrer Verlobung Frau Josefs genannt wird (catech. 12,31).

[36] Vgl. Chrys., hom. 56,3 in Gen.; Aug., civ. 16,38; doctr. christ. 3,12,20.

[37] Die Zuschreibung des Fragments an Origenes ist nicht vollständig gesichert.

Den Rabbinen vergleichbar übergehen auch die Kirchenväter in
ihren Auslegungen nicht die in der Bibel erwähnten negativen Züge
Rachels, insbesondere ihre Eifersucht. Ambrosius führt den Neid der
Stammutter auf ihre Schwester Lea als Illustration des Verses Cant
2,5 „ . . . denn ich bin krank vor Liebe" an: Krank vor Liebe ist
Rachel, *quae zelavit sororem, amavit maritum* (virginit. 14,91). Doch nennt
derselbe Autor an anderer Stelle Rachel als Beispiel für eine Frau,
die um eines höheren Zieles willen ihre Eifersucht ablegt—angespielt
ist auf Rachels Bereitschaft, aufgrund ihrer Unfruchtbarkeit Jakob
ihre Magd zu überlassen (Abr. 1,4,24). Rachel erscheint hier als die
löbliche Ausnahme, die Eifersucht hingegen wird zur typisch weiblichen Eigenschaft (*qui saepe mulieres in furorem incitat*). Auch Chrysostomus
verknüpft die Ausführungen über Rachels Verhalten mit einem
Hinweis auf das eifersüchtige Verhalten der Frauen im allgemeinen
(hom. 56,4 in Gen.). Wie die Rabbinen, die den Frauen ebenfalls das
Attribut der Eifersucht zuschreiben,[38] so waren auch die Kirchenväter 'Kinder ihrer Zeit', die in den Frauen die Emotionalität, in den
Männern dagegen die Rationalität stärker verkörpert sahen. Läßt
sich die Frau in ihrem Handeln von ihren Gefühlen leiten, so hat sie
ihre Reaktionen weniger gut im Griff und wird schneller ein Opfer
der Eifersucht als die Männer.[39]

Die positiven Bezugnahmen auf die Stammutter Rachel überwiegen
bei den Kirchenvätern jedoch bei weitem. Rachels Schönheit, die
auch in etlichen rabbinischen Auslegungen hervorgehoben wird,
erwähnen Origenes (hom. 3,4 in Num.), Athanasius (ca. 295–373;
vgl. Ar. 1,57) und Chrysostomus (hom. 56,2 in Gen). Wichtiger als
der Verweis auf die äußeren Vorzüge Rachels sind den Kirchenvätern
jedoch die inneren Werte der Stammutter. Die Charakterisierungen
kommen der von den Rabbinen gepriesenen צניעות nahe: Rachel ist
eine tugendhafte Frau,[40] die sich vor allem durch *pudor* und *pietas*
auszeichnet (vgl. Ambr., virg. 3,3,10). Das zeige ihre Reaktion auf
die erste Begegnung mit Jakob, bei der sie in Tränen ausbreche,
nachdem sie von dem ihr zunächst fremden Mann geküßt wurde.

---

[38] Vgl. BerR 45,5; DevR 6,11 und Abschnitt 5.3.2. der Studie.
[39] Vgl. dazu Clark, G., Women in the Ancient World (GaR. New Surveys in the
Classics 21), Oxford 1989, 4–9; vgl. Ludolphy, I., Frau V. Alte Kirche und Mittelalter,
in: TRE 11, Berlin/New York 1983, 436–441, bes. 436f.; sowie die Quellen bei
Swidler, L., Biblical Affirmations of Woman, Philadelphia 1979, 339–351.
[40] Vgl. z.B. Epiph., gemm. (Blake/de Vis, 158).

Das Achtgeben auf *pudor* und *pietas* sei der Stammutter—wie Rebekka, die sich bei der ersten Begegnung mit Isaak in einen Schleier hüllt (Gen 24,65)—, wichtiger als die Sorge um ihre Schönheit. Die beiden Frauen werden damit als exempla der *virgines* charakterisiert.

Rachel dient demnach—wie die anderen Stammütter—als ethisches Vorbild, das sich durch Keuschheit und durch Schamgefühl auszeichnet, Tugenden, die sich nach Ansicht der antiken christlichen Kommentatoren sowohl für die jungen Mädchen als auch für die Ehefrauen schicken.[41]

6.2. *Rachel und Lea als Kirche und Synagoge*

Eine besondere Bedeutung kommt der typologischen Interpretation des Schwesternpaares Rachel und Lea als Kirche und Synagoge zu. Erstmals ist diese Typologie im Dialog Justins (gest. um 165) mit dem Juden Tryphon belegt, einem in Ephesus lokalisierten fiktiven Gespräch des Autors mit einem jüdischen Zeitgenossen über die rechte Schriftauslegung.[42] Im Verlaufe der Diskussion konfrontiert Justin seinen jüdischen Gesprächspartner mit einer typologischen Deutung der Ehen Jakobs: Lea ist 'euer Volk', d.h. die Synagoge, Rachel dagegen steht für die Kirche (dial. 134,3). Leas schwache Augen weisen auf die geistige Schwachheit der Juden: καὶ γὰρ ὑμῶν σφόδρα οἱ τῆς ψυχῆς ὀφθαλμοί (dial. 134,5).

Die Gestalt Leas wird nun eindeutig negativ interpretiert. Die Abzweckung ist zweifellos polemisch, denn die typologische Interpretation der beiden Schwestern dient dazu, den Anspruch der Christen auf die Schriften des alten Bundes zu untermauern. Dies geschieht sowohl durch die Typologisierung der Vorfahren Israels, welche den Wortsinn des Bibeltextes nahezu unberücksichtigt läßt,

---

[41] Vgl. Gianarelli, E., Rachele e il pianto della madre nella tradizione cristiana antica, in: ASEs 3 (1986), 215–226, bes. 218–220.

[42] Zur typologischen Deutung des Schwesternpaares vgl. Gianarelli, Rachele, a.a.O., 215–218. Zum Dialog Justins vgl. z.B. Kötting, B., Die Entwicklung im Osten bis Justinian, in: Rengstorf, K.H., Kortzfleisch, S.v., Hgg., Kirche und Synagoge. Handbuch zur Geschichte von Christen und Juden. Darstellung mit Quellen I, Stuttgart 1968, 136–174, bes. 137–140; Schreckenberg, a.a.O., 182–200; Mach, M., Justin Martyr's Dialogus cum Tryphone Iudaei and the Development of Christian Anti-Judaism, in: Limor, O., Stroumsa, G.G., Hgg., Contra Iudaeos. Ancient and Medieval Polemics between Christians and Jews (TSMJ 10), Tübingen 1996, 27–47; Lieu, a.a.O., 103–153.

als auch durch die Behauptung, die Juden seien schwächer im Geist, womit ihnen implizit das rechte Schriftverständnis abgesprochen wird.[43] Da im zweiten Jahrhundert die Trennung zwischen Juden und Christen endgültig vollzogen war, richtet sich die Schrift kaum an Juden, mit denen um die Wahrheit gestritten werden soll, um sie zum Christentum zu bekehren. Sie stellt eher eine christliche Selbstrechtfertigung dar; Justin verteidigt den wahren Glauben.

Auch Cyprian von Karthago (210–258) greift auf die typologische Interpretation Rachels zurück. Um den Leitsatz zu belegen, daß die Kirche, die zuerst unfruchtbar war, mehr Kinder aus den Völkern bekam als die Synagoge vorher hatte, verweist er u.a. auf die beiden Frauen Jakobs und bezieht als neues Motiv die Unfruchtbarkeit der Stammutter in die typologische Deutung mit ein: Lea, die ältere Schwester mit den schwächeren Augen (*oculis infirmioribus*) repräsentiert die Synagoge, Rachel, die Wohlgestaltete, die Kirche. Sie blieb lange Zeit unfruchtbar, gebar schließlich aber Josef, welcher zum Typos Christi wurde (testim. 1,20).

Weitere Ausgestaltung erfährt die Typologie bei Ambrosius. Der Kirchenvater greift verschiedene Details der Erzählung auf. In Jakob sieht er Jesus und in seinen beiden Frauen Gesetz und Gnade abgebildet. Rachel wurde von Jakob zuerst geliebt und zu seiner Frau bestimmt, mit Lea kam jedoch zunächst das Gesetz *et oculis infirmior obrepsit tamquam synagoga, quae mentis caecitate Christum uidere non potuit* (Jac. 2,5,25). Der verblendeten Synagoge steht die Gnade der heiligen Rachel gegenüber, welche den zukünftigen Primat der Kirche vorwegnimmt. Rachel schafft den Kult der Heiden ab und erklärt ihre Götterbilder für unrein (ebd.).[44]

Hieronymus verwendet die Typologie mehrfach, z.B. in Os. 3,11f.: *In Lia quae maior erat, caecitatem intellegimus Synagogae, in Rachel pulchritudinem Ecclesiae.* Er schränkt jedoch die typologische Auslegung ein, indem er darauf verweist, daß die biblischen Texte nicht völlig in ihrem typologischen Sinn aufgehen (ebd.). Ein wenig später folgt die 'klassische' Erklärung: Die wohlgestaltete Rachel, die zuerst unfrucht-

---

[43] Vgl. Mach, a.a.O., 41–43.
[44] Vgl. Ambr., fug. saec. 5,27. Auch hinter der Mandragora-Episode verbirgt sich nach Ambrosius ein tieferer Sinn: Rachel empfängt den Liebesapfel von ihrer Schwester, d.h. die Frucht geht von der Synagoge auf die Kirche über. Daß Lea aufgrund der gewonnenen Nacht mit Jakob einen weiteren Erben gebiert, weist darauf, daß ein Rest der Juden gerettet werden wird (in psalm. 118 [119], serm. 19,24).

bar war, aber von Jakob mehr geliebt wurde, bedeutet die Kirche, die triefäugige (*lippientibus oculis*) Lea hingegen die Synagoge (in Os. 3,12,12f.).[45] An anderer Stelle verbindet Hieronymus die Aussage, daß der Synagoge die Augen schmerzen, weil sie Christus nicht annahm, mit dem Verweis auf Leas Triefäugigkeit, aufgrund derer sie nicht von Jakob geliebt worden sei. (in Soph. 3,19f.). Hier geht der Kirchenvater eindeutig über den biblischen Text hinaus, denn dort steht lediglich, daß Jakob Rachel mehr liebte als Lea (vgl. Gen 29,30), nicht jedoch, daß er seiner ersten Frau überhaupt keine Zuneigung entgegenbrachte.[46]

Die typologische Interpretation Leas und Rachels als Synagoge und Kirche zieht sich stereotyp durch die Auslegungen der Kirchenväter.[47] Abweichungen vom Raster sind selten. Paulus Nolanus (353–431) etwa räumt zwar ein, daß Rachel an vielen Stellen zum Bild für die Kirche wird, in ihrem Tod am Wegrand jedoch sieht er den Tod der Synagoge symbolisiert.[48] Letztlich verfährt er in seiner Auslegung nicht anders als die übrigen Autoren: Ein Detail der biblischen Überlieferung mit negativem Beigeschmack—in diesem Fall der Tod am Wegrand—, wird auf das Schicksal der Juden gedeutet. Bei der Interpretation Leas als Synagoge werden ihre Augen durchgehend als Makel empfunden—maßgeblich sind hier die antiken Übersetzungen, der hebräische Text hingegen ist mehrdeutig. Kaum reflektiert wird die Tatsache, daß Lea zwar weniger geliebt, deshalb jedoch nicht von Jakob verstoßen wird. Lediglich Justin und Augustin lassen diesen Aspekt durchblicken, wenn sie darauf verweisen, daß Christus für beide—für d.h. Synagoge und Kirche—heute noch im Dienst steht (Just., dial. 134,3) bzw. die beiden Frauen die Kirche aus zwei Völkern darstellen (Aug., serm. 137,6).

Die Schriften, innerhalb derer die Typologie verwendet wird, richten sich selten direkt gegen Juden, trotzdem ist eine polemische Spitze nicht von der Hand zu weisen. Dabei ist die Gegenüberstellung der beiden Schwestern als Synagoge und Kirche kein Einzelfall; auch

---

[45] Vgl. auch die knappere Umschreibung in epist. 123,12.

[46] Vgl. auch die Betonung der Häßlichkeit Leas in adv. Iovin. 1,19: *lippientem Liam deformem atque fetuosam synagogae typum* . . .

[47] Die Typologie findet sich auch bei Chrysostomus, der in der Auslegung zu Gen 29,17 in synops. (zu Gen) Rachel und Lea als Typen für Kirche und Synagoge bezeichnet, ohne auf mögliche Anhaltspunkte im Text zu verweisen. Dies zeigt die stereotype Verwendung des Motivs bei dem Kirchenvater aus Antiochien.

[48] Vgl. epist. 13,4: *tamen ut reor, in Synagogae typum moritur* . . .

andere biblische Gestalten werden von den christlichen Exegeten in diesem Sinn oder ähnlich typologisch gedeutet, beispielsweise Kain und Abel, Hagar/Ismael und Sara/Isaak sowie Jakob und Esau.[49] All diese Paare 'eignen' sich deshalb besonders gut, weil hier die Jüngeren den Älteren überlegen sind. In der Interpretation der Geschwisterpaare als Kirche und Synagoge, Juden und Christen, alter und neuer Bund etc. manifestiert sich der christliche Anspruch auf die alleingültige Auslegung der Schriften des Alten Testaments besonders deutlich. Ein gleichberechtigtes Nebeneinander ist nicht möglich.

6.3. *Rachels Klage Jer 31,15–17*

Abschließend ist ein Blick auf die Rezeption der Klage Rachels bei den Kirchenvätern zu werfen. Abgesehen von einigen Ausnahmen[50] wird Jer 31,15–17 im Zusammenhang mit Mt 2,18 ausgelegt, d.h. das Weinen der Stammutter wird auf die von Herodes ermordeten Kinder bezogen. Hieronymus formuliert bei der Erörterung der Stelle in Hierem. 6,18 zunächst zurückhaltender und erwähnt sogar eine jüdische Auslegung, derzufolge sich die Trauer auf die Eroberung Jerusalems durch Vespasian bezieht. Er hält dann aber doch die Interpretation bei Matthäus für die richtige und übernimmt diese an anderer Stelle unhinterfragt (vgl. in Mich. 2,5,2). Im Kindermord erfüllt sich, was die Propheten vor langer Zeit vorhergesagt haben (vgl. Chrys., infant. [sp.]). Ambrosius meint an einer Stelle sogar, daß Rachel ihre Kinder bewußt für Christus geopfert habe (epist. 31,11). Nach Chrysostomus und einem Origenes zugeschriebenen Fragment möchte Matthäus mit der Anführung des alttestamentlichen Zitats der christlichen Gemeinde Trost spenden: Die Tatsache, daß Gott das grausame Geschehen durch den Propheten voraussagen ließ, wird als Beleg gegen die Annahme interpretiert, er habe es nicht verhindern können (Chrys., hom. 9,3 in Mt.; Orig., fr. 33 in Mt.).

---

[49] Zur Deutung Kains und Abels als Kirche und Synagoge vgl. z.B. Tert., adv. Iud. 5,2; Ambr., Cain et Ab. 1,2.5; zu Hagar und Sara vgl. Hier., epist. 123,12 (Hagar und Sara als *duo instumenta*); Ambr., epist. 20,2; zu Jakob und Esau Tert., adv. Iud. 1,3ff. u.v.m. Vgl. dazu auch Ruether, Nächstenliebe und Brudermord, a.a.O., 125–130.
[50] Vgl. z.B. Orig., fr. 55.56. in Ier. Ap(p)on., in Cant. 12,3 bezieht den Jeremiatext auf die Zerstörung des Nordreichs durch die Assyrer.

Eine Verknüpfung mit den Genesis-Überlieferungen stellen die
Kirchenväter nur selten her. Ambrosius zieht die Verbindung zu
Rachels Tod und schreibt, Rachel sei deshalb gestorben, weil sie den
Kindermord (*furorem Herodis*) bereits vorausgesehen habe (epist. 18,10).
Hieronymus fragt immerhin, weshalb Rachel um die Kinder
Bethlehem-Judas weinen kann, da es sich bei 'ihren' Kindern doch
um andere Stämme handelt. Die Antwort lautet nach Hieronymus,
daß die Stammesgebiete Judas und Benjamins eng verbunden waren
und sich das Wüten des Herodes gewiß nicht auf Bethlehem
beschränkte (in Mt. 1 zu Mt 2,17f.).

Welche Rolle spielt die Stammutter Rachel in diesen Auslegungen?
Wie die Rabbinen kennen auch die Kirchenväter eine Form der
kollektiven Deutung des Textes: Nach Justin spiegelt sich in der
Klage Rachels das Weinen der Mütter in Bethlehem wider (dial.
78,8).[51] In dieselbe Richtung geht Origenes, wenn er schreibt, daß
der Prophet Bethlehem Rachel nennt (fr. 34 in Mt.); die Menschen
damals ließen sich nicht trösten, weil sie noch nichts von der leib-
haftigen Auferstehung wußten (ebd.).[52] Auch christliche Exegeten
sehen in der weinenden Stammutter ein Bild, das nicht nur offen
ist für ständige Aktualisierungen, sondern in dem eine ganze Gruppe
von Menschen zu Wort kommt und sich mit ihrer Rolle identifiziert.

Die typologische Deutung des Geschwisterpaares Rachel und Lea
findet auch in den Auslegungen zu Jer 31 ihren Widerhall. In einem
weiteren Origenes zugewiesenen Katenenfragment heißt es: Ἡ Ραχὴλ
εἰς τύπον τῆς ἐκκλησίας τῆς κάτω καὶ τῆς ἄνω τηρεῖται (fr. 35 in Mt.).
Bei Ambrosius findet sich diese Interpretation ebenfalls: *Rachel ecclesia est, in qua benedicitur plebs dei* (in psalm. 37,10). Auf die Autorschaft
des Chrysostomus wird eine Predigt zurückgeführt, die die Auslegung
der Perikope über den Kindermord zum Inhalt hat (Rach. [sp.]).
Der Prediger spricht mit seinen Worten direkt die Stammutter an

---

[51] Vgl. auch Strophe 10 eines Marienhymnus aus dem vierten Jahrhundert (Hg.
R. Roca-Puig), in welcher es heißt: *vox plagentium illic sonabat, om[n]is mater pro filio
plorabat.*

[52] Vgl. auch Hier., in Mt. 1. Ob der in dem Origenes zugeschriebenen Fragment
versteckte Tadel derer, die weinen, weil sie noch nichts von der Auferstehung der
Toten wissen, auf die Spuren eines von Philo übernommenen negativen Rachelbildes
weist—so Gianarelli, Christian Thought, a.a.O., 127.129—muß m.E. offenbleiben.
Zu Recht weist die Autorin jedoch auf das Dilemma hin, in welchem die christlichen
Ausleger sich befanden: Einerseits sind Tränen um verlorene Kinder legitim, andererseits glauben Christen an die Auferstehung (vgl. dies., Rachele, a.a.O., 222).

und fragt sie nach dem Grund ihrer Tränen. Es folgt eine schmerzvolle Klage Rachels über die von Herodes ermordeten Kinder, die sich u.a. an Maria wendet. Im zugesprochenen Trostwort ist von der Freude der Kinder Rachels im Paradies die Rede. Die Predigt schließt mit der Deutung Rachels als Kirche, der Kinder als Häretiker (Νήπιοι γὰρ οἱ τὴν δυάδα ὁμολογοῦντες, καὶ τῇ Τριάδι μὴ πιστεύσαντες) und Ramas als Höhe bzw. himmlisches Jerusalem: Die Klage der Kirche wird von Gott im Himmel gehört.

Mit einer ganzen Reihe von Attributen belegt Makarios/Symeon (um 400)[53] die Stammutter: Es weint die wahre Mutter (ἡ ἀλητινὴ μήτηρ), die himmlische Gnade (ἡ ἐπουράνιος χάρις), der Heilige Geist (τὸ πνεῦμα τὸ ἅγιον), die himmlische Mutter Jerusalem (ἡ ἐπουράνιος μήτηρ Ἰερουσαλὴμ), die himmlische Stadt der Heiligen, die mitleidende (εὔσπλαγχος) Mutter aller Menschen (Logos ΞΑʼ, 2,1–4).[54]

In Entsprechung zu den unterschiedlichen Deutungen der Gestalt Rachels fallen die Interpretationen ihrer 'Kinder' verschieden aus.[55] Nach Makarios/Symeon weint die Stammutter um diejenigen, die vom Bösen beherrscht in der Gefangenschaft der Dunkelheit gefesselt sind und sich nicht im Leben des Geistes befinden (2,1); nach Ambrosius um jeden einzelnen und seine Sünden (*ipsa pro te fleat, ipsa tua peccata deploret*, in psalm. 37,10) bzw. um die Kinder der Juden (ebd.). Neben einer ethisch-paränetischen Deutung—„Rachel weint um dich und deine Sünden"—findet sich bei Ambrosius folglich auch eine eindeutig antijüdische Interpretation, in welcher den Juden vorgeworfen wird, nicht an Jesus zu glauben und kleine Kinder zu ermorden, um damit auch den Messias zu töten. Deshalb wolle die Kirche sich über die Juden nicht trösten lassen, über die Christen aber freue sie sich. In eine ähnliche Richtung geht die Auslegung in einer Chrysostomus zugeschriebenen Predigt über Joh 11,47. Das Synhedrium beschließt, daß Jesus getötet werden solle; darüber weint Rachel: Οὔτε ἡ Ῥαχὴλ κλαίουσα τὰ τέκνα αὐτῆς οὕτως ἀνεστέναξε (hom. in Jo. 11,47 [sp.]).

---

[53] Zur Identität dieses euchitischen Mystikers vgl. z.B. Dörries, H., Makarius, 2., in: RGG 4, Tübingen ³1960, 619.

[54] Zur Interpretation Rachels als Heiligem Geist vgl. SER 28 (30) und Abschnitt 5.4.5.2. der Untersuchung.

[55] Gregor von Nyssa bemerkt in einer Trauerrede, daß Rachel dieses Mal nicht um ihre Kinder, sondern um den Mann weine (Melet. [GNO 9, 448]).

Bisweilen verknüpft sich mit dem Verweis auf Rachels Klage und
den Kindermord des Herodes eine harsche Polemik, gegen Häretiker,[56]
häufiger jedoch gegen die Juden. Auf Justins Dialog wurde bereits
hingewiesen. Justin führt im Zusammenhang mit der christologischen
Deutung von Jes 7,14 die Weihnachtsgeschichte einschließlich des
Kindermordes an und meint, es stünde den Juden gut an, von den
Christen die ihnen fehlende Weisheit zu erlernen, denn die von Gott
kommende Gnade sei auf die Christen übertragen worden (dial.
37,10f.).

Auch bei Chrysostomus, in dessen Predigten antijüdische Äußerungen gehäuft auftreten, ist der polemische Seitenhieb unverkennbar.
Im Zusammenhang mit Jer 31/Mt 2 rekurriert Chrysostmomus im
Anschluß an Ausführungen über die Grausamkeit des Herodes auf
'gängige' Topoi, v.a. den Vorwurf des Propheten- und Christusmordes
durch die Juden (salt. Herodiad. [sp.]).[57] Nach der bereits erwähnten Predigt über Joh 11,47 weint Rachel faktisch um die Juden,
welche den Beschluß faßten, Jesus zu töten. Die Polemik des Chrysostomus verlangt nach einer differenzierten Betrachtung. Nur so viel
sei hier bemerkt: Aufgrund der enormen Anziehungskraft, die die
jüdische Gemeinde in Antiochien auf die Christen ausübt, sorgt sich
der Kirchenvater um 'judaisierende' Christen und schreckt deshalb
auch nicht vor den wüstesten Verunglimpfungen zurück.[58]

Auch Ambrosius läßt die Stammutter, wie schon bemerkt, an einer
Stelle um die Juden weinen: Rachel—die Kirche—ist betrübt über
die Kinder der Juden. Sie läßt sich nicht über die von Herodes
ermordeten Kinder trösten, *quia nec in aduentum Iesu crediderunt, men-
suram sceleris adimplentes, ut et paruulos interficerent, ut inter eos et filius uir-
ginis necaretur. ergo ecclesia domini in Iudaeis consolari se noluit . . .* (in psalm.
37,10). Aus wehrlosen Opfern—unschuldigen Säuglingen und Klein-
kindern—werden bei Ambrosius Täter, Mörder, die die *ecclesia* nur
beweinen kann. Ob sich die christliche Polemik indirekt gegen jüdische
Auslegungstraditionen im Zusammenhang mit Jer 31,15–17 richtet,

---

[56] Tert., carn. 2,2; Hipp., haer. 5,8,37.
[57] Die Autorschaft des Chrysostomus ist nicht gesichert. Zur antijüdischen Polemik
bei Chrysostomus vgl. z.B. Schreckenberg, a.a.O., 320–329; dort finden sich weitere Beispiele aus mit Sicherheit von dem Kirchenvater stammenden Predigten, v.a.
aus den acht Reden gegen die Juden. Vgl. dazu auch Brändle, R., Johannes
Chrysostomus. Bischof—Reformer—Märtyrer, Stuttgart/Berlin/Köln 1999, 36–39.
[58] Vgl. Schreckenberg, a.a.O., 325–329; Brändle, ebd., zur Situation in Antiochien
ders., a.a.O., 13–56.

insbesondere gegen die Herausbildung einer expliziten Fürsprecherfunktion Rachels, bedarf der weiteren Untersuchung.

Auch in der Alten Kirche kommt es zu außergewöhnlichen Über-
höhungen der Gestalt Rachels, wobei ihr teilweise die Züge Marias
verliehen werden.[59] Eine wirkliche Zuordnung der beiden Frauen
wird jedoch erst in späterer Zeit im Zuge der Intensivierung der
Marienfrömmigkeit vorgenommen.[60]

---

[59] Rachel und Maria sind nicht nur durch ihre Präfiguration der Kirche miteinander verbunden, sondern auch durch ihre Trauer; vgl. Gianarelli, Christian Thought,
a.a.O., 129; dies., Rachele, a.a.O, 220–226.

[60] Vgl. die ikonographischen Belege bei Nitz, G., Rahel, in: Bäumer, R., Scheffzyk,
L., Hgg., Marienlexikon 5, St. Ottilien 1993, 399–401. Ein weiterer Beleg für die
Verbindung der beiden Frauen kann in der seit Mitte des fünften Jahrhunderts
bezeugten Marienkirche in der Nähe des Rachelgrabes gesehen werden, vgl. Nauerth,
C., Rahel und Maria auf dem Wege nach Bethlehem, in: DBAT 26 (1989/90),
58–69, bes. 58–62.

KAPITEL 7

SCHLUSS: ZUSAMMENFASSUNG

Die Rachel-Überlieferungen der Genesis schildern die Lebensgeschichte Rachels als Geschichte voller unerfüllter Wünsche: Nach einem hoffnungsvollen Auftakt bei der Begegnung mit Jakob am Brunnen besteht die erste Enttäuschung in dem von ihrem Vater an Jakob verübten Betrug, von dem auch sie mitbetroffen ist. Jahrelange Kinderlosigkeit behaftet die künftige Stammutter mit einem zur damaligen Zeit als gravierend empfundenen Makel, und unter den beiden Schwestern bricht ein heftiger Konkurrenzkampf um Nachkommenschaft und die Gunst Jakobs aus. JHWH gewährt Rachel den ersehnten Sohn, doch noch in jungen Jahren stirbt sie, die meinte, ohne Kinder nicht leben zu können, bei der Geburt des zweiten Kindes und wird am Wegrand begraben.

Die Überlieferung von der Klage Rachels und Gottes tröstlicher Zusage Jer 31,15–17, der bedeutendste Text innerhalb der bereits im Alten Testament ansetzenden Rezeption der Rachel-Erzählungen, fügt dem Rachelbild eine neue Dimension hinzu: Rachel weint um ihre verlorenen Kinder, die Stammutter Israels trauert um ihre Nachkommen, das Volk Israel. Der Text, der im vorliegenden Zusammenhang im Jeremiabuch auf das babylonische Exil bezogen ist, weist sprachliche und inhaltliche Verbindungen zu den Genesis-Überlieferungen auf und führt das Thema Mutterschaft weiter: Indem Rachel nun zur Mutter vieler Kinder wird, gelangen ihre Wünsche zu einer posthumen Erfüllung. Das Bild von der Mutter, die untröstlich um den Verlust ihrer Kinder weint, birgt in sich die Möglichkeit der Übertragung auf neue Situationen, und so wird der Text für spätere Ausleger zum Ausgangspunkt für eine Vielzahl weiterführender Interpretationen.

Die antiken Übersetzungen fühlen sich zwar ihrer Vorlage verpflichtet, doch treten charakteristische Neuinterpretationen zutage. Bei der Wiedergabe der Rachel-Überlieferungen bereiten den Übersetzern häufig dieselben Wendungen Schwierigkeiten, etwa die Augen Leas (Gen 29,17) oder die Distanz zwischen Rachelgrab und Efrat (Gen 35,16; 48,7); gelegentlich läßt sich eine Entschärfung der biblischen Vorlage feststellen, z.B. bei den Kämpfen, die Rachel mit ihrer Schwester ausficht (Gen 30,8).

In den Übersetzungen der Klage Rachels Jer 31,15–17 finden sich zahlreiche Glättungen des masoretischen Textes. LXX bietet eine knappe Fassung; P interpretiert Rachels Lohn als Verdienst für ihre Klagetätigkeit; nach V und TJon ist die Klage der Stammmutter bis in den Himmel zu hören. Das Targum integriert haggadische Traditionen über den Propheten Jeremia und macht das Haus Israel bzw. Jerusalem zum Subjekt der Klage. In bezug auf die Wiedergabe von ברמה sind die Übersetzungen gespalten: Ein Teil interpretiert die Ortsangabe als Eigenname (LXX nach der Mehrzahl der Mss., P, TJon im ersten Teil), ein anderer Teil (LXX nach der ursprünglichen Lesart des Codex Sinaiticus, Codex Alexandrinus u.a., Aquila, V und TJon im zweiten Teil) als (himmlische) Höhe.

Die Schriften des frühen Judentums belegen eine vielfältige Rezeption der Rachel-Überlieferungen, vereinzelt in den Pseudepigraphen Jub, LibAnt, JosAs und TestXII sowie bei Philo und Josephus. Dabei läßt sich fast durchgehend eine Idealisierung der Protagonistin feststellen. Ansatzweise geschieht dies in JosAs durch die Betonung ihrer Schönheit, ausgeprägter dann in TestIss: Rachel verkörpert das antike Tugendideal der Enthaltsamkeit (ἐγκράτεια). Auch in den Schriften Philos und Josephus' ist diese Tendenz zu beobachten. Den beiden Autoren geht es nicht so sehr um die Auslegung des biblischen Textes an sich, ihre Interpretation ist vielmehr zielgerichtet. Die Absicht des Josephus läßt sich mit den drei Schlagworten Hellenisierung, Romantisierung, Idealisierung umschreiben. Die Gestalt Rachels wird—dem Zeitgeschmack angepaßt—wie die anderen Erzmütter zu einem Vorbild für tugendhaftes Verhalten. In eine andere Richtung geht die Interpretation Philos, dessen allegorische Auslegung den wörtlichen Sinn der Erzählungen fast völlig zurücktreten läßt. In Rachel sieht er die Sinneswahrnehmung (αἴσθησις) verkörpert, welche dem Verstand untergeordnet ist, in Lea hingegen die Tugend schlechthin. Wenn Philo Rachel mit der Tugend in Zusammenhang bringt, dann spricht er von der Stammutter als der Tugend des unvernünftigen Seelenteils, das Lob fällt somit auch hier nur verhalten aus. Eine derart negative Interpretation Rachels ist in den antiken Schriften singulär.

Bewußt oder unbewußt geben die einzelnen Schriften im Zusammenhang mit der Deutung der Rachel-Überlieferungen auch Aufschluß über ihr Frauenbild. So handelt es sich bei der tugendhaften Rachel gemäß TestXII lediglich um eine löbliche Ausnahme, die sich von

der Mehrzahl der Frauen positiv abhebt. Nach Philo verkörpert nicht
nur Rachel die Sinneswahrnehmung, sondern er setzt die Frauen allgemein mit der Sinnenwelt in Beziehung. Das Sinnlich-Weibliche ist
dem Männlich-Geistigen untergeordnet. Josephus schließlich charakterisiert Rachel als naives Mädchen, welches ihrem Gatten stets zu
Diensten ist.

Neben den anderen Erzmüttern gehört Rachel in den frühjüdischen Schriften zu den besonders herausgehobenen Frauengestalten, ihre Sonderstellung zeichnet sich in diesen Texten jedoch noch
nicht ab.

Die einzige Erwähnung Rachels im Neuen Testament findet sich
im Zusammenhang mit dem herodianischen Kindermord Mt 2,16–18.
Der Evangelist sieht in dem Geschehen die in Jer 31,15 überlieferte
Klage Rachels erfüllt; eventuell schwingt die in Jer 31,16f. zum
Ausdruck kommende hoffnungsvolle Perspektive bereits mit. Mit dem
Rückgriff auf das prophetische Wort macht der Autor deutlich: Die
Geschichte Jesu verläuft von Anfang an nach dem Plan Gottes. Es
besteht kein Grund zu mangelndem Vertrauen, denn schon durch
Jeremia ließ Gott das Ereignis vorhersagen. Hinter der Erzählung
verbirgt sich ein Hinweis auf den letzten großen Konflikt, Jesu Passion
und Tod, doch läßt die feindselige Handlung des Herodes keine
Gleichsetzung des Herrschers mit dem gesamten Volk zu.

Die rabbinischen Auslegungen zu den Rachel-Erzählungen beschäftigen sich mit zahlreichen Details der Erzählung, klären auffällige
Wendungen oder füllen 'Leerstellen'. Ihr Ziel besteht darin, den Text
zu erklären, ihn anderen biblischen Überlieferungen in Beziehung
zu setzen und gegebenenfalls zu aktualisieren. Ihre Exegese bleibt
damit näher am biblischen Text als die Auslegungen Philos oder
Josephus' und ist weniger zweckgerichtet. Der Konflikt zwischen Rachel
und Lea wird in den rabbinischen Auslegungen weitgehend entschärft,
und für den von Rachel begangenen Diebstahl suchen die Rabbinen
nach Erklärungen. Dies gilt auch für die Beerdigung der Stammutter
am Straßenrand. Hier schlagen die Ausleger eine Brücke zu Jer 31.
Besonders im Midrasch BerR wird deutlich, daß die Rabbinen in
den Erzeltern nicht nur ferne Gestalten der Vergangenheit sahen.
Bei der allegorischen Deutung des Brunnens, an dem Rachel zum ersten
Mal Jakob begegnet, wird fast die gesamte Heilsgeschichte Israels als
Deutehorizont in Erinnerung gerufen. In diesen Rahmen werden die
Erzählungen über Jakob und seine Familie eingebettet. Vor allem
Jakob, dem Ahnherrn Israels, kommt dabei eine paradigmatische

Funktion zu, aber auch die beiden Schwestern Rachel und Lea zeigen durch ihr gegenseitiges Eintreten füreinander Wege für den Umgang innerhalb der 'Großfamilie Israel' auf.

Neben der eigentlichen Kommentierung der Erzählungen greifen die Rabbinen in unterschiedlichen Kontexten auf Verse aus den Rachel-Überlieferungen zurück, häufig im Zusammenhang mit dem Motivkreis (Un-)Fruchtbarkeit. Die jüdischen Ausleger preisen Rachels Schönheit und ihre Bescheidenheit (צניעות), verweisen jedoch auch auf ihre Eifersucht und den von ihr begangenen Diebstahl. Gelegentlich verknüpfen sie diese Verweise mit abwertenden Äußerungen über die Frauen allgemein. Häufig wird Rachel in Verbindung mit anderen biblischen Frauengestalten genannt, v.a. mit den übrigen Erzmüttern und anderen unfruchtbaren Frauen. In der dennoch erfolgten Geburt eines Sohnes sehen die Rabbinen ein Zeichen für das Schicksal Zions. Bei ihrer Aktualisierung der biblischen Überlieferungen betonen die Rabbinen u.a. den ethischen Aspekt der Erzählungen—Rachel kommt wie den anderen Frauen eine Vorbildfunktion zu.

Worin sich Rachel von den anderen Frauen abhebt—in ihrer Rolle als Stammutter Gesamtisraels—kommt in den Auslegungen zu Jer 31,15–17 zum Ausdruck. Nicht immer geht es in diesen Interpretationen um eine Deutung der Gestalt Rachels. Wo dies jedoch der Fall ist, stellen die Rabbinen häufig eine Verbindung zu den Genesis-Überlieferungen her; die Texte werden aufeinander bezogen—etwa bei Rachels erstem Auftritt nach Gen 29 oder im Zusammenhang mit dem Wortspiel עיקר/עקרה—und befruchten sich gegenseitig. Vor allem Rachels früher Tod und ihr Grab am Wegrand verlangen nach einer Erklärung. Die am meisten verbreitete Deutung, die bereits in BerR angelegt ist und in späteren Midraschim immer breiter ausgeführt wird, sieht darin die Möglichkeit, daß Rachel ihren Nachkommen bei deren Exilierung besonders nahe ist und für sie bei Gott um Erbarmen bitten kann. Ihre Klage wird damit als aktive Fürsprache (לבקש רחמים) gedeutet. Rachels beharrliches Klagen zeichnet sie aus—als Fürsprecherin Israels hat sie mehr Erfolg als alle männlichen Interzessoren.

Eine andere Textgruppe substituiert Rachel als klagendes Subjekt. Anstelle der Stammutter klagt beispielsweise der Geist Gottes selbst, dessen Funktion als Fürsprecher auch anderswo belegt ist. Die auf dem Wortspiel רוח אל–רחל beruhende Interpretation fügt dem Text eine weitere Dimension hinzu. Die kollektiven Deutungen lassen entweder die Propheten klagen—als Mahner und Fürsprecher zugleich—oder das Volk Israel selbst. Das Volk identifiziert sich völlig mit seiner Repräsentantin, ihrer Klage und der darauf erfolgten Zusage der bedingungslosen Restitution.

Die Rabbinen verstehen Rachels Klage nicht als einmalige Intervention in der Vergangenheit, sondern als wiederholtes Eintreten für ihre in Not geratenen Nachkommen. Rachels Stimme wird immer wieder gehört—נשמע wird hier nicht als Perfekt, sondern partizipial/präsentisch aufgefaßt. So behält der Text seine Aktualität bis in die Gegenwart.

Wieso wird gerade Rachel diese außergewöhnliche Rolle zugewiesen und nicht etwa der Erzmutter Sara? Die Frage stellt sich natürlich bereits im Blick auf die biblischen Überlieferungen, in denen Rachel durch die ihr zugeschriebene Klage von den anderen Frauen abgehoben wird. Als begünstigende Faktoren sind hier das in den Rachel-Erzählungen zentrale Thema der Mutterschaft sowie ihr früher Tod bei der Geburt ihres zweiten Sohnes und ihr Grab am Wegrand zu nennen. Das Ende ist unbefriedigend, die Geschichte verlangt förmlich nach einer Fortsetzung. Schmerz, Enttäuschung, Trauer und Empathie sind mit der Lebensgeschichte der Stammutter Rachel unauflöslich verbunden. Dies prädestiniert sie für die ihr in den rabbinischen Überlieferungen übertragene Rolle als aktive Fürsprecherin Israels. Offenbar traute man ihr als Frau mehr Mitgefühl und Überzeugungskraft zu als den männlichen Fürsprechern. Das Bild von der um ihre Kinder trauernden Mutter birgt, da es sehr allgemein gehalten ist, eine große Transparenz in sich, welche die Übertragung auf andere Situationen begünstigt. Andererseits lädt es, indem es emotionalen Grundbedürfnissen bildhaft Ausdruck verleiht, zur Identifikation geradezu ein, besonders in Krisenmomenten und Zeiten der Verunsicherung, die Israel zu Genüge erfahren hat.

Die Kirchenväter finden in den Erzählungen über Jakob und Rachel Hinweise auf Christus und die Kirche und legitimieren damit indirekt den christlichen Anspruch auf die heiligen Schriften der Juden. Die Erzväter und -mütter werden durch ihr beispielhaftes Verhalten zu Vorbildern für die Christen. Die Deutung Rachels und Leas als Kirche und Synagoge zieht sich stereotyp durch die patristischen Auslegungen und entspricht der typologischen Interpretation anderer alttestamentlicher Geschwisterpaare. Auslegungen zu Rachels Klage finden sich fast immer im Zusammenhang mit Mt 2,16–18. Einige Texte weisen eine eindeutig polemische Stoßrichtung auf, etwa wenn gesagt wird, daß Rachel um die Juden weine, welche Jesus als Messias ablehnten.

Welche Konsequenzen ergeben sich aus der vorliegenden Untersuchung für die moderne Exegese?

Die Beschäftigung mit der Auslegungsgeschichte führt eine an sich banale, aber doch zu gern übergangene Tatsache vor Augen: Bei der historisch-kritischen Exegese handelt es sich nicht um den einzigen Weg, biblische Texte zu interpertieren, und vor allen Dingen wurden auch schon vor ihrer Herausbildung biblische Texte ausgelegt! Daß dies nicht nur innerhalb der christlichen Kirche geschah, wird häufig übersehen, und so ist dem jüdischen Auslegungsstrang besondere Aufmerksamkeit zu schenken. Die antiken Ausleger, insbesondere die jüdischen, lasen die Texte sehr genau und achteten auf jede Nuance. Ihre Interpretationen verdienen Respekt und Achtung.

Die Achtung gegenüber den Interpretationen der antiken Exegeten stößt jedoch dann an eine Grenze, wenn es nicht mehr um die Erhellung des Schriftsinns geht, sondern mit den Auslegungen eine polemische Abzweckung verfolgt wird, insbesondere durch die Tradierung antijüdischer Elemente in den Interpretationen der christlichen Exegeten. Hier dürfen kritische Rückfragen an die Tradition nicht ausbleiben. In bezug auf die Auslegungen von Mt 2,16–18 wird dies größtenteils nicht geleistet. So lassen etliche moderne Kommentatoren zum herodianischen Kindermord durchblicken, daß sie die Sichtweise einiger Kirchenväter—Rachel weint um die Juden—verinnerlicht haben. Kaum reflektiert wird dagegen, was es für die Interpretation von Mt 2,16–18 bedeutet, daß Rachel im Judentum schon von früher Zeit als Fürsprecherin Israels gesehen wird. Im Sinne der Beachtung der zweifachen Wirkungsgeschichte alttestamentlicher Texte wäre dem unbedingt Rechnung zu tragen. Dies gilt natürlich auch für die Auslegung von Jer 31,15–17 unabhängig von Mt 2. Einen Umgang mit jüdischen Auslegungen zu entwickeln, der diese nicht ignoriert, sondern positiv aufnimmt, ohne sie sich vorschnell anzueignen, stellt eine Herausforderung an jede alttestamentliche Hermeneutik im 'christlichen Kontext' dar.

Die inhaltlichen und methodischen Parallelen zwischen der jüdischen und der christlichen Auslegungstradition verweisen auch auf ein gemeinsames Erbe. Dieses auf seriöse Art zu eruieren, die Gemeinsamkeiten und Unterschiede aufzuzeigen, ist eine Arbeit, die über weite Strecken noch geleistet werden muß.

Durch Darstellung und Analyse des Quellenmaterials zu den alttestamentlichen Rachel-Überlieferungen, insbesondere zu Jer 31,15–17, möchte die vorliegende Studie einen Schritt in diese Richtung unternehmen.

LITERATURVERZEICHNIS

1. *Quellen*

Klassische Antike

Ambrosii Theodosii Macrobii Saturnalia. Apparatu critico instruxit. In Somnium
    Scipionis commentarios selecta varietate lectionis ornavit (BSGRT), Hg. Willis,
    I., Stuttgart/Leipzig ³1994.
Aristotle. Generation of Animals. With an English Translation (LCL 366), Hg. Peck,
    A.L., Cambridge/London 1942 (Nachdr. 1990); The Nicomachaen Ethics. With
    an English Translation (LCL 73), Hg. Rackham, H., Cambridge/London ²1934
    (Nachdr. 1962).
Charitonis Aphrodisiensis. De Charea et Callirhoe amatoriarum narrationum libri
    octo, Hg. Blake, W.E., Oxford 1938.
Dionysius of Halicarnassus. The Critical Essays in Two Volumes. I. With an English
    Translation (LCL 465), Hg. Usher, S., Cambridge/London 1974.
Homer. The Odyssey. Books 1–12. With an English Translation (LCL 104), Hgg.
    Murray, A.T., Dimock, G.E., Cambridge/London ²1995.
Luciani Opera. Recognovit brevique adnotatione critica instruxit. III. Libelli 44–68,
    Hg. Macleod, M.D., Oxford 1980.
Musonius Rufus „The Roman Socrates", Hg. Lutz, C.E., in: YCS 10, New Haven
    1947, 3–147.
Plato in Twelve Volumes. I. Euthyphro, Apology, Crito, Phaedo, Phaedrus. With an
    English Translation (LCL 36), Hgg. Fowler, H.N., Lamb, W.R.M., Cambridge/
    London 1914 (Nachdr. 1990); II. Laches, Protagoras, Meno, Euthydemus. With
    an English Translation (LCL 165), Hg. Lamb, W.R.M., Cambridge/London
    1924 (Nachdr. 1990); V. The Republic. With an English Translation. In Two
    Volumes. I Books I–V (LCL 237), Hg. Shorey, P., Cambridge/London 1930
    (Nachdr. 1963); VI. The Republic. With an English Translation. In Two
    Volumes. II Books VI–X (LCL 276), Hg. Shorey, P., Cambridge/London 1935
    (Nachdr. 1987); IX. Timaeus, Critias, Cleitophon, Menexenus, Epistles. With
    an English Translation (LCL 234), Hg. Bury, R.G., Cambridge/London 1929
    (Nachdr. 1989).
Plutarch's Moralia. In Sixteen Volumes. I 1A–86A. With an English Translation
    (LCL 197), Hg. Babbitt, F.C., Cambridge/London 1927 (Nachdr. 1986).
L. Annaei Senecae Opera quae supersunt. III, Hg. Haase, F., Leipzig 1878.
The Sentences of Sextus. A Contribution to the History of Early Christian Ethics
    (TaS.NS 5), Hg. Chadwick, H., Cambridge 1959.
Stoicorum Veterum Fragmenta. II. Chrysippi fragmenta logica et physica, Hg. Arnim,
    I. v., Leipzig 1903.
Suétone. Vies des Douze Césars. I. César-Auguste. Texte établi et traduit (CUFr), Hg.
    Aillourd, H., Paris 1931.
P. Cornelii Taciti libri qui supersunt. II.2. Germania, Agricola, Dialogus de ora-
    toribus (BSGRT), Hg. Koestermann, E., Leipzig 1962.
Xénophon d'Éphèse, Les Éphèsiaques ou Le Roman d'Habrocomès et d'Anthia
    (CUFr), Hg. Dalmeyda, G., Paris 1926.

Bibel/Antike Übersetzungen

The Aramaic Version of Ruth (AnBib 58), Hg. Levine, É., Rom 1973.

La Bible d'Alexandrie. 1. La Genèse. Traduction du texte grec de la Septante, Introduction et Notes, Hg. Harl, M., Paris 1986.

The Bible in Aramaic. Based on Old Manuscripts and Printed Texts. I. The Pentateuch. According to Targum Onkelos; II. The Former Prophets. According to Targum Jonathan; III. The Latter Prophets. According to Targum Jonathan; IV A. The Hagiographa. Transition from Translation to Midrash, Hg. Sperber, A., Leiden/New York/Köln ²1992.

Biblia Hebraica, Hg. Kittel, R., Stuttgart ¹³1962.

Biblia Hebraica Stuttgartensia, Hgg. Elliger, K., Rudolph, W., Stuttgart ⁴1990.

Biblia Sacra iuxta Vulgatam versionem, I. Genesis-Psalmi, II. Proverbia-Apocalypsis. Appendix, Hg. Weber, R., OSB, Stuttgart 1969.

Das Fragmententargum (Thargum jeruschalmi zum Pentateuch), Hg. Ginsburger, M., Berlin 1899.

The Fragment-Targums of the Pentateuch. According to their Extant Sources. I. Texts, Indices and Introductory Essays; II. Translation (AnBib 76), Hg. Klein, M.L., Rom 1980.

Ieremias. Baruch. Threni. Epistula Ieremiae (Septuaginta. Vetus Testamentum Graecum. Auctoritate Societas Litterarum Gottingensis editum 15), Hg. Ziegler, J., Göttingen 1957.

ktb' qdš'. ktb' ddytyq' 'tyq' wḥdt', Hg. Lee, S., London 1823.

Masoreten des Westens. II. Das Palästinische Pentateuchtargum, Die Palästinische Punktation, Der Bibeltext des Ben Naftali (TUVMG 4), Hg. Kahle, P., Stuttgart 1930.

Neophyti 1. Targum palestinense. MS de la biblioteca Vaticana. I. Génesis. Edición príncipe, introducción general y versión castellana (TECC 7), Hg. Díez Macho, A., Madrid/Barcelona 1968.

Novum Testamentum Graece, Hgg. Aland, B., Aland, K., Karavidopoulos, J., u.a., Stuttgart ²⁷1993.

Origenis Hexaplorum quae supersunt sive veterum interpretum graecorum in totum vetus testamentum fragmenta. Post flaminium nobilium, drusium, et monte-falconium, adhibita etiam versione syro-hexaplari, concinnavit, emendavit, et multis partibus auxit. II. Jobus-Malachias. Auctarium et indices, Hg. Field, F., Oxford 1875 (Nachdr. Hildesheim 1964).

Pseudo-Jonathan (Thargum Jonathan ben Usiël zum Pentateuch). Nach der Londoner Handschrift (Brit. Mus. add. 27031), Hg. Ginsburger, M., Berlin 1903.

Septuaginta. Id est Vetus Testamentum graece iuxta LXX interpretes. Duo volumina in uno, Hg. Rahlfs, A., Stuttgart 1979.

The Targum of Jeremiah. Translated, with a Critical Introduction, Apparatus, and Notes (McNamara, M., Hg., The Aramaic Bible. The Targums 12), Hg. Hayward, R., Wilmington 1987.

Targum Pseudo-Jonathan: Genesis. Translated with Introduction and Notes (McNamara, M., Hg., The Aramaic Bible. The Targums 1B), Hg. Maher, M., M.S.C., Collegeville 1992.

Vetus Testamentum Syriace. Iuxta simplicem syrorum versionem. Ex auctoritate societatis ad studia librorum veteris testamenti provehenda edidit Institutum Peshittonianum Leidense, I.i. Praefatio. Liber Genesis—Liber Exodi, Leiden 1977.

Frühjüdische Schriften

The Armenian Version of IV Ezra (ArTS 1), Hg. Stone, M.E., Missoula 1979.

The Book of Jubilees. A Critical Text (CSCO.Ae 87), Hg. VanderKam, J.C., Leuven 1989.

Das Buch der Jubiläen. Unterweisung in erzählender Form (JSHRZ II/3), Hg. Berger, K., Gütersloh 1981.

A Commentary on Pseudo-Philo's Liber Antiquitatum Biblicarum. With Latin Text and English Translation (AGJU 31.1/31.2) Hg. Jacobson, H., 2 Bde., Leiden/New York/Köln 1996.

A Coptic Jeremiah Apocryphon, Hg. Kuhn, K.H., in: Muséon 83 (1970), 95–135. 291–350.

Les dires prophéthiques d'Esdras (IV. Esdras), Hg. Gry, L., 2 Bde., Paris 1938.

The Ethiopic Version of the Book of Enoch. Edited from Twenty-Three MSS. together with the Fragmentary Greek and Latin Versions (Anecdota Oxoniensia), Hg. Charles, R.H., Oxford 1906.

Flavii Iosephi Opera, Hg. Niese, B., 7 Bd., Berlin 1887–1895.

Des Flavius Josephus Jüdische Altertümer. Übersetzt und mit Einleitung und Anmerkungen versehen. I. Buch I bis X; II. Buch XI bis XX nebst Namenregister, Hg. Clementz, H., Halle 1899.

The Greek Versions of the Testaments of the Twelve Patriarchs. Edited from Nine MSS together with the Variants of the Armenian and Slavonic Versions and Some Hebrew Fragments, Hg. Charles, R.H., Oxford 1908 (Nachdr. Hildesheim 1960).

3 Henoch or the Hebrew Book of Enoch. Edited and Translated for the First Time. With Introduction, Commentary and Critical Notes, Hg. Odeberg, H., Cambridge 1928 (Nachdr. 1973).

Joseph et Aséneth. Introduction. Texte critique. Traduction et notes (StPB 13), Hg. Philonenko, M., Leiden 1968.

Joseph und Asenath, Hg. Burchard, C., in: ders., Gesammelte Studien zu Joseph und Asenath (SVTP 13), Leiden/New York/Köln 1996, 163–209.

Joseph und Asenath. Unterweisung in erzählender Form (JSHRZ II/4), Hg. Burchard, C., Gütersloh 1983.

[Maṣḥafa Kufālē] or The Ethiopic Version of the Hebrew Book of Jubilees. Otherwise Known among the Greeks as Η ΛΕΠΤΗ ΓΕΝΕΣΙΣ. Edited from Four Manuscripts (Anecdota Oxoniensia), Hg. Charles, R.H., Oxford 1895.

The Old Testament Pseudepigrapha. II. Expansions of the Old Testament and Legends, Wisdom and Philosophical Literature, Prayers, Psalms, and Odes, Fragments of Lost Judeo-Hellenistic Works, Hg. Charlesworth, J.H., London 1985.

Paraleipomena Jeremiou, Hgg. Kraft, R.A., Purintun, A.-E. (SBL.PS 1), Montana 1972.

Philonis Alexandrini Opera quae supersunt, Bd. 1–6, Hgg. Cohn, L., Wendland, P., Reiter, S., Berlin 1896–1915; Bd. 7.1/2 Indices ad Philonis Alexandrini Opera, Hg. Leisegang, I., Berlin 1926/30.

Pseudo-Philo: Antiquitates Biblicae (Liber Antiquitatum Biblicarum). Unterweisung in erzählender Form (JSHRZ II/2), Hg. Dietzfelbinger, C., Gütersloh 1975.

Die Testamente der zwölf Patriarchen. Unterweisung in lehrhafter Form (JSHRZ III/1), Hg. Becker, J., Gütersloh 1974.

Testament of Naphtali, Hg. Stone, M.E., in: JJS 47 (1996), 311–321.

The Testaments of the Twelve Patriarchs. A Critical Edition of the Greek Text (PVTG I,2), Hg. Jonge, M. de, Leiden 1978.

Die Werke Philos von Alexandria in deutscher Übersetzung (SJHL 1–7), Hgg. Cohn, L., Heinemann, I., Adler, M., Theiler, W., Bd. 1–6 Breslau 1909–1938, Bd. 7 Berlin 1964.

Rabbinische Literatur

Die Agada der Palästinischen Amoräer. II: Die Schüler Johanans (Ende des dritten und Anfang des vierten Jahrhunderts), Hg. Bacher, W., Straßburg 1896.

אגדת בראשית, in: Hg. Jellinek, A., Bet ha-Midrasch. Sammlung kleiner Midraschim und vermischter Abhandlungen aus der älteren jüdischen Literatur IV, Jerusalem ²1938, 1–116.

אגדת רות ומדרש רות רבה. חיבור לשם קבלת תואר דוקטור לפילוסופיה. חלק א'. מבוא,
חלק ב'. מדרש רות רבה, Hg. Lerner, M.B., [Jerusalem], 1971.

Aus Israels Lehrhallen, Hg. Wünsche, A., II. Kleine Midraschim zur späteren le-
gendarischen Literatur des Alten Testaments, Leipzig 1907/8; IV. Kleine
Midraschim zur jüdischen Ethik, Buchstaben und Zahlensymbolik, Leipzig 1909;
V. Der Midrasch Samuel. Kleine Midraschim: Neue Pesikta und Midrasch
Tadsche, Leipzig 1910 (Nachdr. Hildesheim 1967).

Avoth de-Rabbi Nathan. Solomon Schechter Edition. With references to parallels
in the two versions and to the addenda in the Schechter edition. Prolegomenon
by Menahem Kister, New York/Jerusalem 1997.

Der Babylonische Talmud. Nach der ersten zensurfreien Ausgabe unter Berücksichtigung der neueren Ausgaben und handschriftlichen Materials neu übertragen, 12 Bde., Hg. Goldschmitt, L., Königstein ³1980/81.

Bibliotheca Rabbinica. Eine Sammlung alter Midraschim. Zum ersten Mal ins
Deutsche übertragen, Hg. Wünsche, A., I. Der Midrasch Kohelet. Der Midrasch
Bereschit Rabba. Das ist die haggadische Auslegung der Genesis, Leipzig
1880/81; II. Der Midrasch Schir Ha-Schirim. Der Midrasch zum Buche Esther.
Der Midrasch Echa Rabbati. Das ist die haggadische Auslegung der Klagelieder,
Leipzig 1880/81; III. Der Midrasch Schemot Rabba. Das ist die allegorische
Auslegung des zweiten Buches Mose. Der Midrasch Debarim Rabba. Das ist
die haggadische Auslegung des fünften Buches Mose, Leipzig 1882; IV. Der
Midrasch Bemidbar Rabba. Das ist die haggadische Auslegung des vierten
Buches Mose. Der Midrasch Mischle. Das ist die allegorische Auslegung der
Sprüche Salomonis, Leipzig 1883–85; V. Der Midrasch Wajikra Rabba. Das
ist die haggadische Auslegung des dritten Buches Mose. Die Pesikta des Rab
Kahana. Das ist die älteste in Palästina redigirte (!) Haggada, Leipzig 1884/85
(Nachdr. Hildesheim 1967).

The Fathers According to Rabbi Nathan (Abot de Rabbi Nathan) Version B. A
Translation and Commentary (SJLA 11), Hg. Saldarini, A.J., S.J., Leiden 1975.

Genesis Rabbah. The Judaic Commentary to the Book of Genesis. A New American
Translation. 1 Parashiyyot One through Thirty Three on Genesis 1:1 to 8:14
(BJS 104); 2 Parashiyyot Thirty-Four through Sixty-Seven on Genesis 8:15 to
28:9 (BJS 105); 3 Parashiyyot Sixty-Eight through One Hundred on Genesis
28:10 to 50:26 (BJS 106), Hg. Neusner, J., Atlanta 1985.

Die Jeremia-Homilie Pesikta Rabbati Kapitel 26. Eine synagogale Homilie aus nach-
talmudischer Zeit über den Propheten Jeremia und die Zerstörung des Tempels.
Kritische Edition nebst Übersetzung und Kommentar (StDel 10), Hg. Prijs, L.,
Stuttgart/Berlin/Köln/Mainz 1966.

ילקוט שמעוני. מדרש על תורה נביאים וכתובים. הלא הוא הספר הגדול והיקר שלקט
וחבר הרב בנינו שמעון זצ"ל ראש הדרשנים מק"ק פראנקפורט דמיין. חלק שליש.
כתובים (Nachdr. Jerusalem 1959/60).

Lamentations Rabbah. An Analytical Translation (BJS 193), Hg. Neusner, J., Atlanta
1989.

מחזור רנת ישראל לראש השנה. נוסח אשכנז, Hg. Tal, S., Jerusalem 1980.

Mechilta d'Rabbi Ismael. Cum variis lectionibus et adnotationibus, Hgg. Horovitz,
H.S., Rabin, I.A., Jerusalem ²1970.

Mechiltha. Ein tannaitischer Midrasch zu Exodus. Erstmalig ins Deutsche übersetzt
und erläutert, Hgg. Winter, J., Wünsche, A., Leipzig 1909.

מכילתא דרבי שמעון בן יוחאי. עפ"י כתבי יד מן הגניזה וממדרש הגדול. עם מבוא,
חלופי נרסאות והערות, Epstein, J.N., Melamed, E.Z. Hgg., Jerusalem 1955.

Mekilta de-Rabbi Ishmael. A Critical Edition on the Basis of the Manuskripts and
Early Editions with an English Translation, Introduction and Notes, Hg.
Lauterbach, J.Z., Philadelphia ²1949.

Midrasch Echa Rabbati. Sammlung agadischer Auslegungen der Klagelieder. Herausgegeben nach einer Handschrift aus der Bibliothek zu Rom cod. J.I.4, und einer Handschrift des British Museum cod. 27089. Kritisch bearbeitet, commentirt (!) und mit einer Einleitung versehen, Hg. Buber, S., Wilna 1899.

Midrash Bereshit Rabba. Critical Edition with Notes and Commentary, Hgg. Theodor, J., Albeck, Ch., Indroduction and Registers by Ch. Albeck, 3 Bde., Jerusalem ³1996.

Midrash Debarim Rabbah. Edited for the First Time from the Oxford ms. No. 147 with an Introduction and Notes, Hg. Liebermann, S., Jerusalem ³1974.

מדרש הגדול על חמשה חומשי תורה. ספר בראשית. יוצא לאור על פי כתבי יד.
עם חילופי נוסחאות והערות ,.Hg .M ,(Margulies) Margaliot, Jerusalem 1947.

מדרש זוטא. על שיר השירים, רות, איכה וקהלת. על פי כתב יד, מאוצר הספרים,
של די ראססי בפארמא, קוב׳ 541. עם בוסחא שביא על מגילת איכה. נם כן על פי
כתב יד די ראססי קוב׳ Hg. Buber, S., 261 Wilna, 1924/25.

מדרש חסרות ויתרות, in: בתי מדרשות. עשרים וחמשה מדרשי חז״ל על פי כתבי
יד מנניזת ירושלים ומצרים. עם מבואות, הערות וציונים 2 ,(.Hg. Wertheimer, A.(J.
Jerusalem ²1953, 220–332.

מדרש ילמדנו :in בתי מדרשות. עשרים וחמשה מדרשי חז״ל על פי כתבי יד
מנניזת ירושלים ומצרים. עם מבואות, הערות וציונים 1 ,.Wertheimer, A.J.
Jerusalem ²1954, 141–175. ,Hg.

מדרש משלי. יצא עתה לאור עולם על פי כתב יד מאוצר הספרים בפאריז קובע 152.
וע״י השואה עם שני כתבי יד אחרים: א) הנניו ברומי בוואטיקן קובע 44. ב) שבאוצר
הספרים בפארמא קובע 616. וע״פ הוצאה הראשונה מקאנסטאנטינא משנת רע״ב.
ועם מבוא המפיץ אור על המדרש בכלל ובפרט Wilna 1874/75, Hg. Buber, S.,
(Nachdr. Jerusalem 1964/65).

Midrash Qohelet Rabbah. Chapters 1–4. Commentary (Ch. 1) and Introduction, Hg. Hirshman, M.G., 4 Bde., Diss. New York 1982.

מדרש רבה. על חמשה חומשי תורה וחמש מגלות Wilna, J.o.

מדרש רבה. שיר השירים. מדרש חזות. עם שינוי נוסחאות ביאורים ומבואות Donski, S.,
1980 Tel Aviv/Jerusalem, Hg.

מדרש שמואל. יצא עתה לאור עולם. עפי״י הוצאה ראשונה דפוס קאנשטאנטינא משנת
רפי״ב, ודפוס ווינציא משנתש״ו, ועם השואה עם כתב יד מאוצר הספרים של די
הוסטי בפארמא קוב׳ 568. עם הערות ותקונים ומראה מקומות ומבוא בראש הספר
(Nachdr. Jerusalem 1964/65) 1892/93 Krakau, Hg. Buber, S.,.

מדרש שמות רבה. פרשות א-יד. יוצא לאור על-פי כתב-יד שביֿרושלים
Jerusalem/Tel Aviv 1984, Hg. Shinan, A.,.

מדרש תהלים. המכונה שחר טוב. יצא עתה פעם ראשונה לאור עולם. ונם מבוא נדול
המפיץ אור על המדרש בכלל ובפרט. בראשית, שמות Wilna, Hg. Buber, S., 1891.

The Midrash on Psalms. Translated from the Hebrew and Aramaic, 2 Bde. (YJS 13), Hg. Braude, W.G., New Haven 1959.

מדרש תנחומא. הקדום והישן. מיוחס לרבי תנחומא ברבי אבא. על חמשה חומשי תורה. אשר
היה טמון וספון בכתב יד באוצרות הספרים עד כה. יצא עתה פעם ראשונה לאור
עולם. ונם מבוא נדול המפיץ אור על מדרש תנחומא בכלל ובפרט Buber, S.,
1884/85 Wilna, Hg..

מדרש תנחומא. על חמשה חומשי תורה. עם הפירושים המפורסמים עץ יוסף, ענף יוסף,
Jerusalem 1969/70.

Midrasch TanḥumaB. R. Tanḥuma über die Tora, genannt Midrasch Jelammedenu, 2 Bde. (JudChr 5/6), Hg. Bietenhard, H., Bern/Frankfurt a.M./Las Vegas 1980/82.

Midrash Tanḥuma. Translated into English with Introduction, Indices and Brief Notes (S. Buber Recension), Hg. Townsend, J.T., I. Genesis, Hoboken 1989; II. Exodus and Leviticus, Hoboken 1997.

Midrash Wayyikra Rabbah. A Critical Edition Based on Manuscripts and Genizah Fragments with Variants and Notes, Hg. Margulies (Margaliot), M., 5 Bde., I–II Jerusalem ²1972, III–V New York/Jerusalem ³1993.

מסכתות כלה. והן מסכת כלה. מסכת כלה רבתי. הוצאו על פי כתבי יד שונים בלויית
מבוא והערות ושנויי נוסחאות ומראה מקומות New York, Hg. Higger, M.,
1935/36 (Nachdr. Jerusalem 1969/70).

מקראות גדולות: נביאים אחרונים. ועליהם תרגום יונתן, פירושי רש״י, אבן עזרא ורד״ק.
מצודת דוד, מצודת ציון וביאור הגר״א. ועד נלוו אליהם תולדות אהרן, מסורה גדולה,
מסורה קטנה ומנחת ש. ישעיה, ירמיה, יחזקאל תריעשר Warschau, 1861/62
1865/66 (Nachdr. Jerusalem 1937/38) bzw.

פסיקתא דרב כהנא. על פי כתב יד אוקספורד. ושנויי נוסחאות מכל כתבי היד ושרידי
הגניזה. עם פירוש ומבוא Hg. Mandelbaum, D., 2 Bde., New York 1962.

Pesikta Rabbati. Discourses for Feasts, Fasts, and Special Sabbaths. Translated
from the Hebrew, 2 Bde. (YJS 18), Hg. Braude, W.G., New Haven/London
1968.

Pesikta rabbati. Midrasch für den Fest-Cyclus und die ausgezeichneten Sabbathe.
Kritisch bearbeitet, commentirt (!), durch neue handschriftliche Haggadas ver-
mehrt, mit Bibel und Personen-Indices versehen. Nebst einem Lexidion der vor-
kommenden griechischen und lateinischen Fremdwörter von M. Güdemann,
Hg. Friedmann, M., Wien 1880 (Nachdr. Tel Aviv 1962/63).

Pirkê de Rabbi Eliezer (The Chapters of Rabbi Eliezer the Great). According to
the Text of the Manuscript Belonging to Abraham Epstein of Vienna. Translated
and Annotated. With Introduction and Indices, Hg. Friedlander, G., New York
⁴1981.

Ruth Rabbah. An Analytical Translation (BJS 183), Hg. Neusner, J., Atlanta 1989.

סדר אליהו רבה וסדר אליהו זוטא. המובאים בשם תנא דבי אליהו. עפ״י כתי״י רומי משנת
תהל״ן. עם הוספת מאיר עין ומבוא כולל י״ב מאמרים ומפתחות שנים Friedmann, M.,
Hg. Wien 1902.

ספרא. הנקרא תורת כהנים. עם פירוש חדש בלשון קצר וחח. חלק ראשון
Hg. Me'ir, I., o.O., o.J.

ספר הזהר על חמש החומשי תורה. מהתנא האלקי רבי שמעון בן יוחאי ז״ל עם כל
המעלות המבוארים בשער השני Bde., Wilna 1922.

Sepher hajaschar. Das Heldenbuch. Sagen, Berichte und Erzählungen aus der
israelitischen Urzeit. Nach ältesten Drucken herausgegeben. Mit Holzschnitten
von L. Michelson, Hg. Goldschmidt, L., Berlin 1923.

Siphre ad Deuteronomium, H.S. Horovitzii schedis usus cum variis lectionibus et
adnotationibus, Hg. Finkelstein, L., (Corpus Tannaiticum 3.3.2.), Berlin 1939
(Nachdr. New York 1969).

ספר פרקי רבי אליעזר. מהתנא רבי אליעזר הגדול בן הורקנוס. עם ביאור הרד״ל
Warschau, 1851/52 (Nachdr. New York 1946).

ספר תפילת תנה השלם. תפילות תחינות ובקשות עצות וסגולות לבנות ישראל Jerusalem,
1995/96.

ששה סדרי משנה. מפורשים בידי הנון אלבק ומנוקדים בידי חנוך ילון Tel Aviv 1988⁶.

Synopse zur Hekhalot-Literatur, Hg. Schäfer, P., in Zusammenarbeit mit M. Schlüter
und H.G. v. Mutius (TSAJ 2), Tübingen 1981.

Der tannaitische Midrasch Sifre Deuteronomium. Übersetzt und erklärt. Mit einem
Beitrag von H. Ljungman (JudChr 8) Hg. Bietenhard, H., Bern/Frankfurt
a.M./Nancy/New York 1984.

תלמוד בבלי. עם ילקוט ראשונים. והוא מכיל נוסף על כל הפירושים שבאו בש״ס
וילנא, והמצורף להם, ומפרשיו, פירושיהם של רבותינו מגדולי הראשונים ז״ל מסודרים
במיוחד להוצאתנו, ומצורפים לראשונה הר״ף למהדורה זו לכל מסכת Jerusalem, 1968/69.
תלמוד ירושלמי. מכון חתם סופר 7 Bde., Jerusalem 1968/69–1969/70.

The Tosefta. According to Codex Vienna, With Variants From Codex Erfurt,
Genizah Mss. and Editio Princeps (Venice 1521). Together with References
to Parallel Passages in Talmudic Literature and a Brief Commentary. The
Order of Nashim. Soṭah, Gittin, Kiddushin, Hg. Liebermann, S., New York
1973.

Der Tosefta-Traktat Soṭa. Hebräischer Text mit kritischem Apparat, Übersetzung,

Kommentar (JudChr 9), Hg. Bietenhard, H., Bern/Frankfurt a.M./New York 1986.

Alte Kirche

Sancti Ambrosii, Mediolanensis Episcopi, Opera Omnia. I,2 (PL 15), Hg. Migne, J.-P., Paris 1887; II,1 (PL 16), Hg. Migne, J.-P., Paris 1880.

Sancti Ambrosii Opera. I. Qua continentur libri Exameron, De Paradiso, De Cain et Abel, De Noe, De Abraham, De Isaac, De bono mortis (CSEL 32,1), Hg. Schenkl, C., Prag/Wien/Leipzig 1897; II. Qua continentur libri De Iacob, De Ioseph, De Patriarchis, De fuga saeculi, De interpellatione Iob et David, De apologia David, Apologia David altera, De Helia et ieunio, De Nabuthae, De Tobia (CSEL 32,2), Hg. Schenkl, C., Prag/Wien/Leipzig 1897; VI. Explanatio Psalmorum XII (CSEL 64), Hgg. Petschenig, M., Zelzer, M., Wien ²1999; X. Epistulae et acta. I. Epistulorum libri I–VI (CSEL 82,1), Hg. Faller, O., S.I., Wien 1968.

Apponii in Canticum Canticorum Expositio (CCL 19), Hgg. Vregille, B. de, Neyrand, L., Turnholt 1986.

Aurelii Augustini Opera IV,1. Sancti Aurelii Augustini De doctrina christiana, De vera religione (CCL 32), Hgg. Martin, I., Daur, K.-D., Turnholt 1962; V. Sancti Aurelii Augustini Quaestionum in Heptateuchum libri VII, Locutionum in Heptateuchum libri VII, De octo quaestionibus ex Veteri Testamento (CCL 33), Hgg. Fraipont, I., Bruyne, D. de, Turnholt 1958; XIV,2. Sancti Aurelii Augustini De Civitate Dei libri XI–XII (CCL 48), Hgg. Dombart, B., Kalb, A., Turnholt 1955.

Sancti Aurelii Augustini De utilitate credendi, De duabus animabus contra Fortunatum, Contra Adimantum, Contra epistulam fundamenti, Contra Faustum (CSEL 25,I.II), Hg. Zycha, I., Prag/Wien/Leipzig 1891; De Consensu Evangelistarum. Libri quattuor (CSEL 43), Hg. Weihrich, F., Wien/Leipzig 1904.

Sancti Aurelii Augustini Hipponensis Episcopi Opera Omnia. V,1 (PL 38), Hg. Migne, J.-P., Paris ²1841.

S.P.N. Athanasii Archiepiscopi Alexandrini Opera Omnia quae exstant vel quae ejus nomine circumferuntur. II (PG 26), Hg. Migne, J.-P., Paris 1887.

S.P.N. Basilii Caesareae Cappadociae Archiepiscopi Opera Omnia quae exstant vel quae ejus nomine circumferuntur. III (PG 31), Hg. Migne, J.-P., Paris 1885.

S.P.N. Joannis Chrysostomi, Archiepiscopi Constantinopolitani, Opera Omnia quae exstant vel quae ejus nomine circumferuntur. I,1 (PG 47); I,2 (PG 48); III,1 (PG 51); IV,1 (PG 53); IV,2 (PG 54); V (PG 55); VI (PG 56); VII,1 (PG 57); VIII (PG 59); X (PG 61), Hg. Migne, J.-P., Paris 1862/63.

Clemens Alexandrinus. I. Protrepticus und Paedagogus (GCS 12), Hg. Stählin, O., Leipzig 1905; II. Stromata Buch I–VI (GCS 15), Hg. Stählin, O., Leipzig 1906.

Clemens Romani Epistulae. Edidit, commentario critico et adnotationibus instruxit. Mosis Assumptionis quae supersunt. Primum edita et illustrata (Hilgenfeld, A., Hg., Novum testamentum extra canonem receptum. Edidit, commentarium criticum et adnotationes addidit, librorum deperditorum fragmenta collegit. 1), Hg. Hilgenfeld, A., Leipzig 1856.

Sancti Cypriani Episcopi Opera. I. Ad Quirinum, Ad Fortunatum, De lapsis, De Ecclesiae Catholicae Unitate (CCL 3), Hgg. Weber, R., Bévenot, M., Turnholt 1972.

S. Thascii Caecilii Cypriani Episcopi Carthaginensis et Martyris Opera Omnia. II (PL 4), Hg. Migne, J.-P., Paris 1891.

S. Patris Nostri Cyrilli Hierosolymorum Archiepiscopi Opera quae supersunt omnia. II, Hg. Rupp, J., München 1860.

Epiphanius, De Gemmis (StD 2), Hgg. Blake R.P., Vis, H. de, London 1934.

Eusebii Pamphili, Caesareae Palaestinae Episcopi, Opera Omnia quae exstant. V (PG 23), Hg. Migne, J.-P., Paris 1857.

Eusebius Werke. III,1. Onomastikon der biblischen Ortsnamen (GCS 11,1), Hg. Klostermann, E., Leipzig 1904; VI. Die Demonstratio evangelica (GCS 23), Hg. Heikel, I.A., Leipzig 1913; VIII. Die Praeparatio evangelica. I. Einleitung, Die Bücher I bis X (GCS 43,1), Hg. Mras, K., Berlin 1954.

Georgius Syncellus et Nicephorus CP. (CSHB), Hg. Dindorf, G., 2 Bde., Bonn 1829.

Gregorii Nysseni Opera. Sermones. I (GNO 9), Hgg. Heil, G., Heck, A. v., Gebhardt, E., Spira, A., Leiden 1967.

S.P.N. Gregorii Episcopi Nysseni Opera quae reperiri potuerunt omnia. III (PG 46), Hg. Migne, J.-P., Paris 1863.

Sancti Partris Nostri Gregorii Theologi Opera quae exstant omnia. II (PG 36), Hg. Migne, J.-P., Paris 1885.

Sancti Eusebii Hieronymi Epistulae. I. Epistulae I–LXX (CSEL 54), Hg. Hilberg, I., Wien ²1996; II. Epistulae LXX–CXX (CSEL 55), Hg. Hilberg, I., Wien ²1996; III. Epistulae CXXI–CLIV (CSEL 56), Hg. Hilberg, I., Wien/Leipzig 1918; In Hieremiam prophetam libri sex (CSEL 69), Hg. Reiter, S., Wien/Leipzig 1913.

Sancti Eusebii Hieronymi Stridonensis Presbyteri Opera Omnia. II. III (PL 23), Hg. Migne, J.-P., Paris ²1883.

S. Hieronymi Presbyteri Opera. I. Opera exegetica. 1. Hebraicae Quaestiones in libro Geneseos, Liber interpretationis Hebraicorum nominum, Commentarioli in Psalmos, Commentarius in Ecclesiasten (CCL 72), Hgg. Lagarde, P. de, Morin, G., Adriaen, M., Turnholt 1959; 3. In Hieremiam libri VI (CCL 74), Hg. Reiter, S., Turnholt 1960; 6. Commentarii in prophetas minores (CCL 76/76A), Hg. Adriaen, M., Turnholt 1969/70; 7. Commentariorum in Matheum libri IV (CCL 77), Hgg. Hurst, D., Adrian, M., Turnholt 1969; II. Opera homiletica (CCL 78), Hg. Morin, G., Turnholt ²1958.

Himne a la verge Maria. „Psalmus responsorius". Papir llatí del segle IV, Hg. Roca-Puig, R., Barcelona ²1965.

Hippolytus Werke. III. Refutatio Omnium Haeresium (GCS 26), Hg. Wendland, P., Leipzig 1916.

Itineraria et alia geographica (CCL 175), Hgg. Geyer, P., Cuntz, O., Franceschini, A., Weber, R. u.a., Turnholt 1965.

Itineraria Hierosolymitana saeculi IIII–VIII (CSEL 39), Hg. Geyer, P., Prag/Wien/Leipzig 1898.

S.P.N. Justini Philosophi et Martyris Opera quae exstant omnia, necnon Tatiani, Hermiae, Athenagorae et S.Theophili quae supersunt (PG 6), Hg. Migne, J.-P., Paris 1857.

Makarios/Symeon Reden und Briefe. Die Sammlung I des Vaticanus Graecus 694 (B). Erster Teil. Einleitung und Tabellen. Die Logoi B 2–29 (GCS 55,1), Hg. Berthold, H., Berlin 1973.

Origen on 1 Corinthians, Hg. Junkins, C., in: JTS 9 (1908), 231–247. 352–372. 500–514.

Origène, Traité des Principes. III (Livres III et IV). Introduction, texte critique de la philocalie et de la version de Rufin, traduction (SC 268), Hgg. Crouzel, H., Simonetti, M., Paris 1980.

Origenes Werke. III. Jeremiahomilien, Klageliederkommentar, Erklärung der Samuel- und Königsbücher (GCS 6), Hg. Klostermann, E., Leipzig 1901; VI. Homilien zum Hexateuch in Rufins Übersetzung. I. Die Homilien zu Genesis, Exodus und Levitikus (GCS 29), Hg. Baehrens, W.A., Leipzig 1920; VII. Homilien zum Hexateuch in Rufins Übersetzung. II. Die Homilien zu Numeri, Josua und Judices (GCS 30), Hg. Baehrens, W.A., Leipzig 1921; XI. Origenes Matthäuserklärung. II. Die lateinische Übersetzung der Commentariorum Series (GCS 38), Hg. Klostermann, E., Leipzig 1933; XII. Origenes Matthäuserklärung. III. Fragmente und Indices. Erste Hälfte (GCS 41,1), Hg. Klostermann, E., Leipzig 1941.

Origenis Opera Omnia. II (PG 12), Hg. Migne, J.-P., Paris 1862; VII (PG 17), Hg. Migne, J.-P., Paris 1857.

Quinti saeculi Poetarum series absolvitur, novaque et accuratissima editione donantur S. Paulini Nolani, S. Orientii, S. Auspicii, necnon Claudii Marii Victoris, Merobaudis, Paulini Petricordiensis, Amoeni, Secundini, Drepanii Flori, auctoris incerti, Opera Omnia (PL 61), Hg. Migne, J.-P., Paris 1861.

Quinti Septimi Florentis Tertulliani Opera. II. Opera montanistica (CCL 2), Hg. Gerlo, A., Turnholt 1954.

2. *Sekundärliteratur*

Abel, J.C., Jewish-Christian Controversy in the Second and Third Centuries A.D., in: Jud. 29 (1973), 112–125.

Abel, F.-M., Géographie de la Palestine. II. Géographie politique. Les villes (EtB), Paris 1938.

Abrams, J.Z., Rachel: A Woman Who Would Be a Mother, in: JBQ 18 (1989/90), 213–221.

Ackroyd, P.R., Hosea and Jacob, in: VT 13 (1963), 245–259.

Albright, W.F., Von der Steinzeit zum Christentum. Monotheismus und geschichtliches Werden, Bern 1949.

Alexander, P.S., Jewish Aramaic Translations of Hebrew Scriptures, in: Mulder, M.J., Sysling, H., Hgg., Mikra. Text, Translation, Reading and Interpretation of the Hebrew Bible in Ancient Judaism and Early Christianity (CRI. II. The Literature of the Jewish People in the Period of the Second Temple and the Talmud 1), Assen/Philadelphia 1988, 217–253.

Alt, A., Der Gott der Väter, in: ders., Kleine Schriften zur Geschichte des Volkes Israel I, München ⁴1968, 1–78.

Alter, R., The Art of Biblical Narrative, New York 1981.

Amir, D., המסורות של סיפור לידת בני יעקוב, in: BethM 17 (1972), 220–224.

Amir, Y., Authority and Interpretation of Scripture in the Writings of Philo, in: Mulder, M.J., Sysling, H., Hgg., Mikra. Text, Translation, Reading and Interpretation of the Hebrew Bible in Ancient Judaism and Early Christianity (CRI. II. The Literature of the Jewish People in the Period of the Second Temple and the Talmud 1), Assen/Philadelphia 1988, 421–453.

———, Philon und die Bibel, in: ders., Die hellenistische Gestalt des Judentums bei Philon von Alexandrien (FJCD 5), Neukirchen-Vluyn 1983, 67–76.

———, Rabbinischer Midrasch und philonische Allegorie, in: ders., Die hellenistische Gestalt des Judentums bei Philon von Alexandrien (FJCD 5), Neukirchen-Vluyn 1983, 107–118.

Amstutz, J., ΑΠΛΟΤΗΣ. Eine begriffsgeschichtliche Studie zum jüdisch-christlichen Griechisch (Theoph. 19), Bonn 1968.

Andersen, F.I., Freedman, D.N., Hosea. A New Translation with Introduction and Commentary (AncB 24), Garden City 1980.

Anderson, B.W., „The Lord Has Created Something New". A Stylistic Study of Jer 31:15–22, in: CBQ 40 (1978), 463–478.

Aptowitzer, V., Kain und Abel in der Agada, den Apokryphen, der hellenistischen, christlichen und muhammedanischen Literatur (Veröffentlichungen der Alexander Kohut Memorial Foundation 1), Wien/Leipzig 1922.

Astor, C.N., The Petihta'ot of Eicha Rabba. Submitted in partial fulfillment of the requirements for the degree of Doctor of Philosophy in Talmud and Rabbinics, The Jewish Theological Seminary of America 1995.

Attridge, H.W., Josephus and His Works, in: Stone, M.E., Hg., Jewish Writings of the Second Temple Period. Apocrypha, Pseudepigrapha, Qumran Sectarian Writings, Philo, Josephus (CRI. II. The Literature of the Jewish People in the Period of the Second Temple and the Talmud 2), Assen/Philadelphia 1984, 185–232.

———, The Interpretation of Biblical History in the Antiquitates Judaicae of Flavius Josephus (HThR.HDR 7), Missoula 1976.

Aurelius, E., Der Fürbitter Israels. Eine Studie zum Mosebild im Alten Testament (CB.OT 27), Lund 1988.

Bacher, W., Die exegetische Terminologie der jüdischen Traditionsliteratur. I. Die bibelexegetische Terminologie der Tannaiten, Leipzig 1899.

———, Kritische Untersuchungen zum Prophetentargum, in: ZDMG 28 (1874), 1–72.

Bacon, S., Jacob, Man of Destiniy, in: Dor Le Dor 10 (1981/82), 10–19.106–117.

Baer, R.A. Jr., Philo's Use of the Categories Male and Female (ALGHJ 3), Leiden 1970.

Bailey, J.L., Josephus' Portayal of the Matriarchs, in: Feldman, L.H., Hata, G., Hgg., Josephus, Judaism and Christianity, Detroit 1987, 154–179.

Bamberger, B.J., Philo and the Aggadah, in: HUCA 48 (1977), 153–185.

Bartlett, D.L., Jeremiah 31,15–20, in: Interp. 32 (1978), 73–78.

Baskin, J.R., Pharaoh's Counsellors. Job, Jethro, and Balaam in Rabbinic and Patristic Tradition (BJSt 47), Chico 1983.

———, Rabbinic-Patristic Exegetical Contacts in Late Antiquity: A Bibliographical Reappraisal, in: Green, W.S., Hg., Approaches to Ancient Judaism V. Studies in Judaism and Its Greco-Roman Context (BJSt 32), Atlanta 1985, 53–80.

———, Rabbinic Reflections on the Barren Wife, in: HThR 82 (1989), 101–114.

Beare, F.W., The Gospel According to Matthew. A Commentary, Oxford 1981.

Becker, J., Untersuchungen zur Entstehungsgeschichte der Testamente der zwölf Patriarchen (AGJU 8), Leiden 1970.

Becking, B., „A Voice Was Heard in Ramah". Some Remarks on Structure and Meaning of Jeremiah 31,15–17, in: BZ 38 (1994), 229–242.

———, Jeremiah's Book of Consolation: A Textual Comparison. Notes on the Masoretic Text and the Old Greek Version of Jeremiah xxx–xxxi, in: VT 44 (1994), 145–169.

Ben Reuben, S., קניית הדודאים כנמול על קניית הבכורה, in: BethM 28 (1982/83), 230f.

Berlin, A., Ruth and the Continuity of Israel, in: Kates, J.A., Reimer, G.T., Hgg., Reading Ruth. Contemporary Women Reclaim a Sacred Story, New York 1994, 255–260.

Berlin, G.L., The Major Biblical Prophets in Talmudic and Midrashic Literature, Diss. St. Mary's Seminary and University 1976.

Bernstein, M.J., Two Multivalent Readings in the Ruth Narrative, in: JSOT 50 (1991), 15–26.

Bertheau, E., Das Buch der Richter und Ruth. Erklärt (KEH 6), Leipzig ³1883.

Bertholet, A., Das Buch Ruth, in: Budde, K., Bertholet, A., Wildeboer, G., Die fünf Megillot (Das Hohelied, Das Buch Ruth, Die Klagelieder, Der Prediger, Das Buch Esther). Erklärt (KHC 17), Freiburg i.B./Leipzig/Tübingen 1898, 49–69.

Bloch, R., Midrash, in: DBS 5, Paris 1950, 1263–1281.

Blondheim, S.H., Blondheim, M., The Obstetrical Complication of Benjamin's Birth, in: Dor Le Dor 13 (1984/85), 88–92.

Blum, E., Die Komposition der Vätergeschichte (WMANT 57), Neukirchen-Vluyn 1984.

————, Studien zur Komposition des Pentateuch (BZAW 189), Berlin/New York 1990.

Boecker, H.J., 1. Mose 25,12–37,1. Isaak und Jakob (ZBK.AT 1.3), Zürich 1992.

Böhmer, S., Heimkehr und neuer Bund. Studien zu Jeremia 30–31 (GTA 5), Göttingen 1976.

Bogaert, P.-M., De Baruch à Jérémie. Les deux rédactions conservées du livre de Jérémie, in: ders., Le Livre du Jérémie: Le prophète et son milieu. Les oracles et leur transmission (BEThL 54), Leuven 1981, 168–173.

Borgen, P., Philo of Alexandria, in: Stone, M.E., Hg., Jewish Writings of the Second Temple Period. Apocrypha, Pseudepigrapha, Qumran Sectarian Writings, Philo, Josephus (CRI. II. The Literature of the Jewish People in the Period of the Second Temple and the Talmud 2), Assen/Philadelphia 1984, 233–282.

Bousset, W., Heitmüller, W., Hgg., Die Schriften des Neuen Testaments. Neu übersetzt und für die Gegenwart erklärt. I. Die drei älteren Evangelien, Göttingen ³1917.

Boyarin, D., Intertextuality and the Reading of Midrash (ISBL), Bloomington/Indianapolis 1990.

————, Steinman, S., Resurrection. Rabbinic Period, in: EJ 14, Jerusalem 1971, 98–101.

Bozak, B.A., Life 'Anew'. A Literary-Theological Study of Jer. 30–31 (AnBib 122), Rom 1991.

Brändle, R., Johannes Chrysostomus. Bischof—Reformer—Märtyrer, Stuttgart/Berlin/Köln 1999.

Braun, M., Griechischer Roman und hellenistische Geschichtsschreibung (FSRKA 6), Frankfurt 1934.

Brenner, A., Female Social Behaviour: Two Descriptive Patterns Within the 'Birth of the Hero' Paradigm, in: dies., Hg., A Feminist Companion to Genesis (dies., Hg., The Feminist Companion to the Bible 2), Sheffield 1993, 204–221.

Bright, J., Jeremiah. Introduction, Translation, and Notes (AncB 21), Garden City ²1965.

Brockelmann, C., Hebräische Syntax, Neukirchen 1956.

————, Lexicon Syriacum, Halle ²1928 (Nachdr. Hildesheim/Zürich/New York 1982).

Bronner, L.L., A Thematic Approach to Ruth in Rabbinic Literature, in: Brenner, A., Hg., A Feminist Companion to Ruth (dies., Hg., The Feminist Companion to the Bible 3), Sheffield 1993, 146–169.

————, Jealousy in Genesis in the Light of Rabbinic Sources, in: OTWSA 17/18 (1974/75), 1–12.

Brower, A.I., תיקוני לשון במקרא ובתרגומיו הקדומים. פרק שישי. תיקונים לכבוד יעקב ובניו בספר בראשית in: BethM 19 (1974), 129–141.

Brown-Gutoff, S.E., The Voice of Rachel in Jeremiah 31: A Calling to "Something New", in: USQR 45 (1991), 177–190.

Bucher-Gillmayr, S., Begegnungen am Brunnen, in: BN 75 (1994), 48–66.

Budde, K., Die Bücher Samuel. Erklärt (KHC 8), Tübingen/Leipzig 1902.

Burrows, E., SJ., Cuneiform and Old Testament: Three Notes, in: JTS 28 (1927), 184f.

Callaway, M., Sing, O Barren One: A Study in Comparative Midrash (SBL. DS 91), Atlanta 1986.

Carroll, R.P., Jeremiah. A Commentary (OTL), Philadelphia 1986.

Cazeaux, J., Philon d'Alexandrie, exégète, in: ANRW II.21.1, Berlin/New York 1984, 156–226.

Chalier, C., Les Matriarches. Sara, Rébecca, Rachel et Léa, Paris ³1991.

Charlesworth, J.H., In the Crucible: The Pseudepigrapha as Biblical Interpretation, in: ders., Evans, C.A., Hgg., The Pseudepigrapha and Early Biblical Interpretation (JSPE.S. 14. Studies in Scripture in Early Judaism and Christianity 2), Sheffield 1993, 20–43.

————, The Pseudepigrapha as Biblical Exegesis, in: Evans, C.A., Stinespring, W.,

Hgg., Early Jewish and Christian Exegesis. Studies in Memory of W.H. Brownlee (Scholars Press Homage Series 10), Atlanta 1987, 139–152.

Chertok, H., Rachel and Esau, in: Tikkun 1 (1986), 54–58.

Chesnutt, R.D., Revelatory Experiences Attributed to Biblical Women in Early Jewish Literature, in: Levine, A.-J., Hg., „Women Like This". New Perspectives on Jewish Women in the Greco-Roman World (SBL. Early Judaism and Its Literature 1), Atlanta 1991, 107–125.

Childs, B.S., Introduction to the Old Testament as Scripture, London 1979.

Christiansen, I., Die Technik der allegorischen Auslegungswissenschaft bei Philon von Alexandrien (BGBH 7), Tübingen 1969.

Churgin, P., Targum Jonathan to the Prophets (YOS.R XIV), New Haven 1907.

Clark, G., Women in the Ancient World (GaR. New Surveys in the Classics 21), Oxford 1989.

Cohen, J., „Be Fertile and Increase, Fill the Earth and Master It." The Ancient and Medieval Career of a Biblical Text, Ithaca/London 1989.

Cornill, C.H., Das Buch Jeremia. Erklärt, Leipzig 1905.

Crouzel, H., Marriage and Virginity: Has Christianity Devalued Marriage?, in: ders., Mariage et Divorce. Célibat et caractère sacerdotaux dans l'église ancienne. Études diverses (EHCIC 11), Torino 1982, 45–65.

Crüsemann, F., Die Gotteskämpferin. Genesis 30,8, in: Sölle, D., Hg., Für Gerechtigkeit streiten. Theologie im Alltag einer bedrohten Welt, FS L. Schottroff zum 60. Geb., Gütersloh 1994, 41–45.

Dan, J., Teraphim. From Popular Belief to a Folktale, in: Heinemann, J., Werses, S., Studies in Hebrew Narrative Art. Throughout the Ages (ScrHie 27), Jerusalem 1978, 99–106.

Daniel, S., Bible. Translations. Ancient Versions. Greek: The Septuagint, in: EJ 4, Jerusalem 1971, 851–856.

Daniélou, J., Sacramentum futuri. Études sur les origines de la typologie biblique (ETH), Paris 1950.

Daube, D., Yaron, R., Jacob's Reception by Laban, in: JSSt 1 (1956), 60–62.

David, M., The Date of the Book of Ruth, in: OTS 1 (1942), 55–63.

Davies, W.D., Allison, D.C. Jr., A Critical and Exegetical Commentary on the Gospel According to Saint Matthew. I. Introduction and Commentary on Matthew I–VII (ICC), Edinburgh 1988.

Davis, C.T., Tradition and Redaction in Matthew 1:18–2:23, in: JBL 90 (1971), 404–421.

Dey, L.K.K., The Intermediary World and Patterns of Perfection in Philo and Hebrews (SBL.DS 25), Missoula 1975.

Diamond, J.A., The Deception of Jacob: A New Perspective on an Ancient Solution to the Problem, in: VT 34 (1984), 211–213.

Diebner, B.J., Rachels Niederkunft bei Bethlehem und die judäische Vereinnahmung der israelitischen Königstradition (I), in: DBAT 26 (1989/90), 48–57.

Dillon, J., Reclaiming the Heritage of Moses: Philo's Confrontation with Greek Philosophy, in: StPhilo Annual 7 (BJSt 305), Atlanta 1995, 108–123.

Dimant, D., Use and Interpretation of Mikra in the Apocrypha and Pseudepigrapha, in: Mulder, M.J., Sysling, H., Hgg., Mikra. Text, Translation, Reading and Interpretation of the Hebrew Bible in Ancient Judaism and Early Christianity (CRI. II. The Literature of the Jewish People in the Period of the Second Temple and the Talmud 1), Assen/Philadelphia 1988, 379–419.

Dirksen, P.B., in: The Old Testament Peshitta, in: Mulder, M.J., Sysling, H., Hgg., Mikra. Text, Translation, Reading and Interpretation of the Hebrew Bible in Ancient Judaism and Early Christianity (CRI. II. The Literature of the Jewish People in the Period of the Second Temple and the Talmud 1), Assen/Philadelphia 1988, 255–297.

Dörries, H., Makarius, 2., in: RGG 4, Tübingen ³1960, 619.

Dolores, A., Sara, Raquel y Miriam: tres mujeres en la tradición profética y en el midrás, in: MCom 54 (1996), 317–338.

Donner, H., Geschichte des Volkes Israel und seiner Nachbarn in Grundzügen. 1: Von den Anfängen bis zur Staatenbildungszeit (GAT 4/1), Göttingen 1984; 2: Von der Königszeit bis zu Alexander dem Großen. Mit einem Ausblick auf die Geschichte des Judentums bis Bar Kochba (GAT 4/2), Göttingen 1986.

———, Pilgerfahrt ins Heilige Land. Die ältesten Berichte christlicher Palästinapilger (4.–7. Jahrhundert), Stuttgart 1979.

Dresner, S.H., Barren Rachel, in: Jdm 40 (1991), 442–451.

———, Rachel, Minneapolis 1994.

———, Rachel and Leah, in: Jdm 38 (1989), 151–159.

Duhm, B., Das Buch Jeremia. Erklärt (KHC 11), Tübingen/Leipzig 1901.

Dunn, J.D.G., The Epistle to the Galatians (BNTC), London 1993.

Eckart, K.-G., Untersuchungen zur Traditionsgeschichte der Mechilta, Diss. Berlin 1959.

Edelman, D., Saul's Journey Through Mt. Ephraim and Samuel's Ramah (1 Sam 9:4–5; 10:2–5), in: ZDVP 104 (1988), 44–58.

Ehrlich, A.B., Randglossen zur Hebräischen Bibel. Textkritisches, Sprachliches und Sachliches. IV. Jesaja, Jeremia, Leipzig 1912 (Nachdr. Hildesheim 1968).

Eißfeldt, O., Jakob-Lea und Jakob-Rahel, in: Reventlow, H. Graf, Hg., Gottes Wort und Gottes Land, FS H.-W. Hertzberg zum 70. Geb., Göttingen 1965, 50–55.

Endres, J.C., S.J., Biblical Interpretation in the Book of Jubilees (CBQ.MS 18), Washington 1987.

Fackenheim, E.L., New Hearts and the Old Covenant: On Some Possibilities of a Fraternal Jewish-Christian Reading of the Jewish Bible Today, in: Crenshaw, J.L., Sandmel, S., Hgg., The Divine Helmsman. Studies on God's Control of Human Events, Presented to Lou H. Silberman, New York 1980, 191–205.

———, The Lament of Rachel and the New Covenant, in: CrossCur 40 (1990), 341–349.

Feldman, L.H., Abraham the Greek Philosopher in Josephus, in: TAPA 99 (1968), 143–156.

———, Flavius Josephus Revisited: the Man, His Writings, and His Significance, in: ANRW II.21.2, Berlin/New York 1984, 763–862.

———, Hellenizations in Josephus' Jewish Antiquities: The Portrait of Abraham, in: ders., Hata, G., Hgg., Josephus, Judaism, and Christianity, Detroit 1987, 133–153.

———, Hellenizations in Josephus' Version of Esther, in: TPAPA 101 (1970), 143–170.

———, Josephus' Jewish Antiquities and Pseudo-Philo's Biblical Antiquities, in: ders., Studies in Hellenistic Judaism (ALGHJ 30), Leiden 1996, 57–92.

———, Josephus' Portrait of Jacob, in: JQR 79 (1988/89), 101–151.

———, Use, Authority and Exegesis of Mikra in the Writings of Josephus, in: Mulder, M.J., Sysling, H., Hgg., Mikra. Text, Translation, Reading and Interpretation of the Hebrew Bible in Ancient Judaism and Early Christianity (CRI. II. The Literature of the Jewish People in the Period of the Second Temple and the Talmud 1), Assen/Philadelphia 1988, 455–518.

Fischer, G., Das Trostbüchlein. Text, Komposition und Theologie von Jer 30–31 (SBb 26), Stuttgart 1993.

Fischer, I., Die Erzeltern Israels. Feministisch-theologische Studien zu Genesis 12–36 (BZAW 222), Berlin/New York 1994.

Fishbane, M., Biblical Interpretation in Ancient Israel, Oxford 1985.

———, Text and Texture. Close Readings of Selected Biblical Texts, New York 1979.

Fohrer, G., Der Israel-Prophet in Jeremia 30–31, in: Caquot, A., Delcor, M., Hgg., Mélanges bibliques et orientaux en l'honneur de M. Henri Cazelles (AOAT 212), Neukirchen-Vluyn 1981, 135–148.

———, Geschichte Israels. Von den Anfängen bis zur Gegenwart, Heidelberg/Wiesbaden ⁶1995.

Fokkelman, J.P., Narrative Art in Genesis. Specimens of Stylistic and Structural Analysis (SSN 17), Assen/Amsterdam 1975.

Fraade, S.D., Enosh and His Generation. Pre-Israelite Hero and History in Postbiblical Interpretation (SBL.MS 30), Chico 1984.

Fränkel, J., דרכי האנדה והמדרש, 2 Bde., Giv'atajim 1991.

France, R.T., Herod and the Children of Bethlehem, in: NT 21 (1979), 98–120.

———, Scripture, Tradition and History in the Infancy Narratives of Matthew, in: ders., Wenham, D., Hgg., Gospel Perspectives. Studies of History and Tradition in the Four Gospels II, Sheffield 1981, 239–266.

Frankena, R., Some Remarks on the Semitic Background of Chapters XXIX–XXXI of the Book of Genesis, in: Beek, M.A., Brock, S.P., u.a., Hgg., The Witness of Tradition. Papers Read at the Joint British-Dutch Old Testament Conference Held at Woudschoten, 1970 (OTS 17), Leiden 1972, 53–64.

Franxman, T.W., Genesis and the „Jewish Antiquities" of Flavius Josephus (BibOr 35), Rom 1979.

Frend, W.C.H., The Old Testament in the Age of the Greek Apologists A.D. 130–180, in: SJTh 26 (1973), 129–150.

Freund, J., "הבן יקיר לי אפרים", in: BethM 15 (1970), 390–396.

Fuchs, E., "For I Have the Way of Women": Deception, Gender, and Ideology in Biblical Narrative, in: Semeia 42 (1988), 68–83.

———, Structure, Ideology and Politics in the Biblical Betrothal Type-Scene, in: Brenner, A., Hg., A Feminist Companion to Genesis (Brenner, A., Hg., The Feminist Companion to the Bible 2), Sheffield 1993, 273–281.

———, The Literary Characterization of Mothers and Sexual Politics in the Hebrew Bible, in: Collins, A.Y., Hg., Feminist Perspectives on Biblical Scholarship (Richards, K.H., Hg., SBL. Biblical Scholarship in North America 10), Chico 1985, 117–136.

———, Who is Hiding the Truth? Deceptive Women and Biblical Androcentrism, in: Collins, A.Y., Hg., Feminist Perspectives on Biblical Scholarship (Richards, K.H., Hg., SBL. Biblical Scholarship in North America 10), Chico 1985, 137–144.

Fung, R.Y.K., The Epistle to the Galatians (NIC), Grand Rapids 1989.

Garbini, G., La Tomba die Rachele ed ebr. *bērâ „ora doppia di cammino", in: BeO 19 (1977), 45–48.

Gaßmann, G., Tradition, in: EKL 4, Göttingen ³1996.

Gaster, T.H., Myth, Legend, and Custom in the Old Testament. A comparative study with chapters from Sir James G. Frazer's Folklore in the Old Testament, New York/Evanston 1969.

Gerleman, G., Ruth—Das Hohelied (BKAT XVIII), Neukirchen-Vluyn 1965.

———, Ruprecht, E., דרש drš fragen nach, in: Jenni, E., Westermann, C., Hgg., THAT I, Gütersloh ⁵1994, 460–467.

Gertner, M., The Masorah and the Levites. An Essay in the History of a Concept. (Appendix: An Attempt of an Interpretation of Hosea XII), in: VT 10 (1960), 241–284.

Gese, H., Jakob und Mose: Hosea 12,3–14 als einheitlicher Text, in: Henten, J.W.v., Jonge, H.J. de, u.a., Hgg., Tradition and Re-Interpretation in Jewish and Early Christian Literature, FS J.C.H. Lebram (StPB 36), Leiden 1986, 38–47.

Gesenius, W., Hebräisches und Aramäisches Handwörterbuch über das Alte Testament, Berlin/Göttingen/Heidelberg ¹⁷1962.

————, Kautzsch, E., Hebräische Grammatik, Hildesheim [28]1962.

Gevarjahu, H.M.S., לבירור טיבם של התרפים בתנ״ך (למה ננבה רחל את התרפים?), in: BethM 7 (1963), 81–86.

Gianarelli, E., Christian Thought and Alexandrian Methodology: Origen on Sarah, Rebecca, Rachel, in: Daly, R.J., Hg., Origeniana Quinta. Historica, Text and Method, Biblica, Philosophica, Theologica, Origenism and Later Developments. Papers of the 5th International Origen Congress Boston College, 14–18 August 1989 (BEThL 105), Leuven 1992, 125–130.

————, Rachele e il pianto della madre nella tradizione cristiana antica, in: ASEs 3 (1986), 215–226.

Gielen, M., Der Konflikt Jesu mit den religiösen und politischen Autoritäten seines Volkes im Spiegel der matthäischen Jesusgeschichte (BBB 115), Bonn 1998.

Giesebrecht, F., Das Buch Jeremia. Übersetzt und erklärt (HK III/2.1), Göttingen [2]1907.

Gnilka, J., Das Matthäusevangelium. I. Kommentar zu Kap. 1,1–13,58 (HThK I/1), Freiburg/Basel/Wien 1986; II. Kommentar zu Kap. 14,1–28,20 und Einleitungsfragen (HThK I/2), Freiburg/Basel/Wien 1988.

Goldberg, A., Der Diskurs im babylonischen Talmud. Anregungen für eine Diskursanalyse, in: FJB 11 (1983), 1–45.

————, Die funktionale Form Midrasch, in: FJB 10 (1982), 1–45.

————, Die Schrift der rabbinischen Schriftausleger, in: FJB 15 (1987), 1–15.

————, Entwurf einer formanalytischen Methode für die Exegese der rabbinischen Traditionsliteratur, in: FJB 5 (1977), 1–41.

————, Midrashsatz. Vorschläge für die descriptive Terminologie für die Formanalyse rabbinischer Texte, in: FJB 17 (1989), 45–56.

————, Pesiqta Rabbati 26, ein singulärer Text in der frühen Rabbinischen Literatur, in: FJB 17 (1989), 1–44.

Goldfarb, S.D., אהבת יעקוב לרחל, in: BethM 21 (1975), 289–292.

Good, E.M., Hosea and the Jacob Tradition, in: VT 16 (1966), 137–151.

Grabbe, L.L., Etymology in Early Jewish Interpretation. The Hebrew Names in Philo (BJSt 115), Atlanta 1988.

Gradwohl, R., Waren Leas Augen häßlich?, in: VT 49 (1999), 119–124.

Graibski, P.b.Z., ציון לקבר רחל אמנו, Jerusalem 1931/32.

Gray, J., Joshua, Judges, Ruth (NCBC), Grand Rapids/Basingstoke 1986.

Grayson, A.K., Seters, J.v., The Childless Wife in Assyria and the Stories of Genesis, in: Or. 44 (1975), 485f.

Greenberg, M., Another Look at Rachel's Theft of the Teraphim, in: JBL 81 (1962), 239–248.

Grözinger, K.E., Ich bin der Herr, dein Gott! Eine rabbinische Homilie zum Ersten Gebot (PesR 20) (FJS 2), Bern/Frankfurt 1976.

Grohmann, M., Die Erzmütter: Sara und Hagar, Rebekka, Rahel, in: Öhler, M., Hg., Alttestamentliche Gestalten im Neuen Testament. Beiträge zur Biblischen Theologie, Darmstadt 1999, 97–116.

————, Sara und Hagar. Anfragen an die Exegese von Gal 4,21–31 von der Wirkungsgeschichte her, in: Protokolle zur Bibel 7 (1998), 53–74.

Grossfeld, B., Bible. Translations. Ancient Versions. Aramaic: the Targumim, in: EJ 4, Jerusalem 1971, 841–851.

————, Bible. Translations. Ancient Versions. Syriac (Eastern Aramaic): Peshitta and Other Versions, in: EJ 4, Jerusalem 1971, 858f.

Gruenwald, I., Midrash and the „Midrashic Condition": Preliminary Considerations, in: Fishbane, M., The Midrashic Imagination. Jewish Exegesis, Thought, and History, New York 1993, 6–22.

Grundmann, W., Das Evangelium nach Matthäus (ThHK 1), Berlin 1968.

————, ἐγκράτεια (ἀκρασία), ἐγκρατής (ἀκρατής), ἐγκρατεύομαι, in: ThWNT II, Stuttgart [2]1950, 338–340.

Guillaume, P.-M., Rachel et Lia, in: D.S. 13, Paris 1988, 25–30.

Gundry, R.H., The Use of the Old Testament in St. Matthew's Gospel. With Special Reference to the Messianic Hope (NT.S 18), Leiden 1967.

Gunkel, H., Genesis. Übersetzt und erklärt (HK I/1), Göttingen ⁴1917.

Hacohen, D. b.R.H., ואביו קרא לו בנימין, in: BethM 23 (1977), 239–241.

Haefeli, L., Die Peschitta des Alten Testaments. Mit Rücksicht auf ihre textkritische Bearbeitung und Herausgabe (ATA XI.1), Münster 1927.

Halpern Amaru, B., Portaits of Biblical Women in Josephus' Antiquities, in: JJS 39 (1988), 143–170.

———, The First Woman, Wives and Mothers in Jubilees, in: JBL 113 (1994), 609–626.

Haupt, P., Lea und Rahel, in: ZAW 29 (1909), 281–286.

Hauptmann, J., Images of Women in the Talmud, in: Ruether, R.R., Hg., Religion and Sexism. Images of Woman in the Jewish and Christian Traditions, New York 1974, 184–212.

Heinemann, I., Philons griechische und jüdische Bildung. Kulturvergleichende Untersuchungen zu Philons Darstellung der jüdischen Gesetze, Breslau 1932 (Nachdr. Hildesheim 1962).

Heinemann, J., The Proem in Aggadic Midrashim—A Form-Critical Study, in: ders., Noy, D., Hgg., Studies in Aggadah and Folk-Literature. Edited on Behalf of the Institute of Jewish Studies (ScrHie 22), Jerusalem 1971, 100–122.

Heinemann, Y., דרכי האגדה, Jerusalem ³1970.

Hengel, M., Merkel, M., Die Magier aus dem Osten und die Flucht nach Ägypten (Mt 2) im Rahmen der antiken Religionsgeschichte und der Theologie des Matthäus, in: Hoffmann, P., Brox, N., Pesch, W., Hgg., Orientierung an Jesus. Zur Theologie der Synoptiker, FS J. Schmid zum 80. Geb., Freiburg/Basel/Wien 1973, 139–169.

Herrmann, S., Die prophetischen Heilserwartungen im Alten Testament. Ursprung und Gestaltwandel (BWANT 85), Stuttgart 1965.

———, Jeremia. Der Prophet und das Buch (EdF 271), Darmstadt 1990.

———, Jeremia/Jeremiabuch, in: TRE 16, Berlin/New York 1987, 568–586.

Hertzberg, H.W., Die Bücher Josua, Richter, Ruth. Übersetzt und erklärt (ATD 9), Göttingen 1953.

Hesse, F., Die Fürbitte im Alten Testament. Inaugural-Dissertation zur Erlangung der Doktorwürde der hohen Theologischen Fakultät der Friedrich-Alexander-Universität Erlangen 1951.

Hirshman, M., המקרא ומדרשו: בין חז"ל לאבות הכנסייה (ספריית "הילל בן חיים"), Tel Aviv 1992.

———, The Greek Fathers and the Aggadah. Formats of Exegesis in Late Antiquity, in: HUCA 59 (1988), 137–165.

Hitzig, F., Der Prophet Jeremia. Erklärt (KEH 3), Leipzig ²1866.

———, Die zwölf kleinen Propheten. Erklärt (KEH 1), Leipzig ⁴1881.

Holladay, C.R., Theios Aner in Hellenistic-Judaism: A Critique of the Use of This Category in New Testament Christology (SBL.DS 40), Missoula 1977.

Holladay, W.L., Jeremiah 2. A Commentary on the Book of the Prophet Jeremiah Chapters 26–52, Hanson, P.D., Hg. (Hermeneia), Minneapolis 1989.

———, Jeremiah and Women's Liberation, in: ANQ 12 (1971), 213–223.

———, Jer xxxi 22B Reconsidered. „The Woman Encompasses the Man", in: VT 16 (1966), 236–239.

Hollander, H.W., Joseph as an Ethical Model in the Testaments of the Twelve Patriarchs, Leiden 1981.

———, Jonge, M. de, The Testaments of the Twelve Patriarchs. A Commentary (SVTP 8), Leiden 1985.

Horbury, W., Old Testament Interpretation in the Writings of the Church Fathers, in: Mulder, M.J., Sysling, H., Hgg., Mikra. Text, Translation, Reading and

Interpretation of the Hebrew Bible in Ancient Judaism and Early Christianity (CRI. II. The Literature of the Jewish People in the Period of the Second Temple and the Talmud 1), Assen/Philadelphia 1988, 727–787.

Horowitz, M.C., The Image of God in Man—Is Woman Included?, in: HThR 72 (1979), 175–206.

Horst, P.W. v.d., Portraits of Biblical Women in Pseudo-Philo's Liber Antiquitatum Biblicarum, in: JSPE 5 (1989), 29–46.

Hruby, K., Rabbinische und patristische Exegese, in: ders., Aufsätze zum nachbiblischen Judentum und zum jüdischen Erbe der frühen Kirche, Hgg. Osten-Sacken, P. v.d., Willi, T. (ANTZ 5), Berlin 1996, 321–348.

Ilan, T., Josephus and Nicolaus on Women, in: Schäfer, P., Hg., Geschichte—Tradition—Reflexion. I. Judentum, FS M. Hengel zum 70. Geb., Tübingen 1996, 221–262.

Jacob, B., Das erste Buch der Tora. Genesis. Übersetzt und erklärt, Berlin 1934 (Nachdr. New York o.J).

Jacob, E., Féminisme ou Messianisme? A propos de Jérémie 31,22, in: Donner, H., Hanhart, R., Smend, R., Hgg., Beiträge zur Alttestamentlichen Theologie. FS W. Zimmerli zum 70. Geb., Göttingen 1977, 179–184.

Jagendorf, Z., „In the Morning, Behold it was Leah": Genesis and the Reversal of Sexual Knowledge, in: Prooftexts 4 (1984), 187–192.

Janzen, J.G., Studies in the Text of Jeremiah (HSM 6), Cambridge 1973.

Jenni, E., Die hebräischen Präpositionen. 1: Die Präposition Beth, Stuttgart/Berlin/Köln 1992.

Jeremias, Jo., Heiligengräber in Jesu Umwelt, Göttingen 1958.

Jeremias, Jö., Der Prophet Hosea. Übersetzt und erklärt (ATD 24/1), Göttingen 1983.

Johansson, N., Parakletoi. Vorstellungen von Fürsprechern für die Menschen vor Gott in der alttestamentlichen Religion, im Spätjudentum und Urchristentum, Lund 1940.

Jonge, M. de, Rachel's Virtuous Behavior in the Testament of Issachar, in: Balch, D.L., Ferguson, E., Meeks, W.A., Hgg., Greeks, Romans, and Christians. Essays in Honor of A.J. Malherbe, Minneapolis 1990, 340–352.

———, Testament Issachar als „typisches Testament". Einige Bemerkungen zu zwei neuen Übersetzungen der Testamente der Patriarchen, in: ders., Hg., Studies on the Testaments of the Twelve Patriarchs. Text and Interpretation (SVTP 3), Leiden 1975, 291–316.

———, The Testaments of the Twelve Patriarchs. A Study of Their Text, Composition and Origin, Diss. Leiden 1953.

———, The Testaments of the Twelve Patriarchs: Central Problems and Essential Viewpoints, in: ANRW II.20.1, Berlin/New York 1987, 359–420.

Joosen, J.C., Waszink, J.H., Allegorese, in: RAC 1, Stuttgart 1950, 283–293.

Joüon, P., S.J., A Grammar of Biblical Hebrew. Translated and Revised by T. Muraoka. II. Part Three: Syntax. Paradigms and Indices (SubBi 14/II), Rom verb. Aufl. 1993.

Kasher, R., The Interpretation of Scripture in Rabbinic Literature, in: Mulder, M.J., Sysling, H., Hgg., Mikra. Text, Translation, Reading and Interpretation of the Hebrew Bible in Ancient Judaism and Early Christianity (CRI. II. The Literature of the Jewish People in the Period of the Second Temple and the Talmud 1), Assen/Philadelphia 1988, 547–594.

Kedar, B., Bible. Translations. Ancient Versions. Latin, in: EJ 4, Jerusalem 1971, 856–858.

———, The Latin Translations, in: Mulder, M.J., Sysling, H., Hgg., Mikra. Text, Translation, Reading and Interpretation of the Hebrew Bible in Ancient Judaism and Early Christianity (CRI. II. The Literature of the Jewish People in the Period of the Second Temple and the Talmud 1), Assen/Philadelphia 1988, 289–338.

Keel, O., Küchler, M., Orte und Landschaften der Bible. Ein Handbuch und Studien-Reiseführer zum Heiligen Land. 2: Der Süden, Zürich/Einsiedeln/Köln, 1982.

Keil, C.F., Biblischer Commentar über den Propheten Jeremia und die Klagelieder (BC III/2), Leipzig 1872.

Keown, G.L., Scalise, P.J., Smothers, T.G., Jeremiah 26–52 (Hubbard, A., Barker, G.W., Hgg., Word Biblical Commentary 27), Dallas 1995.

Kilpp, N., Niederreißen und aufbauen. Das Verhältnis von Heilsverheißung und Unheilsverkündigung bei Jeremia und im Jeremiabuch (BThSt 13), Neukirchen-Vluyn 1990.

Klagsburn, F., Ruth and Naomi, Rachel and Leah. Sisters under the Skin, in: Kates, J.A., Reimer, G.T., Hgg., Reading Ruth. Contemporary Women Reclaim a Sacred Story, New York 1994, 261–272.

Klassen, W., Anti-Judaism in Early Christianity: The State of the Question, in: Richardson, P., Granshon, D., Hgg., Anti-Judaism in Early Christianity. 1. Paul and the Gospels (SCJud 2), Waterloo 1986, 1–19.

———, Musonius Rufus, Jesus and Paul: Three First-Century Feminists, in: Richardson, P., Hurd, J.C., Hgg., From Jesus to Paul. Studies in Honour of F.W. Beore, Waterloo 1984, 185–206.

Klijn, A.F.J., Seth in Jewish, Christian and Gnostic Literature (NT.S 46), Leiden 1977.

Klostermann, E., Das Matthäusevangelium. Erklärt (HNT 4), Tübingen ⁴1971.

Knopf, T., Rahels Grab. Eine Tradition aus dem TNK, in: DBAT 27 (1991), 73–137.

Knuth, H.C., Zur Auslegungsgeschichte von Psalm 6 (BGBE 11), Tübingen 1971.

Koch, K., Die Propheten II. Babylonisch-persische Zeit, Stuttgart/Berlin/Köln/Mainz ²1988.

Koehler, L., Baumgartner, W., HALAT 4, Leiden/New York u.a. ³1990.

König, F.H., Historisch-kritisches Lehrgebäude der hebräischen Sprache. Mit comparativer Berücksichtigung des Semitischen überhaupt. Zweite Hälfte. 2. (Schluss-) Theil. Syntax, Leipzig 1897 (Nachdr. Hildesheim/New York 1979).

Kötting, B., Die Entwicklung im Osten bis Justinian, in: Rengstorf, K.H., Kortzfleisch, S.v., Hgg., Kirche und Synagoge. Handbuch zur Geschichte von Christen und Juden. Darstellung mit Quellen I, Stuttgart 1968, 136–174.

Komlosh, Y., תרגום ירמיהו, in: Bar-Ilan. Annual of Bar-Ilan University. Studies in Judaica and the Humanities 7–8 (1969), 38–48.

Krauss, S., Griechische und lateinische Lehnwörter im Talmud, Midrasch und Targum. Mit Bemerkungen von I. Löw, I Berlin 1898, II Berlin 1899 (Nachdr. Hildesheim 1964).

Küchler, M., Schweigen, Schmuck und Schleier. Drei neutestamentliche Vorschriften zur Verdrängung der Frauen auf dem Hintergrund einer frauenfeindlichen Exegese des Alten Testaments im antiken Judentum (NTOA 1), Freiburg, S./Göttingen 1986.

Kugel, J.L., In Potiphar's House. The Interpretive Life of Biblical Texts, San Francisco 1990.

———, The Bible as It Was, Cambridge/London 1997.

Kuhn, P., Gottes Trauer und Klage in der rabbinischen Überlieferung (Talmud und Midrasch) (AGJU 13), Leiden 1978.

Kundert, L., Die Opferung/Bindung Isaaks, Bd. 1: Gen 22,1–19 im Alten Testament, im Frühjudentum und im Neuen Testament (WMANT 78), Bd. 2: Gen 22,1–19 in frühen rabbinischen Texten (WMANT 79), Neukirchen-Vluyn 1998.

Labuschagne, C.J., The Crux in Ruth 4,11, in: ZAW 79 (1967), 364–367.

Le Déaut, R., Apropos a Definition of Midrash, in: Interp. 25 (1971), 259–282.

———, Introduction à la Littérature Targumique. Première partie (ad usum privatum), Rom 1966.

Lehming, S., Zur Erzählung von der Geburt der Jakobsöhne, in: VT 13 (1963), 74–81.

Leibowitz, N., Studies in Bereshit (Genesis). In the Context of Ancient and Modern Jewish Bible Commentary, Jerusalem ⁴o.J.

Lemche, N.P., Die Vorgeschichte Israels. Von den Anfängen bis zum Ausgang des 13. Jahrtausends v. Chr. (Dietrich, W., Stegemann, W., Hgg., Biblische Enzyklopädie 1), Stuttgart/Berlin/Köln 1996, 42–45.

———, Rachel and Lea. Or: On the Survival of Outdated Paradigmas in the Study of the Origin of Israel, II, in: SJOT 2 (1988), 39–65.

Levin, C., Die Verheißung des neuen Bundes. In ihrem theologiegeschichtlichen Zusammenhang ausgelegt (FRLANT 137), Göttingen 1985.

Levine, E., The Aramaic Version of the Bible. Contents and Context (BZAW 174), Berlin/New York 1988.

Lewis, J.P., A Study of the Interpretation of Noah and the Flood in Jewish and Christian Literature, Leiden ²1978.

Lieu, J.M., Image and Reality. The Jews in the World of the Christians in the Second Century, Edinburgh 1996.

Lindars, B., "Rachel Weeping for her Children" Jeremiah 31:15–22, in: JSOT 12 (1979), 47–62.

Lipiński, E., „Se battre la cuisse", in: VT 20 (1970), 495.

Lohfink, N., Der junge Jeremia als Propagandist und Poet. Zum Grundstock von Jer 30–31, in: Bogaert, P.-M., Hg., Le Livre du Jérémie: Le prophète et son milieu. Les oracles et leur transmission (BEThL 54), Leuven 1981, 351–368.

———, Die Gotteswortverschachtelung in Jer 30–31, in: Ruppert, L., Weimar, P., Zenger, E., Hgg., Künder des Wortes. Beiträge zur Theologie der Propheten. FS J. Schreiner zum 60. Geb., Würzburg 1982, 105–119.

Lohmeyer, E., Das Evangelium nach Matthäus. Nachgelassene Ausarbeitungen und Entwürfe zur Übersetzung und Erklärung, Schmauch, W., Hg. (KEK Sonderband), Göttingen 1956.

Lombardi, G., La Tomba di Rahel. Ḥ Farah—W. Farah presso Anatot. La sua relazione con la Bibbia e la questione della Tomba di Rahel (Gen 35,16–20; 1 Sam 10,2–5; Ger 31,15; Mich 5,1) (PSBF.Mi 11), Jerusalem 1971.

Luck, U., Das Evangelium nach Matthäus (ZBK.NT 1), Zürich 1993.

Ludolphy, I., Frau V. Alte Kirche und Mittelalter, in: TRE 11, Berlin/New York 1983, 436–441.

Lust, J., Eynikel, E., Hauspie, K., A Greek-English Lexicon of the Septuagint, II. K-Ω, Stuttgart 1996.

Luther, B., Die israelitischen Stämme, in: ZAW 21 (1901), 1–76.

Luz, U., Das Evangelium nach Matthäus. 1. Teilband. Mt 1–7 (EKK I/1), Neukirchen-Vluyn ²1989.

Mach, M., Justin Martyr's Dialogus cum Tryphone Iudaei and the Development of Christian Anti-Judaism, in: Limor, O., Stroumsa, G.G., Hgg., Contra Iudaeos. Ancient and Medieval Polemics between Christians and Jews (TSMJ 10), Tübingen 1996, 27–47.

Mack, B.L., Philo Judaeus and Exegetical Traditions in Alexandria, in: ANRW II.21.1, Berlin/New York 1984, 227–271.

McDonald, L.M., Anti-Judaism in the Early Church Fathers, in: Evans, C.A., Hagner, D.A., Anti-Semitism and Early Christianity. Issues of Polemic and Faith, Minneapolis 1991, 215–252.

McKane, W., A Critical and Exegetical Commentary on Jeremiah. II Commentary on Jeremiah XXVI–LII (ICC), Edinburgh 1996.

Maier, J., Zwischen den Testamenten. Geschichte und Religion in der Zeit des zweiten Tempels (NEB. Ergänzungsband 3 zum Alten Testament), Würzburg 1990.

Mandel, P.D., ‏כרך א: מדרש איכה רבתי. מבוא, ומהדורה ביקורתית לפרשה השלישית.‏
‏מבוא. חיבור לשם קבלת תואר דוקטור לפילוסופיה, הוגש לסינט האוניברסיטה העברית‏
‏בירושלים‏, [Jerusalem] 1996/97.

Marmorstein, A., The Doctrine of Merits in Old Rabbinical Literature (PJC 7),
London 1920.

———, The Old Rabbinic Doctrine of God. I. The Names & Attributes of God,
New York 1927 (Nachdr. 1968).

Mathys, H.-P., Genesis 29,15–30, in: Macchi, J.-D., Römer, T., Hgg., Jacob.
Commentaire à plusieurs voix de Gen 25–36. Mélanges offerts à Albert de
Pury (Marguerat, D., Hg., Le monde de la Bible 44), Genf 2001, 95–108.

Mayer, G., Die jüdische Frau in der hellenistisch-römischen Antike, Stuttgart/Berlin/
Köln/Mainz 1987.

———, Josephus Flavius, in: TRE 17, Berlin/New York 1988, 258–264.

———, Midrasch/Midraschim, in: TRE 22, Berlin/New York 1992, 734–744.

Mayer-Schärtel, B., Das Frauenbild des Josephus. Eine sozialgeschichtliche und kulturanthropologische Untersuchung, Stuttgart/Berlin/Köln 1995.

Mays, J.L., Hosea. A Commentary (OTL), Suffolk ^{6}1988.

Mehlman, B., Gen 31:19–39: An Interpretation, in: Journal of Reform Judaism 29
(1982), 33–36.

Menken, M.J.J., The References to Jeremiah in the Gospel According to Matthew
(Mt 2,17; 16,14; 27,9), in: EThL 60 (1984), 5–24.

Merode, M. de, „Une aide qui lui corresponde". L'exégèse de Gen. 2,18–24 dans
les écrits de l'Ancien Testament, du judaïsme et du Nouveau Testament, in:
RTL 8 (1977), 329–352.

Miletto, G., Die „Hebraica Veritas" in S. Hieronymus, in: Merklein, H., Müller,
K., Stemberger, G., Hgg., Bibel in jüdischer und christlicher Tradition, FS
J. Maier zum 60. Geb. (BBB 88), Frankfurt 1993, 56–65.

Milikovsky, H., ‏עונשו של יעקוב—עיון עריכתו של מדרש תנחומא‏, in: Bar-Ilan. Annual
of Bar-Ilan University-Studies in Judaica and the Humanities 18–19 (1981),
144–149.

Moloney, F.C., Beginning the Gospel of Matthew. Reading Matthew 1:1–2:23, in:
Sal. 54 (1992), 341–359.

Mowinckel, S., Die Vorstellungen des Spätjudentums vom heiligen Geist als Fürsprecher
und der johanneische Paraklet, in: ZNW 32 (1933), 97–130.

———, „Rahelstämme" und „Leastämme", in: Albright, W.F., Baumgartner, W.,
u.a., Hgg., Von Ugarit nach Qumran. Beiträge zur alttestamentlichen und altorientalischen Forschung, FS O. Eißfeldt (BZAW 77), Berlin 1958, 129–150.

———, Zur Komposition des Buches Jeremia (Videnskapsselskapets Shrifter. II.
Hist-Filos. Klasse. 1913. No. 5), Kristiania 1914.

Müller, K., Zur Datierung rabbinischer Aussagen, in: Merklein. H., Hg., Neues
Testament und Ethik, FS R. Schnackenburg zum 75. Geb., Freiburg/Basel/Wien
1989, 551–587.

Müller, M., Die Abraham-Gestalt im Jubiläenbuch. Versuch einer Interpretation,
in: SJOT 10 (1996), 238–257.

Muilenburg, J., The Birth of Benjamin, in: JBL 75 (1956), 194–201.

Naor, M. ‏בדרך אפרתה‏, in: BIES 22 (1958), 49–54.

Nauerth, C., Rahel und Maria auf dem Wege nach Bethlehem, in: DBAT 26
(1989/90), 58–69.

Nellessen, E., Das Kind und seine Mutter. Struktur und Verkündigung des 2.
Kapitels im Matthäusevangelium (SBS 39), Stuttgart 1969.

Neusner, J., Aphrahat and Judaism. The Christian-Jewish Argument in Fourth-
Century Iran (StPB 21), Leiden 1971.

———, Christian Faith and the Bible of Judaism. The Judaic Encounter with
Scripture, Grand Rapids 1987.

——, Death and Birth of Judaism. The Impact of Christianity, Secularism, and the Holocaust on Jewish Faith, New York 1987.

——, Invitation to Midrash. The Workings of Rabbinic Bible Interpretation. A Teaching Book, San Francisco 1989.

——, Israel After Calamity. The Book of Lamentations (The Bible of Judaism Library Series), Valley Forge 1995.

——, Judaism and Christianity in the Age of Constantine. History, Messiah, Israel, and the Initial Confrontation (Neusner, J., Green, W.S., u.a., Hgg., Chicago Studies in the History of Judaism), Chicago/London 1987.

——, Judaism and Its Social Metaphors. Israel in the History of Jewish Thought, Cambridge/New York u.a. 1989.

——, The Dating of Sayings in Rabbinic Literature, in: ders., Formative Judaism. Religious, Historical, and Literary Studies. VII. The Formation of Judaism, Intentionality, Feminization of Judaism, and Other Current Results (SFSHJ 94), Atlanta 1993, 99–119.

——, The Documentary History of Judaism and the Problem of Dating Sayings, in: ders., Formative Judaism. Religious, Historical, and Literary Studies. VII. The Formation of Judaism, Intentionality, Feminization of Judaism, and Other Current Results (SFSHJ 94), Atlanta 1993, 71–97.

——, The Integrity of Leviticus Rabbah. The Problem of the Autonomy of a Rabbinic Document (BJSt 93), Chico 1985.

——, The Midrash Compilations of the Sixth and Seventh Centuries. An Introduction to the Rhetorical, Logical, and Topical Program. I. Lamentations Rabbah (BJS 187), Atlanta 1989.

——, What Is Midrash?, Philadelphia 1987.

Nickelsburg, G.W.E., Jewish Literature between the Bible and the Mishna. A Historical and Literary Introduction, Philadelphia 1981.

——, The Bible Rewritten and Expanded, in: Stone, M.E., Hg., Jewish Writings of the Second Temple Period. Apocrypha, Pseudepigrapha, Qumran Sectarian Writings, Philo, Josephus (CRI. II. The Literature of the Jewish People in the Period of the Second Temple and the Talmud 2), Assen/Philadelphia 1984, 89–156.

Nikiprowetzky, V., Le Commentaire de l'écriture chez Philon d'Alexandrie. Son caractère et sa portée. Observations philologiques (ALGHJ 11), Leiden 1977.

——, ΣΤΕΙΡΑ, ΣΤΕΡΡΑ, ΠΟΛΛΗ et l'exégèse de I Sam. 2,5, chez Philon d'Alexandrie, in: Sileno 3 (1977), 149–185.

Nitz, G., Rahel, in: Bäumer, R., Scheffzyk, L., Hgg., Marienlexikon 5, St. Ottilien 1993, 399–401.

Nodet, É., o.p., La bible de Josèphe. I. Le Pentateuque (Collection „Josèphe et son temps" 1), Paris 1996.

Nordheim, E. v., Die Lehre der Alten. I. Das Testament als Literaturgattung im Judentum der hellenistisch-römischen Zeit (ALGHJ 13,1), Leiden 1980.

Noth, M., Geschichte Israels, Göttingen ²1954.

Oberweis, M., Beobachtungen zum AT-Gebrauch in der matthäischen Kindheitsgeschichte, in: NTS 35 (1989), 131–149.

Odashima, T., Heilsworte im Jeremiabuch. Untersuchungen zu ihrer vordeuteronomistischen Bearbeitung (BWANT 125), Stuttgart/Berlin/Köln/Mainz 1989.

Orelli, D.C., Der Prophet Jeremia. Übersetzt und ausgelegt (KK IV/2), München ³1905.

Otte, P.A., Das Sprachverständnis bei Philo von Alexandrien—Sprache als Mittel der Hermeneutik, Tübingen 1967.

Pardes, I., Rachel's Dream of Grandeur, in: Büchmann, C., Spiegel, C., Hgg., Out of the Garden. Women Writers on the Bible, New York 1994, 27–40.

Parker, S.B., The Marriage Blessing in Israelite and Ugaritic Literature, in: JBL 95 (1976), 23–30.

Pelletier, A., Josephus, the Letter of Aristeas, and the Septuagint, in: Feldman, L.H., Hata, G., Hgg., Josephus, the Bible, and History, Detroit 1989, 97–115.

Pomeroy, S.B., Frauenleben im klassischen Altertum. Aus dem Englischen übersetzt von N.F. Mattheis (KTA 461), Stuttgart 1985.

Porton, G.G., Defining Midrash, in: Neusner, J., Hg., The Study of Ancient Judaism. I Mishnah, Midrash, Siddur, o.O. 1981, 55–92.

———, Midrash, in: ANRW II 19.2, Berlin/New York 1979, 103–138.

Preuß, H.D., Das Alte Testament in christlicher Predigt, Stuttgart/Berlin/Köln/Mainz 1984.

Procksch, O., Die Genesis. Übersetzt und erklärt (KAT 1), Leipzig/Erlangen ³1924.

Pury, A. de, Erwägungen zu einem vorexilischen Stämmejahwismus. Hos 12 und die Auseinandersetzung um die Identität Israels und seines Gottes, in: Dietrich, W., Klopfenstein, M.A., Hgg., Ein Gott allein? JHWH-Verehrung und biblischer Monotheismus im Kontext der israelitischen und altorientalischen Religionsgeschichte (OBO 139), Freiburg, S./Göttingen 1994, 413–439.

Rad, G.v., Das erste Buch Mose. Genesis Kapitel 25,19–50,26. Übersetzt und erklärt (ATD 2/4), Göttingen ¹⁰1976.

Rajak, T., Josephus. The Historian and His Society, London 1983.

Rappaport, S., Agada und Exegese bei Flavius Josephus (Veröffentlichungen der Oberrabbiner Dr. H.P. Chajes-Preisstiftung an der israelitisch-theologischen Lehranstalt in Wien 3), Frankfurt 1930.

Rendtorff, R., Introduction to the Symposium „Ancient Jewish Exegesis and the Modern Study of the Hebrew Bible", in: Bodendorfer, G., Millard, M., Hgg., Bibel und Midrasch. Zur Bedeutung der rabbinischen Exegese für die Bibelwissenschaft (FAT 22), Tübingen 1998, 3–8.

———, Rabbinische Exegese und moderne christliche Bibelauslegung, in: ders., Kanon und Theologie. Vorarbeiten zu einer Theologie des Alten Testaments, Neukirchen-Vluyn 1991, 15–22.

Reventlow, H.G., Epochen der Bibelauslegung. I. Vom Alten Testament bis Origenes, München 1990; II. Von der Spätantike bis zum Ausgang des Mittelalters, München 1994.

Reydams-Schils, G., Stoiced Readings of Plato's Timaeus in Philo of Alexandria, in: StPhilo Annual 7 (BJSt 305), Atlanta 1995, 85–102.

Richardson, W., The Philonic Patriarchs as Νόμος Ἔμψυχος, in: StPatr 1 (1957), 515–525.

Ringgren, H., יָפָה, jāpāh, יָפֶה, יָפִי, יְפִיפֶה, in: Botterweck, G.J., Ringgren, H., Hgg., ThWAT III, Stuttgart/Berlin/Köln/Mainz 1982, 787–790.

Rösel, M., Übersetzung als Vollendung der Auslegung. Studien zur Genesis-Septuaginta (BZAW 223), Berlin/New York 1994.

Ross-Burstall, J., Leah and Rachel: A Tale of Two Sisters, in: Word & World 14 (1994), 162–170.

Rost, L., Einleitung in die alttestamentlichen Apokryphen und Pseudepigraphen einschließlich der großen Qumran-Handschriften, Heidelberg 1971.

Rothfuchs, W., Die Erfüllungszitate des Matthäus-Evangeliums. Eine biblisch-theologische Untersuchung (BWANT 88), Stuttgart/Berlin/Köln/Mainz 1969.

Rothkoff, A., Horodezky S.A./Ed., Alphabet, Hebrew, in Midrash, Talmud, and Kabbalah, in: EJ 2, Jerusalem 1971, 747–749.

Rottzoll, D.U., Rabbinischer Kommentar zum Buch Genesis. Darstellung der Rezeption des Buches Genesis in Mischna und Talmud unter Angabe targumischer und midraschischer Paralleltexte. Zusammengestellt, übersetzt und kommentiert (SJ 14), Berlin/New York 1994.

Rudolph, W., Das Buch Ruth—Das Hohe Lied—Die Klagelieder (KAT VXII/1–3), Gütersloh 1962.

———, Hosea (KAT XIII/1), Gütersloh 1966.

————, Jeremia (HAT I/12), Tübingen ³1968.

Ruether, R.R, Misogynism and Virginal Feminism in the Fathers of the Church, in: dies., Religion and Sexism. Images of Woman in Jewish and Christian Traditions, New York 1974, 150–183.

————, Nächstenliebe und Brudermord. Die theologischen Wurzeln des Antisemitismus (ACJD 7), München 1978.

Runia, D.T., Philo in Early Christian Literature. A Survey (CRI. III. Jewish Traditions in Early Christian Literature 3), Assen/Minneapolis 1993.

————, Was Philo a Middle Platonist? A difficult question revisited, in: StPhilo Annual 5 (BJSt 287), Atlanta 1993, 112–140.

Russell, D.S., The Old Testament Pseudepigrapha. Patriarchs and Prophets in Early Judaism, London 1987.

Sand, A., Das Evangelium nach Matthäus. Übersetzt und erklärt (RNT), Regensburg 1986.

Sandmel, S., Parallelomania, in: JBL 81 (1962), 1–13.

————, Philo Judaeus. An Introduction to the Man, His Writings, and His Significance, in: ANRW II.21.1, Berlin/New York 1984, 3–46.

Schäfer, P., Die Vorstellung vom Heiligen Geist in der rabbinischen Literatur (SZANT 28), München 1972.

————, Research into Rabbinic Literature: An Attempt to Define the Status Quaestionis, in: JJS 37 (1986), 139–152.

Schäfer-Bossert, S., Den Männern die Macht und der Frau die Trauer? Ein kritischer Blick auf die Deutung von אוֹן—oder: Wie nennt Rahel ihren Sohn?, in: Jahnow, H., u.a., Feministische Hermeneutik und Erstes Testament. Analysen und Interpretationen, Stuttgart/Berlin/Köln 1994, 106–125.

Schalit, A., König Herodes. Der Mann und sein Werk (SJ 4), Berlin 1969.

Schedl, C., „Femina circumdabit virum" oder „via salutis"? Textkritische Untersuchungen zu Jer 31,22, in: ZKTh 83 (1961), 431–442.

Schmid, K., Buchgestalten des Jeremiabuches. Untersuchungen zur Redaktions und Rezeptionsgeschichte von Jer 30–33 im Kontext des Buches (WMANT 72), Neukirchen-Vluyn 1996.

Schmidt, H., Die großen Propheten. Übersetzt und erklärt. Mit Einleitungen versehen von H. Gunkel. Mit Namenund Sachregister (SAT II/2), Göttingen ²1923.

Schnackenburg, R., Das Johannesevangelium. III. Kommentar zu Kap. 13–21 (HThK IV/3), Freiburg/Basel/Wien ⁴1982.

————, Matthäusevangelium 1,1–16,20 (NEB.NT 1), Würzburg 1985.

Scholem, G., Zur Kabbala und ihrer Symbolik, Zürich 1960 (²1977).

Schreckenberg, H., Die christlichen Adversus-Judaeos-Texte und ihr literarisches und historisches Umfeld (1.–11. Jh.) (EHS.T 172), Frankfurt/Bern/New York/Paris ²1990.

Schreiner, J., Jeremia II. 25,15–52,34 (NEB.AT 9/2), Würzburg 1984.

Schüngel-Straumann, H., Die Frau am Anfang. Eva und die Folgen (Deifelt, W., Fischer, I. u.a., Hgg., Exegese in unserer Zeit. Kontextuelle Bibelinterpretation aus lateinamerikanischer und feministischer Sicht 6), Münster ²1997.

Schulz-Flügel, E., The Latin Old Testament Tradition, in: Sæbø, M., Hg., Hebrew Bible/Old Testament. The History of Its Interpretation. I. From the Beginnings to the Middle Ages (Until 1300). 1. Antiquity, Göttingen 1996, 642–662.

Schweizer, E., Das Evangelium nach Matthäus. Übersetzt und erklärt (NTD 2), Göttingen 1973.

Seebaß, H., The Joseph Story, Genesis 48 and the Canonical Process, in: JSOT 35 (1986), 29–43.

Seelenfreund, M.H., Schneider, S., Leah's Eyes, in: JBQ 25 (1997), 18–22.

Seeligmann, I.L., Voraussetzungen der Midraschexegese, in: VT.S 1, Leiden 1953, 150–181.

Segal, P., ירושת עלי, in: BethM 33 (1988), 179–183.
Sered, S.S., Rachel's Tomb and the Milk Grotto of the Virgin Mary: Two Women's Shrines in Bethlehem, in: JFSR 2 (1986), 7–22.
———, Rachel's Tomb. Societal Liminality and the Revitalization of a Shrine, in: Religion 19 (1989), 27–40.
———, Rachel's Tomb: The Development of a Cult, in: Jewish Studies Quarterly 2 (1995), 103–148.
Seters, J.v., Jacob's Marriages and Ancient Near East Customs: A Reexamination, in: HThR 62 (1969), 377–395.
———, The Problem of Childlessness in Near Eastern Law and the Patriarchs of Israel, in: JBL 87 (1968), 401–408.
Sha'anan, J., ואביו קרא לו בנימן (או בנימים?) (הערות למאמרו של דוד בן רפאל חיים הכהן), in: BethM 24 (1978), 106.
Sherwood, S.K., „Had God Not Been on My Side". An Examination of the Narrative Technique of the Story of Jacob and Laban Genesis 29,1–32,2 (EHS.T 400), Frankfurt/Bern/New York/Paris 1990.
Shiller, E., קבר רחל, Jerusalem 1977.
Shinan, A., The Aggadah of the Palestinian Targums of the Pentateuch and Rabbinic Aggadah: Some Methodological Considerations, in: Beatti, D.R.G., McNamara, M.J., Hgg., The Aramaic Bible. Targums in Their Historical Context (JSOT.S 166), Sheffield 1994, 203–217.
Shutt, R.J.H., Biblical Names and Their Meanings in Josephus Jewish Antiquities, Books I and II,1–200, in: JSJ 2 (1971), 167–182.
Siegfried, C., Philo von Alexandria als Ausleger des Alten Testaments. An sich selbst und nach seinem geschichtlichen Einfluß betrachtet. Nebst Untersuchungen über die Graecitaet Philo's, Jena 1875.
Simon, M., Verus Israel. A Study of the Relations between Christians and Jews in the Roman Empire (135–425). Translated from the French H. McKeating, Oxford 1986.
Simonetti, M., Biblical Interpretation in the Early Church. An Historical Introduction to Patristic Exegesis, Edinburgh 1994.
Smith, M., Tannaitic Parallels to the Gospels (SBL.MS 6), Pennsylvania 1951.
Smolar, L., Aberbach, M., Studies in Targum Jonathan to the Prophets (LBS), New York/Baltimore 1983, 1–227.
Soares Prabhu, J.M., S.J., The Formula Quotations in the Infancy Narrative of Matthew. An Enquiry into the Tradition History of Mt 1–2 (AnBib 63), Rom 1976.
Soden, W.v., Hg., AHw I, Wiesbaden ²1985.
Soderlund, S., The Greek Text of Jeremiah. A Revised Hypothesis (JSOT.S. 47), Sheffield 1985.
Soggin, J.A., Die Geburt Benjamins, Genesis XXXV 16–20 (21), in: VT 11 (1961), 432–440.
Sokoloff, M., A Dictionary of Jewish Palestinian Aramaic of the Byzantine Period (Dictionaries of Talmud, Midrash and Targum II), Ramat-Gan ²1992.
Spanier, K., Rachel's Theft of the Teraphim: Her Struggle for Family Primacy, in: VT 42 (1992), 404–412.
Sperber, A., Zur Sprache des Prophetentargums, in: ZAW 45 (1927), 267–288.
Spiegel, S., The Last Trial. On the Legends and Lore of the Command to Abraham to Offer Isaac as a Sacrifice: The Akedah (Translated from the Hebrew, with an Introduction, by J. Goldin), New York 1967.
Stade, B., Lea und Rahel, in: ZAW 1 (1881), 112–116.
Standhartinger, A., Das Frauenbild im Judentum der hellenistischen Zeit. Ein Beitrag anhand von 'Joseph und Aseneth' (AGJU 26), Leiden/New York/Köln 1995.

Stein, E., Die allegorische Exegese des Philo von Alexandrien (BZAW 51), Gießen 1929.
————, Philo und der Midrasch. Philos Schilderung der Gestalten des Pentateuch verglichen mit der des Midrasch (BZAW 57), Gießen 1931.
Steinberg, N., Israelite Tricksters, Their Analogues and Cross-Cultural Study, in: Semeia 42 (1988), 1–13.
Steinsaltz, A., Biblical Images. Men and Women of the Book, New York 1984.
Stemberger, G., Das klassische Judentum. Kultur und Geschichte der rabbinischen Zeit, München 1979.
————, Einleitung in Talmud und Midrasch, München ⁸1992.
————, Hieronymus und die Juden seiner Zeit, in: Koch, D.-A., Lichtenberger, H., Hgg., Begegnungen zwischen Judentum und Christentum in Antike und Mittelalter, FS H. Schreckenberg (SIJD 1), Göttingen 1993, 347–364.
————, Juden und Christen im Heiligen Land. Palästina unter Konstantin und Theodosius, München 1987.
————, Midrasch. Vom Umgang der Rabbinen mit der Bibel. Einführung—Texte—Erläuterungen, München 1989.
Stendahl, K., The School of St. Matthew and Its Use of the Old Testament (ASNU 20), Uppsala 1954.
Sterling, G.E., Platonizing Moses. Philo and Middle Platonism, in: StPhilo Annual 5 (BJSt 287), Atlanta 1993, 96–111.
Stoebe, H.J., Das erste Buch Samuelis (KAT VIII/1), Gütersloh 1973.
Stone, M.E., The Genealogy of Bilha, in: DSD 3 (1996), 20–36.
Strecker, G., Der Weg der Gerechtigkeit. Untersuchung zur Theologie des Matthäus (FRLANT 82), Göttingen ³1971.
Swidler, L., Biblical Affirmations of Woman, Philadelphia 1979.
Taylor, M.S., Anti-Judaism and Early Christian Identity. A Critique of the Scholarly Consensus (StPB 46), Leiden/New York/Köln 1995.
Thackeray, H.S.J., The Greek Translators of Jeremiah, in: JTS 4 (1903), 245–266.
Thiel, W., Die deuteronomistische Redaktion von Jeremia 26–45. Mit einer Gesamtbeurteilung der deuteronomistischen Redaktion des Buches Jeremia (WMANT 52), Neukirchen-Vluyn 1981.
————, Geschichtliche und soziale Probleme der Erzväter-Überlieferungen in der Genesis, in: ThV 14 (1985), 11–27.
Thoma, C., Lauer, S., Die Gleichnisse der Rabbinen. II. Von der Erschaffung der Welt bis zum Tod Abrahams: Bereschit Rabba 1–63. Einleitung, Übersetzung mit Kommentar, Texte (JudChr 13), Bern/Berlin u.a. 1991.
Thomas, D.W., A Consideration of Some Unusual Ways of Expressing the Superlative in Hebrew, in: VT 3 (1953), 209–224.
Thompson, J.A., The Book of Jeremiah (NIC), Grand Rapids ²1989.
Thompson, T.L., The Historicity of the Patriarchal Narratives. The Quest for the Historical Abraham (BZAW 133), Neukirchen-Vluyn 1974.
Tov, E., Der Text der Hebräischen Bibel. Handbuch der Textkritik, Stuttgart/Berlin/Köln 1997.
————, Some Aspects of the Textual and Literary History of the Book of Jeremiah, in: Bogaert, P.-M., Le Livre du Jérémie: Le prophète et son milieu. Les oracles et leur transmission (BEThL 54), Leuven 1981, 145–167.
————, The Septuagint, in: Mulder, M.J., Sysling, H., Hgg., Mikra. Text, Translation, Reading and Interpretation of the Hebrew Bible in Ancient Judaism and Early Christianity (CRI. II. The Literature of the Jewish People in the Period of the Second Temple and the Talmud 1), Assen/Philadelphia 1988, 161–188.
————, The Septuagint Translation of Jeremiah and Baruch. A Discussion of an Early Revision of the LXX of Jeremiah 29–52 and Baruch 1:1–3:8 (HSM 8), Missoula 1976.

Towner, W.S., The Rabbinic „Enumeration of Scriptural Examples". A Study of a Rabbinic Pattern of Discourse with Special Reference to Mekhilta d' R. Ishmael (SPB 22), Leiden 1973.

Trible, P., Gott und Sexualität im Alten Testament. Mit einer Einführung von S. Schroer. Aus dem Amerikanischen übersetzt von M. Reppekus, Gütersloh 1993.

———, The Gift of a Poem. A Rhetorical Study of Jeremiah 31:15–22, in: ANQ 17 (1976/77), 271–280.

Tsevat, M., Studies in the Book of Samuel. II. Interpretation of I Sam. 10:2. Saul at Rachel's Tomb, in: HUCA 33 (1962), 107–118.

Ulrichsen, J.H., Die Grundschrift der Testamente der Zwölf Patriarchen. Eine Untersuchung zu Umfang, Inhalt und Eigenart der ursprünglichen Schrift (AUU.HR 10), Uppsala 1991.

Unterman, A., Ru'aḥ Ha-Kodesh, in: EJ 14, Jerusalem 1971, 364–366.

Unterman, J., From Repentance to Redemption. Jeremiah's Thought in Transition (JSOT.S. 54), Sheffield 1987.

Urbach E.E., The Sages. Their Concepts and Beliefs. Translated from the Hebrew by I. Abrahams (Publications of the Perry Foundation in the Hebrew University of Jerusalem) 2 Bde., Jerusalem ⁴1995.

———, דרשות חז״ל ופרושי אורינס לשיר השירים והויכוח היהודי-נוצרי, in: Shinan, A., Hg., מיקראה בספרות האנדה. מחקרים ומקורות (ליקוטי ״תרביץ״ ד), Jerusalem 1983, 113–135.

———, תשובת אנשי נינוה והויכוח היהודי-נוצרי, in: Shinan, A., Hg., מיקראה בספרות האנדה. מחקרים ומקורות (ליקוטי ״תרביץ״ ד), Jerusalem 1983, 237–241.

VanderKam, J.C., Das chronologische Konzept des Jubiläenbuches, in: ZAW 107 (1995), 80–100.

Vermes, G., Scripture and Tradition in Judaism. Haggadic Studies (StPB 4), Leiden 1961.

Visotzky, B.L., Fathers of the World. Essays in Rabbinic and Patristic Literatures (WUNT 80), Tübingen 1995.

Vögtle, A., Die matthäische Kindheitsgeschichte, in: Didier, M., L'Évangile selon Matthieu. Rédaction et théologie (BEThL 29), Gembloux 1972, 153–183.

Völker, W., Fortschritt und Vollendung bei Philo von Alexandrien. Eine Studie zur Geschichte der Frömmigkeit (TU IV,4), Leipzig 1938.

Vogt, E., Benjamin geboren „eine Meile" von Ephrata, in: Bib 56 (1975), 30–36.

Volz, P., Der Prophet Jeremia. Übersetzt und erklärt (KAT 10), Leipzig/Erlangen 1922.

Vriezen, T.C., La tradition de Jacob dans Osée XII, in: OTS 1 (1942), 64–78.

Wahl, H.M., Die Jakobserzählungen der Genesis und der Jubiläen im Vergleich. Zur Auslegung der Genesis im 2. Jahrhundert v.Chr. und mit Anmerkungen zur Pentateuchforschung, in: VT 44 (1994), 524–546.

———, Die Jakobserzählungen. Studien zu ihrer mündlichen Überlieferung, Verschriftung und Historizität (BZAW 258), Berlin/New York 1997.

Wegner, J.R., Philo's Portrayal of Women—Hebraic or Hellenic?, in: Levine, A.-J., Hg., „Women Like This". New Perspectives on Jewish Women in the Greco-Roman World (SBL. Early Judaism and Its Literature 1), Atlanta 1991, 41–66.

———, The Image and Status of Women in Classical Rabbinic Judaism, in: Baskin, J.R., Hg., Jewish Women in Historical Perspective, Detroit 1991, 68–93.

———, The Image of Woman in Philo, in: SBL.SPS 21 (1982), 551–563.

Weidmann, H., Die Patriarchen und ihre Religion im Licht der Forschung seit Julius Wellhausen (FRLANT 94), Göttingen 1968.

Weinberg, Z., (כ, ירמיהו ל״א), „הציבי לך ציונים", in: BethM 21 (1975), 227–232.

Weiser, A., Das Buch der zwölf kleinen Propheten. I: Die Propheten Hosea, Joel, Amos, Obadja, Jona, Micha. Übersetzt und erklärt (ATD 24), Göttingen ⁶1974.

————, Das Buch des Propheten Jeremia. Kapitel 25,15–52,34. Übersetzt und er-
klärt (ATD 21), Göttingen 1955.
Weisman, Z., The Interrelationship between J and E in Jacob's Narrative. Theological
Criteria, in: ZAW 104 (1992), 177–197.
Weitzman, M., The Interpretative Character of the Syriac Old Testament, in: Sæbø,
M., Hg., Hebrew Bible/Old Testament. The History of Its Interpretation. I.
From the Beginnings to the Middle Ages (Until 1300). 1. Antiquity, Göttingen
1996, 587–611.
Wellhausen, J., Prolegomena zur Geschichte Israels, Berlin ³1886.
Westermann, C., Genesis. 2. Teilband. Genesis 12–36 (BKAT I/2), Neukirchen-
Vluyn 1981.
————, Genesis 12–50 (EdF 48), Darmstadt ³1992.
————, Prophetische Heilsworte im Alten Testament (FRLANT 145), Göttingen
1987.
Wevers, J.W., The Interpretative Character and Significance of the Septuagint
Version, in: Sæbø, M., Hg., Hebrew Bible/Old Testament. The History of Its
Interpretation. I. From the Beginnings to the Middle Ages (Until 1300). 1.
Antiquity, Göttingen 1996, 84–107.
Whitt, W.D., The Jacob Traditions in Hosea and Their Relation to Genesis, in:
ZAW 103 (1991), 18–43.
Winckler, H., Geschichte Israels in Einzeldarstellungen, II. Die Legende (Völker
und Staaten des alten Orients 3), Leipzig 1900.
Winter, M., Pneumatiker und Psychiker in Korinth. Zum religionsgeschichtlichen
Hintergrund von 1. Kor 2,6–3,4 (MThSt 12), Marburg 1975.
Wolff, C., Jeremia im Frühjudentum und Urchristentum (TU 118), Berlin 1976.
Wolff, H.W., Dodekapropheton 1. Hosea (BKAT XIV/1), Neukirchen-Vluyn 1961.
Wolfson, H.A., Philo. Foundations of Religious Philosophy in Judaism, Christianity,
and Islam. I, Cambridge/Massachusetts ²1948.
Wright, A.G., S.S., The Literary Genre Midrash, Staten Island 1967.
Würthwein, E., Der Text des Alten Testaments. Eine Einführung in die Biblia
Hebraica, Stuttgart ⁵1988.
————, Ruth, in: Die fünf Megilloth (HAT I/18), Tübingen ²1969, 1–24.
Ya'ari, A., מסעות ארץ ישראל של עולים יהודים. מימי הבינים ועד ראשית ימי שיבת ציון,
Ramat-Gan ²1976.
Zakovitch, Y., Through the Looking Glass: Reflections/Inversions of Genesis Stories
in the Bible, in: Biblical Interpretation 1 (1993), 139–152.
Zatelli, I., The Rachel's Lament in the Targum and Other Ancient Jewish
Interpretations, in: RivBib 39 (1991), 477–490.
Zenger, E., Das Buch Ruth (ZBK.AT 8), Zürich 1986.
————, Das erste Testament. Die jüdische Bibel und die Christen, Düsseldorf
³1993.
————, u.a., Einleitung in das Alte Testament (KStTh 1,1), Stuttgart/Berlin/Köln
²1996.
Ziegler, J., Beiträge zur Ieremias-Septuaginta (NAWG. I. Philologisch-Historische
Klasse 1958, Nr.2), Göttingen 1958.
Ziener, G., „Femina circumdabit virum" (Jer 31,22), eine Dittographie?, in: BZ 1
(1957), 282f.
Zinniker, F., Probleme der sogenannten Kindheitsgeschichte bei Matthäus, Freiburg/S.
1972.
Zorn, R., Die Fürbitte im Spätjudentum und im Neuen Testament. Inaugural-
Dissertation zur Erlangung der Doktorwürde der hohen Theologischen Fakultät
der Georg-August-Universität Göttingen 1957.
Zucker, D.J., Jacob in Darkness (And Light). A Study in Contrasts, in: Jdm 35
(1986), 402–413.

Zunz, L., Die gottesdienstlichen Vorträge der Juden historisch entwickelt. Ein Beitrag zur Altertumskunde und biblischen Kritik, zur Literatur und Religionsgeschichte, Frankfurt ²1882 (Nachdr. Hildesheim 1966). Hebräische Fassung: הדרשות בישראל והשתלשלותן ההיסטורית. נערך והושלם על ידי חנוך אלבק, Jerusalem ³1974.
————, Literaturgeschichte der synagogalen Poesie, Berlin 1865.

STELLENREGISTER
(Auswahl)

Altes Testament

7,9	87		*Hebräer*	
7,29–33	259		11,11	114
2. Korinther			*1. Petrus*	
3,14	254		3,6	114
Galater				
4,21–31	114.230			
5,23	87			

Antike Übersetzungen

Septuaginta			Onkelos zu Gen	
			29,17	63
Gen			30,2	63
30,8	58		30,6	63
31,35	98		30,8	63
35,16	59		30,17	63
35,18	106		30,22	63
48,7	59		31,19	63
			31,32	63
1. Sam 10,2	59			
			Pseudojonathan zu Gen	
Jer			4,13	66
37–38	58		29,12	64
37,8	61		29,17	64
38,1	61		29,24	147
38,15	60f.		29,25	64
38,15–17	57.59		29,28	147
38,16	60f.		29,31	63
38,17	61		30,1	64
			30,2	64
Targumim			30,17	63
			30,21	65.75
Fragmente aus der			31,14	65.75
Kairoer Genizah zu Gen			31,19	65.148
29,17	64		33,7	65
29,31	63		35,16	64
30,2	64		48,7	65
30,17	63			
			Targum Jonathan	
Fragmententargum zu Gen			Jes 64,6	67
29,17	64			
30,22	64		Jer	
			2,19	68
Neofiti			2,31	68
Gen			3,1	68
30,17	63		3,6	68
30,22	64		3,8	68
35,16	64		6,29	68
48,7	64		12,5	67
			17,12	66
Ex 17,12	67f.		31,15	66f.189.229–231
			31,15–17	65.68.191
Num 23,9	67f.			

31,16	67.170	29,31	71
31,17	67f.	29,33	71
31,18	67	30,2	71
31,18–22	68.177.197.238	30,8	71
31,19	67	31,34	71
31,21	67f.	31,35	71
31,22	67f.	35,16	71
		35,17	71
Ez 16,6	67	35,18	71.257
		48,7	71
Am 9,1	68	50,19	71

Targum Rut
4,11	63

1. Sam 10,2   71

Targum Threni
1,1	188

Jer
23,20	73
30,24	73

Peschitta

31,15	72f.
31,15–17	72

Gen
30,2	69
30,8	69.75
33,2	69
33,7	69
35,16	69
48,7	69

31,16	72f.
31,17	73

Ez
16,31	72
23,25	73

Jer 31,15–17   69f.

Pss
101,20	72
148,1	72

Vulgata

Gen
29,17	71

Hi 31,2   72

Frühjüdische Schriften

Sir
24,1–22	112
46,20	207
48,13	207

2,2f.	196

3 Hen
44,7–10	219

Bar
4,11	229
4,20	229

4 Esr
9,38–10,4	229
10,5–60	230

2 Makk
15,14–16	196

Jub
4,22	88
7,20f.	88

4 Makk
6,28f.	219
17,21f.	219

19,14	79
19,15f.	79
19,16–25	79
19,26–29	79
20,4f.	88
22,10–30	79

ParJ
1,2	196

25,1	80
25,1–3	79

Op	
16	97
117	94f.
151	97
151f.	99
165	99

Post	
135	92.100
179	92.101

Quaest. in Gen	
IV,19	253

Sobr	
8f.	91
12	91.100.127

Som	
I,39	91
I,167	95.253
II,16	91
II,106	99

SpecLeg	
I,173	86
I,200f.	99
IV,92–94	94
IV,112	86

VitCont 78	91

VitMos II,25–44	90

Josephus

Ant	
1,5	102
1,14	102
1,15	102
1,17	102
1,154–241	103
1,162	109
1,187	109
1,198	109
1,207f.	107
1,246	109
1,269	109
1,276	109
1,285	107
1,285–302	103
1,285–336	103
1,287	104

1,287–289	107
1,288	104.107.127
1,288–292	104
1,291f.	108
1,298	104.107
1,300	104
1,301	104
1,302	104.107
1,303	104f.107
1,303–308	104
1,304	105
1,308	105
1,309–324	105
1,311	105
1,318	105
1,323	105
1,335f.	106
1,341f.	106
1,341–344	103
1,343	106
2,9	103
2,41–59	107
2,95	103
2,180f.	103
2,201–237	117
2,205f.	117
3,5	111
4,126–138	107
4,129	107
4,132	107
4,196	102
4,197	102
5,276	107
6,55f.	103
7,130	107
11,49–54	107
11,190	107
11,199	107
11,200	108
11,202	107
13,430	111
15–17	117
15,53–56	117
15,173–178	117
15,232–236	117
15,266	117
16,361–404	117
17,191	117
17,255	59
18,344	105

Ap	
2,135f.	103
2,199	87

Bell

2,120f.	87
2,160f.	87
2,339	111
3,248	111
3,262f.	111
6,211	111
7,399	111

Rabbinische Literatur

Mischna

Ber 9,3	145
Yev 6,6	143

Av

1,17	133
5,22	130

Tosefta

Sot 11,11	151f.

Jerusalemer Talmud

Ber

5,1 (36b.37a)	185
9,3 (60b)	146.172
Yom 3,5 (16a)	133
San 10,1 (50a)	191
Hor 3,4 (18b)	122

Babylonischer Talmud

Ber

3a	217.231
7b	171
8b	154
10a	167
16b	168
29a	144.176
45a	157
55a	218
59a	217.231
60a	65.145

Shab

12b	219
31a	130
89b	191

Er

13a	159
54b	177.197.238

Pes 62b	167

Yom

9b	234
36b	219
38b	225
77a	219

RHSh

10b	144.176.246
11a	144.170.176.192.246

Taan

2a	64.157f.
23b	167

Meg

10b	160
13b	64.140.142.164.221
14a	172
15a	172

MQ 28a	191.220

Hag

5b	217
16a	219

Yev

27a	159
64a	143
64b	144.176

Ned 64b	143.156f.
Naz 23b	169

Sot

11b	170
20b	159

Qid 49b	167

BB

15a	188
123a	64.139f.143.164.204.221
123b	162

Alte Kirche

Ambrosius
Abr. 1,4,24   256.259.261

epist.
4,4   255
18,10   257.266
18,12   257
31,11   265

fug. saec. 5,27   256.263

in psalm. 37,10   266–268

Jac.
2,5,25   256.263
2,7,32   257
2,7,34   258

patr. 12,57   257

vid. 15,90   260

virg.
1,7,34   260
3,3   253
3,3,10   261

virginit. 14,91   256.261

Ap(p)onius
in Cant.
12,3   265
12,24   260

Athanasius
Ar. 1,57   261

Augustin
c. Faust.
22,52   254
22,54   255

civ. 16,38   260

cons. euang. 1,5   254

doctr. christ. 3,12,20   260

serm. 137,6   264

Basilius v. Caesarea
hom. 12,12   256

Chrysostomus
hom. in Gen.
38,1   255
55,1f.   253
55,2   258
56,2   261
56,3   260
56,4   255.261
56,5   255
57,6   256

hom. in Ps. 139   256

hom. 9,3 in Mt.   265

hom. in Jo. 11,47   267f.

hom. 20 Eph.   259

infant.   265

Jud. 1,7,2   251

non desp. 5   255

pecc. 6   260

Rach.   266

salt. Herodiad.   268

virg.   259

Clemens v. Alexandrien
paed. 3,9,49   253
str. 1,5,31   253

Cyprian
testim. 1,20   263

Egeria
20,11   258
21,1   258
21,4   258

Euseb
d.e. 7,2,35   257f.

Onom. zu Gen   257f.

p.e.
9,21,1–10   255
9,21,10   257

Ps. 99   255

Klassische Antike

Aristoteles
EN VII,i,1   86
GA I,20,729a   112

Chariton
Callirhoe A,1,1   83

Dionysius v. Halicarnassus
Th. 5.8   103

Homer
Od 6,135ff.   108

Lukian
Hist. Conscr. 47   103

Musonius
Frgm.3   112
Frgm.4   112
Frgm.12   86.112
Frgm.13A   112

Plato
Men. 70A   96

Phdr. 246A   94

R.
IV,439D.E   94
V,451Cff.   112
IX,580D.E   94

Ti. 76D.E   112

Seneca
Frgm. 13   86

Sueton
Aug. 94,3   117

Tacitus
Germ.
19   112
20   112

ARBEITEN ZUR GESCHICHTE
DES ANTIKEN JUDENTUMS UND DES URCHRISTENTUMS

———

MARTIN HENGEL *Tübingen* · PETER SCHÄFER *Berlin*
PIETER W. VAN DER HORST *Utrecht* · MARTIN GOODMAN *Oxford*
DANIEL R. SCHWARTZ *Jerusalem* · CILLIERS BREYTENBACH *Berlin*

———

1 M. Hengel. *Die Zeloten.* Untersuchungen zur jüdischen Freiheitsbewegung in der Zeit von Herodes I. bis 70 n. Chr. 2. verbesserte und erweiterte Auflage. 1976. ISBN 90 04 04327 6

2 O. Betz. *Der Paraklet.* Fürsprecher im häretischen Spätjudentum, im Johannes-Evangelium und in neu gefundenen gnostischen Schriften. 1963. ISBN 90 04 00109 3

5 O. Betz. *Abraham unser Vater.* Juden und Christen im Gespräch über die Bibel. Festschrift für Otto Michel zum 60. Geburtstag. Herausgegeben von O. Betz, M. Hengel, P. Schmidt. 1963. ISBN 90 04 00110 7

6 A. Böhlig. *Mysterion und Wahrheit.* Gesammelte Beiträge zur spätantiken Religionsgeschichte. 1968. ISBN 90 04 00111 5

7 B. J. Malina. *The Palestinian Manna Tradition.* The Manna Tradition in the Palestinian Targums and its Relationship to the New Testament Writings. 1968. ISBN 90 04 00112 3

8 J. Becker. *Untersuchungen zur Entstehungsgeschichte der Testamente der zwölf Patriarchen.* 1970. ISBN 90 04 00113 1

9 E. Bickerman. *Studies in Jewish and Christian History.*
  1. 1976. ISBN 90 04 04396 9
  2. 1980. ISBN 90 04 06015 4
  3. 1986. ISBN 90 04 07480 5

11 Z. W. Falk. *Introduction to Jewish Law of the Second Commonwealth.*
  1. 1972. ISBN 90 04 03537 0
  2. 1978. ISBN 90 04 05249 6

12 H. Lindner. *Die Geschichtsauffassung des Flavius Josephus im Bellum Judaicum.* Gleichzeitig ein Beitrag zur Quellenfrage. 1972. ISBN 90 04 03502 8

13 P. Kuhn. *Gottes Trauer und Klage in der rabbinischen Überlieferung.* Talmud und Midrasch. 1978. ISBN 90 04 05699 8

14 I. Gruenwald. *Apocalyptic and Merkavah Mysticism.* 1980. ISBN 90 04 05959 8

15 P. Schäfer. *Studien zur Geschichte und Theologie des rabbinischen Judentums.* 1978. ISBN 90 04 05838 9

16 M. Niehoff. *The Figure of Joseph in Post-Biblical Jewish Literature.* 1992. ISBN 90 04 09556 X

17 W. C. van Unnik. *Das Selbstverständnis der jüdischen Diaspora in der hellenistisch-römischen Zeit.* Aus dem Nachlaß herausgegeben und bearbeitet von P. W. van der Horst. 1993. ISBN 90 04 09693 0

18 A. D. Clarke. *Secular and Christian Leadership in Corinth.* A Socio-Historical and Exegetical Study of 1 Corinthians 1-6. 1993. ISBN 90 04 09862 3

19 D. R. Lindsay. *Josephus and Faith.* Πίστις and πιστεύειν as Faith Terminology in the Writings of Flavius Josephus and in the New Testament. 1993. ISBN 90 04 09858 5

20 D. M. Stec (ed.). *The Text of the Targum of Job.* An Introduction and Critical Edition. 1994. ISBN 90 04 09874 7

21 J. W. van Henten & P. W. van der Horst (eds.). *Studies in Early Jewish Epigraphy.* 1994. ISBN 90 04 09916 6

22 B. S. Rosner. *Paul, Scripture and Ethics.* A Study of 1 Corinthians 5-7. 1994. ISBN 90 04 10065 2

23 S. Stern. *Jewish Identity in Early Rabbinic Writings.* 1994. ISBN 90 04 10012 1

24 S. Nägele. *Laubhütte Davids und Wolkensohn.* Eine auslegungsgeschichtliche Studie zu Amos 9:11 in der jüdischen und christlichen Exegese. 1995. ISBN 90 04 10163 2

25 C. A. Evans. *Jesus and His Contemporaries.* Comparative Studies. 1995. ISBN 90 04 10279 5

26 A. Standhartinger. *Das Frauenbild im Judentum der hellenistischen Zeit.* Ein Beitrag anhand von 'Joseph und Aseneth'. 1995. ISBN 90 04 10350 3

27 E. Juhl Christiansen. *The Covenant in Judaism and Paul.* A Study of Ritual Boundaries as Identity Markers. 1995. ISBN 90 04 10333 3

28 B. Kinman. *Jesus' Entry into Jerusalem.* In the Context of Lukan Theology and the Politics of His Day. 1995. ISBN 90 04 10330 9

29 J. R. Levison. *The Spirit in First Century Judaism.* 1997. ISBN 90 04 10739 8

30 L. H. Feldman. *Studies in Hellenistic Judaism.* 1996. ISBN 90 04 10418 6

31 H. Jacobson. *A Commentary on Pseudo-Philo's* Liber Antiquitatum Biblicarum. With Latin Text and English Translation. Two vols. 1996. ISBN 90 04 10553 0 (Vol.1); ISBN 90 04 10554 9 (Vol.2); ISBN 90 04 10360 0 (Set)

32 W. H. Harris III. *The Descent of Christ.* Ephesians 4:7-11 and Traditional Hebrew Imagery. 1996. ISBN 90 04 10310 4

33 R. T. Beckwith. *Calendar and Chronology, Jewish and Christian.* Biblical, Intertestamental and Patristic Studies. 1996. ISBN 90 04 10586 7

34 L. H. Feldman & J. R. Levison (eds.). *Josephus'* Contra Apionem. Studies in its Character and Context with a Latin Concordance to the Portion Missing in Greek. 1996. ISBN 90 04 10325 2

35 G. Harvey. *The True Israel.* Uses of the Names Jew, Hebrew and Israel in Ancient Jewish and Early Christian Literature. 1996. ISBN 90 04 10617 0

36 R. K. Gnuse. *Dreams and Dream Reports in the Writings of Josephus.* A Traditio-Historical Analysis. 1996. ISBN 90 04 10616 2

37 J. A. Draper. *The* Didache *in Modern Research.* 1996. ISBN 90 04 10375 9

38 C. Breytenbach. *Paulus und Barnabas in der Provinz Galatien.* Studien zu Apostelgeschichte 13f.; 16,6; 18,23 und den Adressaten des Galaterbriefes. 1996. ISBN 90 04 10693 6

39 B. D. Chilton & C. A. Evans. *Jesus in Context.* Temple, Purity, and Restoration. 1997. ISBN 90 04 10746 0

40 C. Gerber. *Ein Bild des Judentums für Nichtjuden von Flavius Josephus.* Untersuchungen zu seiner Schrift *Contra Apionem.* 1997. ISBN 90 04 10753 3

41 T. Ilan. *Mine and Yours are Hers.* Retrieving Women's History from Rabbinic Literature. 1997. ISBN 90 04 10860 2

42 C. A. Gieschen. *Angelomorphic Christology.* Antecedents and Early Evidence. 1998. ISBN 90 04 10840 8

43 W. J. van Bekkum. *Hebrew Poetry from Late Antiquity.* Liturgical Poems of Yehudah. Critical Edition with Introduction and Commentary. 1998. ISBN 90 04 11216 2

44 M. Becker & W. Fenske (Hrsg.). *Das Ende der Tage und die Gegenwart des Heils.* Begegnungen mit dem Neuen Testament und seiner Umwelt. Festschrift für Prof. Heinz-Wolfgang Kuhn zum 65. Geburtstag. 1999. ISBN 90 04 11135 2

45 S. von Stemm. *Der betende Sünder vor Gott.* Studien zu Vergebungsvorstellungen in urchristlichen und frühjüdischen Texten. 1999. ISBN 90 04 11283 9

46 H. Leeming & K. Leeming (eds.). *Josephus'* Jewish War *and its Slavonic Version.* A Synoptic Comparison of the English Translation by H. St. J. Thackeray with the Critical Edition by N. A. Meščerskij of the Slavonic Version in the Vilna Manuscript translated into English by H. Leeming and L. Osinkina. ISBN 90 04 11438 6

47 M. Daly-Denton. *David in the Fourth Gospel.* The Johannine Reception of the Psalms. 1999. ISBN 90 04 11448 3

48 T. Rajak. *The Jewish Dialogue with Greece and Rome.* Studies in Cultural and Social Interaction 2000. ISBN 90 04 11285 5

49 H. H. D. Williams, III. *The Wisdom of the Wise.* The Presence and Function of Scripture within 1 Cor. 1:18-3:23. 2000. ISBN 90 04 11974 4

50 R. D. Rowe. *God's Kingdom and God's Son.* The Background to Mark's Christology from Concepts of Kingship in the Psalms. 2002. ISBN 90 04 11888 8

51 E. Condra. *Salvation for the Righteous Revealed.* Jesus amid Covenantal and Messianic Expectations in Second Temple Judaism. 2002. ISBN 90 04 12617 1

52 Ch. Ritter. *Rachels Klage im antiken Judentum und frühen Christentum.* Eine auslegungsgeschichtliche Studie. 2002. ISBN 90 04 12509 4